第一届汉语方言学会学术年会集体合影
（1981 年 11 月 摄于厦门大学）

中国社会科学院语言研究所 1991 年 1 月 1 日—4 日在北京怀柔县
召开小型业务工作会议，研究现代汉语方言大词典的编纂任务及其计划。
参加此次会议的人员为 12 人，另特邀 1 人。作者应邀出席了会议。

（前排左四为李荣先生）

和 2002 届陈立中博士合影

和 2003 届彭泽润、罗昕如、谢奇勇、卢小群等 4 位博士合影

2005 届全国汉语方言学会苏州年会留影

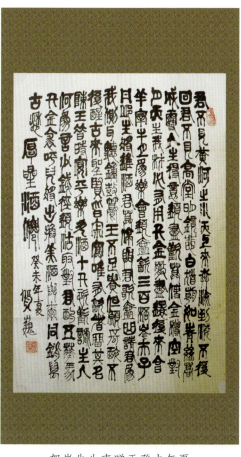

贺巍先生惠赠于癸未年夏

颜逸明先生惠赠于 2005 年 2 月

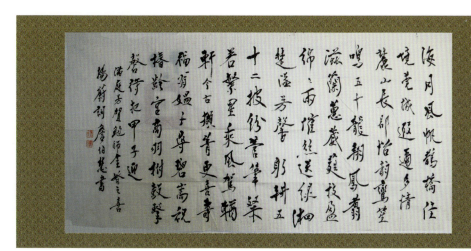

杨蔚词、詹伯慧先生书 2011 年

我和夏芝兰
（摄于 1960 年）

家中饮茶
（摄于 2011 年）

2016 年 5 月一家子在青岛花石楼
（1993 年 7 月曾赴青岛参加汉语方言学会第七届年会，二十三年后旧地重游）

鲍厚星

BAOHOUXING

HUNAN FANGYAN LUNGAO

湖南方言论稿

鲍厚星 著

湖南师范大学出版社

图书在版编目(CIP)数据

鲍厚星湖南方言论稿 / 鲍厚星著. —长沙:湖南师范大学出版社,2017.7
　ISBN 978 - 7 - 5648 - 2903 - 2

　Ⅰ.①鲍…　Ⅱ.①鲍…　Ⅲ.①湘语—方言研究—湖南—文集　Ⅳ.①
H174 - 53

中国版本图书馆 CIP 数据核字(2017)第 156951 号

鲍厚星湖南方言论稿

鲍厚星　著

◇组稿编辑:李　阳
◇责任编辑:曹爱莲
◇责任校对:刘　琼
◇出版发行:湖南师范大学出版社
　　　　　　地址/长沙市岳麓山　邮编/410081
　　　　　　电话/0731 - 88873071　88873070　传真/0731 - 88872636
　　　　　　网址/http://press. hunnu. edu. cn
◇经销:新华书店
◇印刷:湖南雅嘉彩色印刷有限公司
◇开本:710mm × 1000mm　1/16
◇印张:27.75
◇插页:4
◇字数:450 千字
◇版次:2017 年 7 月第 1 版　2017 年 7 月第 1 次印刷
◇书号: ISBN 978 - 7 - 5648 - 2903 - 2
◇定价:80.00 元

我和湖南的不解之缘
（代前言）

我本是湖北武汉人，1937 年 8 月生于汉口。1955 年毕业于武昌艺术师范，同年考入湖南师范学院（湖南师大前身）中文系。

四年后，即 1959 年从中文系毕业，被留在了学校，分配的专业是现代汉语。根据需要，我必须更多地或者说主要是承担语音教学。

为了搞好教学，也为了适应在方言地区大力推广普通话的需要，我一方面关注普通话与方言对应规律的研究，一方面加强朗读教学，并大力开展朗诵活动。1979 年湖南人民出版社出版了我的一本关于提高朗读与朗诵能力的小册子《诗的朗诵》。在那一段时间，我曾应省教育厅聘请，举办过全省教师普通话培训班。

1980 年我去华东师范大学参加为期一年的音韵与方言进修班，除学习多门专业课程外，还在颜逸明教授的指导下，抽出较多时间投入方言调查的实践。在此期间收获最大的是对于江苏宜兴闽语的调查。其后我又以同样的方法调查了老派上海方言。

1981 年回校后，系里安排我开了一门新课：方言及方言调查。

1981 年 11 月全国汉语方言学会成立大会暨首届学术年会在厦门大学举行。我以湖南代表的身份参加了会议。会议期间，李荣先生约见了我们湖南代表，谈话中强调对湖南的方言先要作重点的深入调查，然后再逐步扩大。先生还介绍了 1974 年在台北出版的《湖南方言调查报告》，并在会后不久让语言所复印了一套，从北京寄给了我们。

在这次会议的影响下，湖南代表回湘后，由湖南省语言学会中的方言研究会及时筹备并举行了首届湖南方言学术研讨会，会后由学会编辑出版了《湖南方言专辑》（《湘潭大学学报》1983 年增刊）。

1983 年全国汉语方言学会第二届年会在合肥举行。参会的湖南代表带去

了《湖南方言专辑》（共计 18 篇论文），内容丰富厚实，在会上引起了热烈的反响。

会后不久，我应邀参加了国家社科基金"六五"课题《中国语言地图集》的工作。从第二届年会开始，我被选为全国汉语方言学会理事（此后，除六、七届外，一直担任理事至十六届）。

1989 年我申报的国家"七五"社科基金项目"湘南土话"获批立项，这使我有机会深入湘南地区调查复杂的土话。

80 年代后期，我和崔振华、沈若云、伍云姬合作编纂了三个分册的《长沙方言词典》（油印本），曾经很难获得正式出版的机会。但功夫不负苦心人，我们终于迎来了一次机遇。1990 年底，我应邀参加了中国社科院语言研究所在北京怀柔县召开的一次业务工作会议。会议内容是研究现代汉语方言大词典的编纂任务及其计划。会上鉴于长沙方言词典的编纂工作已有了一定基础，被要求列入第一批出版的计划。长沙方言有新派与老派，原编写的油印本采用的是新派音系，此次会上李荣先生确定要用老派音系。这时我曾于 1981 年记录过的老派长沙音系正好派上用场。

1993 年 10 月，《长沙方言词典》作为国家"八五"社科重点规划项目《现代汉语方言大词典》分卷本之一正式出版，1998 年 12 月又出了第二版，即增订重排本。

除了"八五"课题之外，我又应侯精一先生之邀，参与了"九五"国家社科基金重点项目《现代汉语方言音库》，既完成了语料库中的《长沙话音档》（上海教育出版社，1997 年 5 月），又完成了概况库中的"湘语篇"（《现代汉语方言概论》，侯精一主编，上海教育出版社，2002 年 10 月）。

90 年代后期学术活动日趋频繁，我除了撰写、发表一些论文之外，还以较多精力重点投入了"湖南方言研究丛书"的编辑工作。《东安土话研究》和《长沙方言研究》（合著）都在这套丛书之列。

积聚我们语言专业集体之力的"湖南方言研究丛书"（共 15 种）是学术研究上的一次重要突破和有力的创新举措，它对于当时我院汉语言文字学专业申博的工作起到了有力的支撑作用。由于我们汉语言文字学专业全体老师的合力拼搏，1998 年上了博士点。作为这个点的方向之一，方言在 1999 年开始招收博士生。在担任指导教师期间，我尽心尽力，不敢松懈，至 2010 年截止，我们培养了 16 名方言学博士。

　　进入新世纪后，我的主要精力放在两个方面：一个是湘语研究，一个是湘南土话研究。工作量比较大一些的是主编了两套丛书：一套是 2006 年完成的"湘方言研究丛书"，共计 5 种，我在其中写了《湘方言概要》；一套是 2016 年完成的"濒危汉语方言研究丛书（湖南卷）"，共计 10 种，我在其中写了《湖南江永桃川土话研究》。

　　2015 年 5 月，教育部、国家语委部署启动中国语言资源保护工程。湖南语保工程项目正式启动会议于 2015 年 12 月 25 日在长沙举行。我被聘为湖南省语保工程核心专家组首席专家，深感责任重大。2017 年 2 月，中国语言资源保护工程专家咨询委员会成立会在北京举行，我应邀参加了此次会议，并在会上受聘为咨询委员。

　　作为一个老年方言工作者，能在有生之年赶上我国语言文字领域又一个由政府组织实施的大型语言文化类国家工程，实在令人欢欣鼓舞。我将尽我所能，为努力实施湖南语言资源保护工程的计划贡献力量。

　　岁月更迭，斗转星移。从 1955 到 2017，回顾我走过的道路，我和湖南的确是有一种缘分。由湖北而湖南，从一个年轻的学子变成一个老年的湖南方言工作者，是天长日久一步一步变过来的。我的教学生涯也好，科研事业也好，家庭园地也好，无不深深打上湖南的烙印。所以，我要说，我和湖南确确实实结下了不解之缘。

鲍厚星

2017 年 6 月于湖南师大学堂坡

目　录

第一部分

湖南方言分区

湖南方言的分区

　　湖南省简称湘，面积二十万四千平方公里，人口五千四百多万。全省汉语方言分为六区：㊀湘语区，㊁赣语区，㊂客家话区，㊃江淮官话区，㊄西南官话区，㊅乡话区。

　　少数民族有土家族、苗族、侗族、瑶族、白族、回族、维吾尔族和壮族，主要聚居在湘西、湘南一带。县以上的民族自治单位有湘西土家族苗族自治州和通道（侗）、江华（瑶）、城步（苗）、新晃（侗）等四个自治县。其他许多县还有少数民族自治乡。少数民族聚居的地区，许多人既能说本民族语言，又能说汉语方言。

壹　湘语

　　湘语主要分布在湘江、资江流域。湘语古全浊声母有的方言"清音化"，特点是清音化之后逢塞音一般不送气。清音化的步调各地不一致，现在据此把湘语分为长益、娄邵、吉溆等三片。

1.1　长益片

　　包括长沙市、长沙凡未注明"市"者均为县名、株洲市、株洲、湘潭市、湘潭、宁乡、望城、湘阴、汨罗、岳阳市、岳阳部分、南县、安乡东南部、沅江、益阳市、益阳、桃江、衡阳市、衡阳、衡南、衡东、衡山、邵东、新邵、黔阳、洪江市、会同、绥宁南部等市县。安化东部，平江的岑川，浏阳的永安、跃龙、柏加、镇头、北星、官桥、普迹、金乡等乡及葛家、枨冲乡的一部分也属此片。

　　本片主要特点是：古全浊声母今读塞音、塞擦音时，无论平仄一律读不送气清音，如长沙市：爬 pa^{13} | 稗 pa^{21} | 桥 tɕiau^{13} | 轿 tɕiau^{21}。衡东、衡山例

外，平声送气，仄声不送气。益阳、桃江、沅江等地，一部分古全浊声母字今读 [l] 声母，如益阳：淘 lau¹³ | 弟 li²¹ | 成 lən¹³ | 钱 liẽ¹³ | 蛇 la¹³ | 丈 lɔ̃²¹ | 长 lɔ̃¹³。

1.2　娄邵片

包括娄底市、双峰、湘乡、涟源、冷水江市、新化、安化县城及西部、邵阳市、邵阳、隆回南部、武冈、新宁、城步、祁东、祁阳、麻阳等市县以及洞口东部的黄桥镇和金田、杨林两乡。广西的全州、资源、灌县、兴安东北部也属此片。

本片主要特点是：古全浊声母今读 [b d g dz dʑ] 一类浊音。各地浊音浊的程度不一，与山乡的老年人相比，市镇的年轻人逐渐趋于清化。新化有部分字读送气浊音，如：被~子 b'i²¹ | 稻 d'au²¹ | 秦 dʑ'in¹³ | 尽 dʑ'in⁴⁵。涟源、邵阳市、邵阳等地声母送气影响调类分化，如涟源：半 pɔ̃³⁵ | 判 p'ɔ̃²⁴，两个阴去调，不与其他调类混。

1.3　吉溆片

包括吉首市、保靖、花垣、古丈、泸溪、辰溪、溆浦、沅陵等市县（古丈、泸溪、辰溪、溆浦、沅陵等县有部分地区说乡话）。

本片主要特点是：古全浊声母今读塞音、塞擦音时，平声读不送气浊音，仄声读不送气清音，如吉首市：铜 doŋ²² | 茶 dza²² | 病 pin²²⁴ | 坐 tso²²⁴。本片吉首市、保靖、花垣有阴平、阳平、上声、去声四个单字调，古丈、沅陵有阴平、阳平、上声、去声、入声五个单字调。除溆浦上声为中平外，以上各点调值接近西南官话。泸溪、辰溪、溆浦三处分阴去、阳去。

贰　赣语

赣语区包括以下县市：临湘、华容、岳阳东部、平江、浏阳、醴陵市、攸县大部分、茶陵、酃县西北部、安仁、永兴、资兴市、耒阳、常宁、隆回北部、洞口大部分、绥宁北部。其中安仁、永兴、资兴市、耒阳、常宁、醴陵市、华容等市县说赣语，其他县市有的地方有湘语、客家话、西南官话。大致的情况是：

　　①临湘北部黄盖湖农场和江南乡说西南官话，其余说赣语。②岳阳的甘田、公田、兰田、饶村、渭洞及其余东部各乡即"上巴陵"说赣语，熊市、杨林、步仙及其余西部各乡和县城即"下巴陵"说湘语。③平江东部黄金乡说客家话，西北部岑川乡说湘语，其余说赣语。④浏阳的上洪、张坊、人溪、风溪、小河等乡说客家话，西部跃龙、柏加、镇头、北星、官桥、普迹、金江、永安等乡及葛家、枨冲乡的一部分说湘语，其余说赣语。⑤茶陵的江口、桃坑、舲舫、尧水、严塘、小田、秩堂、高垅、八团、湘东等乡说客家话，其余的地方说赣语。⑥酃县县城及城东、三河、河西、塘田、东风、船形等乡说赣语，其余说客家话。⑦隆回的荷香桥以北各乡说赣语，滩头至横板桥一线以南说湘语。⑧洞口东南部的黄桥、金田、杨林等乡说湘语，其余说赣语。⑨绥宁北部金屋塘、水口、庙湾、瓦屋塘、黄土坑、唐家坊、盐井、李西桥、武阳、白玉等乡说赣语，县城一带及南部东山、黄双、关峡等乡说湘语。⑩攸县的峦山、漕泊、柏树下等乡说客家话，其他说赣语。

　　赣语区可以分为六片：㊀临湘、华容、岳阳属赣语大通片，与湖北的大冶、通城、监利等地同属一片。特点是：声调都是阴平、阳平、上声、阴去、阳去、入声等六个；声母 [t tʻ n l ts tsʻ s] 不拼 [u] 韵或 [u] 介音。㊁平江属赣语昌靖片，与江西的南昌、靖安等地同属一片。昌靖片特点是：去声都分阴阳；多数地方入声分阴阳，阴入高，阳入低。㊂浏阳、醴陵市属赣语宜浏片，与江西的宜春等地同属一片。宜浏片特点是：去声都不分阴阳，大部分地方入声不分阴阳。㊃攸县、茶陵、酃县属赣语吉茶片，与江西的吉安等地同属一片。吉茶片特点是：绝大部分地方没有入声（酃县有入声）；去声不分阴阳（茶陵、酃县例外）。㊄耒阳、常宁、安仁、永兴、资兴市属赣语耒资片。特点是："搬班"两字同音（赣语区其他地方几乎全都不同音）；安仁、永兴、资兴市古全浊声母今读塞音、塞擦音时少数字读不送气清音。㊅洞口大部分、绥宁北部、隆回北部属赣语洞绥片。特点是：古透定母字今白读 [h] 声母，文读 [tʻ] 声母。

　　湖南境内的赣语具有赣语的共同点：古全浊声母今读塞音、塞擦音时，一般为送气的清音，如醴陵市：头 tʻeu¹³ | 坐 tsʻo³³。梗摄字多有文白两读，如醴陵市：病 pʻin文³³ pʻian白³³。影母字今开口呼多数读 [ŋ] 声母，不读零声母。"大小"的"大"读徒盖切，不读唐佐切。"下雨"说"落雨"。"站立"大部分说"徛"，少数说"站"。"喝茶"说"喫茶"。第三人称代词临湘、岳

阳、平江、浏阳、醴陵市等地说"他"（声母读［l］或［t'］、［h］），其他各地说"渠"，声母不送气。有些词语反映湘语或客家话的影响，如"交合"一词，北部几个县说"入"或"戳"，南部说"鸟"。助词"了"（喫～、走～）湖南境内赣语区绝大部分地方说［ta］。

临湘、岳阳古全浊声母和古次清声母今读塞音、塞擦音时读［b d g dz dʑ］一类浊音，如临湘：头 dɛ¹³｜坐 dzo¹¹｜起 dʑi⁵³｜破 bo³⁵。但岳阳有时也读送气浊音、送气清音浊流或不送气清音。来母细音字这两个县都读［d］（岳阳有时读［t］）：林 din¹³。这些特点与江西的德安、星子、湖口一带情况类似。

华容、平江、浏阳、醴陵市、攸县、茶陵、耒阳、常宁、酃县古全浊声母字今读塞音、塞擦音时，一律读送气清音。

叁　客家话

客家话区包括湘东南的汝城、桂东、酃县（水口、沔渡、十都、石洲、垄溪、大院、策源、下村、平乐、中村等乡说客家话，县城和西北部少数几个乡说赣语）、茶陵（江口、桃坑、龄舫、尧水、严塘、小田、秩堂、高垅、八团等乡说客家话，其他说赣语）、攸县（峦山、漕泊、柏树下等乡说客家话，其他说赣语）。这几个县的客家话地区与江西省南部客家话地区连成一片，属客家话于桂片。

客家话还见于湘东北的浏阳县上洪、张坊、人溪、凤溪、小河等乡和平江县黄金乡。这两个县的客家话地区与江西省西北部客家话地区连成一片，属客家话铜鼓片。

客家话区有的地方夹杂别的方言（如汝城有粤语），非客家话区有的地方也有少数人说客家话（如江永、江华）。

客家话的主要特点是，古全浊声母今读塞音、塞擦音时，为送气的清音，这与赣语的特点相同（汝城有例外，部分字送气，部分字不送气，如井坡乡：头 təu⁵⁵｜茶 ts'o⁵⁵｜病 piŋ³³｜坐 ts'o³³）。影母字今开口呼读零声母，不读［ŋ］声母（湘东北客家话读［ŋ］声母）。"裤"字读［f］声母，"扶～病人上医院"字读［p'］声母（汝城"裤子"说"贴衣"，"扶"字读［f］声母）。菜梗的"梗"字都有［u］介音。浏阳、桂东有入声，不分阴阳。酃县有入声，

限古入声清声母字。古入声浊声母字今归去声。汝城井坡乡无入声，古入声清声母字今归上声和阴去，浊声母字归阴平。汝城别的地方有入声（如濠头乡）。

词汇方面，"喝茶"说"食茶"（汝城说"饮茶"），"交合"说"鸟"（浏阳说"入"或"戳"），"站立"都说"徛"，"刮风"都说"发风"，"我的"都说"俚介"，第三人称代词都说"渠"，声母不送气，"是"都说"系"。"顽上街去～"，汝城、桂东说"搅"，酃县、浏阳说"料"。藏东西的"藏"，汝城、浏阳说"弄"，桂东、酃县说"㧟"。

肆　江淮官话

这里所说的江淮官话指常鹤片，包括湖南的常德市、常德、汉寿、桃源、安乡大部分、津市市、临澧、澧县、石门、慈利、桑植和湖北的鹤峰、松滋、公安、石首等市县。

常鹤片的特点是，古全浊声母字今读塞音、塞擦音时为清音，平声送气，仄声不送气，如常德市：铜 $t'oŋ^{13}$ | 茶 $ts'a^{13}$ | 病 pin^{35} | 坐 tso^{35}。去声多数地点分阴阳（常德市、常德、桑植、松滋不分）。古入声全浊声母字今全部或部分归阳去（去声不分阴阳时就归去声），只有汉寿和松滋例外，汉寿归阳平和阴去，松滋古入声今读入声。

常鹤片说"他的"，不说"渠箇"；说"喝茶"，不说"喫茶"（慈利说"喫茶"，例外）。

伍　西南官话

湖南省的西南官话主要分布在湘西和湘南。湘南的永州、郴州、江华一带是西南官话与当地土话并用的双语区，属西南官话湘南片。湘西有几小块西南官话区，与四川、贵州的西南官话相连，其中龙山、永顺、大庸市属成渝片，凤凰、新晃、芷江、怀化市属黔北片，靖县、通道属岑江片。这些地方处于西南官话的边缘，情况有些特殊：凤凰、怀化市古全浊声母今读塞音、塞擦音时为清音，平声送气，仄声文读不送气，白读送气。如凤凰：病 pin^{35}文$p'ia^{35}$白。靖县古入声字归阴平，阴平调值中升调。芷江去声高平。另

外，临湘县北部黄盖湖农场和江南乡也说西南官话，属武门片。

西南官话湘南片包括东安、零陵、永州市、双牌、新田、宁远、道县、蓝山、江永、江华、嘉禾、桂阳、临武、宜章、郴州市、郴县等市县。这些市县内部方言分布比较复杂，一个县内往往又有官话，又有土话，又有少数民族语言。

湘南片内许多地方是双语区，双语区的人一般都能说官话和当地土话。官话属西南官话。土话往往一县之内就有几派，差别大的甚至妨碍通话。土话的特点尚待研究。

陆　乡话

乡话主要分布在沅陵西南部以及溆浦、辰溪、泸溪、古丈、永顺、大庸市等地与沅陵交界的地区，面积约六千平方公里，人口约四十万（其中沅陵占了一半）。当地人把湘语和西南官话叫做"客话"，把自己的土话叫做"乡话"或"瓦乡话"，于是就有"讲客"、"讲乡"的说法。所谓"瓦乡话"实际上是"话乡话"（第一个"话"是动词，第二个"话"是名词），也就是"讲乡话"的意思（当地"瓦"、"话"两字同音）。

乡话内部差异不大，同西南官话或湘语的差别却很显著，以致不能互相通话。

乡话在语音上的主要特点有：古全浊声母今读塞音、塞擦音时，平声为不送气浊音，仄声多数为送气清音，如：锤 dy^{13}｜棋 dz_i^{13}｜柱 $t'ia^{35}$｜是 $ts'\varepsilon^{35}$。知组字一般读 $[t\ t'\ d\ l]$，如：池 di^{13}｜猪 $ti\mathrm{əw}^{55}$｜直 $t'i\mathrm{əw}^{55}$｜肠 $li\mathrm{oŋ}^{13}$。入声有喉塞音韵尾，一部分古入声字归其他声调，如：活 $_\varsigma\mathrm{ɣuæ}^{13}$。古次浊平声字今读阴平，如：蛾 $_\varsigma\mathrm{ŋui}^{55}$。古全浊上声字今读上声，如：柱 $t'ia^{35}$。

书目

杨时逢，1974，《湖南方言调查报告》110—220，820—838，1055—1092。台北历史语言研究所专刊之六十六。

赵元任、丁声树、杨时逢、吴宗济、董同龢，1948，《湖北方言调查报告》1345—1427。中央研究院历史语言研究所专刊，商务印书馆，上海。

　　后记　本文初稿的西南官话、湘语和乡话由鲍厚星起草（伍云姬参加了乡话的调查工作），赣语、客家话和江淮官话由颜森起草。有关少数民族的资料由湖南省民族事务委员会阳盛海和吉首大学中文系张胜男提供。全文由颜森根据以上材料编写定稿。

　　（原载《方言》1986年第4期，与颜森合作。本文是《中国语言地图集》前期成果之一。地图集正式出版时部分内容有所修订。如江淮官话改为西南官话常鹤片。）

方言词汇比较与湖南方言分区

一

每一个方言总是拥有一批最能显示本身特征的方言词语的。当然，方言词语流通的范围并不能导致直接划出方言区域的界限，但是，如能结合语音特征等诸方面的因素，方言词语的比较对照对于识别不同的方言或土语群仍不失为重要的一环。湖南方言纷纭复杂。有的方言词语流行很广；有的方言词语只在很有限的地域内通行，甚至只在某一个或某几个地点使用；有的方言词语在甲地是根深蒂固，在乙地却像是水上浮萍，问年轻人说有，访年老者说无，在一些方言交界的地带，情况更为复杂。几种方言词语同时作用于这些地方，使一个范围不太大，人口不太多的小县，分别说着几种不同的方言。

还有一个更为普遍的事实：几个不同的地点，在语音上有种种不同，差异十分明显，但它们又共同使用着某一些词语（这里不是指整个汉民族共同使用着的那些基本词汇，而是指某一大方言中具有地方特色的词语）。例如同属于湘方言的长沙、衡阳、邵阳、湘乡等地，语音有显著差别，但有一批方言词却是它们所共有的。

本文试图通过湖南省境内若干地区一部分方言词语的比较对照，观察其异同、亲疏，以显出各方言词汇上的某些特点，为分辨方言或土语群以及同兄弟方言进行比较提供一点材料，并对湖南省方言分区中的某些问题提出一些看法。其中主要是讨论湘方言。

二

本文选来进行比较的地点有 40 个县、市，各地的方言分区暂按一九六〇年《湖南省汉语方言普查总结报告》（初稿）处理。

其中属于湘方言的有长沙、宁乡、益阳、湘潭、湘乡、双峰、邵阳、邵东、新化、新宁、城步、辰溪、零陵、祁阳、衡阳、衡山、岳阳等地。

属于西南官话的有吉首、龙山、保靖、桑植、大庸、慈利、石门、澧县、常德、桃源、黔阳、宁远、宜章、靖县等地。

属于赣客方言的有临湘、平江、浏阳、攸县、茶陵、耒阳、常宁、永兴、酃县等地。

本文挑选词语时大略经过了这样一个过程：先对湘方言的代表点长沙话词汇作全面调查，在此基础上去比较湘方言词语与全国各地主要兄弟方言的异同（主要参考北京大学所编《汉语方言词汇》等书），从中找到湘方言的特点，再从这些具有地方特色的词语中选一批出来在本省范围内进行比较，最后又从中筛选出一部分更带有区别特征的词语。词目以普通话为准。这样反来复去，为的是通过这些词目的比较，能够体现同兄弟方言之间的差异。这种差异越明显，就越有资格被挑选来作为比较的对象。至于这一说法在一个方言内部的各个地点却可能是十分一致或可能是有某种程度的差异的。这些选来比较的词语使用频率高，都是常用的口语。

这些词语相当一批，在调查时发音合作人往往说有音无字（其中有的确实暂时不明本字）。对此，或借用方言同音字（在字的右上角加星号"＊"）；或注出音标；或从俗，采用方言区习惯使用的字形。有的词语用字已十分明确，即使不同点语音不同，为减少排字困难，亦不再注音。

正式的发音合作人有易荣德、成克莉同志等 51 人，因篇幅限制，简介从略。

三

下面是 40 个地点部分词语的比较[①]。

	儿子	女儿	女婿
长沙	崽	女	郎
宁乡	崽	女	郎
益阳	崽	女	郎
湘潭	崽	女	郎、郎古子
湘乡	崽	女	郎
双峰	崽	女	郎
邵阳	崽	女	郎（崽子）
邵东	崽	女	郎
新化	崽	女	郎（巴公）
新宁	崽	女	女婿
城步	崽	女	郎崽、郎
辰溪	儿、儿子	女、女儿	郎
零陵	崽、俫崽	女、女崽	女婿
祁阳	崽	女	郎
衡阳	崽	女	女婿
衡山	崽	女	郎
岳阳	伢崽	女	女婿
临湘	崽	女	郎
平江	崽	女	郎
浏阳	崽	女、妹崽	郎
攸县	崽	女	郎
茶陵	崽	女	郎婿
酃县	崽	妹唧	郎婿
耒阳	崽	女	郎
永兴	崽	女	郎
常宁	崽	女	郎
宜章	崽、儿子	女、女儿	郎
宁远	崽	女	女婿
靖县	崽	女儿	郎崽
黔阳	崽伢子	女	郎巴公

吉首	儿子	女伢儿	郎
保靖	儿	女	女婿
龙山	儿	女	女婿
桑植	儿子	女儿	女婿
大庸	儿子	女儿	女婿
慈利	儿子	女儿	女婿
石门	伢儿、儿子	姑儿、丫头	女婿
澧县	伢儿	姑儿	女婿
常德	儿子、伢儿	女儿	女婿
桃源	儿、伢儿	女	郎

[说明] 把"儿子、女儿、女婿"分别说成"崽、女、郎",在湖南省流通地区较广,湘方言区和赣、客方言区大抵如此,而西南官话区则明显不同,尽管内部也有不一致的地方(例如石门、澧县把"女儿"称作"姑儿")。宁远、宜章一带的土话很特别,有待进一步调查。

老头儿 湘方言区以"老倌子"说法居多,其次是"老头子"。在赣客方言区和西南官话区都以"老人家"这种说法为常,其次是"老头子"或"老倌子"。

老太婆 湘方言区主要说"婆婆子"或"老婆婆",在赣客方言区主要说"老娘",在西南官话区一派说"老婆婆",一派说"老妈子"。

男孩儿 湘方言区主要说"伢子"、"伢唧",其次是"倈唧",新化、城步说"伢子家"。赣、客方言区主要说"倈唧",少数说"伢崽"。西南官话区或说"男伢(儿)",或说"伢儿"。

女孩儿 湘方言区主要说"妹子"、"妹唧",其次说"女唧"、"女崽"、"女子家"、"妹子家"。赣、客方言区或说"妹唧",或说"妹崽"、"女伢崽"。西南官话区主要说"女伢(儿)",其次说"女儿"、"丫头"。

公牛 湘方言区主要说"牛公子"、"牛牯子"或"牯牛",也有"黄牯"、"水牯"的说法。赣、客方言区一般说"牛牯"、"牛公"。西南官话区常德等地说"牯牛",保靖等地说"公牛"。

母牛 湘方言区主要说"牛婆子"或"牛婆",其次说"牸牛"。赣、客方言区主要也说"牛婆",其次说"牛牸"或"牸牛"。西南官话区常德等地说"牸牛",其余说"母牛"。

　　小猪　湘方言区主要说"猪崽唧"、"猪患子"或"猪崽崽"。赣、客方言同湘方言类似，平江、浏阳说"细猪崽"，临湘说"猪崽里"。西南官话主要说"猪儿"、"小猪"，桑植说"月猪儿"，澧县说"伢伢猪"。

　　虱子　湘方言区和赣、客方言区普遍说"虱婆子"或"虱婆"。西南官话说"虱子"、"虱"，桑植说"虱母娘"。

　　跳蚤　湘方言区主要说"狗蚤子"、"狗虱"，湘乡、双峰、祁阳等地说"狗子"。赣、客方言区主要说"狗蚤"，也有说"狗子"的。西南官话区常德等地说"虼蚤"，其他地点说"跳蚤"或"狗蚤"。

　　翅膀　湘方言区普遍说"翼胛"（ieka）。西南官话区普遍说"翅膀"，而赣、客方言区比较有分歧，有"翼膀"、"翅管"、"翅梗"、"翎甲"等说法。

　　稻穗　湘方言区普遍叫"禾线子"。赣、客方言亦然。西南官话区常德等地说"谷须子"，吉首等地说"谷穗（子）"。

　　腐乳　湘方言主要说法是"霉豆腐"，长沙、宁乡、益阳、湘潭等地因避讳说"猫乳"，衡阳说"豆乳"。赣、客方言区说"霉豆腐"、"豆腐乳"。西南官话主要说"豆腐乳"，少数说"豆乳"。

　　找　湘方言和赣、客方言普遍说"寻"，比较特别的是零陵的"□（nian³³）"、辰溪的"□（lɔ³⁵）"。西南官话或说"找"，或说"寻"，比较特别的是吉首、保靖的"□（lo²⁴）"。

　　理　理睬　湘方言和赣、客方言一般说"齿"，有的说"答"或"耳*"。西南官话一般说"张"。

　　没有　湘方言和赣、客方言普遍说"冇得"，西南官话普遍说"没得"。

　　烫　湘方言或说"熝（o⁴⁵）"②，或说"爁"。赣、客方言或说"爁"，或说"熝（o⁴²）"。西南官话区吉首等地说"巴"，常德等地说"熝（o³⁵）"。

　　硬邦邦　湘方言普遍说"梆硬（的）"。赣、客方言说"梆硬咯"。西南官话多数说"硬邦邦"，少数也说"梆硬的"，澧县说"硬丁梆的"。

　　圆溜溜　湘方言和赣、客方言一般说"溜圆的"或"纠*圈的"。西南官话多数说"圆溜溜"，少数也说"溜圆的"。

　　什么　湘方言主要说法有"么子"、"么个"、"吗咯"。赣、客方言主要说法有"么里"、"咋个"、"吗咯"。西南官话区吉首等地主要说"什么"，常德等地则说"么得"。

四

从一批方言词语的对照比较中，既可看到不同的方言，词汇面貌有所不同，又能看出各方言内部词汇上的某些一致性。其一致性主要表现在以下几方面：

（一）用词的一致　普通话的词在方言中换了另一种说法，这种说法在这一方言中颇为流行，有较大程度的一致性。例如"儿子"说"崽"，"女儿"说"女"，"女婿"说"郎"，"翅膀"说"翼甲"，"找"说"寻"，等等，在湘方言中是相当一致的。

（二）构词法的一致　长沙话中形容词的某些生动形式曾经引起人们注意，其中一种形式是在一个单音节的形容词前面添一个表示加强程度的类似前缀的语素。如纠圈的（很圆）、捞空的（很空）、曰酸的（很酸）、清甜的（很甜），等等。不仅长沙如此，整个湘方言中都盛行这种说法。

又如有的比较特殊的名词后缀在湘方言中是普遍被采用的。如"婆"字有时不用来表示性别，如猪婆、鸭婆等，而只是一个标志名词的后缀，如"虱婆子"。

（三）词的语音形式的一致　这里是指一些有特色的读音一致或比较一致。例如：

蚊　在湘方言中绝大多数是读 [mən] 或 [min]（大都是中平调或高平调）。"青头蚊"（绿豆蝇）的读音各地也大体一致，"青"字多数念成 [tɕʻiã]，带鼻化音色彩。

爤　普通话中的"烫"在湘方言和西南官话中都有说"爤"[o] 的，但是调值有所不同，湘方言如长沙、益阳、宁乡、湘乡等地一致地读成较高的升调，西南官话区域如常德、慈利、石门、澧县、桃源等地则读成较低的升调。

上述的某方言内部词汇上的某些一致性，在划分方言区域时可以起到一定的参考作用，如普通话"不理睬"，湘方言一般都说成"不齿"，西南官话区则说成"不张"，这就有划界的作用。如果说一两个词尚不足以说明问题，那么，较多的词都具有这种划线作用，就值得重视了。

在一个方言内部如再往下划分土语群，也可以参考方言词语的某些一致

性。比如同属西南官话区域的常德、石门、澧县、慈利、桃源、龙山、保靖、吉首、桑植、大庸等地，可以通过"烫"的不同说法把它们划开，前五处说"燢"[o³⁵]，后五处说"巴"[pa⁵⁵]。又如"什么"一词的说法，常德等地一致地说"么得"，这说明把它们划作一个土语群是合适的。过去有人把常德和衡阳、常宁、耒阳、永兴等地划在一起，算同一方言区，这是难以成立的。仅从一些有区别特征的词语就可以把它们分开。

五

各方言一方面拥有一些一致性的词语，把自己这个方言体系联结在一起，一方面又由于种种原因在方言内部出现一些不一致的现象。其不一致的现象有：

因风俗习惯不同造成的差异　如"腐乳"在湘方言的代表点长沙方言中叫"猫乳（mau³³·y）"，除了几个受长沙话影响较深的点跟着叫"猫乳"外，其余大多叫"霉豆腐"。长沙地区忌讳说虎，"腐"与"虎"同音（fu），便改"腐"为"猫"。

因来源不同造成的差异　如"男孩儿"在湘方言中有的说"伢子"，有的说"俫唧"；"烫"在湘方言中有的说"燢"有的说"燦"，这些显然是有不同的来源的。

因构词方法不同造成的差异　湘方言的"子"尾特别丰富，但也有带或不带的区别。如"禾线子"、"牛牯子"等词在有的地方就不带"子"，有的是带上了不同词尾，如伢子、伢唧、伢姐、伢子家等。

因命名角度不同造成的差异　如"蝉"，湘潭叫"叫哥哥"，邵东叫"懒虫"，湘乡叫"蝉娘子"，冷水江叫"闭晏斯"（[pi⁴⁵ ŋā⁴⁵·sɹ] 这是摹拟声音），新化叫"蝉子"，衡阳叫"秋蟛子"。

因沿用不同古词语造成的差异　如"系"（打结），在湘方言中有的说[tʻia]，如长沙、益阳、宁乡、湘潭、祁阳、衡山等地，沿用的应是"缔"字，《广韵》霁韵，特计切。缔，结也。有的说[dau]，如邵阳、邵东、城步等地，沿用的应是"绹"字，《广韵》豪韵，徒刀切。绹，《尔雅》曰：绹，绞也，谓纠绞绳索也。有的说[xo]，如新宁等地，沿用的应是"缚"字，《广韵》简韵，符卧切，药韵，伏镬切，缚，系也。

六

　　从抽样比较调查中可以看到，由于词汇在语言中具有特别活跃的特点，不同体系的方言在词汇上常有互相影响的地方。

　　大面积的　如湖南全省范围内的汉语方言要受湘方言的影响，因为湘方言区在政治、经济、文化各方面比省内其他方言区占有更重要的地位，所以，此种影响大而深，如把"苍蝇"和"蚊子"都叫做"蚊子"，再在前面冠以区别的字眼儿："青头蚊"、"饭蚊子"。这是湘方言的一个特点。西南官话、赣客方言最有代表性的点，前者如武汉、成都等地，后者如南昌、梅县等地都是不混的。湖南省境内的西南官话和赣客方言区却受着湘方言的影响，产生一些相同的或类似的说法，如慈利、石门、常德、桃源等属西南官话区的县市同说"绿头蚊"、"饭蚊子"。攸县、耒阳、常宁、永兴属赣客方言区的说"青头蚊""饭蚊"或"饭蚊唧"。又如呼"儿子"为"崽"。扬雄《方言》记载："崽者子也，湘沅之会凡言是子者谓之崽，若东齐言子矣。"两千年以后的今天，湖南省境内大多数地方仍是呼子为崽。可以说，"崽"这个词实际上是湖南全省的通语。

　　小范围的　如甲方言区的某一方言点，接受了乙方言区词语的影响；或者反过来，乙方言区的点受到甲方言区词语的影响。如辰溪话按其语音特征来说，保留了一套完整的浊音系统，应列入老湘语范围，但在词汇上却打下不少西南官话的烙印。湘方言的一些最典型、最有代表性的说法，辰溪话有改变，变得和吉首、保靖、龙山、桑植、大庸等西南官话方言点协调一致。如不说"崽"而说"儿"或"儿子"，不说"翼甲"而说"翅膀"，不说"冇得"而说"没有"、"没得"，不说"虱婆子"而说"虱子"，不说"爏"而说"巴"，等等。

　　桃源话本属西南官话区，但它和常德、石门、澧县等地比较，受湘方言词汇影响较多，下面是常德和桃源在某些词语上的比较：

常德：女儿　　女婿　　虱　　找　　圆溜哒的

桃源：女　　　郎　　　狗虱　寻　　溜圆的

这大概是由于桃源在地理位置上比常德更接近湘方言区的缘故。

各方言在词汇之间的相互渗透有时是在更为广阔的背景下进行的。如有

一些和北方方言很不相同的方言词语，在湘方言、赣方言和西南官话中都有，一时还难以说清谁受谁的影响。这种现象可以为探索各方言的亲疏关系提供一些线索。请看下列词语：

普通话	长沙话	南昌话	武汉话
蹲	跍 ku^{13}	跍 k'u^{24}	跍 k'u^{213}
塞	墍 tsəu^{24}	墍 tsuk^5	墍 tsou^{213}
竖	敦 tən^{45}	敦 tin^{45}	敦 tən^{35}

注

①比较时，原全部采用表格式，因篇幅所限，表格式只列一项，其余均用文字说明。

②《集韵》铎韵：爅，黄郭切，热也。（笔者按：后改用"㷲"，见本书"长沙方言（老派）"同音字汇）

（原载《湖南师大学报》（哲学社会科学版）1985 年第 3 期。）

常德十县市方言声调的特点
——兼论常德地区方言的系属

　　常德地区位于湖南省北部，其东、南、西三面毗连地区均在湖南境内，唯北面与湖北的石首、公安、松滋、五峰等县接壤。这一地区的方言在声调上有一些特点，弄清这些特点有助于确认这个地区方言的系属。

（一）常德十县市方言声调比较

古词类 古声类 今词类 词值 地点	平		上			去			入		
	清	浊	清	次浊	全浊	次浊	全浊	清	清	次浊	全浊
	阴平	阳平	上声			阳去		阴去	入声		
常德市	55	24	21			35			归去声		
常德县	55	24	21			33		35（1）	归阴去（3）		
汉寿县	55	213	21			33		24（2）	归阴去（4）		
临澧县	55	213	21			33		24	归阴去（5）		
澧　县	55	213	21			33		同阳平	24（6）		
津市市	55	213	21			33		同阳平	24（7）		
安乡县	55	213	21			33		同阳平	35（8）		
石门县	55	13	31			33		同阳平	归 阴平 阳去（9）		
慈利县	35	13	41			33		同阳平	归 阴平 阳去（10）		
桃源县	35	13	21			33		同阳平	55（11）		

　　（1）（2）部分清去同阳平，如"菜、怕"等。（3）（5）清入归阴去，浊入大部分也归阴去，少数归阳平，如"杂、读、白、舌"等。

　　（4）清入归阴去，浊入大部分也归阴去，少数归阳平，如"杂、读、白、

舌"等。

(6)(7)(8)(11)全浊入部分归阳去。(9)(10)清入、次浊入归阴平，如"百、八、六、绿"等；全浊入归阳去，如"白、拔、读、杂"等。

(二)常德十县市方言声调的主要特点

首先表现在古去声调类的分化上。从比较中可以看出，在这一地区占有较大优势的是，古去声清音声母字和古平声浊音声母字在今天的方言中同调，即清去并入阳平。例如：

怕＝爬　　　放＝房　　　痛＝铜　　　炭＝谈
菜＝才　　　汽＝奇　　　信＝形　　　货＝和

常德、汉寿两县虽然阴去自成调类，但同时有不少古清去字与阳平同调。临澧城关去声分阴、阳两类，但其他地方（如文家乡）同样具有清去并入阳平这个特点。

其次表现在调值上。一个是各点之间绝大多数调类的调值相同或者相似。其中阴平、上声的一致性最高，去声、阳平次之。阴平的调值除慈利、桃源外都是55，上声的调值除石门、慈利略有区别外都是21，去声的调值是凡来自古代浊去、全浊上的去声字都是33（常德市例外），阳平的调值一致性不那么高，但也是比较接近的。

另一个是以特点鲜明的调型和相邻的方言区别开来。如中平调33这个调型很突出，在相邻的湘方言区与之对应的都变成了低降调21。这一点可以说是泾渭分明。

古入声今天的归宿格局不一，是这个地区方言声调的又一个特点。在总共只有十个县市的范围里就呈现出好几种形式：或入声基本自成调类（澧县、津市、安乡、桃源），或入声消失，归并到其他调类。归并的途径又是多样：归去声（常德市），或基本归阴去，少数归阳去（常德、临澧），或基本归阴去，少数归阳平（汉寿），或清入、次浊入归阴平，全浊入归阳去（石门、慈利）。

以上三特点中有两个表现了这一地区方言在声调上的一致性，它压倒了这一地区方言在声调上的差异性，使这一片地区的方言紧抱成一团，成为一个有特色的方言区。

(三)常德地区方言声调某些特点形成的背景

据《湖北方言调查报告》的描述，湖北境内的方言分阴阳去的地方，阳

去 33 的读音占绝对优势，特别是靠近湖南的地区，如监利、公安、石首、鹤峰等地都是如此。而阳去调值读升调、降调、或降升调的情况完全没有。

常德地区以南、以东一大片地区，分阴阳去的方言，阳去调值的读音占绝对优势的是低降调 21。

从这一点上看，常德一带的去声是明显地受到了湖北方言的影响。至于常德市何以别具一格，与武汉市的去声调值完全一样（均为中升调 35），这恐怕是常德市作为常德地区的行政公署所在地和该地区经济发展中心，历来与武汉市交往更加频繁的原故。常德市过去就有"小武汉"之称。

（四）常德地区方言的系属匡正

湖南常德一带的方言历来方言工作者都把它划入官话范围，这一点无甚分歧。在官话中属于哪一系却有不同看法：或划入西南官话，或划入江淮官话。

本文仅从声调系统方面观察，把常德十县市的方言声调同江淮官话和西南官话进行比较。在同前者比较时，看到一明显的情况是，江淮官话入声多收喉塞尾，如南京、合肥、扬州、镇江等地，在这一点上常德十县市方言可以说与其格格不入。在同后者比较时，发现常德一带方言和西南官话中的武门片，尤其是其中的京山、汉川、沔阳、天门、洪湖等地比较一致。

在把常德十县市与京山、汉川等地进行比较之前，先要将湖北的监利、公安、松滋、鹤峰等地比较一番：

	阴平	阳平	上声	去声		入声
京山	55	13	31	44		
汉川	55	13	42	44		24
沔阳	55	13	31	33		24
天门	55	213	22	33		13
洪湖	45	13	31	33		35
监利	44	213	31	24	33	35
石首	55	13	31	24	33	35
公安	55	213	42	24	33	35

松滋	35	13	31	44	55
鹤峰	55	213	42	13	33	35

除了监利、石首等地去声分阴阳（松滋例外）与汉川等地有出入外（还有京山无入声是个例外），其余调类调值绝大部分十分接近。从这个角度看，把监利、石首等地划入武门片完全可以。《湖北方言调查报告》把监利、石首、公安、松滋、鹤峰五处单列为一区，是"因地域跟方言性质近于湖南"。这"湖南"的具体内容实际上就是指常德十县市等地区。

回过头来再把常德十县市和汉川、沔阳等地作一番比较（这两地区的声调已先列出，这里不再赘举），不难发现也是大同小异的。阴平、阳平、上声颇为接近，去声有一个分不分阴阳的问题。沿着去声这一条线、由北往南看下来，监利、石首等地在汉川等地和常德十县市之间不妨看作一个去声变化的过渡。

剩下的问题是，常德十县市方言中有的保留入声，入声消失的又未并入阳平，这能否影响它归属西南官话呢？

这要看对西南官话如何理解。关于西南官话的定义黄雪贞先生说得十分清楚，符合实际，我们赞成下面这个观点："古入声今读阳平的是西南官话，古入声今读入声或阴平、去声的方言，阴平、阳平、上声、去声调值与西南官话的常见调值相近的，即调值与成都、昆明、贵阳等六处的调值相近的，也算是西南官话。"

据此，我们认为常德十县市（当然也包括湖北的石首等地）方言还是以划入西南官话为宜。划进西南官话时，或者隶属于武门片，或者另立片名。

和常德十县市这一片方言关系甚密的还有华容。该县西接安乡，北抵湖北石首、监利，东界岳阳，南邻南县。地理位置使其受到西南官话、赣语和湘语的影响，而以西南官话影响最甚，当地人语感普遍认为华容话跟常德一带方言近似。综合声韵调特点，可看作带有赣语特点的西南官话。它的声调和石首完全一样，最好也划入这一片西南官话区。

（原载《湖南师范大学社会科学学报》1988年第5期。本文曾在1987年9月汉语方言学会第四届学术年会上宣读。）

湘语的分区（稿）

壹　《中国语言地图集》湘语分区简介

《中国语言地图集》（1987 年和 1989 年分两次正式出版，以下简称《地图集》）的 B11《江西省与湖南省的汉语方言》图中，对湘语的分区作了如下说明：

湘语主要分布在湖南的湘水、资水、沅水流域以及广西的全州、兴安、灌阳和资源。说湘语的人口约三千零八十五万。湘语区分为以下三片。

㈠长益片 32 个市县　长沙市　长沙　湘潭市　湘潭　株洲市　株洲　平江*①　浏阳*　宁乡　望城　湘阴　益阳市　益阳　桃江　沅江　汨罗　岳阳市　岳阳*　南县　安乡*　安化*　衡阳市　衡阳　衡南　衡东　衡山　邵东　新邵　黔阳　洪江市　会同　绥宁*以上湖南

㈡娄邵片 21 个市县　娄底市　湘乡　双峰　涟源　冷水江市　新化　安化*　邵阳市　邵阳　洞口*　隆回*　武冈　祁东　祁阳　城步　新宁　麻阳以上湖南　全州　资源　灌阳　兴安*以上广西

㈢吉溆片 8 个市县　吉首　保靖　花垣　古丈*　泸溪*　辰溪*　溆浦*　沅陵*以上湖南

关于湘语以及各片的特点有以下的文字说明：

湘语主要特点是：古全浊声母逢塞音、塞擦音时，不论今读清音还是浊音，也不论平仄，一律不送气。大致地说，北部今读清音，南部今读浊音。

长益片的主要特点是：古全浊声母今读塞音、塞擦音时，无论平仄一律读不送气清音。

---

①　加星号 * 表示部分地区

娄邵片的主要特点是：古全浊声母今读［b d g dz dʑ］一类浊音。

吉溆片的主要特点是：古全浊声母今读塞音、塞擦音时，平声读不送气浊音，仄声读不送气清音。

《地图集》问世以后，有一些学者对其中关于湘语的分区发表了不同看法，如《湖南汉语方音字汇》（1993）、《湖南方言研究丛书》（1998—1999）等均有反映。最能集中反映这些调整的是《现代汉语方言概论》（2002）一书中关于湘语区的地理分布的叙述。内容比较突出的有两点：一是吉溆片改为辰溆片，把原吉溆片中的吉首、保靖、花垣、古丈、沅陵划归西南官话，只把辰溪、溆浦、泸溪三处仍保留在湘语内。一是原长益片中的少数方言点分别划归西南官话片（黔阳、洪江市、会同）和娄邵片（邵东、新邵、绥宁南部）。

贰　对湘语分区的重新思考

湖南方言分区的中心环节是湘语的分区。如何确认湘语，历来都是用古全浊声母的演变作为标准。《中国语言地图集》也是用的这个标准，原则上并没有错。我们认为以下两个方面值得进一步展开讨论。

一、标准的文字说明不够准确、周密。一处是关于湘语主要特点的说法："古全浊声母逢塞音、塞擦音时，不论今读清音还是浊音，也不论平仄，一律不送气。"这种说法与事实有相背之处。陈晖（2004）通过大量语言事实的调查统计，指出"湘方言中，除极少数地方外，古全浊声母舒声字清化后一般读不送气音，入声字清化后部分送气，部分不送气，有不少地方送气占绝对优势"。一处是关于娄邵片主要特征的说法："古全浊声母今读［b d g dz dʑ］一类音。"这忽略了娄邵片不少地点古全浊入声字全部或绝大部分都已清化的事实（陈晖 2004）。

二、标准的使用还有可以商榷的地方。过去我们可能把湘语定位得过于单一化了，对于它因在不同地区受到官话或赣语或客家话的影响而呈现出来的多样性缺乏充分的认识。遇到一些复杂的方言事实，仅仅用一条单一的标准来判断有可能失之偏颇。这就需要从特征识别的视角来补充有关条件，以便做出符合实际的判断。

下面提出确认湘语的几条语音标准，并阐明使用过程中各标准之间的关

系。

①古全浊声母舒声字今逢塞音、塞擦音时，无论清浊，一般都念不送气音。

这仍然是最重要的标准，需要特别界定一下：a) 只提舒声字，不提入声字，因后者不能以"念不送气音"概括；b) 无论清浊，既包括浊音已经清化的一类，又涵盖仍存浊音系统的一类；c)"念不送气音"覆盖面最大，最具普遍性，但有例外，故冠以"一般"，不用"一律"。

②古塞音韵尾［-p -t -k］完全消失，也无喉塞尾［-ʔ］。

湘语中一部分方言无入声，一部分方言保留入声调类，入声不带塞音韵尾。

③蟹、假、果摄主要元音形成［a］、［o］、［u］序列。

本条虽只在部分湘语中存在，但特色鲜明。在基本形式蟹［a］、假［o］、果［u］之外，还有一些变体。

④声调有五至七类，绝大多数去声分阴阳。

在使用标准的过程中，能用第①条或第①②两条解决问题时就不去涉及③④条。只有当依靠前面的条件还感到困难时，才考虑加用后面的条件。

一般情况下，用①②两条就可把湘语同其他各大方言划分开来。当和西南官话发生划界问题时，加入③④条考虑，如原吉溆片的调整。当个别方言与第①条有抵触但符合第③条时，仍看作湘语，如娄底有的方言。

叁 湘语内部的分片

根据湘语的语音标准，并结合考察人文历史地理等因素，湖南境内的湘语可以分为以下五片：长益片、娄邵片、衡州片、辰溆片、永州片。其中长益片和娄邵片范围较大。衡州片由原长益片中的一部分构成。辰溆片由原吉溆片中的一部分构成。永州片由湘南一部分土话和原娄邵片中个别地区的方言构成。

3.1 长益片

本片分布在湘江、资江中下游，可分为三个小片。主要特点是：
①古全浊声母今逢塞音、塞擦音时清化，舒声字一般不送气，入声字部

分不送气，部分送气。如长沙：爬 pa¹³｜稗 pa¹¹｜求 tɕiəu¹³｜舅 tɕiəu¹¹｜白 pə²⁴｜拔 p'a²⁴｜侄 tʂɿ²⁴｜秩 tʂ'ɿ²⁴。

②调类一般为 5 至 6 类，调值一致性程度很高：阴平 [33]、阳平 [13]、上声 [41]、阴去 [45] / [55]、阳去 [21] / [11]，入声一派 [24]，一派 [45] / [55]。

㈠长株潭小片　包括长沙市、长沙县、望城县、宁乡县、湘阴县、汨罗市、株洲市、株洲县、湘潭市、湘潭县、南县、安乡县（南部安宏、安武、安康等区乡的绝大部分和安尤、安昌等区乡的部分地区）、浏阳市（西乡跃龙区、城郊区葛家、栾冲一部分及北乡北盛区永安的大部分地区）、平江县（岑川乡）等地区。

除长益片主要特点之外，本小片还有以下一些特点：

①模韵端泥组、鱼虞韵庄组读音与流摄字相混。如长沙：徒｜路｜初｜数｜头｜凑｜手｜钩读 [əu]。

②鱼虞韵精组读 [i] 韵。如长沙：徐 si¹³｜序 si⁵⁵｜絮 si⁵⁵｜须 si³³｜聚 tsi¹¹｜取 ts'i⁴¹。

③蟹摄合口端系读开口。如长沙：对 tei⁵⁵｜腿 t'ei⁴¹｜最 tsei⁵⁵｜岁 sei⁵⁵。

④一般都保留入声调类，调值是一个中升调 [24]，全片十分协调一致。

㈡益沅小片　包括益阳市、沅江市、桃江县。本小片的主要特点是：

①古从、邪、澄、崇、船、禅等全浊声母舒声有大批字读 [l] 声母。如益阳：坐 lo¹¹｜斜 lia¹³｜茶 la¹³｜锄 ləu¹³｜蛇 la¹³｜上 lɔ¹¹。

②声调 5 类：阴平 [33]、阳平 [13]、上声 [41]、去声 [11]、入声 [55]。本小片入声读音和长株潭小片入声读音区别明显。另一明显区别是本小片古清去大部分字今读同阳平：寄＝奇 tɕi¹³｜进＝勤 tɕin¹³｜冻＝铜 tən¹³。

㈢岳阳小片　特指岳阳县荣家湾镇一带的方言。主要特点是：

①古全浊声母舒声字今逢塞音、塞擦音时读不送气清音，古全浊入声字大多数读送气浊音；同部位次清声母读送气浊音。如皮 pi¹³｜被 pi¹¹｜披 b'i³³｜求 tɕiəu¹³｜舅 tɕiəu¹¹｜丘 dʐ'iəu³³｜疾 dʐ'i²²｜七 dʐ'i⁵⁵｜夺 d'o²²｜脱 d'ə⁵⁵。

②声调 8 类：阴平 [33]、阳平 [13]、上声 [41]、阴去 [45]、次阴去 [24]、阳去 [11]、阴入 [5̲5̲]、阳入 [2̲2̲]。其中有 5 个调类即阴平、阳平、上声、阴去和阳去的调值与长沙方言一致，又加上古全浊声母舒声字不送气清音的读法，使这一小片方言带上了长益片的主要色彩。

3.2　娄邵片

本片包括娄星区（原娄底市城区及城郊）、冷水江市、涟源市、双峰县、新化县（以上为地级市娄底所辖），邵阳市（指原邵阳市城区及城郊）、武冈市、邵东县、邵阳县、新邵县、隆回县南部、洞口县黄桥镇、金田、杨林、高沙、绥宁县南部、新宁县、城步苗族自治县（以上为地级市邵阳所辖），湘乡市（为地级市湘潭所辖）、安化县（为地级市益阳所辖）、衡山县后山（为地级市衡阳所辖）、会同县（为地级市怀化所辖）等地区。

《地图集》将邵东、新邵、安化梅城、会同、绥宁放在长益片，现将其划入娄邵片。《地图集》中，湘语内部的再分片主要依据古全浊声母是否保留浊音这一条标准，凡古全浊声母清化的一律归入长益片，当时认为以上各点浊音都已清化，但是据后来进一步的调查发现，邵东、新邵古全浊声母今仍保留浊音，无论是在语言特征上，还是在地理位置等人文条件上，都应该将它们与邵阳划入一个方言片。安化梅城、会同、绥宁古全浊声母虽已清化，但我们还是将其归入娄邵片，具体理由详见下文。

衡山县前山话与后山话存在很大区别，《地图集》中没有将其分开，而是整个放在长益片。根据近年来的调查材料，我们将衡山后山话划入娄邵片。

娄邵片的主要特征是：

①古全浊声母舒声字在绝大多数点保留浊音，且今读塞音塞擦音时，一般读不送气。古全浊入声字全部或绝大多数都已清化，清化后今读塞音塞擦音的，不少地方送气占绝对优势。

②绝大多数点已无入声调，古入声字进入了不同的几类舒声，少数地方虽保留了入声调类，但只是部分字保留入声（安化东坪例外），另有部分字进入其他声调。

③部分点蟹、假、果摄主要元音存在连锁变化，这种变化内部一致性相当高，完整地存在这种变化的县市主要有：双峰、湘乡、娄星区、涟源、冷水江。

④不少点有声母送气影响声调分化的现象。今声母送气与否有的影响到新调类的产生，有的影响调类的分合归派。

关于以上特征，有几点需特别说明：

第一，在判别是否属娄邵片时，"古全浊舒声字仍保留浊音，入声全部或

绝大多数清化",这一点至关重要。以安化东坪为例,在声调的演变上,安化东坪与长益片中的益阳十分接近,但在古全浊声母的今读上,却完全符合"舒声保留浊音,入声清化"这一特点,我们优先考虑这一特点,将安化东坪归娄邵片而不归长益片。

第二,娄邵片并不是所有点都保留了浊音,有些点浊音已经清化,但考虑到其他语言特征及历史人文背景等,我们同样将浊音清化的某些点留在娄邵片而不归长益片。

第三,特征②在娄邵处具有很大的普遍性,但并不是说符合这一特征的就一定是娄邵片方言,也不能说不符合这一特征的就一定不是娄邵片方言。

第四,特征③虽然只在部分点存在,但内部一致性很高。

本片内部又分五个小片:

㈠湘双小片 主要包括湘乡市、双峰县、娄星区、衡山后山、安化东坪。本小片的主要特征:

①古全浊声母舒声字仍保留浊音,今读塞音塞擦音时,一般为不送气浊音;古全浊入声字一律清化(只有安化东坪"昨"字未清化),清化后今读塞音塞擦音的,送气占绝对优势。

②无入声调(安化东坪例外),入声归派舒声的规律各地较为一致,即清入与浊平字同调;浊入部分字与清去同调,部分字与浊平同调。

③湘乡市、双峰县、娄星区三地蟹、假、果摄的演变较为一致:各地蟹摄开口一二等主要读开尾韵,无元音韵尾(湘乡有部分字例外)。其中蟹开二主要元音一般为 $[\alpha]$,蟹摄开口大部分字一等与二等存在区别;假摄主要元音一般为 $[o]$;果摄主要元音一般为 $[\upsilon]$。

④湘乡、双峰两县市的一些乡镇平声依声母的清、次浊、全浊一分为三,去声依古声母的清浊及今声母送气与否一分为三。

需说明的是,娄星区有不少地方古全浊声母今读塞音塞擦音时,无论舒促,都为送气清音,从这一点来看,这些地方具有客赣方言的典型特点,但我们并不据此将其划入客赣方言,因为除古全浊声母的今读这一点外,其他方面的特征这些地点与保留浊音的方言点完全一致。

㈡涟梅小片 主要包括涟源市、安化梅城、冷水江市。本小片的主要特征:

①古全浊声母无论平仄都已清化,清化后今读塞音塞擦音的,舒声绝大

多数不送气，入声送气占绝对优势。

在全浊入声字的今读上，涟梅小片与湘双小片表现一致，但它们在全浊舒声字的演变上明显不同，因此我们将其分成两个小片。

涟源部分地方（如蓝田、六亩塘等）以及冷水江大部分地方，除"并、定"两母外，其他古全浊声母舒声字绝大多数读清擦音，并母、定母舒声字有的地方读不送气清塞音，但有些地方，如涟源六亩塘镇、冷水江铎江镇等，并母舒声字读 [m]，定母舒声字读 [l]。安化梅城古全浊船、禅、日母舒声字有少数（主要是三等字）读 [l]。以上古全浊声母的这些特殊变化都是出现在舒声字中，古全浊入声字的演变则符合湘双小片及涟梅小片的普遍特征。

②绝大多数地方都无入声调，入声派入不同的几类声调。个别点（例如涟源桥头河）入声部分字进入阴去，部分字仍保留入声调，调值为 [33]。

③在蟹、假、果摄的读音上，涟源、冷水江与湘双小片中的双峰、娄星区、湘乡较为一致。梅城果摄主要元音为 [ʊ]，这与涟源等上述地方一致，但假摄、蟹摄的读音则更接近长益片。

④声母送气影响声调的分化。涟源（部分）、安化梅城去声一分为三，阴去、次阴去、阳去，今声母送气的去声字自成一类。冷水江去声分阴阳两类，今声母送气的去声字与全浊去为一类（阳去），今声母不送气的去声字与次浊去为一类（阴去）。

在《地图集》中，安化梅城属长益片。我们依据古全浊声母的今读、声调的演变等上述几条特征将其调整到娄邵片。

㈢新化小片　以新化县的话为代表，也包括集体移民到其他县市或与新化县邻近的其他县市中的新化话。这一小片的主要特征：

①古全浊声母舒声字仍保留浊音，今读塞音塞擦音时，一般为送气浊音；古全浊入声字一律清化，今读塞音塞擦音的，绝大多数都为送气清音。

②古入声部分字进入阴平和去声，部分字仍保留独立的入声调类，但入声调发音不短促，无塞音韵尾。

③声调文白异读现象很普遍，平、上、去、入四声都存在文白异读现象：部分古浊声母平声字文读阳平，白读入声；古全浊声母上声字文读去声，白读上声或阴平；古浊声母去声字，文读去声，白读阴平；古清声母入声字文读入声，白读阴平，古浊声母入声字文读入声，白读去声。

④去声不分阴阳，古全浊去读阴平；全浊上也有部分字读阴平。

　　新化小片的某些特征在湘方言中显得很独特,从移民历史等背景来看,这些特征可能是受赣方言影响所致。不过它虽有一定赣语色彩,但湘语色彩更明显,最突出的表现就是特征①和特征②,即古全浊声母舒声字仍保留浊音,入声字清化;入声调读音不短促,无塞音韵尾;同时在词汇上新化小片湘语特征也很明显,因而我们认为其是具赣语色彩的湘方言。

　　以上三个小片(湘双小片、涟梅小片、新化小片)有一个共同特征:古全浊入声字全部清化,清化后今读塞音塞擦音的,送气占绝对优势。

　　㈣邵武小片　主要包括邵阳市(原邵阳市城区及城郊)、武冈市、邵东县、邵阳县、新邵县、隆回县南部、洞口县黄桥镇、金田、杨林、高沙、新宁县、城步苗族自治县。本小片的主要特征:

　　①古全浊声母舒声字仍保留浊音,今读塞音塞擦音时,一般为不送气浊音,这一点与湘双小片是一致的;古全浊入声各地都有少数字仍保留浊音,保留浊音的字数从北往南呈递增趋势,这与其他小片全浊入一律清化是不同的,同时,已清化的古全浊入声字今读塞音塞擦音的,部分送气,部分不送气,不像前面谈到的三个小片,送气占绝对优势。

　　②绝大多数点无入声调;个别点(如邵阳市)部分字保留了入声(调值为 [33]),部分字进入其他声调(以进入阴去为主)。

　　如前述,这一特征是娄邵片较普遍的特征,但是与其他小片不同的是,邵武小片在入声派入舒声时,以进入阳去为主。其他小片只有涟梅小片中的冷水江与之相类似。

　　③阳去一般为中升调,调值一般为 [24]。其他小片中只有冷水江和新化与之相类似。以上三个特征在邵武小片内部一致性非常高。

　　④邵阳市、邵东、新邵、隆回等地送气去声字虽不自成调类,但声调的分化与今声母的送气与否密切相关:今声母送气的去声字与全浊去为一类(阳去),今声母不送气的去声字与次浊去为一类(阴去)。

　　关于洞口黄桥镇方言,有一个情况需要单独说明。依据唐作藩先生(1960、1997)提供的语料,黄桥镇方言具有湘语娄邵片邵武小片的典型特征;但是近年来出现的记录黄桥镇方言的一些新的语料(曾春蓉 2004)却具有明显的赣语色彩,如古全浊声母不论平仄一律清化,清化后逢塞音、塞擦音送气,全浊上部分字读阴平等。这还有待进一步调查。

　　㈤绥会小片　主要包括湘西南的绥宁南部、会同等地。本小片的主要

特征：

①古全浊声母不论平仄都已清化。清化后今读塞音塞擦音的，绝大多数读不送气音，有少部分读送气音，读送气音的主要是古全浊入声字。

②声调一般都是五个：阴平、阳平、上声、阴去、阳去。无入声调，古入声字归入不同的几类声调。

③古入声有部分字归入上声。

关于湘西南的绥宁、会同等地方言的归属，长期以来一直存在争议。《地图集》中，绥宁南部、会同方言属湘语长益片，现将其划入湘语娄邵片。从古全浊声母的今读来看，这一小片确实与长益片较相似；从声调来看，这一小片又与娄邵片较相似。古全浊声母清化，这固然是长益片的普遍特征，但是，娄邵片一些点浊音也已清化，因此，我们不能仅仅依据全浊声母清化就将绥宁、会同等地放入长益片。同时，长益片绝大多数地方都保留了入声调类，而且古入声字在各地都非常整齐地读中升或高升调，这形成了一种特定的声调调势，这是绥会小片不具备的。绥会小片声调的演变规律与娄邵片一致，同时，从地理位置及语言接触来看，将绥宁、会同向北跨越邵阳、娄底等大片地区而划入长益片也不大合适。

绥会小片是娄邵片中一个非常特殊的小片，从其语言底层来看，湘语特征还是较明显的，但是其受外方言的影响又较大，混合性特征较多。不少地方阴平、阳平及上声的调值与湘语其他片不一样，古入声有部分字归上声，这也是不同于湘方言其他点的。由于调查材料有限，湘西南有些方言点的面貌我们还不很清楚，随着调查的深入，这一片可能还会有不少新的发现。

3.3   衡州片

历史上衡州府所辖地区除今天的衡阳市、衡阳县和衡东县以外，还包括常宁、安仁、耒阳、酃县（今炎陵）。后4地已划入赣、客方言，前5地为衡州府中心部分，仍属湘语。因其处于湘北（长益片）、湘中（娄邵片）、湘南（永州片）的湘语和湘东、湘南赣、客方言的包围之中，方言具有明显的过渡地带性质，故从原长益片中划出，单列一片。本片又分两小片：

㈠衡阳小片   包括衡阳市、衡阳县、衡南县。主要特点是：

①古全浊声母今逢塞音、塞擦音时，无论平仄，一般读不送气清音。

②声调6类，调类与长株潭一带相同，但调值相去甚远，倒是与娄邵片

中的邵阳方言接近。

	阴平	阳平	上声	阴去	阳去	入声
衡阳	[45(55)]	[11]	[33]	[24]	[213]	[22]
邵阳	[55]	[11(12)]	[42]	[35]	[24]	[33]

③人称代词第三人称单数说"渠 tɕi³³"，男孩子说"倈基 lai³³ tɕi³³"，"什么"说"吗咯 ma³³ ko²²"。这些都是赣客方言影响所致。

㈡衡山小片　包括衡山县（前山话区域）、衡东县、南岳区。主要特点是：

①古全浊声母今逢塞音、塞擦音时读音清化，平声送气，仄声中去声不送气，入声或送气或不送气。这种基本上"平送仄不送"的类型在湘语中属个别现象。

②声调 6 类，其中阴平为中平，阴去为高升，入声为中升，与长益片中的长株潭小片趋于一致，这与地理上的紧紧相连有关系。

③有前硬腭塞音［ȶ ȶʻ］，主要来自知章组与见组。如：猪 ȶu³³｜超 ȶʻou³³｜潮 ȶʻou¹¹｜章 ȶõ³³｜厂 ȶʻõ¹³｜江 ȶõ³³｜强 ȶʻõ¹¹。和衡山相邻的常宁、耒阳均有［ȶ ȶʻ］声母，后两地属赣语区。

④"说话"既有"讲话"的用法，又有"话话"的用法，后者来自赣客方言，湘语一般说"讲话"。

3.4　辰溆片

本片分布在沅江中游，包括辰溪县、溆浦县（龙潭、低庄除外）、泸溪县。

《地图集》中，湘语吉溆片包括吉首、保靖、花垣、古丈、泸溪、辰溪、溆浦、沅陵 8 个县市。现根据语言特点及当地人的认同感，将吉首市、花垣县、保靖县、古丈县、沅陵县 5 地划入西南官话，只有泸溪、溆浦、辰溪仍作湘语，因而片名改称辰溆片。本片主要特征：

①古全浊声母平声字仍保留浊音，仄声字基本上清化。其中，今读塞音塞擦音的，舒声（平、上、去）绝大多数读不送气音，入声绝大多数读送气音。

②声调一般都是五个：阴平、阳平、上声、阴去、阳去。无入声调，古入声字主要归阳平（占大多数）和阴去；归阳平的主要是清入及次浊入声字，

归阴去的主要是古全浊入声字。

　　③蟹、假、果摄各地演变较为一致：各地蟹摄开口二等无元音韵尾，主要元音一般为 [ɑ]；蟹摄开口一等也有不少字无元音韵尾；蟹摄开口大部分字一等与二等存在区别；假摄主要元音一般为 [o]、[ɔ] 或 [ɒ]；果摄主要元音一般为 [ʊ]。

　　④阳去一般是高降调或高平调，调值一般为 [53] 或 [55]。

　　从语音特征上说，辰溆片与娄邵片尤其是娄邵片中的湘双小片有不少相似之处，例如，古全浊入声一律清化，清化后今读塞音塞擦音的，送气占绝对优势。无入声调，古入声字主要归阳平、阴去；蟹、假、果摄的演变辰溆片和湘双小片也很相似。但是，辰溆片与湘双小片乃至整个娄邵片也存在一定差异，我们将其作为一个独立的大片，最主要的依据是以下几点：①古全浊声母的演变。虽然古全浊声母辰溆片和娄邵片都不同程度地保留了浊音，但前者（辰溆片）只在平声中保留浊音，而后者（娄邵片）整个舒声中都较完整地保留了浊音。②阳去调的调值调型与湘语其他片明显不同。③某些词汇、词法表现出西南官话特征，与湘语其他片有所不同。

3.5　永州片

　　本片分布在湘南永州市的部分地区，包括以下有土话的区县：冷水滩区、芝山区、东安县、道县、江永县、新田县、江华瑶族自治县（这些区县同时存在的官话和部分区县存在的不同状况的少数民族语言或其他汉语方言不在本文讨论）。另外，祁阳、祁东两县也纳入此片。

　　永州主要位于湘江流域上中游干线地带，正是湘语流行的重要地段之一（湘南永州地区最具代表性的官话也同时带有湘语的色彩），广西境内全州、兴安、灌阳和资源 4 县及周边一些地区所流行的湘语和永州一带湘语有着直接的关系，从历史渊源和方言现状来看，这一带应划入湘语；又，鉴于这一带（主要是土话）语言面貌有某些特殊性，故单列一片。

　　祁阳、祁东两地方言的湘语性质没有争议。原划入娄邵片，今根据历史沿革及语言特点将其划入永州片。

　　本片主要特点是：

　　①古全浊声母今逢塞音、塞擦音时无论清浊，无论平仄，一般念不送气音。

②有非组读如帮组、知组读如端组的现象。

③果、假元音高化的现象比较普遍。

④阳声韵失落鼻音韵读为纯粹元音的现象比较突出。

⑤一般去声区别阴阳，保留入声调类，但不带塞尾。

本片分两个小片：

㈠东祁小片 包括东安县（分布于花桥、中田、井头圩、高峰等4片土话区）、冷水滩区（分布于普利桥镇、花桥街镇和岚角山镇部分地区）、芝山区（分布于接履桥镇一带）和祁阳、祁东两县。主要特点是：

①古全浊声母今逢塞音、塞擦音保留浊音系统。本小片内这个浊音系统一般为不送气形式（祁阳、祁东方言也有送气浊音的表现，但实属自由变化），但冷水滩岚角山除 [d] 保留外，余皆变为浊擦音（李星辉2003）。

②"鸡 [ᵈtʃi]、妻 [ᵗtʃʻi]、奇 [ᵈdʒi]、希 [ʃi]、日 [ʒi]"有浓厚的舌叶音色彩，但在 [i] 作介音的韵母面前，声母仍读 [tɕ tɕʻ dʑ ɕ ʑ]。

③蟹、假、果摄主要元音的连锁变化在东安（花桥、石期等地）、冷水滩（岚角山、普利桥等地）一带普遍存在，"多、歌、坐、火"等读 [u]，"茶、沙、差、价"等读 [o]，"带、排、牌、买、解"等读 [a/-ia]。

④咸、山、梗摄文读保留韵尾，白读失落韵尾，读纯粹元音。如"三、生、沙"都读 [ᵗso]，"参~加、餐、猜"都读 [ᵗtsʻa]。

⑤调类以6类居多（平、去各分阴阳，外加上声、入声），5类有两种类型，或分阴阳去，无入声（如东安石期），或去声不分阴阳，但有入声（如冷水滩岚角山）。祁阳、祁东新派6类，老派7类（入声也分阴阳）。

祁阳、祁东③④与众不同，既无蟹、假、果元音连锁变化，又无阳声韵脱落韵尾读纯粹元音的变化。这和两地方言受官话影响程度较深不无关系。

㈡道江小片 包括以下地区：

道县主要分布在西部、北部、西北、西南，以祥霖铺话、寿雁话为代表。以小甲话为代表的东部土话不属此片、江永县主要分布在城关、夏层铺、桃川、松柏等范围、江华瑶族自治县主要指分布在岭西、小圩、码市三片的"梧州话"和上五堡片的七都话、白芒营片的八都话、新田县主要指通行于南乡的土话，以茂家话为代表。北乡土话不属此片。

主要特点是：

①古全浊声母今逢塞音、塞擦音时无论平仄，一般念不送气清音。江永土话是这一特征的典型代表，道县祥霖铺和江华的七都、八都话这一特点也

同江永。道县寿雁与江永土话不同的是，有部分从、澄、崇母字今读清擦音 [s]，江华梧州话除並、定、群母念不送气清塞音外，从、澄、崇母等均念清擦音，和道县寿雁属一小类。至于新田南乡土话，是平声一律不送气，仄声大部不送气，少部分送气。凡不符合此条特征的，如同属永州市范围内的宁远、蓝山、新田北乡、道县东部、双牌南端等地的土话（以上地点正好连成一片）均不列入本片。

②蟹、假、果摄主要元音的连锁变化不像东祁小片那样规整，但这里出现了几种类型的代表：江永桃川是蟹摄 [ia]、假摄 [uo]、果摄 [əɯ] 系列，果摄这种由裂变形成的复元音形式与湘语娄邵片中的双峰（荷叶）、吴语中的苏州类似。道县寿雁假摄 [u]、果摄 [ao]，似乎不是蟹摄 [i] 推链所致，而可能是止摄 [o/a] 和效摄开口一等 [a] 促成的变化。江华白芒营的八都话蟹摄 [a]、假摄 [u]，果摄变成展唇 [ɤ]。

③阳声韵失落韵尾，读纯粹元音。这一现象比东祁小片更为突出，如江永城关土话几乎所有阳声韵都有大批字读纯粹元音。道县寿雁也是深、臻、曾、梗、通、江见组、咸开一等摄鼻音韵尾都已消失。

④调类 5 至 7 类。5 类 a：阴平、阳平、上声、去声、入声（江永桃川）；5 类 b：阴平、阳平、上声、阴去、阳去（江永松柏）；6 类是在 5 类 b 的基础上再加入声（道县寿雁、江华白芒营八都话）；7 类是在 6 类的基础上再分上声为阴阳两类（江永城关、江华河路口七都话）。

和东祁小片相比，本片在语音层面上显得更为驳杂。这里有端组读 [l]（如江永各片），精组读 [t]、[tʻ]（如道县、江华等地），帮母读 [m]（如江永桃川），明母读 [p]（如新田南乡），遇三读 [ia]（江永桃川），止摄读 [a]（江永城关、桃川）或 [ai]（江永桃川），有的声调演变明显具有客家话特点（江永桃川），真是各色各样，不一而足。这一小片的确混合的程度较高，不同历史层次的叠加较多，但如果结合人文历史地理的因素，从语言特点上求同存异，我们认为也可以作为比较特殊的湘语对待。

参考文献

鲍厚星、颜　森　1986　湖南方言的分区，《方言》第 4 期

鲍厚星　1989　湖南邵阳方言音系，《方言》第 3 期

鲍厚星 1993 湖南城步（儒林）方言音系，《方言》第 1 期

鲍厚星 1998 《东安土话研究》，（长沙）湖南教育出版社

鲍厚星 2002 湘南东安型土话的系属，《方言》第 3 期

鲍厚星 2004 湘南土话系属问题，《方言》第 4 期

鲍厚星、崔振华、浓若云、伍云姬 1999 《长沙方言研究》，（长沙）湖南教育出版社

鲍厚星等 2004 《湘南土话论丛》，（长沙）湖南师范大学出版社

陈　晖 1999 《涟源方言研究》，（长沙）湖南教育出版社

陈　晖 2004 湘语语音研究，（北京）中国社会科学院研究生院博士学位论文

陈　晖 2004 异纽同调和异纽异调——兼论湘语娄邵片与吴语在古全浊声母演变上的差异
　　（第四届研究生语言学学术会议论文集）香港大学

陈立中 2004 《湘语与吴语音韵比较研究》，（北京）中国社会科学出版社

陈蒲清 1981 益阳方言的边音声母，《方言》第 3 期

储泽祥 1998 《邵阳方言研究》，（长沙）湖南教育出版社

崔振华 1998 《益阳方言研究》，（长沙）湖南教育出版社

方平权 1999 《岳阳方言研究》，（长沙）湖南师范大学出版社

贺凯林 1999 《溆浦方言研究》，（长沙）湖南教育出版社

贺凯林 2003 湖南道县寿雁平话音系，《方言》第 l 期

侯精一 ［主编］2002 《现代汉语方言概论》，上海教育出版社

湖南省地方志编纂委员会 2001 《湖南省志·方言志》，（长沙）湖南人民出版社

湖南省公安厅《湖南汉语方音字汇》编纂组 1993 《湖南汉语方音字汇》，（长沙）岳麓书社

黄雪贞 1993 《江永方言研究》，（北京）社会科学文献出版社

李启群 2002 《吉首方言研究》，（北京）民族出版社

李维琦 1998 《祁阳方言研究》，（长沙）湖南教育出版社

李星辉 2003 湖南永州岚角山土话音系，《方言》第 1 期

李星辉 2004 湘南土话与湘南瑶语的接触研究，（长沙）湖南师范大学博士论文

李永明 1986 《衡阳方言》，（长沙）湖南人民出版社

刘丽华 2000 《娄底方言研究》，（长沙）中南大学出版社

罗昕如 1998 《新化方言研究》，（长沙）湖南教育出版社

毛秉生 1995 湖南衡山方言音系，《方言》第 2 期

彭泽润 1999 《衡山方言研究》，（长沙）湖南教育出版社

彭泽润 2003 衡山南岳方言的地理研究，（长沙）湖南师范大学博士论文

瞿建慧 2005 湖南泸溪（浦市）方言音系，《方言》第 1 期

唐作藩 1960 湖南洞口县黄桥镇方言，《语言学论丛》第 4 辑

唐作藩 1997 从湖南黄桥镇方言定母字的读音探讨湘方言全浊声母的演变,《桥本万太郎纪念·中国语学论集》,（日本）内山书店

王福堂 2001 平话、湘南土话和粤北土话的归属,《方言》第 2 期

谢奇勇 2003 湘南永州土话音韵比较研究,（长沙）湖南师范大学博士论文

谢奇勇 2004 湖南新田南乡土话同音字汇,《方言》第 2 期

杨翊强 1988 湘乡方言声调系统简析,《长沙水电师院学报》（社科版）第 3 期

曾春蓉 2004 湖南洞口县黄桥话的语音研究及其系属问题探讨,（长沙）湖南师范大学硕士论文

曾毓美 1999《韶山方言研究》,（长沙）湖南师范大学出版社

张盛裕、汪　平、沈　同 1988 湖南桃江（高桥）方言同音字汇,《方言》第 4 期

中国社会科学院、澳大利亚人文科学院 1987—1989《中国语言地图集》,（香港）朗文出版（远东）有限公司

钟　奇 2001 湘语的音韵特征,《暨南大学汉语方言学博士研究生学术论文集》,（广州）暨南大学出版社

周先义 1994 湖南道县小甲土话同音字汇,《方言》第 3 期

周振鹤、游汝杰 1985 湖南省方言区画及其历史背景,《方言》第 4 期

（原载《方言》2005 年第 3 期，与陈晖合作。）

湖南省的汉语方言（稿）

壹　湖南省

　　湖南省位于长江中游，大部分区域在洞庭湖以南，故称湖南。毗邻六省市区，北与湖北接壤，南与广东、广西为邻，东界江西，西连贵州、重庆。省界极端位置，西起东经 108°47′（新晃侗族自治县茶坪乡韭菜塘），东至东经 114°15′（桂东县清泉镇大黄莲坪）；东西跨有经度 5°28′，直线距离约 532 公里。南起北纬 24°38′（江华瑶族自治县河路口镇姑婆山），北至北纬 30°08′（石门县壶瓶山）；南北跨有纬度 5°30′，直线距离约 649.5 公里。全省总面积为 211,829 平方公里，占全国面积的 2.2%，居全国第 10 位。

　　省内地貌以山地、丘陵为主，山地面积 108,472 平方公里，占全省总面积的 51.2%，丘陵及岗地 62,034 平方公里，占 29.3%，平原 27,786 平方公里，占 13.1%，水面 13,538 平方公里，占 6.4%。耕地 5,836.50 万亩，占 18.4%，林地面积 19,096 万亩，占 60.1%。全省地势三面环山，即东、南、西三面高，北面低，呈马蹄形盆地，省内 115 条较大的河流及其分支由湘、资、沅、澧四水联结着，流入洞庭湖，而后注入长江。

　　湖南周代为荆州南境。春秋战国时期属楚国。秦置长沙郡、黔中郡。汉以后郡、州更迭，至唐广德二年（公元 764 年）置湖南观察使。清康熙三年（公元 1664 年）置湖南布政使司。

　　湖南现设地级市 13 个，地级州 1 个，市辖区 34 个，县级市 16 个，县 65 个，自治县 7 个。省会长沙。全省总人口据抽样调查，2004 年底为 6,697.7 万。按第五次人口普查，汉族人口占全省总人口的 89.9%，少数民族人口占全省总人口的 10.13%。少数民族人数最多的前几位依次是：土家族 2,639,534 人，苗族 1,921,945 人，侗族 842,123 人，瑶族 704,564 人。

贰　湖南省的汉语方言

2.1　湘语

湘语的分布范围主要在湖南，此外还涉及广西、四川、陕西、安徽等省。湖南境内的湘语可分为 5 个片，使用人口约 3,438 万。

㈠长益片　分布在湘江、资江中下游，共 18 个县市，使用人口约 1,296 万。

①长株潭小片：共 14 个县市，使用人口约 965 万。

长沙市市辖岳麓区、芙蓉区、天心区、开福区、雨花区　长沙县　望城县　宁乡县下宁乡地区　浏阳市西乡镇头区、城郊区葛家、枨冲一部分及北乡北盛区永安的大部分　株洲市市辖天元区、荷塘区、芦淞区、石峰区　株洲县　湘潭市市辖雨湖区、岳塘区　湘潭县　汨罗市　湘阴县大部分　平江县岑川、时丰、三和、向家等地　南县　安乡县南部安宏、安武、安康等区乡的绝大部分和安尤、安昌等区乡的部分地区

②益沅小片：共 3 个县市，使用人口约 283 万。

益阳市市辖赫山区、资阳区　沅江市　桃江县

③岳阳小片：岳阳县包括县城在内的部分地区，使用人口约 50 万。

㈡娄邵片　分布在湘中和湘西南部分地区，共 23 个县市，使用人口约 1,292 万。

①湘双小片：共 6 个县市，使用人口约 361 万。

湘乡市　韶山市　娄底市市辖娄星区　双峰县　安化县东坪镇　衡山县后山地区，即县境西北部的白果镇、东湖镇和岭坡、望峰、松柏桥、贯塘、新桥、贯底、江东、马迹、东湘 9 个乡，南岳区的拜殿乡、岳林乡北部

②涟梅小片：共 4 个县市，使用人口约 220 万。

涟源市　冷水江市东部：包括渣渡、铎山、岩口等地　安化县梅城镇　宁乡县上宁乡地区

③新化小片：新化县　冷水江市包括县城在内的大部分地区，两个县市，使用人口约 158 万。

④武邵小片：共 9 个县市，使用人口约 563 万。

邵阳市市辖双清区、大祥区、北塔区　邵阳县　邵东县　新邵县　武冈市　洞口县南部及东南部：黄桥、金田、杨林　隆回县包括县城在内的南部地区　新宁县　城步

苗族自治县_{大部分}

⑤绥会小片：绥宁县_{包括县城在内的南部地区}　会同县_{包括县城林城镇在内的大部分}地区，两个县，使用人口约50万。

㈢衡州片　分布在旧衡州府的中心部分，共6个县市，使用人口约389万。

①衡阳小片：共3个县市，使用人口约296万。

衡阳市_{市辖雁峰区、珠晖区、石鼓区、蒸湘区}　衡阳县　衡南县

②衡山小片：共3个县市，使用人口约93万。

衡阳市_{南岳区的南岳镇、岳林乡南部}　衡山县_{包括城关在内的大部分地区}　衡东县_{包括城关在内的大部分地区}

㈣辰溆片　分布在沅江中游，共3个县，使用人口约150万。

辰溪县_{包括县城在内的绝大部分地区}　溆浦县_{包括县城在内的大部分地区}　泸溪县_{包括县城在内的绝大部分地区}

㈤永全片　分布在湘南永州部分地区和广西北端部分地区。湖南境内永全片共8个县市，使用人口约311万。广西境内的湘语请参看B3—2图。

①东祁小片：共4个县市，使用人口约229万。

永州市_{市辖区（冷水滩区普利桥镇、花桥街镇和岚角山镇部分地区、芝山区接履桥一带）}东安县_{花桥、南镇、大盛、大水、易江等地，中田、新圩、井头圩、石期市、白牙市镇、大江口、台凡市等地，高峰、紫溪市、狮子铺、横塘等地}　祁阳县　祁东县

②道江小片：共4个县，使用人口约82万。

道县_{西部、北部、西北、西南，以祥霖铺话、寿雁话为代表}　江永县_{主要分布在城关、夏层铺、桃川、松柏等地}　江华瑶族自治县_{主要指分布在岭西、小圩、码市三片的"梧州话"和上五堡片的七都话、白芒营片的八都话}　新田县_{主要分布在"南乡"的茂家、知市坪、大坪塘、十字、枧头、三井、新圩、高山、新隆、金盆圩、石羊、陶岭以及"北乡"龙泉镇的个别村落}

2.2　西南官话

西南官话在湖南属第二大方言，主要分布在湘北、湘西和湘南，分别属于几个方言片。使用人口约1,891万。

㈠常澧片　共10个县市，使用人口约726万。

常德市_{市辖武陵区、鼎城区}　汉寿县　桃源县　石门县　临澧县　澧县　津市市　安乡县_{包括县城在内的大部分地区}　慈利县　华容县

㈡吉永片　共9个县市，使用人口约281万。

①吉沅小片：共5个县市，使用人口约90万。

吉首市　古丈县包括县城在内的大部分地区　保靖县　花垣县　沅陵县县城，官庄，凉水井蓝溪流域和原麻溪铺区舒溪、杨溪、荔溪流域，原太常区的明溪、丑溪流域，原乌宿区的酉溪流域，原军大坪区和北溶区等

②永龙小片：共4个县市，使用人口约191万。

永顺县　龙山县　张家界市市辖永定区、武陵源区　桑植县

㊂怀靖片　共9个县市，使用人口约230万。

①靖晃小片：共3个县，使用人口约30万。

靖州苗族侗族自治县　通道侗族自治县以旧县治县溪镇为代表　新晃侗族自治县

②芷洪小片：芷江侗族自治县　洪江市包括原洪江市和黔阳县，两个县市，使用人口约86万。

③怀凤小片：共4个县市，使用人口约114万。

怀化市鹤城区（旧怀化市的一部分）　中方县旧怀化市的一部分，以泸阳为代表　麻阳苗族自治县高村代表上麻阳，文昌阁代表下麻阳　凤凰县

㊃永郴片　分布在湖南南部永州市与郴州市。这一带是双方言区，说土话的人90%都会说官话。共14个县市，使用人口约654万。

①永北小片：共3个县市，使用人口约159万。

永州市市辖冷水滩区大部分说官话，普利桥、花桥街和岚角山等双方言区也通行官话　芝山区大部分说官话，接履桥部分双方言区也通行官话　东安县白牙市镇、芦洪市镇、黄泥洞林场、鹿马桥、大庙口林场、紫溪市区三分之一说官话，花桥、中田、井头圩、高峰各双方言区也通行官话　双牌县大部分说官话，江村乡、理家坪乡等双方言区也通行官话

②永南小片：共6个县市，使用人口约253万。

道县除双方言区外，主要分布在道江镇、四马桥区、清溪区、梅花区、寿雁区、仙子脚区、月岩林场等　江永县除双方言区外，主要分布在红星乡、桥头卜乡、大干乡、铜山岭农场、粗石江乡等　江华瑶族自治县除双方言区外，主要分布在沱江镇、东田镇等乡镇　新田县除双方言区外，主要分布在城关、城东、田家、骥村、冷水井、门楼下、莲花等乡镇　宁远县除双方言区外，主要分布在鲤溪区、柏家坪、湾井区　蓝山县除双方言区外，主要分布在西南山区的荆竹、大桥、只良、所城、汇源、大麻、尖洞等乡和东北边的火市乡八甲村

③郴州小片：共5个县市，使用人口约242万。

郴州市市辖北湖区、苏仙区　桂阳县除双方言区外，主要分布在春陵江以南，包括城关、

城郊、团结、东城、太和、正和、樟市、荷叶等乡镇　**宜章县**除双方言区、客家话区以外，主要分布在上乡片，包括城关、城南、太平里、沙坪、白石渡、杨梅山部分等乡镇和下乡片篱笆、岩泉、栗源、一六、白沙、天塘等乡镇的一部分　**临武县**全县为双方言区，包括县城在内，都通行官话　**嘉禾县**全县为双方言区，包括县城在内，都通行官话

2.3　赣语

湖南省境内的赣语主要分布在湘东及湘西南部分地区。使用人口大约1,042万。

㈠大通片　共6县市，使用人口约273万。

岳阳市市辖区岳阳楼区、君山区、云溪区　**岳阳县**主要分布在县境东部和北部　**临湘市**　**平江县**包括县城在内的绝大部分地区　**华容县**只分布于部分乡镇　**浏阳市**主要分布在原沙市区、社港区和北盛区除永安镇以外的部分地方

㈡宜浏片　共两个县市，使用人口约157万。

浏阳市主要分布在城关镇，原城郊区的关口、集里、荷花、牛石、青草等乡以及葛家、枨冲乡的部分地方，原大瑶区和文家市区的大部分地方，原古港区、永和镇以及原官渡区的部分地方　**醴陵市**包括县城在内的绝大部分地区

㈢吉茶片　共3个县市，使用人口约136万。

攸县包括县城在内的大部分地区　**茶陵县**包括县城在内的大部分地区　**炎陵县**主要分布在城关镇及西部的三河、河西、塘田等乡镇

㈣耒资片　共5个县市，使用人口约342万。

耒阳市　**常宁市**　**安仁县**包括县城在内的大部分地区　**永兴县**　**资兴市**包括县城在内的大部分地区

㈤洞绥片　共3个县市，使用人口约134万。

洞口县包括县城在内的绝大部分地区　**绥宁县**北部　**隆回县**北部

2.4　客家话

湖南省的客家话主要分布在湖南省东部与江西省相邻的地区，以及湖南省南部与广东省相邻的一些地方。使用人口约118万。

㈠湘东片　共8个县市，使用人口约49.3万。

①平浏小片：共5个县市，使用人口约37.1万。

平江县南部和东南部的芦洞、思村、献冲、加义、黄金洞等乡镇的连云山区及山麓地带

浏阳市东部、东北部、东南部的山区，包括原大围山区、张坊区、官渡区和文家市区的部分地方　　醴陵市主要分布在与浏阳市交界的地带，包括洪源乡和南桥镇的部分山村　　江华瑶族自治县主要分布在鲤鱼井、竹园寨、花江、白芒营、中洞、两岔河、大墟、小墟、未竹口、大锡、码市、竹市、界牌、湘江等乡镇的一些村落　　江永县与江华县交界处山区的少数居民

②炎茶小片：共 3 个县市，使用人口约 12.2 万。

炎陵县除北部城关镇和西部三河、河西、塘田等乡镇比较开阔平坦的沿河地区说赣方言外，其他大部分的山区都说客家话　　茶陵县北部七地、八团、湘东等乡镇的部分山村，东南部江口全乡、桃坑大部及小田、严塘、湖口、浣溪等乡的东部地带　　攸县主要分布在东部与茶陵县及江西省交界的地带，包括漕泊、鸾山、黄丰桥等乡镇的部分山村

㊀湘南片　共 10 个县市，使用人口约 69 万。

①汝桂小片：汝城县包括县城在内的绝大部分地区　　桂东县包括县城在内的绝大部分地区，两个县，使用人口约 46 万。

②资宜小片：共 6 个县市，使用人口约 13 万。

资兴市黄草镇的羊兴、源兴、龙兴、冠军、乐垌、黄家，汤市乡的青林、坪子，皮石乡的皮石等村落的部分居民　　安仁县东南部的关王、豪山、羊脑三个乡的部分山村　　汝城县县境南部的热水、东岭、大坪、井坡、小垣、延寿、盈洞等乡镇　　桂东县东北部的清泉镇及桥头乡、寒口乡的部分地区　　宜章县县境南部，包括城关、栗源、岩泉、关溪、一六、笆篱、黄沙、东风、天塘、莽山、白沙等乡镇的部分村落　　新田县散居在门楼下、骥村等乡镇的少数山村

③临桂小片：临武县主要分布在临武县西北部，包括麦市、万水、三合、镇南、大冲、香花等乡镇的所谓土话　　桂阳县所谓的流峰镇土话，两个县，使用人口约 10 万。

2.5　土话

土话分布于湘粤两省交界地区，后来调查发现，与湘粤两省相邻的广西壮族自治区东部地区，有的方言也叫土话。1987 年《中国语言地图集》，把土话列为未分区的汉语方言，把湖南南部一带的土话，总称为湘南土话，分布于郴州市、郴县、宜章县、桂阳县、临武县、嘉禾县、新田县、蓝山县、宁远县、江华瑶族自治县、江永县、道县、双牌县、永州市、零陵县、东安县等 16 个县市。并说明这是土话和西南官话的双方言地区。

跟 1987 年《中国语言地图集》相比，本图①的湘南土话区范围有所缩

---

① "本图"是指《中国语言地图集》(第二版) B2-8 图《湖南省的汉语方言》。

小，永州市、东安县的方言划入湘语永全片的东祁小片，道县、江永县、江华瑶族自治县、新田县等 4 县一些乡镇的方言划入永全片的道江小片。因此，本图的湘南土话只分布于 11 个县：

宜章县　桂阳县　临武县　嘉禾县　蓝山县　新田县　宁远县　道县双牌县　江华瑶族自治县　江永县

这 11 个县的土话跟粤桂两省的土话和平话一样，非常复杂，需要开展进一步的调查研究。

2.6　乡话

乡话主要分布在湘西北的沅陵以及溆浦、辰溪、泸溪、古丈等地。乡话区在地域上连成一片，面积约 6,000 平方公里，使用人口约 40 万，其中沅陵占一半以上。

乡话内部有一些不同，本图不为乡话分片。主要分布地点是：

沅陵县：原麻溪铺全区，原太常区的舒溪口乡、栗坡乡，原乌宿区的棋坪乡、清水坪乡、高砌头乡、落鹤坪乡；原凉水井区的渭溪乡、张家坪乡、张家滩乡，原麻溪铺区的池坪乡、坳坪乡与渭溪乡相连接的一些村组；乌宿区的深溪口乡、常安山乡、郑家村乡、枫香坪乡靠近深溪口乡的边界地区；太常区丑溪口乡的双岩溶村、阿坨湾村、冷水溪村、舒溪口乡的曹家坪村

古丈县：高峰乡、岩头寨、山枣乡、草塘乡、高望界林场、罗依溪镇的坳家湖

溆浦县：木溪、让家溪、大渭溪乡

泸溪县：八什坪乡、上堡乡、白沙镇、李家田乡、梁家潭乡的一些村组

辰溪县：船溪乡、伍家湾乡、谭家场乡的一些村组

叁　湖南省汉语方言的关系

3.1　湘语和西南官话的关系

湖南境内的北部、西部和南部都有西南官话分布，与鄂、渝、川、黔、桂的西南官话相连。湖南被地域广阔、人口众多的西南官话从北、西、南三个方向所包围，湘语在与西南官话的长期不断地接触和碰撞中，受到了西南

官话巨大的冲击和与日俱增的渗透。这种冲击和渗透所造成的影响由于地区不同而有所不同。一般在湘语的中心区域，如长益片的长株潭小片和娄邵片的湘双小片所受的影响较小，而偏离中心区域的地带所受的影响就较大。

在湘西，吉首、保靖、花垣、古丈、沅陵等地都是古全浊声母今逢塞音塞擦音，平声读不送气浊音，仄声读不送气清音，此为湘语的特点。但声调特点却是西南官话的模式：吉首、保靖、花垣三地入归阳平，与西南官话代表点十分贴近；古丈、沅陵虽保留入声调类，可是阴平、阳平、上声、去声调值与西南官话常见调值很相近。在实际交际的过程中，人们对于声调的敏感和关注程度已经盖过了对于声母读音特点的注意。当地群众中存在的“土人感”认为自己的方言更像“湖北话”、“四川话”、“贵州话”，因此，将吉首等地划归西南官话更为适宜。

至于同处湘西的溆浦、辰溪、泸溪三地，方言声母特点同吉首等五地一样，而声调有一个显著不同之处，即去声分阴阳两类，这一点符合湘语在声调上的普遍特征。当地的“土人感”认为溆浦、辰溪、泸溪三地方言与吉首等五地不属同类。泸溪的浦市镇和辰溪虽有一江之隔，而且语音也存在差异，但仍然容易通话，而浦市镇同吉首等地方虽然没有江河阻隔，言语的交际反而要困难一些。因此，辰溆三地不必随吉首等地一同划入西南官话，而应划归湘语。

根据最新的调查研究材料，湘南地区的一些土话被划入湘语范围（见湘语永全片），它们和该地区流行的官话（如冷水滩、东安、道县、江永、新田、江华等地官话）之间存在密切的关系。永州地区汉语方言的现状实际上在许多方面就是西南官话和湘语在这一地区接触、碰撞的结果。一般情况是，由于强势方言西南官话长期的影响，各地的县城或市区首先被官话化了，因此出现了冷水滩官话、东安官话、道县官话等等，而一些所谓的“土话”，官话的渗透固然在产生影响，但还没有大到足以改变“土话”性质的程度。这些“土话”就包括了永州地区被划入湘语永全片的那些方言。

在湘西南，西南官话同样地在以强势方言的地位与湘语争夺地盘。怀靖片中的芷洪小片可以作为一个典型。芷洪小片包括芷江侗族自治县和洪江市（由原洪江市与黔阳县组成）。如果从古全浊声母今读的特点（塞音、塞擦音无论清浊一般读不送气音）看，该小片符合湘语的条件，但从声调特点（调值十分接近西南官话的常见调值）看，该小片方言又明显带有官话的色彩。

当地人的语感普遍强调他们的话接近湖北话。这些情况和湘西吉首一带的方言类似，因此，芷洪小片也同样地以划入西南官话为宜。

在湘北，紧邻湖北的常澧片（原《中国语言地图集》称为常鹤片）是西南官话深入湖南的重要阵地。西南官话通过常澧片由北而南对湘语施加影响。湘语长益片中的益沅小片首当其冲受到西南官话的冲击。益沅小片有古清去今读阳平的现象，这在湘语的其他地点未见，而在常澧片大多数地区屡见不鲜。是湘语影响了西南官话，还是西南官话对湘语的渗透？我们认为后者的可能性更大。另外，在入声演变问题上，益沅小片的方言曾有"入归去"和"去归入"之争。如果放到西南官话和湘语接触的大环境的背景下考察，了解常澧片中某些方言"入归去"的现象，对益沅小片的入声演变问题按"入归去"处理，正好说明这种演变模式和西南官话有着某种渊源关系。

3.2　湘语和赣语的关系

越来越多的调查资料显示，湘语和赣语存在很多一致性特征。随着调查的深入，人们还发现，出现在赣方言局部地区的一些语音特征在湘方言中也同样存在，例如赣语昌都片的南昌、新建、安义、永修、修水、德安、星子等大部分县市声母送气分调现象，在湘语娄邵片的涟源蓝田、六亩塘、杨家滩等地、安化梅城等地、湘乡泉塘、梅桥等地、双峰梓门桥等地、冷水江、邵阳、邵东等县市也普遍存在。赣语宜浏片古平声字和古去声字之间有清浊交错的声调合流现象，或者是古平声的清声母字与古去声的浊声母字归并为同一个声调，或者是古平声的浊声母字与古去声的清声母字归并为同一个声调。这种现象在湘语中同样存在：湘语娄邵片的新化、冷水江声调的白读系统中，古平声清声母字与古去声浊声母字归为一类；长益片益沅小片（及其周边的西南官话）和长溆片的部分方言点中，古平声浊声母字（尤其是白读）与古去声清声母字归并为同一个声调。江西境内的修水、靖安、上高、高安、丰城、乐安、永新、南城、临川、余江、万年、贵溪、新余、峡江、安福、吉水、吉安等赣方言知三章组读 [t]，这种现象在湘语娄邵片的双峰、湘乡一带普遍存在。略有不同的是，湘方言中，见组三四等常与知三章组同变。在词汇上，湘语和赣语具有大量共同的有特色的词语。曹廷玉（2002：203）通过赣方言特征词的研究指出："在赣方言与周边诸多方言的关系中，最为密切，也最为重要的当属赣方言与客家方言及湘方言的关系。这是赣方言特征词的基本面

貌之一。"罗昕如（2006：238）指出，曹廷玉列出的"赣方言一级、二级特征词共88条，见于湘语的共44条，占50%，其比例不能说不高，仅此一项便可看出湘语与赣语关系十分密切。见于湘语的44条中，有38条广泛见于湘语，6条只见于极少数或个别湘语点"。

　　湘语和赣语最显著的区别特征是古全浊声母的演变规律：湘语古全浊声母舒声字今逢塞音、塞擦音时，无论清浊，一般念不送气音；赣语古全浊声母今逢塞音塞擦音时与次清声母合流，无论平仄多读送气清音。古全浊声母的今读音情况可以作为区别湘语和赣语的最重要的标准，但不是绝对标准或唯一标准。近几年来的调查资料显示，位于湘中腹地的一些湘方言点，也存在古全浊声母今逢塞音塞擦音时无论平仄多读送气音的现象，最典型的便是一直被人们看作湘语娄邵片代表点之一的娄星区，其古全浊声母无论平仄都读送气清音；娄邵片中的新化方言老派古全浊声母舒声字读送气浊音，入声字读送气清音，新派无论舒入都读送气清音。位于湘西南的一些点，例如中方、麻阳、芷江的罗旧以东地区连接怀化市区的地域以及今洪江市与洞口及绥宁北部接壤的湾溪、洗马、沙湾、熟坪等部分乡镇，溆浦县的龙潭等地，古全浊声母无论平仄都读送气清音，这些方言点大多数呈碎片状或散点状分布，我们不能仅凭古全浊声母的今读音这一点就将它们划入赣语，而应结合它们所处的语言环境及演变趋势等多方面的因素综合考虑。不过，这些地方古全浊声母的演变方式与赣语相同，从侧面反映了赣语与湖南方言的密切关系。

　　湖南境内形成了赣语区。赣语的许多特征在湖南方言，尤其是湘方言中同样存在，这些都是赣语与湖南方言，特别是湘方言的关系密切的反映。这种密切关系的形成首先与地理位置密切相关。湖南省东部与江西省紧密相连。地缘接触对方言的影响是显而易见的。湖南境内的赣方言点中，临湘、平江大部分、浏阳、醴陵大部分、攸县大部分、茶陵大部分、炎陵西北部等7个县市中的赣语历来没有争议，在地理位置上这几个县市都直接与江西省相连；岳阳市、岳阳县部分属湘语、西南官话还是赣语，学术界有过不同意见，从地理位置上看，岳阳市、岳阳县部分北部、东北部与湖北为邻，东部与江西毗连，南部及西南部与湘语区相连。安仁大部分、耒阳、常宁、永兴、资兴大部分等几个县市与江西省隔县而望，其中，安仁大部分、耒阳、常宁既有赣语特征，又有一定的湘语特征，永兴、资兴大部分处在湘南土话和西南官话并用的双方言区，其

方言有很大的混合性，除有赣语、湘语特征外，还有西南官话特征。洞口大部分、绥宁北部、隆回北部位于湖南省西南部，与江西省相隔遥远，其语言特征，尤其是词汇语法特征与周边的湘方言有很多相似之处。赣语与湘语密切关系的形成与历史上江西向湖南大规模的移民也有关。"湖南人来自天下，江、浙、皖、闽、赣东方之人居其什九；江西一省又居东方之什九。"（谭其骧1987：349）规模大，迁徙时间集中的移民会对当地方言产生一定的影响。也有不少学者认为，湘语和赣语关系密切，很可能它们在历史上有共同的源头。赣语区主要位于长江中游南岸，这里素有"吴头楚尾"之称。袁家骅等先生（2001：126）认为："今天的赣方言区——江西省，春秋时代是吴、越、楚三国的交界处，汉代介乎荆、扬二州之间。按照合理的推测，古代这片土地上的居民的语言可能包括在吴语和楚语以内，或者至少同吴语和楚语有亲密的关系。"唐作藩先生（2006）认为，战国楚语与现代湘语有着直接的历史渊源，而春秋战国时的楚语不仅是湘语的祖先，而且是赣语、客家话和吴语的源头。

3.3　湖南省的客家方言

湖南境内的客家话主要分布在湘东和湘南的边境地带。湘东和湘东南的客家话一般与赣语同处一个县市，例如平江县、浏阳市、醴陵市、攸县、茶陵、炎陵、安仁、资兴，这些县市都是既有赣语，又有客家话，客家话往往处于劣势（炎陵县除外）。湘南的客家话往往处在土话和西南官话的双方言地区，同时与相邻的广东一些县市的客家话，以及粤北的土话有密切关系。湖南境内只有汝城和桂东是纯客县。

湖南境内的客家人主要来自广东、福建、江西。他们有的有客家意识，自称"客姓人"、"客边人"，称自己的话为"客家话"、"广东话"；有的由于展转迁徙或者来湖南的时间较久远，甚至不仅没有客家话的意识，而且在语言特征上也呈现出一些混合性，对于这些方言，我们只能依据其语言上的主体特征来判断。以桂东话和汝城话为例。当地人并没有客家话意识，但他们的方言具备客家方言的主要特征，结合移民等历史人文条件的考察，我们认为，以城关方言为代表的桂东话和汝城话是客家方言。桂东话古全浊声母今逢塞音塞擦音，不论平仄一般读为送气清音，符合客赣方言的典型特征；虽不存在浊上归阴平的现象，但上声分阴阳，读阳上调的古浊上字与客家方言

浊上归阴平的字大致吻合。汝城方言古全浊声母今读塞音塞擦音时，並定母大多数字读不送气清音，"从澄崇群"等其他古全浊声母字一般读送气清音，古全浊声母清化后送气与否以声母的发音部位和发音方法为条件，这种现象在湘南的蓝山县太平圩、桂阳县燕塘、嘉禾县广发、宜章县大地岭等土话中普遍存在，也是粤北一些土话中的普遍现象，汝城方言中的这种现象与这一带的土话应该存在密切关系。虽然在古全浊声母的演变方式上，汝城方言与典型的客家方言存在差异，但我们不能据此将它排除在客家方言之外，事实上，汝城方言无论在语音上，还是在词汇上，都具备客家方言的重要特征：(1)並定母虽然大多数读不送气清音，但"弟淡断动佩被~子叛突"等一些字的白读为送气清音。(2)古全浊及次浊声母上声有相当一部分字今归阴平。客家方言普遍归阴平的"野、尾、有、暖、软、冷、坐、舅、柱、咬"等浊声母字在汝城方言中都归阴平。(3)古次浊去声字有规律地分为两类，一类跟古去声清声母走，另一类跟古去声全浊声母走，其中，"骂、墓、露、妹、问、艾、面脸"等几个字总是跟清声母去声字走，客家话的这个特点很少见于其他方言（谢留文 2003），汝城话古次浊去声字的演变与客家方言的这一特征完全一致，"骂 [mɔ²]、墓 [mu²]、露 [lu²]、妹 [muɛi²]、问 [muen²]、艾 [ŋɛi²]、面 [miaˀ²]"这些字在汝城方言中都跟清声母去声字走。(4)古入声根据古声母的清浊分为两类的方言，其古次浊声母入声字有规律地分为两类，其中"日袜肉木聂笠育劈六脉额"这一类字总是跟古清声母入声字走；"月末捋绿麦逆玉篾入纳"这一类字总是跟古全浊声母入声字走，客家方言的这一特点不见于其他方言（黄雪贞 1988、1989，谢留文 2003）。汝城话古次浊入声字的分化与客家方言古次浊入声字的分化一致。汝城话古清声母入声字咸深山臻四摄今归上声，宕江曾梗通五摄今归阴去，次浊入声字"聂笠袜日"读上声，"脉额木劈六肉育"读阴去，演变规律与清声母入声字一致；古全浊声母入声字咸深山臻四摄今归阴平；宕江曾梗通五摄今归阳去，次浊入声字"月末篾捋"读阴平，"麦逆鹿绿玉"读阳去，演变规律与古全浊声母入声字一致，只有"纳"例外读上声。

湘南郴州市（地级市）的蓝山、嘉禾、宜章、临武、桂阳以及永州市（地级市）的宁远等县，不少土话具有明显的客赣方言特征，其中，临武县麦市土话，桂阳县流峰土话古全浊声母今逢塞音塞擦音读送气清音，次浊入有规律地分为甲乙两类，这些特征都与客家方言一致，我们将其放入客家方言。

宜章县南部一些被称为"下乡话"的土话经调查也属客家方言。其他土话属赣语还是客家话，有待进一步调查。

参考文献

鲍厚星 1993 湖南城步（儒林）方言音系，《方言》第 1 期

鲍厚星 1998《东安土话研究》，（长沙）湖南教育出版社

鲍厚星、崔振华、沈若云、伍云姬 1999《长沙方言研究》，（长沙）湖南教育出版社

鲍厚星、颜森 1986 湖南方言的分区，《方言》第 4 期

鲍厚星、陈晖 2005 湘语的分区（稿），《方言》第 3 期

鲍厚星等 2004《湘南土话论丛》，（长沙）湖南师范大学出版社

曹廷玉 2002 赣方言特征词研究，《汉语方言特征词研究》，（厦门）厦门大学出版社

陈　晖 1999《涟源方言研究》，（长沙）湖南教育出版社

陈　晖 2006《湘方言语音研究》，（长沙）湖南师范大学出版社

陈立中 2003《湖南客家方言的源流与演变》，（长沙）岳麓书社

陈满华 1995《安仁方言》，（北京）北京语言学院出版社

储泽祥 1998《邵阳方言研究》，（长沙）湖南教育出版社

崔荣昌 1996《四川方言与巴蜀文化》，（成都）四川大学出版社

崔振华 1998《益阳方言研究》，（长沙）湖南教育出版社

方平权 1999《岳阳方言研究》，（长沙）湖南师范大学出版社

贺凯林 1999《溆浦方言研究》，（长沙）湖南教育出版社

胡　萍 2006《湘西南汉语方言语音研究》，湖南师范大学博士学位论文

侯精一 2002《现代汉语方言概论》，（上海）上海教育出版社

湖南省地方志编纂委员会 2001《湖南省志·方言志》，（长沙）湖南人民出版社

黄雪贞 1993《江永方言研究》，（北京）社会科学文献出版社

黄雪贞 1989 客家方言声调的特点续论，《方言》第 2 期

黄雪贞 1997 客家方言古入声字的分化条件，《方言》第 4 期

瞿建慧 2005 湖南泸溪（浦市）方言音系，《方言》第 1 期

李冬香 2005《湖南赣语语音研究》，暨南大学博士学位论文

李启群 2002《吉首方言研究》，（北京）民族出版社

李如龙、张双庆［主编］1992《客赣方言调查报告》，（厦门）厦门大学出版社

李维琦 1998《祁阳方言研究》，（长沙）湖南教育出版社

李永明 1986《衡阳方言》，（长沙）湖南人民出版社

李志藩 1996《资兴方言》，（海口）海南出版社

刘丽华 2000《娄底方言研究》，（长沙）中南大学出版社

刘纶鑫 2001《江西客家方言概况》，（南昌）江西人民出版社

罗昕如 1998《新化方言研究》，（长沙）湖南教育出版社

罗昕如 2006《湘方言词汇研究》，（长沙）湖南师范大学出版社

毛秉生 1995 湖南衡山方言音系，《方言》第 2 期

彭泽润 1999《衡山方言研究》，（长沙）湖南教育出版社

谭其骧 1987 湖南人由来考，《长水集》（上），（北京）人民出版社

唐作藩 1960 湖南洞口县黄桥镇方言，《语言学论丛》第 4 辑

唐作藩 1997 从湖南黄桥镇方言定母字的读音探讨湘方言全浊声母的演变，《桥本万太郎
　　纪念·中国语言学论集》，（日本）内山书店

唐作藩 2006 试说湘语的历史发展与赣语的关系，首届湘语国际学术研讨会发言稿

王福堂 2001 平话、湘南土话和粤北土话的归属，《方言》第 2 期

谢留文 2003《客家方言语音研究》，（北京）中国社会科学出版社

谢奇勇 2003《湘南永州土话音韵比较研究》，湖南师范大学博士论文

杨　蔚 1999《沅陵乡话研究》，（长沙）湖南教育出版社

杨蒴强 1988 湘乡方言声调系统简析，《长沙水电师院学报》（社科版）第 3 期

应雨田 1994《湖南安乡方言》，（北京）中国社会科学出版社

袁家骅等 2001《汉语方言概要》（第二版），（北京）语文出版社

曾毓美 1999《韶山方言研究》，（长沙）湖南师范大学出版社

张盛裕、汪　平、沈　同 1988 湖南桃江（高桥）方言同音字汇，《方言》第 4 期

张晓勤 1999《宁远平话研究》，（长沙）湖南教育出版社

中国社会科学院和澳大利亚人文科学院合编 1987《中国语言地图集》，（香港）朗文出版
　　（远东）有限公司

周先义 1994 湖南道县小甲土话同音字汇，《方言》第 3 期

周振鹤、游汝杰 1985 湖南省方言区画及其历史背景，《方言》第 4 期

（原载《方言》2007 年第 3 期，合著，第一作者陈晖。）

第二部分

湘语研究

长沙方言中的新派与老派

长沙是座古城。自有历史记载以来，往往不是王朝都城，就是州郡治所。20 年代以省会身分出现时，仍称长沙县，由原善化、长沙两县并成。直到 1933 年才正式立为省直辖市——长沙市。其时人口约四十万。现设东、西、南、北四区及郊区，并辖长沙、望城两县。市区及郊区人口已逾百万。

长沙水陆交通发达，是全省政治、经济、文化中心，与外界接触十分频繁。

由于历史和地理的各种原因，长沙方言比湘语的其他地区更容易发生变化，其内部也就较容易产生这样那样的分歧。

本文讨论的是长沙市区的话，主要比较语音，其次也涉及词汇。

长沙方音的分歧早在 30 年代就已被人们注意到。1935 年到 1936 年，两位著名的语言学家赵元任与黎锦熙在关于"长沙方音字母"的通信中，就曾经指出过某种分歧。如尖团音问题，赵说"我们听的长沙话，都是分尖团的"。黎说"长沙尖团之分最要紧"。但黎同时也指出"不过近来'尖'也有入'团'的趋势"。实际上当时长沙话的语音分歧还涉及尖团音以外的问题。这可以从前历史语言所于 1935 年秋对湖南方言的调查报告中看到。报告中的长沙音系（杨时逢所记）的整理，依据的是两个年龄均为 21 岁的发音合作人。记音人在附记中说，这两人"都是说长沙城内的新派方言，不分尖团。但通摄舒声字读- oŋ。与臻梗两摄不混，另有一派人，则通摄与臻梗两摄混，全读成 ən 了"。这说明"尖团不分"在当时实际上已形成一派。通摄舒声字与臻梗两摄的分混也出现不同派别（赵、黎所记也属不混的那一派）。除此以外，杨氏记音还有几组与赵、黎两人明显不同。杨只记有 ts、ts'、s 一套舌尖声母，赵、黎两人记的却有 ts、ts'、s 和 tʂ、tʂ'、ʂ 两套舌尖声母（原为注音符号ㄗ、ㄘ、ㄙ与ㄓ、ㄔ、ㄕ）。这是一大区别，也反映了实际的两派。宕、江两摄舒声字杨氏记为 ã（旁）、iã（江、样）、uã（光）、yã（窗），赵、

黎两人记为 an、ian、uan、yan。这也反映了长沙话中实际存在的分歧。

　　与上述记音属同一时期的一本字书《湘音检字》（1937 年 7 月初版，编纂者李旦蒉，以下简作《湘》），也是了解当时长沙方音的重要资料。它所记的长沙话声母与赵、黎一致，以分尖团、分 ts、ts'、s 和 ʈʂ、ʈʂ'、ʂ 为正统。在列举字音时，把读混了的字音附在后面，例如 ɕiəu 音的例字后附了一个本属尖音的"粟"字。又如 sən 音的例字后附了本属 ʂ 声母的"身"、"升"等字。《湘》韵母记音也与赵、黎所记基本相同。其中通摄舒声字也记为 - oŋ（如"东、翁、龙、钟"与"雍、庸、熊、穷"字等），这与赵黎、杨氏二家完全一致。突出不同的是，它把宕、江二摄的舒声字记为 aŋ、iaŋ、uaŋ、yaŋ，这既不同于赵黎，也不同于杨氏。至于通摄与臻梗两摄不分、"唐、谭"不分等现象，《湘》的编纂者也看到了，但皆被视为特殊之俗音。

　　现将这三家对上述几组音的记录列表如下：

对比项	例字	赵氏黎氏	杨氏	《湘音检字》
尖音和团音	酒——久	分	不分	分
ts 组和 ʈʂ 组	邹——周	分	不分	分
通摄和臻、梗二摄	工——根	分	分	分
宕摄江摄部分字 和 山摄咸摄部分字	唐——谭	不分 （一律读 an）	不分 （一律读 ã）	分 （唐 aŋ——谭 an）

　　50 年代至 60 年代，关于长沙方音又有若干记录。这里可以举出下列几种代表：

a）周铁铮《长沙人学普通话手册》（1957 年）

b）《湖南省汉语方言普查总结报告》（1960 年）

c）袁家骅等《汉语方言概要》（1960 年）

d）北京大学《汉语方言词汇》（1964 年）

我们仍以上述几组较有代表性的字音为线索，把这几家（分别以"周"、"普"、"袁"、"北"为标志）的记音比较如下：

对比项	例字	周	普	袁	北
尖音和团音	酒——久	分	不分	分	不分
ts组和ʈʂ组	邹——周	分	不分	分	不分
通摄和臻、梗二摄	工——根	分	不分	分	不分
宕摄江摄部分字 和 山摄咸摄部分字	唐——谭	分 (唐 aŋ— 谭 an)	分 (唐 aŋ— 谭 an)	不分 (均读 an)	不分 (均读 an)

这几组音周氏所记都是界限分明的。依周看来，后面三组不分（第一组尖团音他未说），都是"应纠正的长沙讹音"，"在长沙都认为是口齿不清"。这和《湘音检字》的观点完全吻合。

《湖南省汉语方言普查总结报告》关于前面三组音的记录都不同于周，但最后一项却与周完全一致。

袁著《汉语方言概要》中所记长沙音系基本上也属于分派。此说已看到长沙大多数人不分尖团，但记音时仍以分尖团为准。又认为大多数人区别 ts、ts'、s 和 ʈʂ、ʈʂ'、ʂ，据此也在音系中分成两套。至于最后一组却没有区分，一律记为 an。但在韵母说明中指出 an 韵（还有 ian、uan、yan 等）的- n 呈弱化，主要元音略带鼻化，严式音标应为 a^n。这一项与前面杨氏所记比较接近，只不过在鼻化的程度上有所不同。

北大《汉语方言词汇》所记长沙方音与《湖南省汉语方言普查总结报告》比较一致。他们的根据是，长沙话一般不分尖团音，长沙话舌尖声母一般只有一套，把部分 ən、in 韵母字读作 oŋ、ioŋ 韵母的处于少数。因此，他们的记音属于不分派。

比较以上两个阶段的几种材料，大体上可以理出长沙方言在语音上的发展脉络，从中看到长沙话中新旧两派的差别。

老派长沙话的声韵调

声母　包括零声母在内，共23个。

P 巴步	P' 批破	m 美迈	f 非回
t 堆道	t' 推讨	n(l) 脑老	
ts 资酒	ts' 此秋		s 思小

ʈʂ	周照	ʈʂʻ	超尺	ʂ	少失	ʐ	饶育
tɕ	基迫	tɕʻ	欺巧	ɲ	泥弱	ɕ	希晓
k	哥告	kʻ	考康	ŋ	欧袄	x	和风
∅	耳禾						

长沙话不分 n、l。古泥娘来三母一二等字同音，有的人都念 n，有的人都念 l，有的人 n、l 混杂。但三四等字却有分别，泥娘二母念 ɲ，来母念 n 或 l。

长沙话的 ʈʂ、ʈʂʻ、ʂ、ʐ 同普通话音色不同，部位比普通话 ʈʂ、ʈʂʻ、ʂ、ʐ 靠前一些。

韵母　包括自成音节的鼻音在内，共 41 个。

ɿ	资字						
ʅ	知志	i	皮地	u	布姑	y	居朱
a	他马	ia	假提	ua	瓜括	ya	抓瘸
o	多桌	io	脚岳				
ə	车舌	ie	别些	uə	国	ye	靴说
ai	该菜			uai	快块	yai	衰揣
ei	杯雷			uei	归位	yei	吹水
au	刀跑	iau	标庙				
əu	都路	iəu	丘粟				
õ	钻欢						
ã	扇展	iẽ	天见			yẽ	专劝
an	丹当	ian	将养	uan	关光	yan	窗状
ən	孙胜	in	宾冰	uən	昆问	yn	春永
oŋ	东瓮	ioŋ	熊用				
n̩	你	m̩	姆				

长沙话 a、ia、ua、ya 等韵母中的 a 比 [A] 偏后。

长沙话"舌、得、格、车"一类字中的韵母不同于普通话，比 [ɤ] 松弛一些，故记为 [ə]。

长沙话 ian 韵中的 a 不像普通话那样变读为 [ɛ]，舌位要低一些，实际音值在 [æ] 和 [a] 之间。

声调　六类

阴平 33 高低　　　　阳平 13 田园　　　　上声 41 美好

阴去 45 胜利　　　　阳去 21 有眼　　　　入声 24 各国

长沙话口语中阳去是一个稳定的调类。在书面语中一部分阳去字改读为阴去，但也有仍习惯读阳去的。另有一部分字只有阳去一个读法。因此，长沙话去声调类仍须分阴阳去。

新、老两派长沙话的主要区别是：

(1) 知组、章组字老派念 tʂ、tʂʻ、ʂ（极少数除外，如山摄合口三等仙韵：传 tɕyē^{13}、转 tɕyē^{41}、川 tɕʻyē^{33}、船 tɕyē^{13}、串 tɕʻyē^{45}），庄组字念 ts、tsʻ、s（极少数除外，如壮 tɕyan^{45}、创 tɕʻyan^{45}），例如流摄开口三等字：

知组：抽 tʂʻəu^{33}、绸 tʂəu^{13}、筹 tʂəu^{13}、丑 tʂʻəu^{41}、昼 tʂəu^{45}、宙 tʂəu^{45}

章组：周 tʂəu^{33}、收 ʂəu^{13}、手 ʂəu^{41}、酬 tʂəu^{13}、兽 ʂəu^{45}、售 ʂəu^{45}

庄组：邹 tsəu^{33}、愁 tsəu^{13}、搜 səu^{33}、骤 tsəu^{45}、瘦 səu^{45}、漱 səu^{45}

上述字音新派合而为一，都念 ts、tsʻ、s。

(2) 精组和见晓组在细音前老派界限分明，一尖一团，例如：

妻 tsʻi^{33} 不等于欺 tɕʻi^{33}（在前为精组，在后为见晓组，下同）、西 si^{33} 不等于希 ɕi^{33}、齐 tsi^{13} 不等于奇 tɕi^{13}、集 tsi^{24} 不等于急 tɕi^{24}、屑 sie^{24} 不等于协 ɕie^{24}、节 tsie^{24} 不等于结 tɕie^{24}、焦 tsiau^{33} 不等于骄 tɕiau^{33}、小 siau^{41} 不等于晓 ɕiau^{41}、洒 tsiəu^{41} 不等于久 tɕiəu^{41}、枪 tsʻian^{33} 不等于腔 tɕʻian^{33}。

上述字音新派不加分别，全念团音 tɕ、tɕʻ、ɕ。

(3) 通摄舒声字老派念 -oŋ、-ioŋ，例如：

东 toŋ^{33}　动 toŋ^{45}　公 koŋ^{33}　红 xoŋ^{13}　冬 toŋ^{33}　宋 soŋ^{45}　熊 ɕioŋ^{13}　勇 ioŋ^{41}　穷 tɕioŋ^{13}　绒 ioŋ^{13}

这些字音新派都混入臻、梗两摄，念 -ən、-in。

(4) 宕摄、江摄的部分字与山摄、咸摄的部分字老派不分，都念 -an 韵，例如：

帮＝班（都念 pan^{33}）、忙＝蛮（都念 man^{13}）、唐＝谭（都念 tan^{13}）、郎＝蓝（都念 lan^{13}）、抗＝看（都念 kʻan^{45}）（以上前一个字为宕摄，后一个字为山摄）；讲＝敢（都念 kan^{41}）、夯＝酣（都念 xan^{33}）、港＝感（都念 kan^{41}）。

上述各组字音，新派一般都有区别，这又分为两派：A 派"班、蛮"等字念- an 韵，"帮、忙"等字念- ā 韵。B 派"班、蛮"等字念- an 韵，"帮、忙"等字念 aŋ。

（5）宕摄开口三等部分字老派念- ian，例如：

娘 nian^{13}、将 tsian^{33}、墙 tsian^{13}、想 sian^{41}

新派中有的念 iā^n，有的干脆念成了 iaŋ。

（6）宕摄合口一等唐韵、合口三等阳韵（除去非敷奉三母）字老派念- uan，例如：

光 kuan^{33}、广 kuan^{41}、汪 uan^{33}、狂 kuan^{13}、王 uan^{13}、网 uan^{41}、况 k'uan^{45}。

新派中有的念 uā^n，有的干脆念成了 uaŋ。

（7）宕摄开口三等庄组字和江摄开口二等江韵知组、庄组字，老派念- yan，例如：

庄 tɕyan^{33}、床 tɕyan^{13}、霜 ɕyan^{33}、闯 tɕ'yan^{41}、创 tɕ'yan^{45}、壮 tɕyan^{45}、窗 tɕ'yan^{33}、双 ɕyan^{33}。

新派中有的念 yā^n，有的干脆念成了 yaŋ。

（8）a、ai、ei 等韵老派有相应的撮口呼 ya、yai、yei，例如：

抓 tɕya^{33}、刷 ɕya^{24}、揣 tɕ'yai^{41}、衰 ɕyai^{33}、帅 ɕyai^{45}、追 tɕyei^{33}、吹 tɕ'yei^{33}、水 ɕyei^{41}、睡 ɕyei^{45}

新派则以合口呼取代，如"抓"念 tsua^{33}、"帅"念 suei^{45}、"水"念 suei^{41}，等等。

（9）长沙话中有一批词语有文白两读。这些白读在新派中已不大能听到，或是用得少，或是不用了，而说老派长沙话的还大体保留着。

例词	老派	新派
尺	tʂ'a^{24}	ts'ɿ^{24}
茄子	tɕia^{13} tsɿ	tɕie^{13} tsɿ
蛇	ʂa^{13}	sə^{13}
打野	ta^{41} ia^{41}	ta^{41} ie^{41}
胶布	kau^{33} pu^{45}	tɕiau^{33} pu^{45}
教书	kau^{45} ɕy^{33}	tɕiau^{45} ɕy^{33}

吃夜饭	tɕʻia²⁴ ia²¹ fan²¹	tɕʻia²⁴ ie²¹ fan²¹
讲不得	kan⁴¹ pu²⁴ tə²⁴	①tɕiã⁴¹ pu²⁴ tə²⁴
		②tɕiaŋ⁴¹ pu²⁴ tə²⁴
惹不起	ȵia⁴¹ pu²⁴ tɕʻi⁴¹	zə⁴¹ pu²⁴ tɕʻi⁴¹
舍不得	ʂa⁴¹ pu²⁴ tə⁴¹	sə⁴¹ pu²⁴ tə⁴¹

长沙话新老两派的差异，也可以从词汇方面看出来，虽然老派、新派之间在用词的范围上并没有一条绝对的界限。

新派用的词语和老派用的词语错综复杂地交织在一起，大致有这样一些类型：

A) 有一部分是共用的，即无论老派，还是新派，都这样说。这一部分词语所占比重较大，都是代代相传，具有相当的稳固性的。可以说这是一个方言得以长期生存下去的一个重要依据。例如：

小菜	siau⁴¹ tsʻai⁴⁵	蔬菜
现饭	ɕiẽ²¹ fan²¹	剩饭
螺拐	lo¹³ kuai⁴¹	踝子骨
跍	ku¹³	蹲
垯	tʂəu²⁴	塞
打敞	ta⁴¹ tsʻan⁴¹	敞露在外面
睍	lan²¹	晾
冇得	mau²¹ tə²⁴	没有
何解	o¹³ kai⁴¹	怎么；怎么样

B) 有一部分词语老派熟悉（或者还在用，或者也很少用或不用了），新派感到陌生。常有这样的情形：老派的人说一个词，新派的不懂，解释以后才能明白。例如：

尖窜	tsiẽ³³ tsʻõ⁴⁵	厉害；有本事（多用于贬义）
扯经	tsʻə⁴¹ tɕin³³	念经人不按顺序，而是跳脱式地东拉

西扯地念。引申为唬弄人的意思。

卖麻线袋子的mai⁴⁵ ma¹³ siẽ⁴⁵ tai²¹ tsɿ⁴¹ ti　　货郎儿

属于这个范围的更多的是反映旧的风俗习惯的词语。例如：

立夏它　li²⁴ ɕia²¹ to¹³　旧俗农历四月立夏时要吃的一种食品，实际上是

汤圆，但在这个季节不叫元宵，而叫"立夏它"（有的是吃"立夏羹"）。意谓吃了这种食品，就有力气做事。谚曰："立夏吃碗羹，麻石练个坑；立夏吃个蛋，麻石练得烂。"

五碗头 u^{41} ő^{41} təu^{13}　旧俗办喜事要专门请大叫化子吃饭，以免他寻衅闹事。这餐饭规定是五个菜，因而得名"五碗头"。如果请一般客人吃饭，也摆设五个菜，爱讲旧风俗的人就会见怪。

C）有一部分词语新派熟悉，老派却比较陌生。这主要是从青年人中间不断产生的某些词语。例如：

齐头子 tɕi^{13} təu^{13} tsʅ　（新派读音）烟卷儿，为与"喇叭筒"区别，故为"齐头子"。

海　xai^{41}　①显本事：你～么子罗！②夸海口：他又～哒一盘。

D）有一部分词语新老两派都知道，便各有各的选择，有时也有交叉情况，一般都带有某种倾向，老派倾向于说固有的词，新派倾向于喜欢更换新的说法。例如：

①失格　ʂə^{24} kə^{24}
②丢格　tiəu^{33} kəu^{24}　都是丢丑、丢脸的意思（"___"表示本应为 kə^{24}，
③□格　sa^{45} kəu^{24}　此处是变读，下同）
④□格　sau^{45} kəu^{24}

老派一般用①或②，而不用③或④；③或④只有新派才用，但新派也用②。"丢格"这个词的用法是一种交叉的情况。

E）有一部分词语来自普通话，新老两派都在接受这种影响，而以新派更加显著。下列词语甲组是长沙方言原来的说法，乙组是后起的说法。很明显，这是方言在接受普通活的影响。

甲组		乙组
洋绒手巾	ian^{13} ioŋ^{13} ʂəu^{41} tɕin^{33}	毛巾
射火星	ʂa^{45} xo^{41} sin^{33}	流星
西狗子吃日	si^{33} kəu^{41} · tsʅtɕʻia^{24} zʅ^{24}	日蚀
填红码字	tiẽ^{13} xoŋ^{13} ma^{41} tsʅ^{21}	描红
亮窗布	lian^{21} tɕʻyan^{33} pu^{45}	窗帘
下罩子	ɕia^{21} tsau^{45} · tsʅ	起雾

胰子油	i^{13} tsʅ^{41} iəu^{13}	肥皂
老虫	lau^{41} tʂoŋ^{13}	老虎
野物	ia^{41} u^{24}	野兽
翼胛	ie^{45} ka^{45}	翅膀
小酒	siau^{41} tsiəu^{41}	醋
今朝	tɕin^{33} tʂau^{33}	今天
黑旱	xə^{24} tsau^{41}	大清早
宝笼	pau^{41} loŋ^{13}	柜台
小衣	siau^{41} i^{33}	内短裤
绳子衣	ʂən^{13} · tsʅ i^{33}	毛衣
夹钳	ka^{24} tɕiẽ^{13}	火钳
灶屋	tsau^{45} u^{24}	厨房

老派和新派接受普通话影响的程度不同，老派是既说乙组的词语，又说甲组的词语。老派中实际上还有区别，有的主要说甲组，兼说乙组；有的是乙组占优势，甲组慢慢淡薄下去。至于新派一般都只说乙组。

新老两派长沙话在语法上的差异不大，这里暂不讨论。

长沙话老派新派的划分在年龄上不是绝对的，一般说来老派多为老年（五十岁以上）。笔者找到一位比较典型的老派发音合作人，五十多岁，世居长沙。他的口语完整地保留了尖团音和两套舌尖韵母的系统。在发"东、钟、兄、穷"等字的音时，前后一贯地念成－oŋ 韵，我特意念成 ən 韵，请他鉴别，他说这是一般青年人的口音。"唐、谭"他读成一样的音，没有区别。本文前面关于老派长沙话的声、韵、调就是根据他的发音整理出来的。

但有的老年人语音系统基本上接近新派，只是词汇范围如前所述有些不同的特点。新派多为青年，不过有的青年人不同程度地具有老派语音的特点，只是词汇范围和老派有所区别。

在一个地点方言内产生新派与老派的区别，这是很自然的事情，它符合语言发展的规律。长沙方言中新派对于老派的某些变动，有的已经是大势所趋，基本完成，如前面谈到的差别中的（1）、（2）两项；有的又孕育着新的因素，尚待观察，如差别中说到的（4）、（5）、（6）、（7）等项。

从 20 世纪 30 年代到 80 年代，半个世纪以来，新派从少数派的地位逐步

发展到多数派的地位；而原来是多数派的老派则朝着相反的方向——少数派转化。尽管如此，长沙话老派还有一定的影响（无论是在语音上，还是在词汇上）。由于方言语音本身具有较强的稳固性，又由于四周湘方言土语群的包围和支持（这些土语群和长沙话老派关系甚为密切），这种影响还会存在一个相当长的时期。但是，普通话日益深入的传播，具有更大的不可抗拒的影响，这种影响促使方言不断向普通话靠拢，以至于经过漫长的时间，最后趋于消亡。

（原载《湘潭大学学报》1983 年增刊《湖南方言专辑》）

长沙方音近百年来的演变

长沙话属于湘语长益片，是整个湘语的代表。作为省会城市，长沙话对省内各方言区特别是湘语地区要产生各种程度不同的影响，至于长沙周边的城市更要受到它较大的影响。

本文所谓"长沙方音"是指长沙市区方言的语音。长沙市现辖五区三县一市，这里所说的市区仅指长沙城的东、南、西、北、郊五区（现在更名为芙蓉区、天心区、岳麓区、开福区、雨花区），不包括长沙、望城两县，更不包括宁乡县和浏阳市。原属长沙县后划入开福区的高岭、捞刀河以及划入雨花区的洞井等地方也不在里面。

考察长沙语音演变的历史，我们一方面依据所能见到的不同历史时期反映长沙音系的著作，另一方面依据我们自已进行实地调查所取得的第一手材料（其中有些已经出版）。

在语言演变的历史长河中，一百年只能算很短的一段时间。本文讨论的题目只是自有长沙方言以来整个历史演变中的一个阶段而已。

近百年来，长沙方音处在一个不断演变的过程之中。大致说来可以分为前、中、后三个时期。每个时期之间很难说出具体的时间界限，但是不同时期出现的一些著作可以起到标志的作用。

一

本世纪初叶属前期。这一时期的有关资料有：1935—1936 年赵元任、黎锦熙的《长沙方音字母》（见（北平）《世界日报（国语周刊）》215 期、239 期）。

1935 年杨时逢关于长沙话的记音（见 1974 年台北出版的《湖南方言调查报告》）。

1937 年李旦蓂的《湘音检字》（1937 年长沙锦文印务馆出版）。

从前后比较中我们发现以下几个问题成为长沙方言演变中的几条主线，即精组与见晓组在细音前是分是合，知章组与庄组今洪音是分是合，通摄和臻梗摄舒声是分是合。

长沙方音在前期的特点是：

（1）精组和见晓组在细音前从分不从合。

以《湘音检字》衣韵为例，衣韵凡 14 "音"（音节）：衣、比、披、米、低、体、离、基、跻、欺、妻、希、西、尼。

其中跻 tsi^{33} ≠ 基 tɕi^{33}，妻 ts'i^{33} ≠ 欺 tɕ'i^{33}，西 si^{33} ≠ 希 ɕi^{33}，尖团不混，泾渭分明。

其他细音前莫不如此。《湘音检字》所举代表字，现辑录如下：

嗟 tsia^{33} ≠ 家 tɕia^{33}，缉 ts'ia^{24} ≠ 恰 tɕ'ia^{24}，些 sia^{33} ≠ 虾 ɕia^{33}；爵 tsio^{24} ≠ 脚 tɕio^{24}，鹊 ts'io^{24} ≠ 却 tɕ'io^{24}，削 sio^{24} ≠ 学 ɕio^{24}；接 tsie^{24} ≠ 结 tɕie^{24}，切 ts'ie^{24} ≠ 怯 tɕ'ie^{24}，雪 sie^{24} ≠ 歇 ɕie^{24}；椒 tsiau^{33} ≠ 交 tɕiau^{33}，悄 ts'iau^{41} ≠ 巧 tɕ'iau^{41}，消 siau^{33} ≠ 哮 ɕiau^{33}；酒 tsiəu^{41} ≠ 久 tɕiəu^{41}，秋 ts'iəu^{33} ≠ 丘 tɕ'iəu^{33}，修 siəu^{33} ≠ 休 ɕiəu^{33}；尖 tsiẽ^{33} ≠ 肩 tɕiẽ^{33}，千 ts'iẽ^{33} ≠ 牵 tɕ'iẽ^{33}，先 siẽ^{33} ≠ 轩 ɕiẽ^{33}；将 tsiaŋ^{33} ≠ 江 tɕiaŋ^{33}，枪 ts'iaŋ^{33} ≠ 疆 tɕ'iaŋ^{33}，相 siaŋ^{33} ≠ 乡 ɕiaŋ^{33}；津 tsin^{33} ≠ 金 tɕin^{33}，侵 ts'in^{33} ≠ 钦 tɕ'in^{33}，新 sin^{33} ≠ 欣 ɕin^{33}。

赵元任和黎锦熙在《长沙方音字母》的通信中也明确地指出了这一事实。赵说："我们听的长沙话，都是分尖团的。"黎说："长沙尖团之分最要紧（不过近来的'尖'也有入'团'的趋势），湘潭尤其，尖若误为团，则大家笑之为'大舌头'（如说'酒'为'九'者）。"

杨时逢记音的合作人均为 21 岁，一个原籍是长沙，一个原籍是永州，幼年在长沙读书。杨在附记中说道："这两位发音人都是说长沙城内的新派方言。"

（2）知章组与庄组今洪音从分不从合。

知章组与庄组字细音都读 tɕ、tɕ'、ɕ，洪音章组读 tʂ、tʂ'、ʂ，知组多数读 tʂ、tʂ'、ʂ，少数读 ts、ts'、s，庄组读 ts、ts'、s。因而长沙音系中出现了 ts、ts'、s 与 tʂ、tʂ'、ʂ 的对立。

下面根据《湘音检字》的记音进行比较。

章组不同庄组：

周 tʂəu³³≠邹 tsəu³³，抽 tʂəu³³≠初 tʂ'əu³³，收 ʂəu³³≠搜 səu³³；折 tʂə²⁴≠责 tsə³³，舌 ʂə²⁴≠色 sə²⁴；诗 ʂʅ³³≠师 sʅ¹³，始 ʂʅ⁴¹≠使 sʅ⁴¹，是 ʂʅ¹¹≠事 sʅ¹¹；邵 ʂau⁵⁵≠潲 sau⁵⁵，烧 ʂau³³≠梢 sau³³；兽 ʂəu⁵⁵≠瘦 səu⁵⁵，受 ʂəu⁵⁵≠漱 səu⁵⁵；身 ʂən³³≠生 sən³³，审 ʂən⁴¹≠省 sən⁴¹。

知组不同庄组：

绸 tʂəu¹³≠锄 tsəu¹³，丑 tʂ'əu⁴¹≠楚 ts'əu⁴¹，昼 tʂəu⁵⁵≠骤 tsəu⁵⁵；贞 tʂən³³≠争 tsən³³，珍 tʂən³³≠臻 tsən³³，趁 tʂ'ən⁵⁵≠衬 ts'ən⁵⁵；虫 tʂoŋ¹³≠崇 tsoŋ¹³。

《长沙方音字母》分立 ts、ts'、s 与 tʂ、tʂ'、ʂ 两组声母，与《湘音检字》完全吻合。

杨时逢所记的新派，只有 ts、ts'、s 一组声母。

（3）通摄和臻梗摄舒声从分不从合。

下面根据《湘音检字》的记音进行比较：

通摄——臻摄——梗摄

公 koŋ³³≠根 kən³³≠庚 kən³³	红 hoŋ¹³≠痕 hən¹³≠衡 hən¹³
蓬 poŋ¹³≠盆 pən¹³＝彭 pən¹³	中 tʂoŋ³³≠珍 tʂən22≠贞 tʂən³³
重 tʂoŋ⁵⁵≠镇 tʂen⁵⁵≠郑 tʂən⁵⁵	虫 tʂoŋ¹³≠陈 tʂən¹³≠程 tʂən¹³
松 soŋ³³≠身 ʂen²²≠声 ʂən³³	穷 tɕioŋ¹³≠芹 tɕin¹³≠擎 tɕin¹³
胸 ɕioŋ³³≠欣 ɕin³³≠馨 ɕin³³	雍 ioŋ³³≠因 in³³≠英 in³³
勇 ioŋ⁴¹≠隐 in⁴¹≠影 in⁴¹	

赵、黎在《长沙方音字母》的讨论中，通摄和臻梗摄是分得很清楚的。通摄的注音符号避开ㄨㄥ、ㄩㄥ，而用Ⅰ、Ⅱ（即 oŋ 与 ioŋ）。

杨时逢的记音通摄和臻梗摄的舒声字也是不混的，但曾指出"另有一派人，则通摄与臻梗两摄混，全读 ən 了"。

以上三项特点是在后来的演变中系统地发生了转变，因而最引人注意。

此外，宕江摄和咸山摄字的读音值得提出来讨论，当时有三种不同的记录：

	例字	赵元任 黎锦熙	杨时逢	《湘音检字》
宕开一；开三知章组 江帮组，见组白读 咸山开一、二	唐—谭	an	ā	aŋ—an
宕开三端、见组	娘　将	ian	iā	iaŋ
宕合一三见组 合三微母	光　王	uan	uā	uaŋ
宕开三庄组 江知庄组	床　霜	yan	yā	yaŋ

需要讨论的是当时的长沙话究竟有无 aŋ（以及 iaŋ、uaŋ、yaŋ）韵，上表中对实际语音作出了三种不同反映：赵元任和黎锦熙两人否定了 aŋ 的存在，肯定的是 an（以及相关的音）。《湘音检字》在前述三项特点（分尖团、分 ts、tʂ，分 oŋ、ioŋ 与 ən、in）的反映中与赵、黎完全一致，而在宕山咸等舒声韵的描写中却与赵、黎不同，肯定了 aŋ 与 an 的对立（该书作者也注意到了"唐谭不分"一类的读音，但是作者把它当做"特殊之俗音"，而未列入音系）。杨时逢对于宕山咸舒声韵，则认为"韵尾全鼻化"了。

赵、黎和《检字》的记音是面向老派（与杨不同），从赵、黎二人在几次通信中反复琢磨的态度和《湘音检字》作者已经提及"唐谭不分"一类的"俗音"看来，我以为赵、黎的记音（有 an 无 aŋ）是可信的。

俞敏先生在《方言区际的横向系联》（见《中国语文》，1989 年）一文中的一段话更使我坚定了上述观点。这一段话如下：

有［an］没［aŋ］

这不是潮州人、福州人那种有［aŋ］没［an］。

50 年代初头儿，我有机会到了长沙。在街上问价儿，得到的回话是［lian⁴¹ tsʻən³³］。我注意到了"两"念［lian］这种发音。可是这也许是受下头音节同化的。不过那首民歌"浏阳河，弯过几道弯。几十里水路到湘江"押的韵就不能用同化解释。1979 年长沙湖南人民出版社出了一本《湖南戏剧选》。第 1 页韵脚字是"x、肩、赶、粮、范、范"。第 2 页是"粮、范、赶、忙、x、粮"。第 5 页是"赶、粮、干、范、粮、康"。这种［ɑn］跟俄罗斯人用 aн 拼汉语的 ɑng 一个传授儿。听过演唱"浏阳河"的人可以发现那演员的

"阳"、"湘"都收〔ɑn〕。

综观本世纪初叶的长沙话，我们可以从精组和见晓组在细音前是分是合（即是否分尖团）、知庄章组今洪音是分是合（即是否分 ts 组和 tʂ 组）、通摄和臻梗摄舒声是分是合（即是否分 oŋ、ioŋ 和 ən、in）这三项内容判定，这一阶段占优势的是分派，分派被视为长沙话正宗。但是同时也应看到它的对立面，即合派（不分尖团等）也已出现。

二

本世纪中叶属中期。

到本世纪中叶，即 50～60 年代，以城区话为代表的长沙方音已发展到新的阶段。这个时期有一批著作为我们提供了历史的记录。

周铁铮《长沙人学普通话手册》（1957 年）在分与合的一系列问题上，完全与《湘音检字》一致，即坚持了早期分派的正统观念，把不分 ts 组和 tʂ 组，不分通摄和臻梗摄，不分"唐谭"看作"应纠正的长沙讹音"，"在长沙都认为是口齿不清"。

《湖南省汉语方言普查总结报告》（1960，以下简称《普查总结》）、北京大学《汉语方音字汇》（1962 以下简称为《方音字汇》）、《汉语方言词汇》（1964，以下简称为《方言词汇》）在尖团分合、ts 和 tʂ 分合、通臻梗摄分合上都反映了不分的语言事实，他们认为这一时期的长沙话一般不分尖团音，舌尖声母一般只有 ts 组一套，把部分 ən、in 韵母的字读作 oŋ、ioŋ 韵母的处于少数。《普查总结》和《方音字汇》、《方言词汇》之间也有区别，前者认为"唐为 aŋ，谭为 an"，后者认为"唐谭均为 an"。

《汉语方言概要》（袁家骅等，1960）中的《长沙音系》指出这一时期"长沙大多数人不分尖团"，ts、ts'、s 和 tʂ、tʂ'、ʂ 两套声母"大多数人不分，只有 ts、ts'、s 一套"，"-ŋ 只部分人在通摄字中保留"，尽管对于语言事实的看法和《普查总结》、《方音字汇》、《方言词汇》等趋于一致，但是音系描写仍然是面向长沙话中的老派，和 30 年代赵元任黎锦熙所记完全吻合。

我们认为，正如上述大多数著作的作者所看到的那样，到 60 年代前后，长沙方言中以分为特点的老派和以合为特点的新派在城区人数的比例上已发生显著变化，大多数人属于新派，少数人属于老派。

<h1 style="text-align:center">三</h1>

本世纪末叶属后期。

到了 20 世纪 80～90 年代，能够反映长沙音系的著作又出了好多种，按时间先后排列是：

①《汉语方音字汇》（第 2 版）编者北京大学，长沙点由崔振华、伍云姬担任修订工作，文字改革出版社 1989 年出版。

②《长沙方言》作者李永明，湖南人民出版社 1991 年出版。

③《长沙方言词典》作者鲍厚星、崔振华、沈若云、伍云姬，江苏教育出版社 1993 年出版。

④《湖南汉语方音字汇》编者湖南省公安厅，岳麓书社 1993 年出版。

⑤《汉语方言词汇》（第二版）编者北京大学，长沙点由崔振华、伍云姬担任修订工作，语文出版社 1995 年出版。

⑥《长沙话音档》作者鲍厚星，上海教育出版社 1997 年出版。

⑦《长沙方言研究》作者鲍厚星、崔振华、沈若云、伍云姬，湖南教育出版社 1999 年出版。

其中①②④⑤几种反映的是新派音系，不久即将出版的《湖南省方言志》、《长沙市方言志》中的长沙音系也都属新派。③⑥⑦几种由于某种需要，反映的是老派音系。

这一时期长沙方音的演变保持着前一时期音类由分趋合的发展态势，可以说长沙城区的合派（即新派）取代分派（即老派）已基本上形成定局。从世纪初走到世纪末，新派和老派的位置已经翻了个边儿。

如果说 20 世纪 50～60 年代还有公开出版的著作（如周铁铮的《长沙人学普通话手册》）把新派的语言事实看作是"应纠正的长沙讹音"的话，那么，到了 90 年代的今天，这种观点是再也很难提出来了。经过两代到三代人的变化，所谓的"长沙讹音"已经成为堂堂的正音了。

说基本上形成定局是指不可扭转的总体形势。在社会急剧变革特别是人口大量流动的情况下，语言的演变也要受到某种影响。改革开放以来，由于城镇的扩大，长沙郊县的人口源源不断地进入城市，他们的语音（多半为老派）也随之渗透进来，因而城区老派的语音又增加了与新派抗衡的力量，新

派完全取代老派的过程相应地也会延长。但是从另一个角度看，城区人口的语音也会对郊县人口的语音产生影响，久而久之，长沙郊县的方音也会步长沙城区方音演变的后尘，在音类上将走由分趋合的道路。

由于普通话日益深入的推广，长沙方音的演变也已经或正在受到某种影响。与词汇、语法方面接受影响不同，语音有自己特殊的规律，一般说来音系的某种变动是不大可能在短时期内完成的。目前所能指出的可以谈到两点：

其一，宕江摄的字，原为- an、- ian、- uan、- yuan 的，现在部分人有念- aŋ、- iaŋ、- uaŋ、- yaŋ（或- ã、- iã、uã、- yã）的趋势。例如下面这一组的字，本来都是 an 韵的，现在有些人读起来开始有区别了：

邦—班　　忙—蛮　　唐—谭　　郎—蓝　　抗—看　　港—感

其二，长沙话中的某些白读音已经消失了，这和文读音（它在很大程度上接受了普通话的影响）越来越深入口语有关。例如：

平、病、明、擎（梗开三庚韵）

饼、精~怪、睛、井、请、颈、轻（梗开三清韵）

钉、挺、听、筵、桯、青、星、醒、零、经~纱（梗开四青韵）

这些字在《湘音检字》的补遗中，作者曾指出除了读书音［in］之外还有"语音"（白读音）［ian］（音标为笔者转写）。但是我们在调查的过程中，不要说新派，就是老派的发音人也读不出白读音了。

（本文曾于 1999 年 7 月在中国语言学会第十届学术年会上宣读）

《湘音检字》与长沙方言

　　《湘音检字》是 20 世纪 30 年代长沙的一本方言韵书。作者李旦冀，长沙人，系当时湖南第一师范的国文教员，对拼音文字素有研究。此书于 1937 年 7 月出版，为 32 开手写石印本。印刷者为长沙仓后街锦文印务馆。代售处为长沙南阳街世界书局。迄今为止，我们尚未发现湖南历史上有过其他类似的方言韵书。

　　该书作者在书后有一段文字说明了编著意图："本书检字收湘音通读音字一万一千八百有奇，其中与国音不同者约五千五百字，即全部字之音有百分之四十七弱与国音异。此等差异之音除少数特殊者外，大抵皆有差异之系统可寻。兹编就普通之差异系统分类举例说明之，以为湘人肄习国音及国人研究湘音之一助。"

　　这里明白指出，编著《湘音检字》一书是为了给湖南人学习国音以及国人研究湘音提供帮助。国音是明确的，从书中注音的体系来看，是以北京音为标准的新国音，而不是 1913 年审定的以多数省份共同读音为标准的老国音。湘音又是指什么呢？作者并没有对它所代表的具体地点方言作出说明，但从全书所列字音分析归纳，可以看出本书记录的湘音实际上是长沙方言音系。

　　《湘音检字》全书的主体是正文（1—211），正文前有检音表（1—4），正文后有补遗（212），注音符号表（1—4），湘音国音差异之统系（1—7），国音索引（1—6）。

　　正文把湘音分为十九韵，每韵举出所属的音节数目。这十九韵分别是：

衣韵第一，凡十四音	乌韵第二，凡六音
余韵第三，凡五音	知韵第四，凡四音
资韵第五，凡三音	大韵第六，凡廿四音，附或音四
多韵第七，凡廿六音	德韵第八，凡十九音

跌韵第九，凡十七音　　　　代韵第十，凡二十音

堆韵第十一，凡十七音　　　道韵第十二，凡卅一音

兜韵第十三，凡廿七音　　　单韵第十四，凡十八音

田韵第十五，凡廿一音　　　端韵第十六，凡十三音

当韵第十七，凡卅三音　　　敦韵第十八，凡卅九音

东韵第十九，凡十八音

　　原书分韵行文，每韵统领的音节（不计不同声调）都各举一代表字，如衣韵十四音，代表字为"衣比披米低体离基跻欺妻希西尼"。标音全用注音字母。为了解《湘音检字》反映 20 世纪 30 年代长沙方音的基本面貌，本文特据原书提供的材料制成作者所谓"湘音"（即当时的长沙音系）声韵配合表，见表 1。表中仍用作者所选定的代表字（个别字有更换），音标符号全部转写为国际音标。表中的黑体字是根据该书之后的补遗所补。

　　从书后"湘音补遗"中补入声韵配合表的除一个"谬"字外，全部集中在大韵和单韵。大韵有：壁 pia、劈 pʻia、踢 tʻia（原书误写成"锡"）、栗 lia、黏 ɲia（原书加注"糊也"）、哦 ya（原书加注"打哦"）。单韵有：平 pian、□pʻian（原书加注"锣声××"）、明 mian（原书加注"明日"）、钉 tian、挺 tʻian、零 lian、精 tsian（原书加注"精怪"）、青 tsʻian、星 sian、颈 tɕian、轻 tɕʻian。作者在正文中给这些字标注的是读书音，在"补遗"中补上的是这些字的口语音，这是对于客观语言事实的确认，这个历史记录可以作为研究长沙语音演变历史的重要参考。上一世纪 30 年代一部分梗摄字的文白异读（文读 in，白读 ian）曾经是对应鲜明，而演变到今天，这些处于白读层次的语音逐渐退出了历史舞台。在我们调查老派长沙话的过程中，像"平、病、明、饼、晴、井、请、颈、轻、听、青、星、醒、零"这些常用字，已经再也听不到白读音了。

　　全书的注音作者用了精心设计的体例，以做到湘音与国音并举，就湘音本身而言做到读书音与口语音（除一部分被视为特殊的俗音之外）共现。这里举出"些、斜、写、谢、薛"五字来说明。在湘音里这些字属尖音，声母是 s，韵母读书音为 ie，口语音为 ia；在国音里无尖团之分，声母都是 ɕ，韵母也无读书音口语音之分，都属 ie 韵。当人们查检上述五字时，可以看到在跌韵第九里，"雪"（湘音读 sie）音节字列中有"些、斜、写、谢、薛"，但同时又给这些字注出了国音 ɕie。同在跌韵里，"歇"（湘音读 ɕie）音节也出

现了这五个字，一方面随字注出湘音 sie，另一方面又用特别符号表示这五个字国音属 ɕie 音节。至于这五个字的口语音 sia，则在大韵第六"些"音节字列中出现，并随字注出了这些字湘音的读书音 sie。如此多种系列并举，才能达到"为湘人肄习国音及国人研究湘音"提供帮助的目的。

《检字》对于字义的阐释简明扼要，仔细阅读，可以发现在注释的文字中保存着一批口语资料，以下略举数例说明（按语前为原注，注音系笔者所加）：

厏 tsa^{55}，～厊（ia^{55}），不相合也，俗谓厊厏。按《长沙方言词典》收有"厊厏"ŋa^{55} ts'a^{55}，释为"性情乖戾，喜欢扯皮"。

哆 to^{33}，咖～唎～。按《长沙方言词典》收有"□多粒多"tɕia^{13} to^{33} li^{55} to^{33}，形容人说话办事啰嗦，不利索。

蛘 mie^{33}，蜻蜓，俗呼旸～～。

擤 ts'i e^{33}，插也，～担。按《长沙方言词典》收有"扦担"（挑柴用的两头尖的木棍或竹棍）一词，"扦"当作"擤"（《集韵》仙韵亲然切，插也）。

辵 tʂ'o^{24}，乍行乍止也，～骗。

胰 i^{13}，夹脊肉也。俗称肥皂为～子油。

《检字》作者对湘音与国音的差异进行了系统的比较，并概括出 20 条对应规律。这就是附于书后的"湘音国音差异之统系"。作者比较时先列国音，后列湘音，再举辨例，有的还加说明或附注，详细的还列音异一览。

表 1　《湘音检字》声韵配合表

	衣	乌	余	知	资	大				多		德	跌			代			堆		
	i	u	y	ʅ	ɿ	a	ia	ua	ya	o	io	ə	uə	ie	ye	ai	uai	yai	ei	uei	yei
p	比	补				巴	壁			波		白		扁		摆			卑		
pʻ	披	铺				怕	劈			坡		迫		瞥		派			配		
m	米					马				摩		摩		灭		买			眉		
f		夫				法										槐			飞		
t	低					打	爹			多		得		跌		待			堆		
tʻ	体					他	踢			拖		特		贴		胎			推		
l	离					拉	栗			罗		略		列		来			雷		
ts					资	栅	嗟			作	爵	则		接		斋			最		
tsʻ	妻				雌	差	緝			错	鹊	测		切		猜			催		
s	西				私	沙	些			索	削	色		雪		筛			虽		
tʂ				之					隻	着		折									
tʂʻ				痴					尺	走		撤									
ʂ				尸					石	如		舌									
ʐ				日								热									
tɕ	基		居				家	抓			脚			结	辍					追	
tɕʻ	欺		区				恰				却			怯	缺			揣		吹	
ɲ	尼		女				黏				弱			梟							
ɕ	希		虚				虾	耍			学			歇	靴			衰		谁	
k		姑				嘎		瓜		哥	国	格	国			改	乖			归	
kʻ		枯				卡		夸		苛		客				开	快			亏	
ŋ						呀				我		陋				矮					
x						哈				何		黑				孩					
ø	衣	乌	余			阿	鸦	蛙	哕	俄	约	耳		耶	曰	唉	歪			威	锐

续表　　　　　　　　表 2

声母	道 au	iau	兜 əu	iəu	单 an	ian	uan	yan	田 ə̃	iẽ	端 yẽ	õ	当 aŋ	iaŋ	uaŋ	yaŋ	敦 ən	in	uən	yn	东 oŋ	ioŋ
p	包	标	裒		班	**平○**				边		搬	邦				奔	彬			蓬	
pʻ	抛	漂	剖		盼					偏		潘	胖				烹	拼			捧	
m	毛	苗		**谬**	蛮	**明**				眠		瞒	盲				门	民			蒙	
f			某		凡								方				分					
t	刀	凋	豆	丢	单	**钉**				颠		端	当				登	丁			冬	
tʻ	滔	挑	偷		贪	**挺**				天		湍	汤				吞	听			通	
l	劳	了	楼	流	阑	**零**				连		鸾	郎	良			能	林			龙	
ts	遭	椒	邹	酒	赞	**精**				尖		钻	臧	将			怎	津			宗	
tsʻ	操	悄	凑	秋	参	**青**				千		窜	仓	枪			参	侵			葱	
s	缫	消	搜	修	三	**星**				先		酸	丧	相			森	新			松	
tʂ	招		周						占				张		庄		珍				中	
tʂʻ	超		抽						阐				昌		窗		趁				冲	
ʂ	烧		收						闪				商		霜		身					
ʐ	饶		柔										酿				人					
tɕ		交		鸠		**颈**				肩	捐			江				金		**均**		穷
tɕʻ		巧		丘		**轻**				牵	圈			疆				钦		倾		
ȵ		鸟		牛						年				娘				宁				
ɕ		孝		休						轩	喧			乡				欣		勋		兄
k	高		沟		干		关					官	冈		光		根		滚		公	
kʻ	考		扣		刊							宽	康		框		恳		昆		空	
ŋ	奥		欧		安								昂				恩					
x	蒿		侯		罕							欢	杭				很				烘	
∅		夭		由			弯			烟	鸳	碗		秧	汪			因	温	云	翁	容

以下择要介绍几项：

（1）原第一项：阳平气流——阳平音流

按此项指湘音古全浊声母今逢塞音、塞擦音时，平声不送气（即"音流"），国音送气（即"气流"），辨例中举有"诚、臣、田、长、曹"等字。

（2）原第二项：n——l、ȵ（原为注音字母，今转写为国际音标，下同）

原文有一说明：国音 n，其与 i 或 y 拼合之字，在湘音为 ȵ，以外一律为

l, 辨例中前一半词语"恼怒、懒男、垒内、闹牢"每个字的声母都是 l, 后一半词语"泥泞、牛碾、虐女、忸怩"每个字的声母都是 n̠。

（3）原第三项：tɕi、tɕ'i、ɕi——tsi、ts'i、si

按此项指湘音分尖团，国音不分，统读团音。辨例中举出妻 ts'i≠欺 tɕ'i，积 tsi≠极 tɕi，羞 siəu≠休 ɕiəu。

（4）原第九项：国音 fəŋ——湘音 xoŋ。第十项国音 xu——湘音 fu

按此二项指湘音有时 f, x 不分，第九项辨例指出"蜂、疯、凤、奉"等字为 f 混入 x；第十项辨例指出"户、画、会、混"等字为 x 混入 f。

（5）原第十四项：an——o̅。第十五项：an——ə̃、ian——iē、uan——yē、yan——yē

按此二项指湘音有一套鼻化韵母，在国音分别为 an、ian、uan、yan。

辨例分别是：搬、判、满（an——o̅）；端、鸾、酸、官、缓、宽（uan——o̅）；展、善（an——ə̃）；元、捐、圈、喧（yan——yē）；砖、穿、阮（uan——yē）；钱、先、年、田（ian——iē）。

（6）原第十九项：əŋ、iŋ——ən、in

按此项指湘音把国音的舌根鼻尾韵变成了舌尖鼻尾韵，即辨例中的"征=珍"、"星=新"、"轻=钦"等。

（7）原第二十项：ər——ə

按此项指湘音无儿化韵，ər 变成了单元音，或记为 ɤ，或记为 ə，本文取后者。辨例中举了"二耳尔儿而"等字。

湘音国音的其他差异也都经作者逐一指出，条分缕析，概括全面。

在列举"湘音国音差异之统系"以后，作者还特地写了一段话，提到当时长沙语音中视为特殊俗音的一些问题，值得注意：

"除上述各音外，尚有系异之音，如 ə——o（伯拍默），z̩——i（容饶若），i——ei（臂譬秘），tʂ——tʂ'（雉掷）……等为类甚多；而与无系统之差异之字合计之，尚不及全部异音字十分之一，故兹编略而不举。又如 oŋ、ioŋ——ən、in（东翁龙钟熊兄雍容），aŋ——an（冈邦长场"唐谭不分"），iaŋ——ian（杨言不分）……，被视为特殊之俗音，本编不举，本书亦未之及。"其中关于 oŋ、ioŋ——ən、in，aŋ——an，iaŋ——ian 等不分的问题都涉及长沙方言语音演变历史研究的内容，笔者已另有文章讨论。

长沙方言有新派老派之分。在 20 世纪 30 年代新派还处于少数派地位。

1935 年秋季前中央研究院历史语言研究所赴湘调查过程中，杨时逢记录了长沙话。两个发音人均为 21 岁，一个原籍是长沙，一个原籍是永州，幼年在长沙读书。杨在附记中指出："这两位发音人都是说长沙城内的新派方言，不分尖团。"与杨的记录描写不同，《湘音检字》的作者记录的是当时的长沙老派方言。关于长沙方言的新老之分，可参见拙文《长沙方言中的新派与老派》（1983 年《湘潭大学学报》"湖南方言专辑"）。据笔者目前所了解的材料，以收字一万一千八百多的规模，又以共同语和方言两相比较的方式，记录长沙老派方言，这在历史上是第一次。尽管它还存在某些欠缺之处，如去声只记了一个调类，未分阴阳，某些特殊的俗音未能列举。但整体上作为上一世纪 30 年代长沙语音的真实记录，实在是一份极为珍贵的文献资料。（见《湘音检字》图）

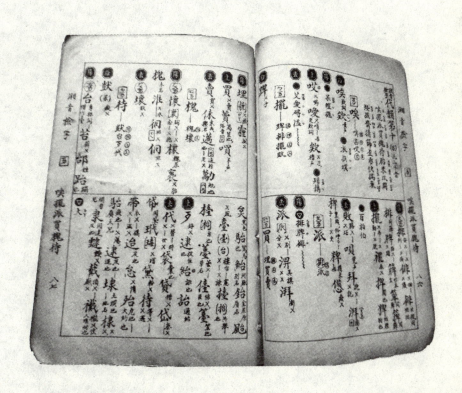

参考文献

[1] 鲍厚星，崔振华，沈若云，伍云姬. 长沙方言词典 [M]. 南京：江苏教育出版社，1993.

[2] 鲍厚星. 长沙方言中的新派与老派 [J]. 湘潭大学学报（增刊），1983.

[3] 杨时逢. 湖南方言调查报告 [M]. 史语所集刊之六十六，1974.

（原载《湖南师范大学社会科学学报》2002 年第 4 期。此文提要曾于 1998 年 5 月在成都四川大学召开的庆祝《方言》创刊 20 周年学术讨论会上宣读，原题为《三十年代〈湘音检字〉之概貌》。）

长沙方言（老派）同音字汇

说　明

（1）同音字汇按照老派长沙话音系排列，先以韵母为序，同韵的字以声母为序，声韵相同的字以声调为序。

（2）韵母的排列次序是：

ɿ，ʅ；

i，u，y；

a，ia，ua，ya；

o，io；

ə，ie，uə，ye；

ai，uai，yai；

ei，uei，yei；

au，iau；

əu，iəu；

ō，ã，iē，yē；

an，ian，uan，yan；

ən，in，uən，yn；

oŋ，ioŋ；

m̩，n̩。

（3）声母的排列次序是：

p，pʻ，m，f；

t，tʻ，l；

ts，tsʻ，s；

tʂ，tʂʻ，ʂ，ʐ；

tɕ, tɕʻ, ȵ, ɕ;

k, kʻ, ŋ, x;

ø。

（4）声调的排列次序是：

阴平，阳平，上声，阴去，阳去，入声。

（5）字下加双线"＝"的表示是文读音，加单线"—"的表示是白读音。一个字有几读而又不属于文白异读的，在字的右下角加注又音，例如：哪ㄨ lai⁴¹。

（6）方框"□"表示写不出字的音节。

（7）注文中的"～"号代替所注的字，例如：捹～箕：滗米汤用的竹篾器具。

（8）有些字属本字考范围，特在右上角加星号"＊"，一并在字表之后按音序统一注释。

（一）同音字汇

ɿ

tsɿ 　［33］资姿咨滋辎

tsɿ 　［13］瓷糍兹慈磁辞词祠嗣¹
　　　 　无～

tsɿ 　［41］紫姊子梓滓

tsɿ 　［55］自字寺巳欲＊

tsɿ 　［11］自字寺牸～牛子：小母牛

tsʻɿ 　［33］雌疵差参～

tsʻɿ 　［41］此

tsʻɿ 　［55］刺赐次伺～候厕

sɿ 　［33］斯厮撕私司丝思师狮

sɿ 　［44］死

sɿ 　［55］四肆祀伺～机嗣～位饲事

　　　　 侯士仕侍崿

sɿ 　［11］事

ʅ

tʂʅ 　［33］知支枝肢之芝栀～子花

tʂʅ 　［13］池驰迟持

tʂʅ 　［41］纸只～有旨指～挥脂止趾址

tʂʅ 　［55］制製智致至治志誌痣痔窒蛰惊～

tʂʅ 　［24］置执汁蛭质直值织职殖植掷只（隻）炙蜘指～脑子：指头

tʂʻʅ 　［33］痴嗤鸱雉摘＊伸：莫～手

□象声词：～哒一跤	ti [33] 低
tʂʻɿ [41] 侈耻齿匙	ti [13] 题提堤蹄啼
tʂʻɿ [55] 翅稚滞	ti [41] 底抵的
tʂʻɿ [24] 秩赤斥尺	ti [55] 帝递地弟第蒂
ʂɿ [33] 施诗尸豉豆～	ti [11] 地弟第
ʂɿ [13] 时鲥	ti [24] 笛敌嫡滴狄的～确
ʂɿ [41] 矢屎始史使驶豕	tʻi [33] 梯
ʂɿ [55] 世势誓逝氏示视嗜似恃	tʻi [41] 体
式试是市柿实又ʂɿ²⁴	tʻi [55] 替涕屉剃隶逮
ʂɿ [11] 是市柿	tʻi [24] 剔踢籴
ʂɿ [24] 十什湿拾实失室食蚀识	li [13] 梨犁黎离篱璃厘驴
饰适释石	li [41] 旅礼履李里理鲤
zʅ [24] 日	li [55] 丽例厉励荔吏粒利痢
	li [11] 利痢泪
i	li [24] 力立历栗律率效～掰*～
	箕：滗米汤用的竹篾器具
pi [13] 皮疲脾琵枇痞箅甑～子	tsi [33] 疳
pi [41] 比彼	tsi [13] 齐脐～带荠
pi [24] 鼻笔必毕碧逼煏用火烘干	tsi [41] 挤
壁璧	tsi [55] 济剂脐肚～祭际娶聚唧
pʻi [33] 披批劂*用刀将竹木的枝桠	奶～～：奶汁；乳房
削下，或将竹片破开	tsi [11] 聚
pʻi [41] 丕鄙庇疕	tsi [24] 疾积跻脊籍藉绩缉集辑
pʻi [55] 屁	即鲫稷棘
pʻi [24] 匹僻阔劈霹弼	tsʻi [33] 妻棲凄趋蛆曬～～话：悄
mi [33] 糜*～烂的：很烂	悄话沏火～黑哒
mi [41] 米	tsʻi [41] 取
mi [55] 眯密～严的：严密无缝	tsʻi [55] 砌趣
mi [24] 密蜜觅泌秘	

ts'i	[24]	七漆戚寂绩~麻瘵* 近视；窥视
si	[33]	西须鬚需犀胥
si	[13]	徐
si	[41]	洗徙髓玺
si	[55]	细絮绪序叙
si	[24]	锡析昔惜席夕息熄媳悉膝习袭戌恤婿
tɕi	[33]	鸡基稽饥肌姬讥机几~乎 几茶~ 屐羁箕
tɕi	[13]	奇骑畸鳍祁祈其旗期棋歧芪黄~
tɕi	[41]	己纪几~个
tɕi	[55]	记忌既寄计继季系~鞋带子
tɕi	[11]	徛* 站立
tɕi	[24]	击激极吉急级及戟给汲吸
tɕi	[33]	欺
tɕ'i	[41]	起启岂
tɕ'i	[55]	企契技妓器弃气汔
tɕ'i	[24]	乞讫迄吃
ŋi	[13]	泥尼呢~绒倪宜疑仪蚁白~
ŋi	[41]	伱拟蚁~子 野虫
ŋi	[55]	义议毅谊艺诣呓
ŋi	[11]	谊艺腻~人蚁蚂~子
ŋi	[24]	逆溺匿暱日

ɕi	[33]	希稀兮奚溪绥牺熙嘻
ɕi	[13]	携
ɕi	[41]	喜嬉禧
ɕi	[55]	戏系联~
ɕi	[11]	系筅箕~
ɕi	[24]	泣隙
i	[33]	衣依伊医
i	[13]	移夷姨饴怡贻胰~子油：肥皂
i	[41]	以椅已矣
i	[55]	意异肄翼亿忆弋冀缢翳~子：白内障懿易
i	[11]	易佾* 量词，行：栽六~
i	[24]	易姓氏一益亦译邑揖抑逸液噎

u

pu	[13]	蒲菩荸~荠鬻液体沸腾溢出：牛奶~咖哒
pu	[41]	补
pu	[55]	布怖埠步部簿捕
pu	[11]	步部簿
pu	[24]	不
p'u	[33]	铺~设铺量词：一~帐子
p'u	[41]	普浦辅甫脯谱
p'u	[55]	铺店~
p'u	[11]	□嘴巴动作：男~晴，女~阴
p'u	[24]	扑卜仆~人仆前~后继璞

瀑曝勃覆~辣椒

fu　[33]　夫肤敷

fu　[13]　符扶俘胡湖鬍蝴狐壶乎呼瓠

fu　[41]　府腑俯斧釜腐抚虎浒□掀:把被窝一~

fu　[55]　户沪戽~水护互瓠~子付傅赴讣妇负富副赋父幅量词:一~画服量词:一~药斛洑~上水

附

fu　[11]　户护附

fu　[24]　复腹覆~没忽勿弗拂佛佛沸福蝠服伏

ku　[33]　姑辜孤箍估

ku　[13]　跍*蹫

ku　[41]　古牯估股鼓眮瞪大眼睛

ku　[55]　故固锢雇顾

ku　[11]　咕象声词:含口水~几下

ku　[24]　骨谷穀

k'u　[33]　枯

k'u　[41]　苦

k'u　[55]　库裤

k'u　[11]　□嶡:~起嘴巴

k'u　[24]　窟哭酷

u　[33]　乌污坞巫诬

u　[13]　吴蜈吾梧无

u　[41]　五伍午武舞侮鹉

u　[55]　误悟恶可~戊务雾

u　[11]　误雾

u　[24]　物屋

y

tɕy　[33]　猪诸居车~马炮蛛株朱铢珠拘驹

tɕy　[13]　除渠厨瞿储刍诛

tɕy　[41]　主举煮矩褚

tɕy　[55]　巨拒距註注蛀柱住驻句具惧铸剧据锯著苎箸遽□用不正当的手段把次品推销给他人

tɕy　[11]　柱住

tɕy　[24]　局菊橘

tɕ'y　[33]　区驱枢

tɕ'y　[41]　处相~杵

tɕ'y　[55]　处~所去屈~子:屈戌儿

tɕ'y　[11]　杵嶡:嘴巴一~起

tɕ'y　[24]　出屈

ɲy　[41]　女

ɕy　[33]　书舒虚墟嘘输

ɕy　[13]　殊

ɕy　[41]　许鼠暑黍

ɕy　[55]　恕庶墅署戍树竖

ɕy　[11]　树竖薯

ɕy　[24]　术述秫

y　[33]　淤

y　[13]　鱼渔如余于盂榆愉逾虞娱愚儒

y　[41] 语汝与及；给与 雨宇禹羽 乳

y　[55] 预豫愈誉吁呼~ 裕遇寓 玉芋喻与参~

y　[11] 芋喻

y　[24] 入域役疫郁熨~贴㔉* 使弯曲：把竹子~弯

a

pa　[33] 巴芭笆疤琶粑~~：饼类食物

pa　[13] 爬耙扒~手

pa　[41] 把㞎~~：屎或泛指肮脏之物

pa　[55] 霸欛坝罢□~根子草：白茅

pa　[11] 罢稗

pa　[24] 八爸

p'a　[33] □食物煮得过烂

p'a　[41] 啪象声词趴两腿分开

p'a　[55] 怕

p'a　[24] 拔拍~子；酿制：~甜酒（酿制江米酒）

ma　[33] 妈

ma　[13] 麻痳蟆蛤~

ma　[41] 马码蚂

ma　[55] 骂

ma　[11] 骂

ma　[24] 抹沫

fa　[33] 花

fa　[13] 华铧划~船

fa　[55] 化划计~画话

fa　[11] 画话划

fa　[24] 法乏发髪罚伐筏澄猾

ta　[41] 打

ta　[55] 大

ta　[24] 答搭达跶*跌腪~摸：人块头大或物体粗笨

t'a　[33] 他

t'a　[24] 踏塌榻塌獭鳎罐子的一种，口径较一般小揭小火烘煎食品

la　[33] 拿~得来

la　[13] 拿~手捋

la　[41] 哪又lai^{41}□~胡：1.马虎 2.脏；不讲卫生

la　[55] 那又lai^{55}

la　[11] 喇~叭□前加成分，表示程度很深：~粗的

la　[24] 纳拉腊蜡辣瘌捺邋~遢：肮脏兀杳~

tsa　[35] 渣

tsa　[13] 茶搽查

tsa　[41] 鮓~辣椒

tsa　[55] 乍炸诈榨栅~子戏

tsa　[11] 扎~扫把：用竹枝扎的扫把

tsa　[24] 杂剳眨炸油~扎札轧铡 蚱~蜢闸

ts'a [33] 叉差杈钗

ts'a [55] 诧岔汊插~嘴

ts'a [24] 插擦察

sa [33] 沙纱抄*（手、树枝）张开、伸开痧砂杉

sa [41] 傻撒

sa [24] 杀煞皱~双拖鞋萨□严实：羊尾巴遮羊屁股——不~□量词，瓣

tʂa [33] 遮

tʂa [55] 嗻*啰~

tʂa [11] □极短时间：一~就去哒

tʂa [24] 只（隻）啄炙*□~扇：摺扇

tʂ'a [33] 奓姜~：地名

tʂ'a [41] 扯

tʂ'a [55] □~至：副词，再也

tʂ'a [11] 哆*张开口：笑得一~起

tʂ'a [24] 尺

ʂa [33] 赊

ʂa [13] 蛇

ʂa [41] 舍~不得

ʂa [55] 射~石头；~媚眼

ʂa [11] 射~火子星：流星

ẓa [41] 惹又 nia41

ka [33] 家痂~子

ka [13] 蛤~蟆：青蛙。又 kə13

ka [41] 嘎~白的：惨白

ka [55] 架嫁驾

ka [11] □拃：~一~嘎因笔不好写或纸粗糙，书写不流利 牛*跨：~过去

ka [24] 夹甲□~老的：很老 胛肩~：肩膀胳~肢窝 隔馋~子：涎布 圿*漫~子

k'a [33] 抲用手的虎口紧紧扼住：~喉咙

k'a [41] 卡

k'a [55] 胯~裆

k'a [24] 掐~菜，~人中恰

ŋa [33] 丫*ㄩ~~桠树~疬*~疟：病痛

ŋa [13] 伢~子牙芽

ŋa [41] 哑

ŋa [55] 咬训读字讶*~诉：性情乖戾，喜欢扯皮轧~尖：固定锄头的小铁块。又 ia24 觟牛~

ŋa [11] 研 1.滚压 2.拖延

ŋa [24] 压鸭

xa [33] 哈食物变坏的特殊气味：猪油~咖哒哈张口呼气虾

xa [41] 哈~宝：傻子

xa [55] 哈~啾：喷嚏

xa [11] 下底~下量词：看一~下表范围的副词，都：他们~来哒

xa [24] 瞎

a [33] 阿

ia

pia	[41]	□象声词：枪声
pia	[11]	□～泻的：很烂，呈稀泥状。又 p'ia¹¹
pia	[24]	壁
p'iə	[41]	撇～淡的：很淡。又 p'ie⁴¹
p'ia	[11]	□～泻的：很稀。又 pia¹¹
p'ia	[24]	劈
mia	[55]	□～黑的：很黑
tia	[33]	爹～～：祖父
tia	[13]	提～一桶水
tia	[24]	滴～咖子：一点儿
t'ia	[24]	踢缔*系：把鞋带子～紧
lia	[33]	□形容词，撒娇的声音和样子：～声～气
lia	[13]	□爬：莫往高头～
lia	[41]	□（向下）垂：肩膀一～起；～肩胛
lia	[55]	□～腔：不正经的话
lia	[11]	□～皮：办事拖沓的人
lia	[24]	累训读字
tsia	[33]	嗟
tsia	[41]	姐
tsia	[55]	□捂着脸突然松开手（逗小孩的动作）
tsia	[11]	谢姓氏
ts'ia	[33]	□躲～：捉迷藏
ts'ia	[24]	□铗：打～
sia	[33]	些
sia	[13]	斜
sia	[41]	写
sia	[55]	泻 1.稀：～泥巴。2.腐烂：西瓜～咖哒
tɕia	[33]	佳加嘉傢家
tɕia	[13]	茄□解释；争论
tɕia	[41]	假贾姓氏
tɕia	[55]	架驾嫁价稼□～湿的：很湿
tɕia	[24]	甲夹嘎脾气倔
tɕ'ia	[24]	吃恰洽掐
ɲia	[33]	黎因接触而被东西附着上：～点咖子边（沾了一点儿边）
ɲia	[13]	黎* 粘贴：把信封～好
ɲia	[41]	惹
ɲia	[55]	肏～屎：交合胯不～腮：不带劲儿
ɲia	[11]	黏紧贴着：肉～肉
ɲia	[24]	□～树：一种质地坚硬的树
ɕia	[33]	虾
ɕia	[13]	霞瑕遐暇
ɕia	[41]	厦～门：地名
ɕia	[55]	夏姓氏下□小气
ɕia	[11]	夏～天下～力：出力
ɕia	[24]	狭峡匣狎侠挟瞎辖
ia	[33]	鸦丫

ia　[13] <u>牙芽</u>衙涯<u>爷</u>父

ia　[41] <u>雅</u>哑<u>野</u>讶

ia　[55] <u>亚</u>

ia　[11] <u>夜</u>

ia　[24] 押<u>压鸭</u>轧被车～平哒。又
ŋa⁵⁵

ua

kua　[33] <u>瓜</u>

kua　[13] 呱～～叫□气～哒：气坏了

kua　[41] 寡剐

kua　[55] 挂卦褂

kua　[11] □～涩的：很涩

kua　[24] 刮括鸹

k'ua　[33] <u>夸</u>

k'ua.　[41] 垮

k'ua　[55] 跨

k'ua　[11] 垮脸一～起

ua　[33] 蛙洼窊*凹：铁桶子～进去
一块挖～耳朵哇肠胃里产生的一种不
适之感：吃多哒红锅子菜（没有放油
炒的菜）心里～哇老～子：乌鸦

ua　[13] 娃

ua　[41] 瓦㧬*用瓢、勺等舀东西哇
象声词，呕吐时嘴里发出的声音㪗*
打～

ua　[55] <u>滑猾</u>

ila　[24] 袜挖～土暗*因疲劳或害病，

眼睛下陷

ya

tɕya　[33] 抓

tɕya　[13] 瘸四肢肌肉萎缩，活动不便或
因受冻而变得不灵活

tɕya　[41] 爪

tɕya　[55] □大叫：你莫～

tɕya　[24] □骡、马用后跟向后踢

tɕ'ya　[55] 踹

ɕya　[33] <u>靴</u>

ɕya　[41] 耍厦披～子：房屋两边靠墙
搭盖起来的小房子

ɕya　[55] 刷～亮的：很光亮

ɕya　[24] 刷～把，～子

ya　[55] 哕大声喊叫

o

po　[33] 波玻菠

po　[13] 婆

po　[41] □象声词，敲击木鱼或头部的
声音

po　[55] 播簸

po　[11] 薄～荷

po　[24] 博薄剥驳钵拨泼活～<u>缚</u>

p'o　[33] 坡

p'o　[41] 颇

p'o　[55] 破

p'o　[24] 泼～水。又p'ə²⁴

mo	[33]	摸末~名
mo	[13]	魔磨~刀摩模膜
mo	[41]	母拇么~子：什么
mo	[55]	慕暮墓募幕<u>磨</u>
mo	[11]	<u>磨</u>
mo	[24]	莫木沐目穆牧寞末茉
to	[33]	多
to	[13]	驼陀驮它量词：一~泥巴
to	[41]	朵躲垛~子
to	[55]	惰堕剁<u>舵</u>
to	[11]	舵挎* 把一物压放在另一物上□~栗子：颗粒较板栗小 <u>座</u>~子：某些器物的下半截
to	[24]	夺咄
t'o	[33]	拖
t'o	[41]	妥□下垂
t'o	[55]	唾□压：拿块石头把纸~起
t'o	[24]	脱讬托铎择* 折断拓描；复写圫地名用字：大~，南~，苏家~
lo	[33]	啰~唆啰用手段拉拢人：要他帮忙就要~哒他
lo	[13]	罗萝锣箩骡螺脶
lo	[41]	裸纞* 打~：舌头不听使唤郢~~子
lo	[55]	烙~壳：差错；事故或漏洞摞量词：一大~<u>糯</u>
lo	[11]	<u>糯</u>
lo	[24]	落赂骆酪洛络诺乐快~
tso	[13]	昨
tso	[41]	左佐~借
tso	[55]	<u>座</u>坐佐辅~
tso	[11]	坐座
tso	[24]	作桌捉撮
ts'o	[33]	搓
ts'o	[41]	挫
ts'o	[55]	锉措错凿戳~起拐棍
ts'o	[24]	戳濯
so	[33]	梭唆蓑娑嗍吸气；吮吸
so	[41]	所锁琐
so	[24]	索朔塑蟀率表~
tʂo	[24]	着酌卓绰琢啄镯
tʂ'o	[33]	□嘛：嘴巴~起
tʂ'o	[55]	□丢失：~咖哒（失掉了）
tʂ'o	[24]	浊乇哄骗
ʂo	[55]	諕* 骗；哄：你莫~我啰□差；不好：~话子
ko	[33]	哥歌戈锅
ko	[41]	果裹
ko	[55]	个过
ko	[11]	咯鸡~~（对儿童用语）
ko	[24]	各鸽佮* 结交阁葛郭廓割角咯指示代词：~本书。又 kai²⁴
k'o	[33]	科苛轲窠
k'o	[41]	可棵颗骲* 敲：把钉子~进去
k'o	[55]	课搁把箱子~起

k'o　[24] 壳确扩阔渴磕殻*力~

ŋo　[41] 我

ŋo　[24] 握鄂鳄沃斡

xo　[33] 呵

xo　[13] 河何荷~花和~气

xo　[41] 火伙夥

xo　[55] 货贺荷~兰祸和唱~缚

xo　[11] 祸和跟哒~（自己无主见）嗬眼泪水直~

xo　[24] 活喝曷鹤霍藿豁或惑获合盒盍蠚*（蜂、虫等）蜇（人）

o　[33] 窝蜗涡莴阿~胶屙

o　[13] 鹅俄蛾讹禾何~得了，~解

o　[55] 卧饿煋烫：开水~哒呵~喝嗨：做事不认真，不肯出力

o　[11] 饿

o　[24] 恶罯*严密地覆盖或封闭起来：白菜~黄哒淹*藏火偲*表程度之甚，限作补语：快得~

io

lio　[24] 略掠

tsio　[24] 爵嚼~头

ts'io　[55] 嚼~不烂

ts'io　[24] 雀鹊

sio　[24] 削

tɕio　[55] □~~〈流〉指未婚女青年

tɕio　[24] 脚角货币辅助单位

tɕ'io　[24] 却觉知~

ȵio　[24] 弱疟虐

ɕio　[55] 勺~子

ɕio　[24] 学芍硕

io　[24] 岳嶽跃钥约药若乐音~

ə

pə　[24] 北百白柏伯帛陌

p'ə　[24] 拍泊帕魄珀泼~粪。又 p'o[24]

mə　[55] 墨~黑的

mə　[24] 墨默麦脉没沉~

tə　[24] 得德掇*~起

t'ə　[24] 特

lə　[55] 捋~起袖子

lə　[24] 肋勒□开玩笑

tsə　[24] 则侧恻厕责摘窄

ts'ə　[55] 择~菜贼~牯子：贼

ts'ə　[24] 策册测泽择~期宅

sə　[24] 色虱塞瑟涩

tʂə　[33] 遮

tʂə　[41] 者

tʂə　[55] 蔗鹧

tʂə　[24] 折浙哲摺铈*箥~子

tʂ'ə　[33] 车

tʂ'ə　[41] 扯

tʂ'ə　[24] 撤彻辙辄拆胝*抽搐：脸

上的肉直个～

ʂə	[33]	赊奢
ʂə	[13]	蛇
ʂə	[41]	舍～不得
ʂə	[55]	社舍宿～赦射
ʂə	[24]	舌设摄涉失折～本
zʐə	[41]	惹
kə	[13]	蛤～蟆：青蛙。又 ka¹³
kə	[41]	弆～起：藏着给
kə	[55]	锯割
kə	[11]	嗝打～
kə	[24]	格革隔虼
k'ə	[41]	剋过分地省俭
k'ə	[55]	去
k'ə	[24]	刻克咳客髂～膝骨：膝盖骨
ŋə	[24]	额厄扼轭
xə	[33]	□象声词，形容笑的声音
xə	[41]	很～多
xə	[55]	□捆（动词）：～紧点
xə	[11]	□拿：～不起
xə	[24]	黑核吓赫骇
ə	[13]	儿而
ə	[41]	耳饵尔
ə	[55]	二贰
ə	[11]	二

ie

pie	[41]	瘪物体表面凹下去
pie	[11]	瘪没有牙齿，用牙龈咀嚼
pie	[24]	屄女阴
p'ie	[41]	氕～哒脚撇～淡的：很淡。又 p'ia³¹
p'ie	[24]	别鳖撇一～
mie	[33]	咩
mie	[24]	灭篾搣*掰：把橘子～开
tie	[33]	爹～～：父亲
tie	[41]	喋叹词，给人东西时的招呼语。又 tie²⁴
tie	[24]	跌迭叠蹀半路上顺便逗留喋叹词。又 tie⁴¹
t'ie	[41]	□丢失：～咖哒（丢失了）
t'ie	[24]	铁帖怗蝶谍牒
lie	[55]	捩*歪；拗
lie	[24]	列烈裂劣猎
tsie	[41]	姐媎娭～：1. 祖母；2. 对老年妇女的尊称
tsie	[55]	借藉
tsie	[24]	接节绝
ts'ie	[41]	且
ts'ie	[24]	切捷截妾
sie	[33]	些
sie	[13]	邪斜
sie	[41]	写
sie	[55]	谢多～卸
sie	[24]	雪屑泄泻～肚子蝎薛褻
tɕie	[13]	茄

tɕie [24] 结洁揭劫孑涩

tɕ'ie [24] 杰怯

ȵie [24] 业聂镊孽捏镍

ɕie [24] 血穴协胁歇竭遏

ie [33] 椰

ie [13] 爷~~：祖父

ie [41] 也冶野

ie [55] 腋夜翼~胛：翅膀

ie [11] 夜焱*以手撒物：~石灰

ie [24] 乙叶页凹训读字

uə

kuə [24] 国

ye

tɕye [55] 倔发~脾气

tɕye [11] 倦~咖哒（睏了）

tɕye [24] 决诀掘拙厥橛了

tɕ'ye [41] □折断

tɕ'ye [24] 缺

ɕye [33] 靴

ɕye [24] 说

ye [41] 拐*折，弄断：把棍子~脱

ye [55] 吉~口：田埂上过水的口子

ye [24] 月热悦阅越粤曰

ai

pai [33] 踌跛

pai [13] 排牌

pai [41] 摆

pai [55] 拜败

pai [11] 败

p'ai [41] □佩带（徽章、符号等）□量词，两臂左右平伸时两手间的距离

p'ai [55] 派

mai [13] 埋

mai [41] 买

mai [55] 卖迈

fai [13] 怀槐淮

fai [55] 坏

fai [11] 坏

tai [33] 呆~若木鸡

tai [13] 台抬苔

tai [41] 歹

tai [55] 带戴待怠殆贷袋代

tai [11] 大代袋

t'ai [33] 胎

t'ai [41] 奋身体过胖走路两边摇晃或指一般人一步一步慢腾腾地走路

t'ai [55] 太态泰

lai [33] 疬*小孩或植物因营养不足而未长好

lai [13] 来踩~田：水稻生长期间，在植株之间进行除草

lai [41] 奶乃□（鸡用爪子）刨（地）哪~个。又 la⁴¹

lai	[55]	奈耐赖癞那~个。又 la⁵⁵
lai	[11]	癞赖耐
tsai	[33]	栽灾斋
tsai	[13]	才财材裁豺柴
tsai	[41]	宰崽儿子载一年半~
tsai	[55]	再在塞载~重债
tsai	[11]	在又 təu¹¹ 塞□~雨：淋雨
ts'ai	[33]	猜差出~
ts'ai	[41]	彩探睬踩
ts'ai	[55]	菜蔡
sai	[33]	腮鳃筛
sai	[41]	洒塞打：~他两拳 撤~网子：鱼网的一种
sai	[55]	赛晒
kai	[33]	街该皆阶稭
kai	[41]	改解
kai	[55]	盖介界芥疥丐届戒械
kai	[24]	咯~个。又 ko²⁴
k'ai	[33]	开揩
k'ai	[41]	楷凯恺
k'ai	[55]	概溉慨
ŋai	[33]	哀唉挨~排娭~毑：1. 祖母；2. 对老年妇女的尊称
ŋai	[13]	埃挨~打崖岩呆~的：必定，必然，必然的
ŋai	[41]	矮蔼霭
ŋai	[55]	爱隘艾碍
ŋai	[11]	艾碍雁~鹅：大雁 外~后

		天；大后天
xai	[13]	孩鞋谐偕还副词
xai	[41]	海蟹
xai	[55]	亥懈害旱~烟
xai	[11]	害解姓氏

uai

kuai	[33]	乖
kuai	[41]	拐□坏；不好（限于指人）
kua	[55]	怪
kuai	[11]	□走路时臀部两边摆动
k'uai	[41]	块傀蒯
k'uai	[55]	快筷会~计刽
k'uai	[11]	扛佩戴；挎，背
uai	[33]	歪
uai	[41]	踪行走不稳，两边摇晃
uai	[55]	外
uai	[11]	外

yai

tɕyai	[41]	转~味：抖派头
tɕ'yai	[41]	揣
ɕyai	[33]	衰
ɕyai	[41]	甩
ɕyai	[55]	帅

ei

pei	[33]	杯悲卑碑背~不动

pei　　[13] 培陪赔

pei　　[55] 贝闭陛蔽敝弊毙币辈
背~脊裨婢臂痹避备<u>倍</u><u>被</u>秘~
书<u>焙</u>

pei　　[11] 箆<u>倍</u><u>被</u><u>焙</u><u>背</u>~时

p'ei　　[33] 胚坯还

p'ei　　[41] 呸

p'ei　　[55] 配佩譬沛辔

mei　　[33] 痗*心情沮丧，脸色不好

mei　　[13] 眉梅枚玫媒煤迷谜~语
弥霉糜~烂靡

mei　　[41] 每美

mei　　[55] 媚楣昧寐<u>妹</u>

mei　　[11] <u>妹</u>谜~子沕*~子（身体不
露出水面的游泳动作）

fei　　[33] 飞非妃灰恢挥辉徽麾

fei　　[13] 肥回

fei　　[41] 匪菲悔贿毁翡*颜色退去：
~色

fei　　[55] 肺废费痱吠绘晦彗慧惠
卉穗秽<u>汇</u>讳<u>会</u>

fei　　[11] <u>汇</u><u>会</u>

tei　　[33] 堆

tei　　[13] 颓

tei　　[41] 镦*夎，整批地买进□抵：把
门~起□哦，虚张声势吓人或蒙混人

tei　　[55] 对队兑碓~窝子（石臼）

t'ei　　[33] 推

t'ei　　[41] 腿□剔：把肉~下来

t'ei　　[55] 退□涂抹（肥皂）：洗手要~
肥皂

lei　　[33] 纍*前加成分，表示程度很
深：~肥的

lei　　[13] 雷擂~槌（杵）

lei　　[41] 屡吕累~赘垒儡馁铝

lei　　[55] 类<u>泪</u>虑滤<u>内</u><u>累</u>

lei　　[11] <u>内</u><u>累</u>

tsei　　[41] 嘴

tsei　　[55] 醉<u>罪</u>

tsei　　[11] <u>罪</u>

tsei　　[24] <u>贼</u>

ts'ei　　[33] 崔摧催炊

ts'ei　　[55] 翠脆粹悴碎

sei　　[33] 虽

sei　　[13] 随

sei　　[55] 岁遂隧<u>碎</u>

uei

kuei　　[33] 归规闺龟窥

kuei　　[13] 葵逵圭揆夔

kuei　　[41] 鬼诡轨晷

kuei　　[55] 桂贵鳜瑰癸

kuei　　[11] 柜

k'uei　　[33] 亏魁盔奎

k'uei　　[41] 跪

k'uei　　[55] 愧溃

uei	[33]	威煨
uei	[13]	维唯惟帷围苇违危桅为 行~微薇巍圩~子
uei	[41]	伟纬尾委诿
uei	[55]	胃谓蝟魏畏慰卫伪未味 位
uei	[11]	卫未味位为~么子（为什 么）

yei

tɕyei	[33]	追锥
tɕyei	[13]	垂锤槌捶
tɕyei	[55]	缀坠赘
tɕ'yei	[33]	吹
ɕyei	[13]	谁
ɕyei	[41]	水
ɕyei	[55]	睡税瑞
yei	[55]	锐

au

pau	[33]	包胞褒
pau	[13]	袍浮咆叫~哒
pau	[41]	保宝堡饱
pau	[55]	报豹爆鲍暴抱刨
pau	[11]	抱刨菢暴
p'au	[33]	抛橐* 松软：包子蒸得蛮~
p'au	[41]	跑
p'au	[55]	炮泡~茶雹□ 数词，十：

		一~个（十个），~把天（十来天）
mau	[33]	猫
mau	[13]	毛矛茅
mau	[41]	卯□偷；骗□瞎猜乱碰□ 打，击：~他一拳
mau	[55]	貌冒帽
mau	[11]	冇副词，没有：~看过电影 帽
mau	[24]	冇动词，没有：屋里~人
tau	[33]	刀
tau	[13]	桃逃陶掏萄涛
tau	[41]	岛倒打~祷
tau	[55]	稻到倒~水盗导道
tau t	[11]	道
t'au	[33]	叨滔
t'au	[41]	讨
t'au	[55]	套
lau	[33]	捞（顺手）拿：~只杯子来啰 捞前加成分，表示程度相当高：~轻 的：很轻膀膣，像羊肉的气味
lau	[13]	劳牢痨~病
lau	[41]	老脑恼
lau	[55]	闹
lau	[11]	闹痨* 毒：~药
tsau	[33]	糟遭�花生、瓜子等炒得很 脆
tsau	[13]	曹槽膆肚子饿嘈巢
tsau	[41]	早枣蚤澡爪~牙

tsau [55] 灶罩~子（雾）

tsau [11] 皂造~孽（可怜）

ts‘au [33] 操早~抄钞

ts‘au [41] 草吵炒

ts‘au [55] 躁操曹~造建~，~孽：作恶（佛教用语）燥糙

sau [33] 骚梢捎筲

sau [41] 嫂稍扫~地叟

sau [55] 扫~把臊~子潲~水

tʂau [33] 招昭朝~夕

tʂau [13] 朝~代潮

tʂau [41] 沼找

tʂau [55] 照诏召兆赵肇

tʂ‘au [33] 超

ʂau [33] 烧

ʂau [13] 韶苕

ʂau [41] 少~数

ʂau [55] 少~年绍邵

ʐau [13] 饶挠

ʐau [41] 绕扰咬~牙切齿

kau [33] 高膏羔糕胶篙跤

kau [41] 搞稿镐

kau [55] 告教~书觉睡~窖

k‘au [33] 敲

k‘au [41] 考烤

k‘an [55] 靠铐

ŋau [33] 爊~菜

ŋau [24] 熬鏖骜*~实：身体结实、硬朗

ŋau [41] 袄咬

ŋau [55] 傲奥懊坳拗抭*量：用手~一下看

xau [33] 蒿薅

xau [13] 豪毫篆农村捕鱼的一种竹笼子号哭

xau [41] 好~坏

xau [55] 浩耗号~令好喜~孝~帽子，~衫

xau [11] 号~子：号码

iau

piau [33] 标彪膘猋*熛*（火星儿、泥、水、油等）飞溅

piau [13] 瓢嫖

piau [41] 表錶婊裱

p‘iau [33] 飘~扬

p‘iau [41] 漂~白瞟

p‘iau [55] 票漂~亮飘雨斜飞：~雨

miau [33] 喵象声词，猫叫声猫

miau [13] 苗描

miau [41] 秒渺藐

miau [55] 妙谬庙

miau [11] 庙

tiau [33] 刁貂雕□选：~些好的做种

tiau [13] 条调~和笤~刷桠子：用来驱赶鸡鸭猪牛或打小孩的竹枝

tiau [41] 鸟

tiau [55] 钓调~动吊掉

tiau [11] 掉

tʻiau [33] 挑

tʻiau [41] 斢调换

tʻiau [55] 跳粜

liau [33] 蹽* 跷：~起二郎腿 撰踢：~他一脚

liau [13] 撩燎辽疗寥聊

liau [41] 了~结瞭明~

liau [55] 廖料

liau [11] 料撂丢，扔：~咖书包就跑

tsiau [33] 焦椒

tsiau [13] 樵瞧

tsiau [41] 剿

tsiau [55] 醮

tsiau [11] 噍嚼

tsʻiau [33] 锹邀~个人一起去 劁割掉卵巢：~猪婆缲~几针

tsʻiau [41] 悄

tsʻiau [55] 俏鞘

siau [33] 消宵霄硝销肖姓氏箫

siau [41] 小

siau [55] 笑啸肖惟妙惟~

tɕiau [33] 骄娇矫交郊铰浇胶荄~瓜

tɕiau [13] 乔*桥荞

tɕiau [41] 绞狡饺缴搅疝*

tɕiau [55] 教校学~较比~觉叫轿

tɕiau [11] 轿藠~子交~伙：合伙撬

tɕʻiau [33] 敲

tɕʻiau [41] 巧

tɕʻiau [55] 窍翘

ȵiau [33] □~嘴：努嘴

ȵiau [41] 鸟杳

ȵiau [11] 尿

ɕiau [33] 嚣□掀：把被窝一~就起来哒

ɕiau [13] 肴淆

ɕiau [41] 晓

ɕiau [55] 效较~量校~对孝~顺酵

iau [33] 妖腰要~求夭幺~二三邀特~

iau [13] 摇谣窑姚尧饶

iau [41] 舀

iau [55] 要重~耀

iau [11] 鹞

əu

pʻəu [41] 剖

məu [13] 谋眸

məu [41] 某亩牡

məu [55] 茂贸

təu [33] 都兜蔸

təu [13] 头徒屠途涂图投

təu [41] 堵赌抖陡斗量词肚~子

təu [55] 度妒蠹斗~争逗杜渡镀

踱豆荳

təu	[11]	肚~脐眼 杜渡镀豆踱在又 tsai¹¹
təu	[24]	独读牍笃督毒
t'əu	[33]	偷
t'əu	[41]	土吐敨* 把包袱~开，再~一道水
t'əu	[55]	兔透
t'əu	[24]	突秃腯* 1.腻; 2.厌烦
ləu	[33]	搂镂* 1.锈; 2.生锈
ləu	[13]	卢炉庐楼奴芦鸬
ləu	[41]	鲁橹篓缕搂 ~~子:混（日子）; 凑合; 将就 房努卤
ləu	[55]	陋路露漏
ləu	[11]	漏露路鹭
ləu	[24]	鹿禄六陆戮绿录漉
tsəu	[33]	租邹鲰* 自称懂某种技术，但做起来不行: ~老倌
tsəu	[13]	锄愁
tsəu	[41]	组祖阻走
tsəu	[55]	做奏
tsəu	[24]	卒足
ts'əu	[33]	粗初㧢~尿: 把尿
ts'əu	[41]	楚础
ts'əu	[55]	醋凑助
ts'əu	[24]	促逐猝骤族
səu	[33]	苏酥梳疏蔬搜飕馊薮
səu	[41]	数动词
səu	[55]	素诉数名词 瘦嗽漱
səu	[24]	俗缩宿速肃凤续
tʂəu	[33]	周舟州洲
tʂəu	[13]	绸稠筹酬仇雠售~货
tʂəu	[41]	肘帚
tʂəu	[55]	纣昼宙咒
tʂəu	[24]	竹筑粥烛嘱蜀祝築*塞
tʂəu	[33]	抽
tʂ'əu	[41]	丑醜
tʂ'əu	[55]	臭
tʂ'əu	[24]	触束轴畜~生曲~蟮子: 蚯蚓
ʂəu	[33]	收
ʂəu	[41]	手首守
ʂəu	[55]	兽售以~其奸 受授寿
ʂəu	[11]	受寿
ʂəu	[22]	叔淑熟塾属赎
ʐəu	[24]	肉育辱褥狱欲浴玉
kəu	[33]	勾沟钩阄
kəu	[13]	格丢~: 丢脸
kəu	[41]	狗苟枸
kəu	[55]	够构购彀
k'əu	[33]	抠
k'əu	[41]	口
k'əu	[55]	扣叩寇蔻
k'əu	[24]	□小气
ŋəu	[33]	欧讴抠殴
ŋəu	[41]	藕偶呕

ŋəu [55] 沤怄

xəu [33] 齁~病：哮喘病

xəu [13] 猴侯喉㺄*贪，多占浮

xəu [41] 吼否

xəu [55] 后皇~候後厚皇

xəu [11] 候後厚

iəu

tiəu [33] 丢

liəu [33] 溜~滑的

liəu [13] 留刘流硫琉榴□肢体酸疼无力

liəu [41] 柳

liəu [55] 溜量词：栽一~树绺量词：一~头发溜~刷：形容动作利索

liəu [11] 溜~子：漏斗溜~渣：本指炉渣，后用来比喻又油又痞、不正派的人

tsiəu [33] 揪~鼻子鬏~~辫

tsiəu [13] 囚泅

tsiəu [41] 酒

tsiəu [55] 就欵*拧：瓶盖要~紧

tsiəu [11] 就

tsʻiəu [33] 秋鳅~鱼：泥鳅

tsʻiəu [41] □眼睛一~起：眼睛斜着

siəu [33] 修羞

siəu [55] 袖秀锈绣宿星~

siəu [24] 粟

tɕiəu [33] 纠鸠

tɕiəu [13] 求球棣*量词：一~大蒜揪向上抓，以获得支持物：~住扶手

tɕiəu [41] 九久韭

tɕiəu [55] 救究臼咎柩灸舅旧□留；剩下：好话~得三十晚上讲

tɕiəu [11] 舅旧

tɕiəu [24] 蹏*歪扭不顺：单车内胎冇上好，~咖哒

tɕʻiəu [33] 丘

tɕʻiəu [24] 曲歌~麴力~：一种治疗腹泻及调理肠胃的块状成药蓄~头发

ȵiəu [13] 牛

ȵiəu [41] 扭~转纽

ȵiəu [55] 扭~来~去

ɕiəu [33] 休

ɕiəu [41] 朽□自高自大，目中无人：~得要死

ɕiəu [55] 嗅

ɕiəu [24] 蓄储~旭畜~牧

iəu [33] 优忧悠幽

iəu [13] 尤由油邮游犹柔揉

iəu [41] 有友酉

iəu [55] 幼柚诱莠祐宥郁釉又右

iəu [11] 又右釉

õ

põ [33] 搬

pō	[13] 盘般
pō	[55] 半<u>伴</u>
pō	[11] <u>伴</u>
p'ō	[33] 潘
p'ō	[41] 盘~脚子：走路时两腿向内盘曲的人 跛拌
p'ō	[55] 判叛
mō	[13] 馒瞒
mō	[41] 满~意
tō	[33] 端
tō	[13] 团
tō	[41] 短
tō	[55] 段锻缎<u>断</u>
tō	[11] <u>断</u>凼水坑；田地里沤肥的小坑 段塅面积较大的平坦的地区，用于地名：田心~
lō	[33] 脔委靡不振：~起~起
lō	[13] 弯圝圆
lō	[41] 暖卵
lō	[55] <u>乱</u>
lō	[11] <u>乱</u>
tsō	[33] 钻
tsō	[41] 穳*用尖的物体在另一物体上转动，造成窟窿：墙上尽是钉子~的眼
tsō	[55] 钻~石
t'ō	[33] 佘
ts'ō	[55] 窜篡
ts'ō	[11] □走路不稳，趔趔趄趄
sō	[33] 酸
sō	[55] 算蒜
kō	[33] 官棺观参~冠衣~
kō	[13] 彄*弯（腰）：~起个腰
kō	[41] 管馆
kō	[55] 贯灌罐观寺~冠~军
kō	[24] 咯"咯样"的合音
k'ō	[33] 宽
k'ō	[41] 款皖
k'ō	[55] 塝水田、池塘等的岸边以及堤岸或山崖：田~，河~
k'ō	[11] □器物口朝下放置或覆盖别的东西：把钵子~起放
xō	[33] 欢
xō	[15] 桓
xō	[41] 缓
xō	[55] 唤焕涣<u>换</u>幻患宦
xō	[11] <u>换</u>
ō	[13] 完
ō	[41] 碗腕宛婉豌
ō	[55] 玩古~

ə̃

tʂə̃	[33] 詹瞻沾~染毡<u>粘</u>占~米
tʂə̃	[13] 缠
tʂə̃	[41] 展辗
tʂə̃	[55] 占~据战颤

tʂə̃	[52]	黵* 因接触而被东西附着上：～哒一身灰
ʂə̃	[33]	□～薄的：很薄
ʂə̃	[13]	禅蝉
ʂə̃	[41]	闪陕
ʂə̃	[55]	莎扇捐膳擅赡～养单姓氏善劃～牛的：阉牛的人鳝蟮
ʂə̃	[11]	善

iẽ

piẽ	[33]	边鞭编蝙～鱼
piẽ	[13]	便～宜
piẽ	[41]	扁匾蝙贬
piẽ	[55]	便方～变辨辩
piẽ	[11]	辫便～带：顺便捎带
p'iẽ	[33]	篇偏编
p'iẽ	[41]	□蘸：～点酱油
p'iẽ	[55]	骗片汴遍
miẽ	[33]	□一～～子：一点点
miẽ	[13]	棉绵眠
miẽ	[41]	免勉娩缅
miẽ	[55]	面
miẽ	[11]	面
tiẽ	[33]	颠癫
tiẽ	[13]	田甜填
tiẽ	[41]	点典
tiẽ	[55]	店电奠佃殿垫簟
tiẽ	[11]	殿垫簟
t'iẽ	[33]	天添
t'iẽ	[41]	舔觍～觍：漂亮（多指女子）
t'iẽ	[55]	掭
liẽ	[33]	□睡～哒：睡迷糊了
liẽ	[13]	连莲联怜廉镰帘奁鲢
liẽ	[41]	脸
liẽ	[55]	练炼恋敛
liẽ	[11]	□～常：常常链
tsiẽ	[33]	尖煎
tsiẽ	[13]	全泉钱潜痊挬拔：～鸡毛
tsiẽ	[41]	剪践
tsiẽ	[55]	渐箭溅贱荐僭機*～粟子：一种野生的栗子煎～油：熬猪油
tsiẽ	[11]	贱旋头顶上的旋儿
ts'iẽ	[33]	千歼签笺迁纤
ts'iẽ	[41]	浅
siẽ	[33]	先鲜～花仙宣暹
siẽ	[13]	涎旋镟
siẽ	[41]	选癣鲜～为人知
siẽ	[55]	线羡鏾～鸡：阉过的公鸡；阉割鸡
tɕiẽ	[33]	肩坚兼奸
tɕiẽ	[13]	钳乾～坤虔
tɕiẽ	[41]	检茧碱捡拾：～起来拣～药：抓药
tɕiẽ	[55]	见建健键腱剑俭件
tɕiẽ	[11]	件
tɕ'iẽ	[33]	牵谦

tɕ'iē	[41]	遣歉道~
tɕ'iē	[55]	欠牵*挂~：挂念；牵挂歉很想得到某种东西芡~粉
ɲiē	[33]	拈研
ɲiē	[13]	严阎年鲇~鱼
ɲiē	[41]	俨碾撵辇捏~起拳头捻
ɲiē	[55]	念砚谚验
ɲiē	[11]	酽砚念
ɕiē	[33]	轩掀喧
ɕiē	[13]	贤弦嫌
ɕiē	[41]	险显
ɕiē	[55]	献宪馅现县
ɕiē	[11]	现县
iē	[33]	烟胭淹阉醃焉
iē	[13]	盐炎颜延筵言檐芫~荽菜
iē	[41]	演掩眼
iē	[55]	燕宴焰艳厌咽

yē

tɕyē	[33]	专砖捐涓
tɕyē	[13]	拳权船传~达颧
tɕyē	[41]	转~来；回来卷~尺鬈~发
tɕyē	[55]	转~珠莲：纸做的风车（儿童玩具）卷考~券眷绢篆倦传扃*。
tɕyē	[11]	倦传
tɕ'yē	[33]	穿川钏圈

tɕ'yē	[41]	犬喘舛
tɕ'yē	[55]	串劝
ɕyē	[33]	喧揎用手推
ɕyē	[13]	玄悬眩橼蝉
ɕyē	[55]	楦
yē	[33]	冤渊箢~箕：竹篾编成的畚箕
yē	[13]	元原源袁缘沿铅援丸园圆垣燃然完~姑妈：最小的姑妈
yē	[41]	远软染
yē	[55]	院阮怨愿
yē	[11]	愿垸~子：沿江、湖地带围绕房屋、田地等修筑的堤

an

pan	[33]	班颁斑扳帮邦浜梆
pan	[13]	旁滂傍庞
pan	[41]	板版榜绑
pan	[55]	绊扮谤棒磅蚌瓣办
pan	[11]	办瓣蚌傍~边：靠近，接近
p'an	[33]	攀胖*前加成分，表示程度相当高：~臭的□赶（鸡）：你莫去~它
p'an	[41]	髈肘子撮打，击：~他一它（打他一拳）又p'ian³¹
p'an	[55]	盼胖襻鞋~子
p'an	[11]	□丢：~得哪里去哒
man	[33]	鞔*覆盖蒙绷，衣服、布等

张得紧蒙~子：1. 眼球表面生出的妨碍视力的白膜；2. 醋、油等表面长的白色的霉

man [13] 蛮忙芒茫盲

man [41] 满 1. 排行最末的：~叔；2. 最小的：~指拇晚*

man [55] 漫幔谩~它：1. 批评；2. 挨批评慢

man [11] 慢漫~痴子：积在皮肤上的污垢

fan [33] 番翻蕃方芳荒慌

fan [13] 凡帆烦藩繁矾樊防妨肪房还~价环黄簧皇蝗凰

fan [41] 反纺仿彷恍谎

fan [55] 劈范贩泛梵放犯饭仉逗~子：故意开玩笑

fan [11] 犯饭

tan [33] 丹单耽担~水桶觇*抬(头)：~起脑壳当~面

tan [13] 谈痰檀坛谭潭弹~琴钂堂螳唐糖塘溏

tan [41] 胆挡掸~帚子：鸡毛掸子党

tan [55] 旦但担~子诞惮当*上~；~头淡弹子~蛋

tan [11] 弹蛋淡但

t'an [33] 贪坍滩摊汤

t'an [41] 坦毯倘躺溚把水放在器物里摇动。又lan41踏~底：鞋垫

t'an [55] 探炭叹烫扬*~子：平斗斛的木片趟溚~子：抹子荡放~

t'an [11] 弹把篾片一~得去（很快地弹一下）

lan [33] □~薄的：很薄

lan [13] 蓝篮兰拦栏婪男南难郎螂狼囊

lan [41] 览揽榄缆朗囊懒溚把水放在器物里摇动。又t'an41

lan [55] 滥难患~烂浪

lan [11] 烂浪眼*晾

tsan [33] 簪脏赃~官

tsan [13] 蚕惭残谗馋藏~书□（马蜂）蚕（人）

tsan [41] 斩盏崭攒~劲：使劲

tsan [55] 赞站~前立后瓒溅藏西~脏心~葬

tsan [11] 站东~栈錾~子暂撞~木钟：吃力不讨好，白费心思。又tɕyan11

ts'an [33] 餐参~加搀仓苍疮

ts'an [41] 惨产铲

ts'an [55] 灿忏

ts'an [11] 撞又tsan11、tɕyan11

san [33] 三衫山讪桑丧~事

san [41] 散~票子：零钱徽~子：一种油炸的面食伞嗓磉爽又ɕyan41

san [55] 散分~丧~失疝涮又ɕyan55

tʂan [33] 张章樟

tʂan [13] 长~短肠场

tʂan [41] 长生~涨掌

tʂan [55] 杖仗绽帐账胀怅障丈组*~被窝

tʂan [11] 丈

tʂ'an [33] 昌倡

tʂ'an [41] 厂敞

tʂ'an [55] 唱畅

ʂan [33] 商伤

ʂan [13] 常尝裳

ʂan [41] 赏偿

ʂan [55] 尚上

ʂan [11] 上

z̢an [41] 壤攘嚷酿

z̢an [55] 让

z̢an [11] 让

kan [33] 甘柑泔干~净肝艰间人~奸缸肛冈钢岗刚纲

kan [13] 扛

kan [41] 敢橄感赶杆秆竿减简拣港讲㨄

kan [55] 干~劲间~断舰鉴监尴柬谏杠虹

kan [11] □翘:屁股一~起

k'an [33] 堪勘刊看~守龛嵌康糠康*容器没有盛满

k'an [41] 砍坎侃慷

k'an [55] 看~戏抗炕

ŋan [33] 安鞍庵谙鹌肮

ŋan [13] 昂颜严~丝密缝:两个物体结合紧密,没有空隙

ŋan [41] 眼

ŋan [55] 暗按案晏雁崖

ŋan [11] 崖

xan [33] 酣邯鼾嫫*做事拖沓

xan [13] 含函*寒韩衔咸~菜闲行银~航杭

xan [41] 喊罕瞰

xan [55] 汉旱翰憾撼陷限项巷汗

xan [11] 汗巷限苋

ian

p'ian [41] 撵打,击:~他一它(打他一拳)。又p'an⁴¹ 片量词(表示面积较大)

tian [33] □贴;紧跟

tian [55] 钉投,掷钉~重的:很重丁~锣子:小铜锣

ti'an [33] □你莫~我啰:你不要拿我开玩笑了

ti'an [41] 挺凸出或挺起(胸,腹):~起个肚子

ti'an [55] □象声词,小锣声

lian [13] 良粮凉梁粱量~衣服

lian [41] 两辆

lian [55] 谅量质~亮

lian [11] 亮

tsian [33] 将~军浆

tsian [13] 墙祥详戕□~话：因未听清楚或开玩笑而把别人的话学走了样

tsian [41] 奖桨

tsian [55] 将上~酱匠□（用力）踩：~他一脚

tsian [11] 匠像好~。又 sian¹¹

ts'ian [33] 枪

ts'ian [41] 抢

ts'ian [55] 戗斜：~对门

sian [33] 药箱厢湘相~信襄镶

sian [11] 想

sian [55] 相~片象印~橡像绣~

sian [11] 像好~。又 tsian¹¹

tɕian [33] 江姜薑刚才~：刚才

tɕian [13] 强富~

tɕian [41] 讲

tɕian [55] 降下~绛

tɕian [11] 犟倔

tɕ'ian [33] 腔羌疆僵

tɕ'ian [41] 强勉~

ɲian [33] □茶~子：茶汁儿

ɲian [13] 娘

ɲian [41] 仰□游逛□抖：~咖点灰□让：~他去搞□外露：真开水不响，真财主不~

ɕian [33] 香乡

ɕian [13] 降投~

ɕian [41] 响享饷

ɕian [55] 向□加作料使（菜肴）味道更好：买点子葱~菜

ian [33] 央秧殃萦*把线带或草绕成团：~毛线

ian [13] 羊洋烊阳杨瓤萤~火虫

ian [41] 养痒

ian [55] 恙样

ian [11] 样

uan

kuan [33] 关光

kuan [13] 狂

kuan [41] 广

kuan [55] 惯□~绿的：很绿。又 kuan¹¹，kuan²⁴

kuan [11] 掼1.撞；2.摔□~绿的：很绿。又 kuan⁵⁵，kuan²⁴

kuan [24] □~绿的：很绿。又 kuan⁵⁵，kuan¹¹

k'uan [33] 匡筐□散发（不好的气味）：饭菜~得馊气□~臭的：很臭倾*倒掉：~水

k'uan [41] □打：~他几个嘴巴

k'uan [55] 旷矿况

k'uan [11] 哐象声词，大锣声

uan [33] 弯湾汪豌

uan [13] 顽玩王忘亡黄簧皇蝗凰

uan [41] 晚挽枉往网

uan [55] 旺妄望万

uan [11] 望万横~子：床铺、桌子、窗户等器物上的横木条

yan

tɕyan [33] 庄装桩赃坐地分~

tɕyan [13] 床

tɕyan [55] 壮状撰赚

tɕyan [11] 状赚撞又tsan¹¹

tɕʻyan [33] 窗

tɕʻyan [41] 闯撞~数：凑数

tɕʻyan [55] 创

ɕyan [33] 闩拴栓删珊双霜孀

ɕyan [41] 爽又san⁴¹

ɕyan [55] 涮又san⁵⁵

ən

pən [33] 奔崩

pən [13] 盆溢彭澎

pən [41] 本

pən [55] 笨

pən [11] 笨

pʻən [33] 烹

mən [33] 蚊

mən [13] 门

mən [55] 闷~热

mən [11] 闷~车，~船门~口：跟前；附近

fən [33] 分芬纷昏婚浑荤

fən [13] 焚坟横魂馄貛~猪

fən [41] 粉

fən [55] 奋粪忿愤喷~水份混

fən [11] 份混

tən [33] 灯登敦墩蹬

tən [13] 腾藤滕誊屯豚囤臀

tən [41] 等戥磴磙~：柱子底下的石磴

tən [55] 顿盾遁沌凳瞪邓敦*使物体跟地面垂直：把柱子~起蹾重重地往下放：轻点子~

tən [11] 钝邓

tʻən [33] 吞饨馄~

tʻən [41] 蹬~子：台阶儿震*震动：咯条路不平，车子~得厉害

tʻən [55] 称*~头：指担子两头的重量相当

tʻən [11] □蹬：脚一~

lən [33] □搓（线）：咯根线~好哒□~~子：钞票

lən [13] 轮伦沦峇论~语能

lən [41] 冷

lən [55] 论讨~嫩

lən [11] 嫩

tsən [33] 尊樽遵蹲曾增僧争睁筝榛臻

tsən [13] 层存橙

tsən	[41]	怎	zʐən	[41]	忍
tsən	[55]	憎赠甑俊竣浚	zʐən	[55]	任~务妊赁扔<u>认</u>
tsən	[11]	澄~子拵* 按；压	zʐən	[11]	认
ts'ən	[33]	村皴	kən	[33]	根跟更庚耕羹
ts'ən	[41]	□厉害：真闹得~哩	kən	[41]	耿哽整训读。~天子：整天
ts'ən	[55]	寸衬𢾟~嘴：吵嘴			梗粳~稻
sən	[33]	孙生牲笙甥参人~	kən	[55]	更~加互
sən	[13]	荀旬询循巡	k'ən	[33]	坑
sən	[41]	省损笋	k'ən	[41]	肯龈老鼠~过
sən	[55]	逊渗殉	ŋən	[33]	恩
tʂən	[33]	珍真针斟贞侦蒸正~月	ŋən	[41]	□硌：打赤脚走路会~脚
		征徵	ŋən	[11]	硬嗯~啰：叹词，表应答，
tʂən	[13]	陈尘沉臣澄~清承<u>丞</u>呈			赞同
		成城诚	xən	[33]	亨
tʂən	[41]	诊拯枕整□跰子□丝织	xən	[13]	痕恒衡
		品、木头等因久置而变质	xən	[41]	<u>很</u>狠
tʂən	[55]	镇振震疹朕<u>阵</u>正症证政	xən	[55]	恨
		郑	xən	[11]	啈* 吓唬：伢子不怕人，你来~
tʂən	[11]	<u>阵澄</u>把水~清			一下哼~膘~膘：担惊受怕的样子
tʂ'ən	[33]	称~呼撑抻伸蛏			
tʂ'ən	[41]	惩		**in**	
tʂ'ən	[55]	趁秤称~职掌~棚：支持	pin	[33]	宾槟殡镔彬冰兵
ʂən	[33]	身申伸深升声胜~任	pin	[13]	贫凭平评萍瓶屏频苹
ʂən	[13]	神辰晨唇娠乘绳	pin	[41]	丙秉柄饼禀
ʂən	[41]	审婶沈	pin	[55]	并饼进<u>病</u>鬓
ʂən	[55]	慎肾甚葚圣盛胜~利<u>剩</u>	pin	[11]	病
ʂən	[11]	剩	p'in	[33]	拼姘
zʐən	[13]	人任姓氏仁壬	p'in	[41]	品

p'in	[55]	聘牝
min	[13]	民泯闽明萌盟鸣名铭冥缗
min	[41]	敏悯皿抿
min	[55]	命
min	[11]	命
tin	[33]	丁钉~子疔汀砧~板
tin	[13]	亭停廷庭蜓
tin	[41]	顶鼎
tin	[55]	钉~扣子定锭订
tin	[11]	定锭订
tin	[33]	厅听~装
t'in	[41]	艇挺
t'in	[55]	听
lin	[33]	□~~子：悄悄地
lin	[13]	林淋临邻鳞燐陵菱凌灵铃玲伶零
lin	[41]	领岭凛懔檩
lin	[55]	吝令另
lin	[11]	另凌~冰
tsin	[33]	精睛津晶旌侵
tsin	[13]	秦晴情寻
tsin	[41]	井侭他~坐得
tsin	[55]	进晋净静尽~善~美浸~酸的：很酸
tsin	[11]	尽静
ts'in	[33]	清青蜻亲~戚侵
ts'in	[41]	请寝
ts'in	[55]	亲~家浸洇：~湿两张纸清~凉的
sin	[33]	心星新薪辛
sin	[41]	醒撧
sin	[55]	信讯迅性姓腥鱼有~气凶
tɕin	[33]	斤巾筋京鲸惊擎荆金今襟经兢
tɕin	[13]	勤芹琴禽擒
tɕin	[41]	紧谨景警颈锦
tɕin	[55]	劲茎竞境镜敬禁径竞近
tɕin	[11]	近噤打~：打颤。又tɕ'in11
tɕ'in	[33]	轻钦卿
tɕ'in	[41]	锁~脑壳：点头
tɕ'in	[55]	庆磬馨~空的：很空仅
tɕ'in	[11]	噤打~。又tɕin11
ȵin	[13]	凝宁吟
ȵin	[55]	佞
ɕin	[33]	欣兴~旺馨
ɕin	[13]	形刑型行~为
ɕin	[41]	□打：~他两下□蠢：~里~气
ɕin	[55]	幸杏芋兴高~行品~烌* 小火焖饭
in	[33]	因姻殷音阴荫英鹰莺鹦樱婴缨
in	[13]	银寅蝇迎营淫赢仍

in　　［41］引隐饮影颖魇梦~子

in　　［55］印荫用于名字映应擝量：~尺码

uən

kuən　［41］滚

kuən　［55］棍

k'uən　［33］昆崑坤

k'uən　［41］捆

k'uən　［55］困睏

uən　　［33］温瘟

uən　　［13］文纹闻蚊

uən　　［41］稳吻刎

uən　　［55］问

uən　　［11］问

yn

tɕyn　　［33］君军均钧谆

tɕyn　　［13］群裙琼

tɕyn　　［41］准

tɕyn　　［55］窘郡菌圳田间通水的小沟

tɕyn　　［11］菌

tɕ'yn　　［33］春倾

tɕ'yn　　［41］蠢顷

ɕyn　　［33］熏薰勋

ɕyn　　［13］纯醇驯

ɕyn　　［41］瞬徇

ɕyn　　［55］训舜顺

ɕyn　　［11］顺

yn　　　［33］晕

yn　　　［13］云匀荣萤茔荧

yn　　　［41］允尹永陨

yn　　　［55］运韵熨刃泳咏润孕

yn　　　［11］闰润孕

oŋ

poŋ　　［33］绷

poŋ　　［13］朋棚篷蓬蹦*急促地走：一起来就往外头~蹦*~子：布的幅宽

poŋ　　［41］□凸：路面一~起

poŋ　　［55］蹦

p'oŋ　　［33］喷~壶□~~头：一种发型，经吹风吹过后，头发蓬松高耸

p'oŋ　　［41］捧

p'oŋ　　［55］碰喷~香

p'oŋ　　［11］喷象声词：火一~

moŋ　　［33］蒙~细的：很细

moŋ　　［13］萌盟蒙~古

moŋ　　［41］猛蒙~哒：捂住懵~里~懂

moŋ　　［55］孟梦

moŋ　　［11］梦

toŋ　　［33］东冬

toŋ　　［13］同铜桐筒童瞳

toŋ	[41]	董懂拚* 举：把旗帜~高一点

toŋ　[41]　董懂拚* 举：把旗帜~高一点

toŋ　[55]　冻栋动洞

toŋ　[11]　动洞

t'oŋ　[33]　通

t'oŋ　[41]　桶捅把钱~得荷包里 □踩：一脚~死两只偷油婆（蟑螂）□淌：他脸上的汗水直个~（不停地淌）

t'oŋ　[55]　痛疼~爱

t'oŋ　[55]　□打：~他几拳

loŋ　[33]　聋

loŋ　[13]　龙笼隆农浓脓

loŋ　[41]　拢陇垅用于地名：上大~

loŋ　[55]　弄怒

loŋ　[24]　□缩：~起个颈根（脖子）

tsoŋ　[33]　宗棕鬃踪

tsoŋ　[13]　丛丛崇松~树

tsoŋ　[41]　总

tsoŋ　[55]　粽跋纵皱绉

ts'oŋ　[33]　匆葱聪囱从~容

ts'oŋ　[41]　□推：~车子

soŋ　[33]　松~香鬆嵩

soŋ　[13]　□畜畜：好~

soŋ　[41]　耸怂

soŋ　[55]　送宋诵颂讼□~白的：很白

tʂoŋ　[33]　中忠钟终盅

tʂoŋ　[13]　虫重~复

tʂoŋ　[41]　肿种~子冢

tʂoŋ　[55]　仲中射~众重~点种~树

tʂoŋ　[11]　重

tʂ'oŋ　[33]　充冲春

tʂ'oŋ　[41]　宠

tʂ'oŋ　[55]　铳冲气味浓烈刺鼻：~菜子

koŋ　[33]　公工攻功弓躬宫恭供~不应求

koŋ　[41]　拱巩汞凸训读字

koŋ　[55]　贡供~养共扛* 钻，穿越某种障碍：从人堆里~出来

koŋ　[55]　共

koŋ　[24]　□~黄的：很黄

k'oŋ　[33]　空~气

k'oŋ　[41]　孔恐

k'oŋ　[55]　控空~缺

k'oŋ　[24]　□~通：象声词

ŋoŋ　[33]　翁壅* 蒙，遮盖：把被窝~哒脑壳

ŋoŋ　[55]　瓮壅* 掩藏（在心里）：他~哒笑（暗自发笑）蕹~菜𩵋~鼻子

ŋoŋ　[24]　颈（头）没入（水中）：把头~得水缸里

xoŋ　[33]　轰烘哄一~而散丰风疯枫封峰蜂锋

xoŋ　[13]　宏红洪弘虹鸿冯逢缝

xoŋ　[41]　讽哄欺~

xoŋ　[55]　凤奉俸

xoŋ [11] 缝—条~蕻~子菜：菜薹

ioŋ

tɕioŋ [13] 穷穹

ɕioŋ [33] 兄胸凶

ɕioŋ [13] 熊雄鱅~鱼：胖头鱼

ɕioŋ [55] 嗅

ioŋ [33] 雍

ioŋ [13] 戎绒融茸容镕庸

ioŋ [41] 勇湧甬拥冗

ioŋ [55] 用

ioŋ [11] 用佣

m̩

m̩ [33] 姆~妈：妈妈

n̩

n̩ [41] 你~郎家：您老人家

（二）同音字汇注

欻 tsɿ⁵⁵ 麻线。《集韵》至韵疾二切：缉也。今长沙话有"欻它子"、"欻篮子"。

摛 tʂʻɿ³³ 伸。《广韵》支韵丑支切：舒也。

刿 pʻi³³ 削除枝桠或破竹。《集韵》支韵攀糜切：刀析也。

糜 mi³³ ~碎：很碎。《广韵》支韵靡为切：糜碎。《集韵》支韵忙皮切：碎糠曰糜。

摵 li²⁴ 滗去米汤。《集韵》术韵劣戌切：去滓汁曰摵。

瞔 tsʻi²⁴ 近视、窥视。《广韵》霁韵七计切：视也。今长沙谓近视眼为"近瞔子"。

徛 tɕi¹¹ 站立。《广韵》纸韵渠绮切：立也。

佾 i 量词：行。《广韵》质韵夷质切：八佾之舞，佾，行列也。今长沙谓一行禾为一佾禾，与"架子禾"相对的为"随手佾"。

跍 ku¹³ 蹲。《广韵》模韵苦胡切：蹲貌。古溪母读如群母。

㩮 y²⁴ 使弯曲。《集韵》物韵纡勿切：拗戾也。

跶 ta²⁴ 跌。《集韵》曷韵他达切：足跌。

挲 sa³³ 张开（手）。《集韵》麻韵师加切：挓挲开貌。

嗻 tʂa⁵⁵　啰～：啰唆，麻烦。《广韵》袸韵之夜切：多语之貌。

炙 tʂa²⁴　～火：烤火。《广韵》昔韵之石切，《说文》曰炮肉也。《诗》毛传：炕火曰炙。"炙"与"隻"同音，文读tʂ1²⁴，白读tʂa²⁴。

哆 tʂʻa¹¹　口大张。《集韵》袸韵丑亚切：张口貌。古清音去声今读阳去。

𠀍 ka¹¹　跨、迈步。《集韵》袸韵枯化切：举足越，一曰一步也。

圿 ka²⁴　垢～：漫～子。《广韵》黠韵古黠切：垢圿。

抲 kʻa³³　用手的虎口扼住。《集韵》麻韵丘加切：扼也。

丫 ŋa³³　张开。《广韵》麻韵於加切：像物开之形。

瘂痄 ŋa³³tsa³³　病痛。《集韵》麻韵：瘂，牛加切；痄，锄加切。瘂痄：病甚。

迓诈 ŋa⁵⁵tsʻa⁵⁵　性情乖戾。《集韵》马韵：诈，侧下切；迓，语下切。诈迓言戾。今长沙俗作迓诈。

缔 tʻia²⁴　打结，系（绳带）。《广韵》霁韵特计切：结也。

黏 nʻia¹³　粘贴。《集韵》麻韵女加切：黏黏，黏着。

宨 ua³³　凹。《广韵》麻韵乌瓜切：凹也。

搲 ua⁴¹　舀。《集韵》马韵乌瓦切：吴俗谓手爬物曰搲。

欭 ua⁴¹　打～：欲吐而未吐。《说文》：心有所恶若吐也，哀都切。杨树达云：欭读如窒之上声，此读乃欭之古音，模部字古皆读如麻也。

䀹 ua²⁴　眼睛下陷。《广韵》末韵乌括切：目深黑貌。

挗 to¹¹　加放。《集韵》哿韵待可切：加也。

蘀 tʻo²⁴　折断。《广韵》铎韵他各切：叶落。《说文》：草木凡皮叶落陊地为蘀，它各切。今长沙谓物折断为蘀。

蠃 lo⁴¹　打蠃：舌头不听使唤。《集韵》过韵卢卧切：《说文》不均也，一曰丝有节。

譅 ʂo⁵⁵　骗、哄。《广韵》药韵之若切：欺也。古章母今读书母，古入声今读阴去。

佮 ko²⁴　绞（线），结交。《集韵》合韵葛合切：合取也。

敤 kʻo⁴¹　敲，击。《集韵》果韵苦果切：一曰击也。

毃 kʻo²⁴　力～：曲指击人头。《广韵》觉韵苦角切：敲打头。

蠚 xo²⁴ （虫、蜂等）蜇（人）。《广韵》药韵丑略切：虫行毒，亦作螫，又火各切。

爈 o⁵⁵ 烫。《集韵》沃韵吾沃切：灼也。古入声今读阴去。

罯 o²⁴ 覆盖。《广韵》合韵乌合切：覆盖也。

㷉 o²⁴ 把燃烧的木炭等用灰盖住。《集韵》合韵遏合切：藏火也。

偔 o²⁴ 后加成分，表示程度高。《广韵》铎韵五各切：多也。

掇 tə²⁴ ～起：抬举。《集韵》末韵都括切：《说文》拾取也。

笮 tʂə²⁴ 粗篾席。《集韵》薛韵之列切：《博雅》笙、笮，席也。

胅 tʂʻə²⁴ 抽搐。《集韵》叶韵尺涉切：肉动也。

弆 kə⁴¹ 隐藏（物件）。《广韵》语韵居许切：藏也。

搣 mie²⁴ 掰、剥、撕。《广韵》薛韵亡列切：手拔也，摩也，批也，捽也。

捩 lie⁵⁵ 歪，拗。《集韵》屑韵力结切：拗也。古入声今读阴去。

㨤 ie¹¹ 以手撒物。《集韵》艳韵以赡切：以手散物。

捐 ye⁴¹ 折。《广韵》月韵鱼厥切：折也。

疒 lai³³ 营养不良。《集韵》蟹韵奴解切：病也。古上声今读阴平。

痗 mei³³ 心情沮丧，脸色不好。《广韵》队韵莫佩切：病也。古去声今读平声。

沬 mei¹¹ 潜入水中，引申为低头，不露面。《集韵》队韵莫佩切：潜藏也。

娝 fei⁴¹ 褪去（颜色）。《集韵》贿韵虎猥切：《说文》青黄色也。段注：青色敝而黄也。

㟪 tei⁴¹ 趸，整批买进。《集韵》贿韵睹猥切：《说文》磊㟪重聚也。

纍 lei³³ 肥、胖。《集韵》脂韵伦追切：《说文》缀得理也，一曰大索。

麃 pʻau³³ 松软、鼓起。《广韵》豪韵普袍切：囊张大貌。

痨 lau¹¹ 毒。《广韵》号韵郎到切：《说文》曰朝鲜谓饮药毒曰痨。

鳌 ŋau¹³ （身体）结实，硬朗。《集韵》豪韵牛刀切：《说文》健也。

扷 ŋau⁵⁵ 量。《集韵》号韵於到切：量也。

熛 piau³³ 飞溅。《广韵》宵韵甫遥切：飞火。

猋 piau³³ 迅速奔走。《广韵》宵韵甫遥切：群犬走貌。

蹓 liau³³ 跷（腿）。《集韵》爻韵力交切：走也，一曰足相交。

乔 tɕiau¹³ （板子、棍棒等）弯曲变形。《广韵》宵韵巨娇切：《说文》曰高而曲也。

疞 tɕiau⁴¹ 腹部剧痛。《集韵》巧韵古巧切：《说文》腹中急也。

敨 t'əu⁴¹ 展开。《集韵》厚韵他口切：展也。

腯 t'əu²⁴ 腻（人）。《广韵》没韵陀骨切：《说文》曰牛羊曰肥豕曰腯。

镙 ləu³³ 锈。《集韵》候韵郎豆切：镟也。

㔌 tsəu³³ 浅薄，外行。《广韵》厚韵七沟切：浅㔌小人。长沙方言今读不送气声母。

築 tʂau²⁴ 塞。《广韵》屋韵张六切：擣也。

鋀 xəu¹³ 贪，多占。《广韵》侯韵胡遘切：鋀貗，贪财之貌。

𢭏 tɕiəu⁵⁵ 拧，旋。《集韵》宥韵居又切：《说文》揉屈也。古见母今读tʂ声母属例外。

梂 tɕiəu¹³ 量词：串，如"一～葡萄"。《广韵》尤韵巨鸠切：《说文》曰栎实也。《说文》段注："今俗语谓繁多丛聚曰一梂。"

跼 tɕiəu²⁴ 歪扭不顺。《广韵》烛韵渠玉切：踧跼，又曲也佝也促也。

欑 tsō⁴¹ 戳。《广韵》缓韵作管切：鋋也。

彎 kō¹³ 弯（腰）。《集韵》删韵巨班切：弓曲貌。

黵 tʂã¹¹ 沾附上。《集韵》琰韵止染切：黑污也。长沙今读阳去。

榗 tsiẽ⁵⁵ ～栗子：一种野生的小栗子。《广韵》先韵则前切：小栗名，赵魏间语也。

牵 tɕ'iẽ⁵⁵ 挂念。《广韵》霰韵苦甸切：牵挽也。

歉 tɕ'iẽ⁵⁵ 羡慕。《集韵》栝韵诘念切：《说文》歉食不满也。

臄 tɕyẽ⁵⁵ 团～：周围。《说文》目围也。读若书卷之卷，居倦切。今长沙俗作"团转"。

胮 p'an³³ ～臭的：很臭。《集韵》江韵披江切：肛肿也。

鞔 man³³ （用布、纸等）覆盖。《集韵》桓韵谟官切：覆也。

晚 man⁴¹ 排行最末的，如"～爹、～伢子"。《广韵》阮韵无远切：暮也。长沙俗作"满"。"晚"音man⁴¹系古音保留。

伩 fan⁵⁵ 逗～子：开玩笑。《广韵》梵韵孚梵切；轻也。《方言》卷十：

侃，轻也。楚凡相轻薄谓之侃。

觇 tan³³ 抬起（头）。《集韵》覃韵都含切：缓颊也，一曰举首。

当 tan⁵⁵ 道路或条状物的两端。《广韵》宕韵丁浪切：主当又底也。颜注《司马相如传》：以玉饰瓦之当也。

挞 t'ən⁵⁵ 平斗斛。《集韵》宕韵他浪切：排也。

晾 lan¹¹ 晾晒（衣服）。《集韵》宕韵郎宕切；暴也。

组 tsan⁵⁵ 缝补。《说文》系部：组，补缝也。丈苋切。

康 k'an³³ 容器未盛满。《广韵》唐韵苦冈切：康㝩。又㝩，鲁当切，康㝩，宫室空貌。

嫚 xan³³ 做事拖沓。《集韵》寒韵虚乾切：老妪貌。

函 xan¹³ ～子：小棺材。《广韵》屋韵：椷，函也，又曰小棺。函，胡男切。

搌 p'ian⁴¹ ［p'an⁴¹］ 打、击。《集韵》讲韵普讲切：击也。

萦 ian³³ 把线带收拢绕成团，如"～毛线"。《广韵》清韵於营切：绕也。《说文》收卷也。ian 为白读，文读为 yn¹³。

倾 k'uan³³ 倒掉，如"～屑子倒垃圾"。《集韵》清韵窥营切：《说文》仄也。k'uan 为白读，文读为 tɕ'yn³³。

敦 tən⁵⁵ 竖立。《广韵》恩韵都困切：竖也。

震 t'ən⁴¹ 震动。《广韵》震韵章刃切：雷震也又动也。杨树达云：今长沙读如吞上声，按古无舌上音，此正震之古音也。

称 t'ən⁵⁵ ～头：两边重量相当。《广韵》证韵昌孕切：……等也……杨树达云：称读腾之去声，为古音，古无舌上音也。

捘 tsən¹¹ 按、压。《集韵》谆韵七伦切：《广雅》按也，一曰推也。古平声今读阳去。

㞞 ts'ən⁵⁵ 以言语抵距人，如"～嘴"。《集韵》庚韵抽庚切：《说文》距也。又墙倾斜欲倒以大木抵距之曰"打～"。古平声今读阴去，彻母读如初母。

哼 xən¹¹ 吓唬。《集韵》映韵亨孟切：《博雅》𧮂，一曰瞑语。

锁 tɕ'in⁴¹ 低下（头）。《广韵》寝韵钦锦切：曲颐之貌。

焮 ɕin⁵⁵ 小火焖（饭）。《广韵》掀韵香靳切：火气。

撍　in⁵⁵　量。《集韵》掀韵於靳切：剂也，一曰平量。

绷　poŋ³³　绷子：布的幅宽。《集韵》耕韵蒲萌切：《说文》彊貌，一曰满也。

蹦　poŋ¹³　快走。《集韵》登韵蒲登切：走也。

抍　toŋ⁴¹　举。《说文》：上举也，从手升声，蒸上声，或从登。

矼　koŋ⁵⁵　（人或动物）穿越障碍，钻（进去）。《集韵》送韵古送切：飞至也。

壅　ŋoŋ³³或ŋoŋ⁵⁵　盖住，培土。《集韵》锺韵於容切，又於用切：塞也，一曰加土封也。

颍　ŋoŋ²⁴或ŋoŋ⁵⁵　淹没。《广韵》没韵乌没切：内头水中。

（原载《长沙方言研究》，鲍厚星、崔振华、沈若云、伍云姬合著。湖南
教育出版社 1999 年 6 月出版。作者曾于 1981 年记录了长沙方言老派音系，
后整理出同音字汇，用于 4 人合著的《长沙方言词典》和《长沙方言研究》。）

长沙境内东北端方言的声调变异及其成因

长沙方言在湘语中属强势方言，周边的方言都或多或少地要接受它的影响，但在远离中心地区的边缘地带，因受到其他方言的渗透，长沙方言出现某些变化也是可能的。长沙境内东北一带的某些方言点出现的声调变异现象就是一个例子。

一　长沙方言中心地区（指市区）的单字调声调格局

调类	调值	
阴平	33	（中平）
阳平	13	（低升）
上声	41	（高降，实际是半高降至半低：42，今记为41）
阴去	55	（实际是半高升至高：45，今记为55）
阳去	11	（实际是半低降至低：21，今记为11）
入声	24	（中升，由半低至半高）

长沙市区的方言有新派老派之分，语音差异集中在声母与韵母上，声调却是新老一致的。我们1981年调查时，发音人易荣德先生，56岁，推算之，应是1925年出生。他介绍他家的历史，是世居长沙。我们想，近百年来长沙方言的变化也不小，可声调格局却是始终一贯的。

这种声调格局不仅长沙如此，与长沙相连的株洲、湘潭也都一样。在湘语长益片中，长株潭小片的声调格局和古全浊声母今读的方式成为稳固整个长益片方言的核心要素。不仅如此，长株潭小片的声调格局还对长益片以外的湘语也有影响，这一层后面再谈。

二 长沙境内东北端方言声调的变异

长沙境内东北一带实际是指长沙县的东北部。这一带某些地点的调查材料，出现了与长沙市区声调不同的情况。如白沙话：

阴平 33   上声 24   阴去 45   入声 42
阳平 13   阳去 21

调类也是 6 个，但上声与入声的调值恰好与长沙市区话易位，即长沙市区话的入声调值到白沙话里成了上声调值，而长沙市区话的上声调值到白沙话又成了入声调值。这是白沙话的第一种情况，可称为白沙声调 I 型。

问题还有复杂的一面，同是白沙话，声调还有 7 类的：

阴平 33   阴上 24   阴去 45   入声 42
阳平 13   阳上 21   阳去 22

这是白沙话的第二种情况，可称为白沙声调 II 型。

读 6 类或者读 7 类的发音人都在同一个地方：白沙乡李家山。读 6 类的发音人叫李爹，男，66 岁，他的话音里，柱＝住，动＝洞，犯＝饭，调值是低降调 21。浊上归去的规律同长沙市区方言。读 7 类的发音人叫李娟，女，34 岁，她的话音里，浊上字单独成一类，与浊去字不混同，如"动≠洞"，"柱≠住"，但是"犯、饭"又同音，都念 22 调。

像白沙乡一处地方同时存在两种调类格式的现象，还有开慧（原名板仓）、金井、双江（原名罗代）等地。

为什么地处长沙东北端的某些地点方言出现这种与长沙方言声调同中有异的情况呢？这种同中有异，就白沙声调 I 型来说，只是上声与入声调值易位的问题；就白沙声调 II 型来说，就不仅是调值易位的问题，它还有调类多少的问题。

三 长沙周边方言的局部考察

从周边方言的考察，可以探明原因。

长沙（市区及长沙县）周围，西边连接的望城县，南边毗连的湘潭市、株洲，都是长株潭方言的腹地，声调格局如出一辙，因此，对望城、湘潭、

株洲等地可以搁置一边不说。剩下的是东部或东北部的浏阳、北部或东北部的平江以及西北部的汨罗、湘阴，其中需要重点考察的是浏阳与平江。

长沙、浏阳、平江、汨罗四县(市)交界处方言声调状况

浏阳方言素有四乡之说，"四乡"即东西南北四乡。其中西乡话属湘语，声调6类，调值分配与长沙方言一致，没有上声调值与入声调值易位的现象。而东、南、北三乡，在声调格局上却有不同，下面是我们在1984年调查的情况：

东乡话（发音人卢长桂，石湾乡罗家村人，当年39岁。）

阴平33　　　　上声24　　　　去声11　　　　入声42

阳平45

南乡话（发音人邱伟成，大瑶棠花人，当年36岁。）

阴平33　　　　上声24　　　　去声11　　　　入声42

阳平45

北乡话（发音人喻承德，社港人，当年19岁。）

阴平33　　　　阴上24　　　　阴去45　　　　入声42

阳平13　　　　阳上11　　　　阳去22

至于浏阳城关话，声调格局也属东乡、南乡一样的类型。

从上述情况可以看出，浏阳方言除西乡话以外（另有"客姓话"，即客家话，此处从略），在声调特点上占优势的是5调型，除去声不分阴阳，阳平为高升调之外，上声调值与入声调值同长沙方言相比恰好易位。

浏阳北乡话的阴上调值24与入声调值42是与东乡、南乡相关的调类相呼应的。而北乡话的7调型的格局乃是平江方言渗透的结果，浏阳社港正与北边的平江紧紧相连。下边比较一下浏阳北乡话与平江城关话：

	阴平	阳平	阴上	阳上	阴去	阳去	入声
浏阳北乡	33	13	24	11	45	22	42
平江城关	33	13	35	21	45	22	4

据张胜男为湖南省方言志提供的报告，平江方言入声字有喉塞音韵尾，但其正处于动摇阶段。调值记为4，表示音的短促。

了解了平、浏一带方言声调的情况以后，再回过头来看长沙境内东北端白沙、金井等地声调的特点，就可发现产生变异的来龙去脉了。

四　纠正一种有违客观事实的片面观点

当我们发现长沙境内东北一带一些方言点的声调，有的调查材料是 6 类，有的又是 7 类时，开始我们以为正确的只有一种，要么是 6 类，要么是 7 类。为探一个究竟，我们深入实地调查，结果发现在同一个调查地点，竟然既有 6 类的，又有 7 类的，如上文所说的在白沙乡李家山就遇到了这一情况。而且这种情况不止在一个地方出现。这使我们纠正了开始所持有的片面观点。从客观事实来看，6 类声调和 7 类声调都应该确认。

徐通锵先生曾说到宁波方言的声调在言语社团中的表现很杂乱，有的人有 7 个声调，而有的人只有 4 个，正处于变异的过程中。大体情况是：

7 个：阴平、阳平、阴上、阳上、阴去、阴入、阳入

6 个：阴平、阳平、阴上、阳上、阴入、阳入

5 个：阴平、阳平、阴上、阴入、阳入

4 个：阴舒（包括清平、清上、清去）、阳舒（包括浊平、浊上、浊去）、阴入、阳入

徐先生接下去还从这种杂乱的变异中理出从 7 个声调化为 4 个声调的大致顺序。

长沙境内东北端的方言声调在言语社团中的杂乱表现倒没有那样复杂，但也提供了一个类似的实例。如果要把长沙县白沙乡的 6 类声调和 7 类声调排一个先后的话，我们想应该是这样的：7 类声调随着时间的推移会化为 6 类声调，其关键就在于 7 类声调中的阳上根基不稳，它与阳去太接近了，而长沙方言中读为低降调的阳去调值 21，将像一块巨大的磁石一样把原读阳上的字吸引到阳去中去，并改造白沙声调 II 型中原阳去的调值 22 为 21。在白沙乡李家山的发音人中，李娟的声调读法里，阳上字有向阳去字靠近的趋势（犯＝饭），另一名发音人李爹的声调读法里，已无阳上调类了，这实际上说明李爹更早地接受了长沙典型声调格式的影响，他所经历的变化正是李娟随后也要经历的变化。

五　深入探讨方言接触的历史背景

上文说过，了解了平、浏一带方言声调的情况以后，就可发现长沙境内东北一带方言发生声调变异的来龙去脉，这就是说在湘赣方言的接触中，作为赣语的平、浏方言影响了长沙方言。按说长沙县范围，就在长沙市区周边，以长沙方言在湘语中的强势地位，应该是它对相邻方言产生影响，即使相邻的其他方言影响于它，也不至于对调类的调值造成那么大的变动吧。

现在事实如此，恐怕只能作如下的解释：长沙境内东北端的某些方言已远离长沙中心地区，强势变得相对要弱一些，反之，处于湘东边缘地带的平、浏等地由于在政治、经济、文化等各方面与省城长沙的密切联系，人口流动的方向更应是朝向省城的，也就是说，平、浏一带的人会更多地通过长沙东北的边缘地带向省城长沙中心地区渗透，因此，在这样一种历史背景下，交界地区的言语交际过程中平、浏方言对长沙东北端的某些方言相对地就要强一些，它的某些方言特色（如声调）就有可能被"嫁接"到长沙方言中来。但是这种影响仍是有限的，随着地区逐渐地靠近长沙中心一带，这种影响就变得微小了，就像雪花落到了水中。到了高桥、青山铺、安沙等地，就都坚守着长沙典型声调格式的阵地了。

从长沙境内东北端白沙、开慧、金井等地方言看到了平、浏方言的影响，但以长沙为代表的湘语对落户在湘东边境上的赣语（包括平浏方言）也产生了深刻的影响。

浏阳境内的"西乡话"前面提及它是湘语系属。"西乡话"除古全浊声母的演变具有湘语的特点外，在声调格局上更是与长沙典型的声调格式吻合，如西乡代表点之一镇头话的声调：

阴平　33　　上声　41　　阴去　45　　入声　24
阳平　13　　　　　　　　　阳去　21

《浏阳方言研究》的作者夏剑钦在该书中指出："浏阳接近省府长沙，'西乡话'又被称为'正音'或'省腔'，演唱地方戏（湘剧和花鼓戏）时必须使用此腔。因为交际的需要，人们学讲长沙话的风气很盛，因而长沙话对浏阳方言的影响相当大。"这一种人文历史背景乃是方言接触过程中产生作用的深

层原因。

长沙方言和平江方言在长期的接触中每一方都受到了对方的影响，前面已说到平江方言对长沙东北端方言的影响，请比较长沙白沙乡声调 II 型与平江城关话：

	阴平	阳平	阴上	阳上	阴去	阳去	入声
长沙白沙	33	13	24	21	45	22	42
平江城关	33	13	35	21	45	22	4

从上声和入声的变异看，是平江方言影响了长沙方言。

但是平江方言在声调类型的某些特点上也有长沙方言声调典型格式的影响。如阴平读中平调，阳平读低升调，阴去读高升调，阳去近似低降调。这些格式与赣语具有普遍性的类型距离较远，而与长沙方言比较合拍。

旧岳州府包括岳阳、临湘、平江、华容 4 地。直到今天平江仍属岳阳管辖。因此，平江方言照理应受到岳阳方言的影响，下面是岳阳县荣家湾的声调系统：

阴平 33	上声 42	阴去 45	阴入 5
阳平 13		次阴去 24	阳入 22
		阳去 21	

这一声调系统中的"阴平、阳平、上声、阴去、阳去"等 5 个调类的调值都是与长沙一致的。从这里似乎可以看到平江方言与长沙方言有着某种历史渊源的关系。

长沙境内东北端的方言出现声调变异现象，与赣语平江、浏阳方言的接触有直接的关系，但这种接触所带来的方言交融现象不单表现在声调上，在语音的其他成分乃至词汇、语法层面也都有所反映。处在方言交界地区的方言往往带上某种混合的色彩，如长沙东北一带的方言就具有湘赣杂糅的特点。全面研究湘赣两种大方言在这一地带因长期接触、碰撞而形成的方言变化是一个系统工程。本文只是从声调变异现象的这一视角有所触及而已。

参考文献

[1] 鲍厚星，崔振华，沈若云，伍云姬．长沙方言研究 [M]．长沙：湖南教育出版社，1999．

［2］鲍厚星，陈　晖. 湘语的分区（稿）［J］. 方言（3），2005.

［3］贝先明. 浏阳境内湘语、赣语的语音比较研究［D］. 湖南师范大学硕士学位论文，未刊，2005.

［4］陈山青. 汨罗长乐方言研究［M］. 长沙：湖南教育出版社，2006.

［5］傅　灵. 长沙方言东北线从市区到开慧的比较［D］. 长沙：湖南师范大学硕士学位论文，未刊，2004.

［6］夏剑钦. 浏阳方言研究［M］. 长沙：湖南教育出版社，1998.

［7］徐通锵. 徐通锵自选集［M］. 郑州：大象出版社，1993.

［8］张胜男. 平江方言词汇［J］. 湖南师大学报（湖南方言专辑），1985.

（原载《湘语研究》第二辑，湖南师范大学出版社 2012 年 5 月出版。本文第一稿曾以《声调变异与方言接触——湘语个案分析》为题，在 2008 年 12 月的香港"中国东南方言国际研讨会"上宣读。）

长沙方言的"咖"与"哒"

在长沙方言中，"咖"〔·ka〕与"哒"〔·ta〕是两个常见的动态助词，"哒"还是一个常见的语气词。它们和普通话中的"了₁"、"了₂"有一些相对应的地方，例如：

普通话　　　长沙话
吃了饭了。　吃咖饭哒。
上了课了。　上咖课哒。
报了名了。　报咖名哒。

但是，更多的是存在一些参差不齐的关系。本文参照《现代汉语八百词》的相关条例，把长沙方言中的"咖"与"哒"同普通话中的"了₁"与"了₂"作一番比较，看一看各自的特点。

文中部分语料取自长沙花鼓戏《小姑贤》和《讨学钱》的实况录音（例句后分别以《小》和《讨》标明）。

一、"咖"的用法

1.1　相当于"了₁"。用于动词后，表示动作的完成。用于形容词后，表示某种变化已经完成。

1.1.1　动＋咖＋宾。用于带宾句中。

①哎哟，崽哟，莫哭莫哭，休～咯个鬼婆，妈妈明日跟你讨个好的，啊！（《小》）

②妈妈费～好多心血，你看咯何得了罗！（《小》）

③哎呀，为婆的还只讲哒你一头唎，你就还～老子一担来！（《小》）

④现话得没关系，你吃～饭去。

1.1.2　动＋咖。出现在连谓句或紧缩句中。

①那张纸裁～可以包书。

②你吃～再走，来得及。

1.1.3 动＋咖＋宾＋哒。后有表示事态变化的语气词呼应。

①我们吃～饭哒。

②小张早就报～名哒。

1.1.4 动＋咖＋数量＋状语。有后置状语出现。

①吃～一餐饱的。（饱饱地吃了一顿）

②困～一觉好的。（好好地睡了一觉）

③打～一餐狠的。（狠狠地打了一顿）

"饱的"、"好的"等不是名词性词语。这种句式和"买咖一条大的"形同实异。

1.1.5 形＋咖＋数量＋哒。

①已经晴～三天哒。

②河里的水又高～一米哒。

1.1.6 形＋咖＋数量

①你买的咯一块布短～五寸。

②咯一个月就是只晴～一天。

1.2 相当于"掉"。用在某些动词后面，表示动作的结果。这类动词常见的如"擦、刷、倾、倒、丢、甩、揩、划、刮、刨、剁、杀、砍、删、除、扯、拆、扫、卖、吞、吐、掸"等。

1.2.1 动＋咖＋宾。

①我要揩～你那舌尖子，鬼婆嗲死哒罗！（《小》）

②卖～旧的买新的。

③欸，妈妈要你拿把刀啊，杀～她咧！（《小》）

1.2.2 动＋咖。

①一脸的胡子还不去刮～。

②咯几个名字可以划～。

③一堆烂布子你看是丢～，还是留哒?

1.2.3 把＋名＋动＋咖。常出现在把字句中。

①把黑板上的字擦～。

②你快点去把咯桶屑子_{垃圾}倾～！

二、"哒"的用法

2.1　相当于"了1"。用于动词后，表示动作的完成。用于形容词后，表示某种变化。

2.1.1　动＋哒＋宾。用于带宾句中。

①今日老娘吃～几杯早酒。(《小》)

②妈呃，我还梳～一个头啊！(《小》)

③有～我咯只聪明的娘，才有咯聪明的女崽，啊！(《小》)

④咯要是不准咧，是半天云里翻～煤炭船，黑咖半边天呔！(《小》)

⑤桂妹子崽呃，你读～女儿经的，跟妈妈过细看看啊，看咯只鬼崽子耍～笔头子冇啊？(《小》)

2.1.2　动＋哒。出现在连谓句或紧缩句中。

①妈妈听～蛮高兴。

②来～就好，来～就好。

2.1.3　形＋哒＋数量。

①啊呃，先生咧，一向哪，看得你到我的家里来呀，跟得老～点哪！(《讨》)

②咯一个月就只晴～两天。

2.2　相当于"了2"。用于句末，肯定事态出现了变化或即将出现变化。

2.2.1　动＋宾＋哒。

①啊呃，我妈妈崽最怕我嫂子屋里来人～，等我吓下她着吓唬吓唬她。(《小》)

②从今以后，妈妈再不打她～，再不磨她～，要得吧？(《小》)

2.2.2　动＋咖＋宾＋哒。前有表动作完成的动态助词呼应。

①我们吃咖饭～。

②小张早就报咖名～。

2.2.3　动＋哒。只表示事态有了变化。

①唉，有～，平时妈妈喜的是我，爱的是我，等我来撒个娇着。(《小》)

②妈妈已经困～。

2.2.4　形＋哒。只肯定已经出现的情况，不表示有过什么变化。

①哎哟，老～，老～，不行～，不行～！（《小》）

②你来得太晏～。

2.2.5 形＋咖＋数量＋哒。

①已经晴咖三天～。

②河里的水又高咖一米～。

2.2.6 名＋哒。

①快中午～，人还有来。

②大学生～，未必咯也不晓得？

2.2.7 数量＋哒。

①十八岁～，你怕还小吧？

②四十斤～，吃一个月还有多。

2.3 相当于"了$_{1+2}$"。用于句末，表示动作完成而且事态已有了变化，可以说是动态助词和语气词的融合体。

2.3.1 动＋哒。

①休书写好～，待我把它检起着。（《小》）

②啊吔，崽吔，你回～，你回得好，你回得巧啊！（《小》）

③我们已经吃～。

2.4 相当于"啦"（"了啊"的合音）。下列各例中的"哒"用强调的语气，以区别于语气较弱的"了$_2$"。

2.4.1 动＋哒。用于感叹句。

①太阳出来～！

②快些来看，我们赢～！

2.4.2 动＋宾＋哒。用于感叹句。

①下雨～！

②出太阳～！

这种和普通话复合语气词"啦"相对应的表现形式，还可以用"哒"连用其他语气词来表示，如"太阳出来哒哪"、"下雨哒哪"。

2.5 相当于"着"。用于动词后表持续态。

2.5.1 动＋哒。

①你跟我站～！

②啊吔你看罗，我妈妈真的要我跪～吠！（《小》）

2.5.2 动＋哒＋宾。

①你看咯只鬼婆，望～她一张嘴巴腊瘪的_{很瘦}，讲出话来硬纠圈的_{很圆}啊！（《小》）

②桂妹子圈心心_肝抱～妈妈，是的，妈妈抱～桂妹子圈心。（《小》）

③桌上放～一杯茶。

2.5.3 动$_1$＋哒＋动$_2$。用于连谓句中。

①你真是人望～怕呀，鬼望～愁，那猴子望～咧打筋头咧，你咯只鬼婆哆！（《小》）

②站～莫动，等妈妈揹条凳来着啊。（《小》）

③困～看书易得_{容易}坏眼睛。

有关"哒"的用法中，"动＋哒"这个格式值得注意，就是这同一种格式，可用以表达"动＋了$_2$"、"动＋了$_{1+2}$"、"动＋了$_1$"、"动＋啦"、"动＋着"等多种不同的意义。

三、"咖"与"哒"的连用、合用

3.1 相当于"动＋了$_{1+2}$"。既表动作完成，又表事态有了变化。这和2.3.1"动＋哒"十分接近，但语意显得强调一些，下面的例子正好这两种格式同时出现，不妨比较一下。

那还有什么不准的咧，咯要是不准咧，是半天云里翻哒煤炭船，黑咖半边天吶！准咖哒，多时准哒，准哒，准哒，起来罗，起来，起来。（《小》）

如果动词后面紧跟补语，则不适宜"咖哒"连用。如：

＊衣服洗干净咖哒。

＊休书写好咖哒。

3.2 相当于"动＋过了＋宾"。表示动作完成，但语意上更加突出动作行为已经了结。

①我们都吃咖哒饭。（我们都吃过了饭）

②我已经上咖哒课。（我已经上过了课）

3.3 相当于"动＋掉＋了$_2$"。意在强调动作有了结果。

①你去把黑板上的字擦咖。——擦咖哒。

②墙上的旧标语已经扯咖哒。

同是"动＋咖＋哒"，却有不同的结构。在 3.1 的"动＋了1+2"中，结构关系是"动＋（咖＋哒）"，如"来咖哒，去咖哒，走咖哒"等；在 3.3 的"动＋掉＋了2"中，结构关系是"（动＋咖）＋哒"，如"擦咖哒，扯咖哒，卖咖哒"等。

3.4　"咖"和"哒"的合用。指"动＋咖＋宾＋哒"，也就是普通话的"动＋了1＋宾＋了2"，这已经在"咖"的用法和"哒"的用法中分别说过了。

四、"哒"与其他语气词的连用

长沙话中"哒"常与其他语气词连用。关于语气词连用或者语气词的结合在各个方言里都是一个比较复杂的问题，往往有其精细微妙之处。这里仅从花鼓戏《小姑贤》、《讨学钱》的实况录音中举出一些用例略作说明。

4.1　哒＋咧。

①你真是人望哒怕呀，鬼望哒愁，那猴子望哒咧打筋头咧！

②读书去哒咧！

③愁都愁老哒咧，我啊，硬老得不像一个人哒咧！

例②③"哒咧"连用体现了铺张的语气，例①的"哒咧"无铺张意味，只起舒缓语气的作用。

4.2　哒＋罗。

①欸，真的不打哒。——不打哒罗！

真的不磨哒。——不磨哒罗！

②你讲哒的。——讲哒罗！

③我要掐咖你那舌尖子，鬼婆嗲死哒罗！

在以上例句里，"哒罗"连用，体现加强认可的语气。

4.3　哒＋哪。

①妈吔，我跪哒哪，欸，妈妈吔，我跪哒哪……哼，妈妈吔，我真的跪哒哪！

②那我又走哒哪！

③陈大嫂，你莫光讲我老哒，你也比不得以前哒哪！

在以上例句里，陈述中带着强调，含有提醒对方的意思。

4.4　哒＋呔。

啊呭，你看罗，我妈妈真的要我跪哒哒！

这里的语气词连用是强调事实，意谓我说的你不能不信，这是千真万确的。

4.5 哒＋的，哒＋的啊。

你讲哒的。——讲哒罗。

你讲哒的啊。——讲哒罗。

在"哒"后加"的"，加强了认定、肯定的语气。

五、结　语

可以看出，"咖"只是一个动态助词，大多数情况下相当于"了$_1$"，在某些动词后面作结果补语，相当于"掉"。

"哒"的范围要大得多。它主要用作语气词，相当于"了$_2$"。有时相当于"了"和"啊"的连用。当用作动态助词时，既表完成态，相当于"了$_1$"，也表持续态，相当于"着"。在某些情况下相当于"了$_1$"和"了$_2$"的融合。

"咖"和"哒"各有自己的活动范围，在一般情形下都是各行其职，特别是在包含着"了$_1$"和"了$_2$"的同一个环境中，更是分工明确，如"吃咖三碗哒"（吃了三碗了）、"报咖名哒"（报了名了）之类。但在少数情况下，"咖"和"哒"亦可通用而意义基本不变，如"晴咖三天"或"晴哒三天"（晴了三天），"你吃咖饭去"或"你吃哒饭去"（你吃了饭去）之类。

参考文献

吕叔湘主编《现代汉语八百词》，商务印书馆，1980 年。

朱德熙《语法讲义》，商务印书馆，1982 年。

鲍厚星、崔振华、沈若云、伍云姬《长沙方言词典》，江苏教育出版社，1993 年。

伍云姬《长沙方言的动态助词》，《方言》1994 年第 3 期。

（原载《双语双方言（4）》汉学出版社 1996 年 8 月出版。）

湖南邵阳方言音系

邵阳市位于湖南省中部资水上游，统辖城东、城西、桥头、郊区 4 区，以及邵东、新邵、邵阳、隆回、洞口、武冈、新宁、绥宁、城步 9 个县。全市面积 20929 平方公里，其中市区 381 平方公里，总人口 630 多万，市区约 46 万。

邵阳市区和邵阳、武冈、新宁、城步 4 个县以及隆回县南部、洞口县一小部分地区都属湘语娄邵片。邵东、新邵两个县和绥宁县南部都属湘语长益片。隆回、绥宁两个县的北部和洞口县大部分地区都属赣语。从保留古声母浊音系统来说，娄邵片是湘语中具有代表性的地区。

邵阳市区方言分新老两派，老派仍保留古浊音声母，新派全浊声母趋于消失。本文所说以邵阳市区方言老派为准。笔者 1983 年以来，曾先后三次到邵阳市调查老派语音，发音合作人依次是张初成（40 多岁）、胡静（61 岁）、曾明捷（56 岁）等同志，并先后得到邵阳师范赵烈安、郑恭廷，市公安局李占龙、郭斌，市志办肖模等同志的热心帮助，特此致谢。

本文分四节：（壹）声母和韵母，（贰）声调，（叁）声韵调的配合关系，（肆）同音字汇。

壹　声母和韵母

1.1　声母

邵阳方言的声母共 28 个，包括零声母在内。

p 巴布渡拜　　p' 怕普派爆　　b 爬步婆浮　　m 马目慢尾　　f 飞灰夫虎　　v 胡父闻问

t 低独鸟锐　　t' 梯兔挑讨　　d 糖电徒啼　　n 男篮梨陆

ts 知资周邹　　ts' 齿此直族　　dz 池字售渐　　　　　　　　s 诗司苏生　　z 日自神受

tɕ 鸡精猪结　tɕʻ欺枪雀去　dʑ齐技祥净　ɲ 娘吟艺女　ɕ西细乡休　ʑ移银县完
k 高街光教　kʻ 敲苦溉亏　g 葵狂柜脆　ŋ 爱鸭恩咬　x 喝货海风　ɣ 鞋豪贺杏
ø 院弯衣阿五玉耳外

邵阳话读 [n] 的字，也可以自由变读为 [l]，但一般多读为 [n]，这就是 [n l] 不分，本文一律写作 [n]。

[ts tsʻs] 的发音部位比北京话的 [ts tsʻs] 稍后一点。

塞音 [p t k] 和 [b d g]，塞擦音 [ts tɕ] 和 [dz dʑ]，擦音 [f ɕ x] 和 [v z ʑ ɣ] 同部位都分别有严整的清浊对立。

1.2　韵母

邵阳方言的韵母有 34 个，包括自成音节的 [n̩ ŋ̍] 在内。

ɿ 支姿赤寺	i 笔眉查备	u 铺都祖俗	y 朱吕注区
a 花茶麻车	ia 加斜爷夏	ua 抓啄瓜括	
o 母拖个脚	io 勺略弱岳		
ɛ 北百猜耳	iɛ 乙借铁写	uɛ 国	yɛ 决血悦月
ai 排该懈怀		uai 衰洒怪锥	
ei 杯辉汇每		uei 堆雷述归	
au 抛少造恼	iau 标笑轿谬		
aɯ 走收茂狗	iəɯ 秋油旧六		
ən 门魂灯真	in 兵民迅井	uən 昆滚瓮稳	yn 君准顷永
		uŋ 朋东梦统	yŋ 兄嗅浓容
ā 班帮王闲	iā 良江相样	uā 盘团钻床	
	iɛ̄ 边欠编念		yɛ̄ 专浅选软
n̩ 你			
ŋ̍ □不			

邵阳话 34 个韵母由 12 个元音两个辅音组成。12 个元音是 10 个口元音，[ɿ i u y a o ɛ e ə ɯ] 和两个鼻化元音 [ā ɛ̄]。两个辅音是 [n ŋ]。

[ɿ i u y a o ɛ ā] 等 8 个元音都可以单独做韵母。[e ə ɛ̄] 3 个元音不单独做韵母，只做韵母里的主要元音。高元音 [ɯ] 只做韵尾。高元音 [i] 还可以做介音和韵尾，[y] 还可以做介音。[n ŋ] 两个辅音主要做韵尾，还可

以自成音节做韵母。

[a] 接近标准元音 [ɑ]，在 [ai] 韵里才相当于标准元音 [a]。

[au] 动程幅度比北京话 [au] 韵小，实际音值接近标准元音 [ɑo]。

[ε] 介乎标准元音 [e ɛ] 之间，相当于 [ɛ]。

1.3 声母和韵母的主要特点

①声母保留了比较完整的浊音系统。古平上去三声的全浊声母字，和少数古入声全浊声母今读阳去的字都仍读浊音声母。例如：排 bai^{12}｜桃 dau^{12}｜坐 dzo^{24}｜柜 guei^{24}｜是 zɿ^{24}｜旧 dziɯ^{24}｜读 du^{24}｜贼 dzɛ^{24}。但古入声全浊声母今读入声或阴去的字，已不再保留浊音声母的读法。例如：拔 p'a^{33}｜服 fu^{33}｜独 tu^{33}｜宅 ts'ɛ^{33}｜狭 ɕia^{33}｜白 pɛ^{35}｜舌 sɛ^{35}｜碟 tiɛ^{35}｜绝 tɕyɛ^{35}。

②古泥母和来母逢今洪音不分，都读 [n]，如"难~易"和"兰"都读 [nã^{12}]，"怒"和"路"都读 [nu^{35}]。古泥母和来母逢今细音有别，泥母逢今细音读 [ȵ]，如"泥"读 [ȵi^{12}]，"女"读 [ȵy^{42}]；来母逢今细音还读 [n]，如"梨"读 [ni^{12}]，"吕"读 [ny^{42}]。

③咸山宕江四摄的舒声韵均演变为鼻化韵，分别读成 [ã iã uã iɛ̃ yɛ̃]。例如：南拦郎 nã^{12}｜浆江 tɕiã^{55} 官光 kuã^{55}｜盐言 ziɛ̃^{12}｜癣选 ɕyɛ̃^{42}。深臻曾梗通五摄则仍保留鼻辅音韵尾，分别读 [ən in uən yn uŋ yŋ]。例如：针真蒸争 tsən^{55}｜金筋京精 tɕin^{55}｜滚 kuən^{42}｜云荣 zyn^{12}｜东冬 tuŋ^{55}｜兄胸 ɕyŋ^{55}。

④入声字都已不带塞音韵尾。例如：夺 to^{33}｜削 ɕio^{33}｜百 pɛ^{33}｜铁 t'iɛ^{33}。

贰 声调

阴平 [55]	低 ti^{55}	鸡 tɕi^{55}	都 tu^{55}	猪 tɕy^{55}	巴 pa^{55}	知 tsɿ^{55}
阳平 [12]	题 di^{12}	奇 dʑi^{12}	途 du^{12}	除 dʑy^{12}	爬 ba^{12}	池 dzɿ^{12}
上声 [42]	底 ti^{42}	挤 tɕi^{42}	堵 tu^{42}	举 tɕy^{42}	把 pa^{42}	纸 tsɿ^{42}
阴去 [35]	帝 ti^{35}	计 tɕi^{35}	妒 tu^{35}	句 tɕy^{35}	坝 pa^{35}	志 tsɿ^{35}
阳去 [24]	弟 di^{24}	忌 dʑi^{24}	度 du^{24}	巨 dʑy^{24}	罢 ba^{24}	字 dzɿ^{24}
入声 [33]	敌 ti^{33}	急 tɕi^{33}	独 tu^{33}	菊 tɕy^{33}	八 pa^{33}	侄 tsɿ^{33}

表 1　邵阳方言声调和古四声的对应关系

		阴平 55	阳平 12	上声 42	阴去 35	阳去 24	入声 33
古平声	清	高开三声携			谜		
	次浊		人文云				
	全浊		穷才徐				
古上声	清	娇		古口好	悔		
	次浊	奶		五老有	蚁		
	全浊					近是坐	
古去声	清 全清		蔼	庇	拜带再		
	清 次清	涕		唾		派太菜	
	次浊				误位运	雾味闻	
	全浊		稚			败代在	
古入声	清	喝匹督		札撒弼	不泄戳		急七息
	次浊	拉烙摸			辣六益	辱肉日	密六逸
	全浊				直舌石	读贼白	集疾石

邵阳方言声调和古四声的对应关系如表 1。表左是古四声和古声母的清浊，表端是邵阳方言今声调。表中小字表示例字少，有的表示白读，从表 1 可以看到邵阳方言古今声调的关系：

①古平声清声母字今读阴平，浊声母字今读阳平。

②古上声清声母和次浊声母字今仍读上声，全浊声母字今读阳去。

③古去声全浊声母字今读阳去，次浊声母字多数读阴去，极少数读阳去。最有特点的是古去声清声母字的分化，即全清去声字今读阴去，次清去声字今读阳去，对应十分整齐。例如：

阴去　崔 ku³⁵　据 tɕy³⁵　寄 tɕi³⁵　霸 pa³⁵　过 ko³⁵　拜 pai³⁵　再 tsai³⁵
阳去　库 kʻu²⁴　去 tɕʻy²⁴　气 tɕʻi²⁴　怕 pʻa²⁴　课 kʻo²⁴　派 pʻai²⁴　菜 tsʻa²⁴

④古入声字今音基本上还是读入声，部分字并入其他调类。以《方言调查字表》547 字（个别字未计入内）统计，并入阴平的 12 字：拉喝蛰吸挖匹摸烙雹督酷沃。并入阳平的 1 字：膜。

并入上声的 10 字：蛤撒萨扎絜弼饺掷劈 的目~。

并入阳去的 18 字：沓及日凿昨贼极择~菜射读肉辱入若弱物勿

袜。

并入阴去的最多，有74字，其中来自清声母的21字：缉 轧 泄 不 率~领 蟀 啄 戳 握 式 饰 忆 亿 抑 嚇 轭 益 幅 蓄储~ 畜~牧 郁；来自全浊声母的19字：猾 滑 划计~ 绝 伐 筏 术 述 薄厚~ 勺 直 值 白 帛 剧 屐 石白 曝 斛；来自次浊声母的34字：叶 立 笠 粒 辣 癞 热 拽 栗 律 率效~ 莫 鄂 匿 翼 域 逆 亦 译 易交~ 液 腋 历 曆 疫 役 育 玉 狱 欲 慾 浴 六白 陆白。

以上并入阴去的约占14％，加上并入其他调类的共计115字，约占21％，入声自成调类的约占79％。（统计时有几个字文读入声，白读阴去如"石、赫、六、陆"等，是分别计数的。）

叁 声韵调的配合关系

3.1 邵阳方言声韵的配合关系，如表2。表中把韵母分成开齐合撮4类，声母分成6组。空格表示声韵不相拼合。

表2 邵阳方言声韵的配合关系

	开口呼	齐齿呼	合口呼	撮口呼
p p' b m f v	巴怕爬马花华	比批皮迷	布辅步满夫吴	
t t' d n	打他大那	低梯题牢	都兔图奴	吕
ts ts' dz s z	渣差茶 沙蛇		租粗锄 梳肉	
tɕ tɕ' dʑ ɲ ɕ z		鸡欺齐泥西移		居区除女书如
k k' g ŋ x ɣ	家掐 牙虾轭		公空共 风红	
∅	阿	衣	乌	迁

从表中可以看到邵阳方言声韵配合关系的几个特点：

① [p p' b m] 只拼开齐合（m拼合口限于 uā 韵）三呼，不拼撮口呼。[f v] 只拼开合（合口限于 u 韵），不拼齐撮。

② [t t' d] 只拼开齐合三呼，不拼撮口呼。[n] 四呼都拼。

③ [ts ts' dz s z] 只拼开合，不拼齐撮。

④ [tɕ tɕ' dʑ ɲ ɕ z] 只拼齐撮，不拼开合。

⑤ [k k' x ɣ] 只拼开合，不拼齐撮。[g] 只拼合口，[ŋ] 只拼开口。

⑥ [∅] 声母四呼都拼。

3.2　邵阳方言声母和声调的配合关系有两个特点：

①［b d dz dʑ g］和［v z ʑ ɣ］列等浊声母字，除"惹忍物"等极少数字之外，只跟阳平和阳去相配。

②来自古去声字的［pʻ tʻ tsʻ tɕʻ k］等送气音声母不跟阴去相配。跟阴去相配的送气音声母，只限于个别来自古入声的字。如：直 tsʻ ɿ｜戳 tsʻo。

肆　同音字汇

本字汇按韵母、声母、声调顺序排列。有文白异读的字，在右下角加注小字，"文"表示文读，"白"表示白读。本字待考的音节用方框"□"代替，然后注明字义。

ɿ

ts　［55］知蜘支枝肢栀~子花只~有资姿咨兹滋之芝辎~重隻文蛰惊~
　　［42］紫纸脂姊旨指子梓滓止趾址掷　　［35］翅致至志誌痣制智
　　［33］执汁织职质侄置

tsʻ　［55］雌癡嗤　　［42］此侈耻齿　　［35］直值　　［24］刺赐次
　　［33］赤尺斥秩殖植

dz　［12］池驰瓷瓷~巴迟稚慈磁持辞词祠　　［24］字牸牝牛治柿峙恃

s　［55］斯厮撕施私师狮尸司丝思诗　　［42］死豕矢屎使史驶始
　　［35］四肆试式世势饰　　［33］适释文湿十什~物拾~起来食蚀识实失
　　室厕茅~

z　［12］时鲥嗣饲匙钥~　　［24］是氏豉豆~视示似祀事巳辰~自寺侍痔
　　逝誓嗜日

i

p　［55］屄　　［42］比秕彼　　［35］蔽臂闭痹滗~米汤　　［33］笔毕必逼
　　碧璧壁敝弊币毙

pʻ　［55］批披匹　　［42］譬丕鄙劈庀　　［24］屁狓　　［33］僻辟

b　［12］皮疲脾琵枇　　［24］被婢避备鼻篦陛

m　［55］眯□瓣　　［12］迷眉媚糜弥靡　　［42］米尾白　　［35］谜

[33] 密蜜觅祕泌

t [55] 低　[42] 底抵的日~　[35] 帝　[33] 嫡滴文放笛狄糴

t' [55] 梯涕　[42] 体　[24] 替剃屉剔　[33] 踢

d [12] 题堤提蹄啼　[24] 地弟第递隶

n [12] 犁黎梨离篱釐　[42] 礼里理鲤狸李履璃
荔痢吏立笠粒栗　[33] 力

tɕ [55] 鸡饥肌机讥稽吸　[42] 几己纪年~挤幾~乎,~个　[35] 祭
际计继系~鞋带寄济剂记既缉纪~律冀　[33] 集辑级急疾吉即鲫戟
积迹脊籍藉寂击激绩髻

tɕ' [55] 妻栖欺　[42] 启起杞岂　[24] 气汽器契~约砌极　[33]
泣七漆膝讫乞吃文戚及

dʑ [12] 齐脐奇骑祁祈其棋旗期鳍歧　[24] 技妓忌企

ȵ [12] 泥倪宜谊仪尼疑凝宁佞　[42] 拟　[35] 艺义议蚁腻毅匿逆
吝白　[33] 溺

ɕ [55] 西犀溪奚兮牺熙希稀携　[42] 洗喜嬉嬉　[35] 细系係戏
[33] 息熄媳悉习昔惜席锡析弃婿夕恤

ʑ [12] 移夷姨饴遗~失爷外~

ø [55] 衣依医伊倚　[42] 椅矣以已　[35] 易肄意异益亦译亿忆抑
翼缢殪　[33] 一逸揖作~

u

p [42] 补　[35] 布佈怖不

p' [55] 铺~设　[42] 普谱浦脯甫辅　[24] 铺店~　[33] 赴讣朴卜
仆扑瀑仆~倒捕

b [12] 蒲菩　[24] 部簿步埠

f [55] 呼夫肤敷俘孵麸　[42] 虎府浒腑俯斧釜腐抚
庨斛幅富副　[33] 服复腹覆福蝠附忽怫佛伏

v [12] 吴蜈吾梧胡湖狐壶乎符扶芙无巫　[24] 户沪互护瓠~子父务
雾勿物

t [55] 都督　[42] 堵赌肚　[35] 妒　[33] 独笃毒牍

t' [42] 土吐　[24] 兔　[33] 突秃

d　[12] 徒屠途涂图　　[24] 杜度渡镀读

n　[12] 奴卢炉芦鸬庐驴　　[42] 努鲁橹虏卤　　[35] 路露鹭怒
　　[33] 鹿禄陆文六文绿录

ts　[55] 祖　[42] 租组阻　[33] 镯竹筑逐祝粥足烛嘱卒

ts'　[55] 粗初　[42] 楚础　[24] 醋　[33] 猝浊族畜~牲轴促触束

dz　[12] 锄雏　[24] 功褥辱

s　[55] 苏稣梳琉蔬　[42] 所数动词　[35] 素诉数名词漱　　[33] 速
　　肃宿缩叔熟淑蜀属俗续赎

z　[24] 肉文

k　[55] 姑孤估箍　[42] 古牯股鼓　[35] 故固锢雇顾　　[33] 骨谷
　　榖

k'　[55] 枯窟酷　[42] 苦　[24] 库裤　[33] 哭

ɸ　[55] 乌污沃诬　[42] 五伍午武舞侮鹉　[35] 误悟握　[33] 屋
　　获

y

n　[42] 吕旅　[35] 虑滤律

tɕ　[55] 猪诸居车~马炮诛朱蛛栋硃珠　[42] 主煮举矩柱　[35] 著据
　　锯驻註注蛀铸枸句剧　[33] 局菊橘

tɕ'　[55] 区驱趋蛆黢~黑　[42] 处相~取忤　[24] 趣去文处~所
　　[33] 出屈曲

dʑ　[12] 徐除储薯厨瞿　[24] 序叙绪渠巨拒距聚娶柱住具瞑惧苧~麻

ɳ　[42] 女

ɕ　[55] 书舒虚墟嘘须鬚需输吁　[42] 署鼠黍署许髓　[35] 絮庶恕
　　戍畜~牧蓄　[33] 戌

ʑ　[12] 如鱼渔余异懦于孟於愚虞娱殊　[24] 竖树入

ɸ　[55] 淤迂　[42] 雨宇禹羽汝语乳与　[35] 御誉预豫遇寓芋喻愈
　　榆逾愉裕域疫役玉狱欲浴育郁

a

p　[55] 巴芭疤爸　[42] 把　[35] 霸欛壩坝　[33] 八

p' [55] □烂：把肉蒸~　[24] 怕　[33] 拔帕

b [12] 爬琶杷钯耙　[24] 罢

m [55] 妈　[12] 麻痲蟆虾~　[42] 马码　[35] 骂　[33] 抹

f [5] 花　[35] 化伐筏　[33] 发罚法乏

v [12] 华中~，~山铧划~船桦　[24] 画话袜

t [42] 打　[33] 答搭达褡

t' [55] 他　[24] 沓一~纸　[33] 獭塔榻塌拓踏

d [24] 大

n [55] 拉挪　[12] 拿　[42] 哪　[35] 那　[33] 捺辣腊蜡镴纳

ts [55] 遮白渣　[42] 札紥　[35] 诈榨炸~弹乍蔗　[33] 隻白，一
　　~铡劄眨闸杂炸油~

ts' [55] 叉权差车白　[42] 扯白　[24] 岔　[33] 察擦插

dz [12] 茶搽查

s [55] 沙纱奢白赊白　[42] 傻撒萨捨白　[35] 石白　[33] 杀

z [12] 蛇白佘白　[42] 惹白

k [55] 家白　[12] 痂　[42] □~里~气（神气十足）　[35] 嫁白架白
　　[33] 夹白袷白胛

k' [55] 掐白，~脖子　[42] 卡　[24] 胯　[33] 掐用拇指和另一个指头
　　使劲捏

ŋ [55] □~呵欠□开：~裆裤　[12] 牙白芽白伢　[42] 哑白　[35]
　　砑轧~棉花　[33] 鸭

x [55] 虾白，鱼~鰕~腰　[42] 蛤~蜊蟹白□傻　[35] 吓~一跳
　　[33] 瞎白

ɣ [12] 虾~蟆　[35] 轭牛~

ø [55] 阿

ia

p [55] □~直：很直　[42] □象声词

p' [42] 劈白□~他两个耳光

t [55] 爹~~：祖父　[35] 滴白，~水哆娇气

t' [33] □捆：系

d　［12］提白，～水

n　［55］□碰撞：把凳子～倒了

tɕ　［55］家文加嘉佳傢　　［42］假贾姓姐白　　［35］架文嫁文驾稼价
　　［33］甲夹文袷文□涩

tɕʻ　［55］掐文　　［33］恰吃白

dʑ　［12］茄白斜白邪白瘸手冻～咖哩　　［24］屉～子跨：～门坎

n̠　［ss］□～板：拖鞋　　［12］黏～起　　［35］□交合

ɕ　［55］虾文　　［35］泻白　　［33］狭峡匣辖瞎文

ʐ　［12］霞瑕遐暇涯牙文芽文衙爷白，父亲　　［24］下底～下～降夏厦～门

ø　［55］鸦丫桠亚　　［42］哑文雅耶野白　　［35］夜白　　［33］押压

ua

ts　［55］抓　　［35］啄　　［33］□帽子～～：帽檐

dz　［12］□～子：用来聚拢或散开柴草、谷物的农具

s　［42］耍厦偏～　　［33］刷

z　［35］□掷：～色子

k　［55］瓜　　［42］寡剐　　［35］挂卦褂　　［33］括刮

kʻ　［55］夸跨　　［42］垮蒯

ø　［55］蛙挖□老～：乌鸦　　［42］瓦　　［35］洼滑猾划计～

o

p　［55］波菠玻　　［42］跛　　［35］簸薄厚～　　［33］钵拨博缚剥驳

pʻ　［55］坡　　［42］颇　　［24］破　　［33］泼勃钹

b　［12］婆　　［24］薄～荷

m　［55］摸　　［12］魔磨～刀摩馍模～范，～子摹～仿膜　　［42］母拇
　　［35］莫磨石～　　［33］末沫抹文幕寞墓暮慕募日穆牧木沐

t　［55］多　　［42］朵垛柴～　　［35］剁　　［33］夺铎踱

tʻ　［55］拖　　［42］妥椭～圆唾～液　　［24］□压：莫～得我啰　　［33］脱
托托

d　［12］驼驮　　［24］舵惰

n　［551］烙啰～唆　　［12］罗锣箩骡螺脶手指纹　　［42］裸卵白　　［35］

糯　　[33] 落骆洛络诺乐

ts　[42] 左佐　　[35] □~里~气（神气十足）　　　[33] 桌卓琢啄捉作~坊着酌脚

ts'　[55] 搓　　[35] 戳　　[24] 锉凿　　[33] 浊濯措错绰撮一~米

dz　[24] 坐座昨

s　[55] 蓑梭唆莎一草　　[42] 锁琐　　[33] 朔塑索

k　[55] 歌哥锅　　[42] 果裹　　[35] 个~人过　　[33] 鸽割葛各阁搁郭角戈廓

k'　[55] 科窠　　[42] 可颗棵　　[24] 课　　[33] 渴扩殼磕阔

ŋ　[12] 蛾鹅俄　　[42] 我　　[35] 饿卧讹鄂

x　[55] 喝~酒,~采荷薄~　　[42] 火夥　　[35] 货　　[33] 合盒活鹤豁~然霍藿~香郝

ɣ　[12] 河何荷~花和~气禾　　[24] 祸贺和~面

Ø　[55] 蜗倭窝阿~膠　　[33] 恶

io

n　[33] 略掠

tɕ　[33] 爵嚼文觉知~角文

tɕ'　[24] 嚼白　　[33] 却雀鹊确文

ȵ　[33] 虐疟

ɕ　[35] 勺~子　　[33] 削芍~药花学

ʑ　[24] 若弱

Ø　[33] 约药钥跃岳乐音~

ɛ

p　[35] 白帛　　[33] 北百柏伯魄别~个

p'　[33] 迫拍珀陌阡~泊

m　[55] □~黑：很黑　　[33] 墨默麦脉没陌~生□看：~得~不得

v　[33] 或惑物~件：东西

t　[35] □你咯只人何咯咯个~（你这个人为什么这样讲不清）[33] 德得

t'　[35] □太：你咯只人~恼火哩　　[33] 特忒

n　[33] 肋勒捋~袖

ts　[551] 遮文　[42] 者　[33] 哲折淅则测窄摘责摺

ts'　[55] 车文猜　[42] 扯文　[24] 择~菜　[33] 测侧拆泽宅策册厕徹撤辙

dz　[24] 贼择又音

s　[55] 奢文赊文　[42] 捨文　[35] 舌舍赦　[33] 设摄涉瑟啬涩色塞虱

z　[12] 蛇文佘文　[42] 惹文　[24] 热社射麝

k　[35] 锯白　[33] 格革隔给~你膈

k'　[24] 去白~年　[33] 刻克客咳

ŋ　[33] 额扼厄

x　[33] 黑核嚇恐~骇

ɣ　[12] 儿而

ø　[42] 耳尔饵　[35] 二贰

iɛ

p　[55] □~淡:很淡　[42] 瘪　[33] 鳖憋

p'　[33] 撇~开别区~,离~

m　[33] 灭篾　[55] □揪:~你两下

t　[35] 碟　[33] 跌叠

t'　[33] 铁帖贴碟牒蝶谍

n　[35] 戾　[33] 列烈裂猎劣例咧

tɕ　[42] 姐文　[35] 借　[33] 揭节结洁接劫给

tɕ'　[42] 且　[24] 去~皮　[33] 杰切妾截捷

dʑ　[12] 邪文斜文茄文瘸　[24] 籍~故谢白

ȵ　[33] 孽捏聂镊业

ɕ　[42] 写些　[35] 泻文卸泄谢文　[33] 协胁屑蝎歇袭穴楔~子

ʑ　[12] 爷文,~~:祖父

ø　[42] 野文也　[35] 夜文液腋叶　[33] 乙页噎腌

ɜu

k [33] 国虢

yɛ

tɕ [35] 绝 [33] 诀决掘拙倔~强厥镢

tɕʻ [33] 缺

ɕ [55] 靴 [33] 雪说血薛

ø [35] □歪：~咖哩 [33] 悦阅月越曰粤

ai

p [55] 踔跋 [42] 摆 [35] 拜

pʻ [24] 派

b [12] 排牌簰 [24] 稗败

m [12] 埋 [42] 买 [35] 卖迈

v [12] 怀槐淮 [24] 坏

t [42] 呆书~子 [35] 戴带

tʻ [55] 胎苔舌~ [42] □没精打采地走路 [24] 太态泰

d [12] 台抬 [24] 代贷袋待怠

n [55] 奶~~：祖母 [12] 来 [42] 乃奶吃~ [35] 耐奈赖癞□烫

ts [55] 灾栽斋 [42] 宰崽儿 [35] 再债载年~，~重，满~

tsʻ [55] 钗差出~ [42] 彩采 [24] 菜蔡

dz [12] 才材财裁豺柴 [24] 在寨

s [55] 腮鳃筛 [35] 赛晒

k [55] 该皆阶街 [42] 改解了~，~开 [35] 盖丐介界芥疥届戒械

kʻ [55] 开揩 [42] 楷凯 [24] 概慨溉

ŋ [55] 哀埃~及挨~近 [12] 呆~板崖捱~打埃尘~藔 [42] 矮
[35] 碍艾爱隘

x [42] 海

ɣ [12] 孩鞋谐还~有 [24] 害亥蟹文懈

uai

ts　[55] 锥栽~咖下来

s　[55] 衰　[42] 洒摔　[35] 帅

k　[55] 乖卖~　[42] 拐乖好~~　[35] 怪

k'　[42] 傀块会~计刽　[24] 桧快

ø　[55] 歪　[35] 外

ei

p　[55] 杯悲卑碑　[35] 辈背

p'　[55] 胚坯土~丕　[42] 呸　[24] 配佩

b　[12] 培陪赔裴　[24] 倍背~诵焙~干

m　[55] □没精神的样子　[12] 梅枚媒煤　[42] 每美　[35] 妹昧

f　[55] 灰恢非飞妃挥辉徽麾　[42] 匪贿吠毁翡　[35] 废肺慧费讳悔晦痱

v　[12] 回茴肥微薇危桅违围唯惟维为行~　[24] 汇惠未味会开~，不~绘

n　[55] □~壮：很壮

uei

t　[55] 堆　[35] 对碓

t'　[55] 推　[42] 腿　[24] 退蜕褪

d　[24] 队兑

n　[12] 雷　[42] 累~积偏垒　[35] 内类泪累极困

ts　[55] 追　[42] 嘴　[35] 最醉缀赘

ts'　[55] 崔催吹炊　[24] 翠粹脆猝仓~

dz　[12] 随垂锤槌谁　[24] 罪瑞隧~道坠睡

s　[55] 虽绥　[42] 水　[35] 碎岁税术述率~领蟀　[24] 遂

k　[55] 圭闺规龟归　[42] 轨鬼诡　[35] 桂贵癸鳜~鱼

k'　[55] 盔魁亏窥　[42] 跪白　[24] 愧

g　[12] 逵奎葵溃~脓　[24] 跪文柜

Ø [55] 煨威萎没精神的样子 [42] 委萎诿伟苇纬尾文 [35] 位魏胃畏谓蝟伪为~什么卫慰

au

p [55] 褒包胞 [42] 保堡宝饱 [35] 报豹曝

p' [55] 抛 [42] 跑 [24] 爆泡炮泡~在水里□十：~把天

b [12] 袍刨浮白 [24] 抱菢暴鲍鲍

m [55] 猫 [12] 毛矛茅锚 [42] 卯 [35] 貌冒帽

t [55] 刀 [42] 祷岛倒打~ [35] 到倒~车

t' [55] 滔 [42] 讨 [24] 套

d [12] 桃逃淘陶掏萄涛 [24] 道稻盗导

n [55] □~软：很软 [12] 劳捞唠牢 [42] 老脑恼 [35] 闹

ts [55] 遭糟昭招沼~气 [42] 早枣蚤澡爪~牙找 [35] 灶罩照

ts' [55] 操抄钞超 [42] 草炒吵 [24] 造糙躁

dz [12] 曹槽巢皂朝~代潮 [24] 赵兆召

s [55] 骚臊梢捎烧 [42] 嫂稍少多~ [35] 潲~食绍邵少~年扫~把，~地

z [12] 饶韶~关 [42] 扰绕围~，~线

k [55] 高膏篙羔糕 [42] 稿搞 [35] 告觉白，睡~教白，~书窖

k' [55] 敲 [42] 考烤 [24] 靠犒

ŋ [55] 爊 [12] 熬 [42] 袄咬白 [35] 奥懊~恼~悔，坳山~傲

x [55] 蒿薅 [42] 好~坏 [35] 好喜~耗

ɣ [12] 豪壕毫 [24] 浩号呼~，~数

iau

p [55] 膘标彪 [42] 表

p' [55] 飘 [42] 漂~白 [24] 漂~亮票

b [12] 嫖瓢

m [12] 苗描猫 [42] 藐渺秒 [35] 庙妙谬

t [55] 刁貂雕 [42] 鸟白 [35] 钓吊掉

t' [55] 挑 [24] 跳粜

d [12] 条调~和　[24] 调音，~动

n [55] □碰撞□跤：脚~起　[12] 燎疗辽撩瞭聊寥　[42] 了　[35] 料廖

tɕ [55] 交郊胶焦蕉椒骄娇矫浇　[42] 绞狡铰较搅剿缴侥　[35] 教文 ~育醮打~

tɕʻ [55] 锹悄缲~边　[42] 巧　[24] 俏窍

dʑ [12] 樵瞧乔侨桥荞　[24] 轿

ȵ [12] 尧　[42] 鸟文杳~无音信　[35] 尿

ɕ [55] 消宵霄硝销鞘嚣萧箫　[42] 小晓　[35] 孝笑

ʑ [12] 摇谣窑姚肴淆　[24] 效校学~，上~，~对

Ø [55] 妖邀腰要~求么~二三吆~喝　[42] 舀咬文　[35] 耀要重~鹞~鹰

əɯ

m [12] 谋　[42] 某亩牡　[351] 茂贸

f [42] 否吼

t [55] 兜　[42] 斗——~米抖陡　[35] 斗~争

tʻ [55] 偷　[42] 敨~开，~气　[24] 透

d [21] 头投　[24] 豆逗

n [12] 楼　[42] 篓缕屡搂　[35] 漏陋

ts [55] 邹周舟州洲　[42] 走肘帚　[35] 奏昼皱绉咒做

tsʻ [55] 抽搊~起来　[42] 丑丑　[24] 凑臭

dz [12] 绸稠愁仇筹售酬　[24] 纣桀~宙骤

s [55] 搜飕馊蒐~集收　[42] 手守首叟　[35] 嗽咳~瘦兽

z [12] 柔揉　[24] 受寿授肉白

k [55] 勾钩沟阄拈~　[42] 狗苟　[35] 够构购媾

kʻ [55] 抠眍　[42] 口　[24] 叩~头扣~住寇

ŋ [55] 欧瓯　[42] 藕偶配~，~然呕~吐　[35] 沤怄

ɣ [12] 侯喉猴浮文　[24] 後厚后候

iɯei

t 　[55] 丢

t' 　[24] □跟：莫~到我

n 　[55] 溜馏榴石~　　[12] 流硫~黄琉~璃留刘　　[42] 柳　　[35] 六
白陆白

tɕ 　[55] 鸠纠䴗究咎灸　　[42] 酒久九韭　　[35] 救柩

tɕ' 　[55] 秋丘

dʑ 　[12] 囚泅求球　　[24] 舅臼就旧

ȵ 　[12] 牛　　[42] 纽扭

ɕ 　[55] 修羞休　　[42] 朽　　[35] 秀绣锈袖　[33] 粟

ʑ 　[12] 尤邮由油游犹

ø 　[55] 忧优悠幽　　[42] 有友酉莠　　[35] 幼又右祐柚釉诱

ən

p 　[55] 奔崩　　[42] 本

p' 　[55] 烹　　[24] 喷~香

b 　[12] 盆彭膨　　[24] 笨

m 　[12] 门　　[35] 闷

f 　[55] 昏婚分芬荤晕文浑~浊　　[42] 粉纷　　[35] 喷~水愤忿粪奋

v 　[12] 魂馄焚坟獖牡豕文纹蚊闻横~直，~蛮　　[24] 混相~问份一~

t 　[55] 敦墩登灯瞪　　[42] 等　　[35] 顿凳盾矛~

t' 　[55] 吞

d 　[12] 屯饨囤沌臀腾誊藤　　[24] 钝邓遁

n 　[12] 伦沦轮山仑论~语楞能　　[42] 冷　　[35] 论议~嫩

ts 　[55] 珍真尊遵蹲文曾增憎征蒸惩贞侦正~月争筝针斟榛臻肫~肝
　　[42] 枕整诊疹拯　　[35] 镇俊正政证症振震浚~河

ts' 　[55] 村称~呼　　[24] 趁忖寸衬称相~撑

dz 　[12] 层澄~清橙~子绳沉承丞呈程逞成城诚陈尘存旬荀循巡曾~经臣
　　[24] 阵赠郑澄~——~乘

s [55] 身申伸娠孙僧升声生牲笙甥森参人～深 [42] 损笋榫省～长，节～，反～沈审婶 [35] 圣肾殉渗胜～败，～任

z [12] 辰晨唇壬人仁神 [42] 忍刃韧 [24] 慎认仍盛兴～甚任责～任姓剩纤缝～

k [55] 根庚羹耕更～正 [42] 耿粳—米哽骨～在喉梗 [35] 更～加

k' [55] 坑 [42] 恳垦肯

ŋ [55] 恩 135] 硬

x [55] 亨 [42] 很

ɣ [12] 痕衡恒 [24] 恨杏

in

p [55] 彬宾槟～榔殡鬓冰兵 [42] 禀丙秉柄饼

p' [55] 拼姘～头 [42] 品 [24] 聘娉

b [12] 贫频凭平坪评瓶屏萍 [24] 并併病

m [12] 民闽鸣明盟名铭 [42] 悯敏抿皿 [35] 命

t [55] 丁钉疔汀 [42] 顶鼎 [35] 订～约

t' [55] 厅 [42] 艇挺 [24] 听

d [12] 亭停廷庭蜓 [24] 定锭

n [12] 林淋临邻麟鳞磷陵凌菱灵零铃伶拎翎 [42] 领岭檩 [35] 令另 [24] 吝文

tɕ [55] 今金津巾斤盘茎京荆惊精晶睛经 [42] 锦紧谨警井景颈文 [35] 禁襟镜竟敬境竞劲进晋经～纱径

tɕ' [55] 钦亲清轻青蜻卿 [42] 请寝揿按 [24] 侵浸亲～家庆罄

dʑ [12] 寻琴禽擒秦勤芹情晴擎鲸岑 [24] 尽～心，～先仅近静靖净

ȵ [12] 吟 [35] 赁

ɕ [55] 心辛新薪欣兴～旺星腥馨 [42] 醒 [35] 信讯兴高～性姓迅衅

ʑ [12] 寅形型刑银行～为，品～盈赢 [24] 幸

Ø [55] 音阴荫因姻洇殷鹰莺鹦婴缨英淫 [42] 引影饮～酒，～马隐颖 [35] 应～当，～对映印

uən

k　[42] 滚　[35] 棍

k'　[55] 昆崑坤　[42] 捆　[24] 困

Ø　[55] 温瘟　[42] 稳吻刎　[35] 瓮

yn

tɕ　[55] 君军均钧　[42] 准

tɕ'　[55] 春椿　[42] 顷倾蠢

dʑ　[12] 琼群裙　[24] 菌窘郡

ɕ　[55] 熏薰勋　[35] 训

ʑ　[12] 萤营荣云蝇纯匀醇　[24] 顺闰润孕

Ø　[55] 晕白　[42] 永允尹冗　[35] 泳咏熨韵运

uŋ

p　[55] 绷~子床　[35] □凸：脸上的骨头一起

p'　[55] □蓬：头发~起　[42] 捧　[24] 碰

b　[12] 篷蓬栅朋

m　[55] 蒙把头~起　[12] 蒙萌　[42] 懵~懂　[35] 梦

t　[55] 冬东蹲白　[42] 董懂　[35] 冻栋

t'　[55] 通　[42] 统桶捅　[24] 痛

d　[12] 同铜桐筒童瞳　[24] 动洞

n　[55] 聋　[12] 龙珑隆农脓笼　[42] 陇拢　[35] 弄

ts　[55] 钟盅中忠终宗综鬃　[42] 种~类，~树肿总冢　[35] 踪纵~
横，放~中射~众粽

ts'　[55] 冲春充聪匆葱囱烟~　[42] 宠　[24] 铳

dz　[12] 从~容，跟~重~复虫崇穷丛　[24] 诵颂讼重轻~仲

s　[55] 松嵩　[42] 怂　[35] 宋送

k　[55] 恭躬宫弓公蚣工功攻　[42] 拱~手巩汞　[35] 贡供~给，~
养

k'　[55] 空~虚　[42] 恐孔　[24] 控空~缺　[24] 共

x [55] 封峰锋蜂风枫疯丰讽烘轰　　[42] 哄~骗，起~　　[35] 哄兴~
（容易轻信）

ɣ [24] 缝~衣服逢冯红洪鸿宏弘虹　　[24] 奉俸缝一条~凤

yŋ

ç [55] 胸凶兄　　[35] 嗅用鼻子闻

ʑ [12] 茸容蓉熔庸戎绒熊雄融浓

ø [55] 雍　　[42] 拥甬~道勇涌　　[35] 用

ã

p [55] 班斑颁板般文搬文帮邦　　[42] 板版榜谤绑　　[35] 扮

pʻ [55] 攀潘　　[24] 盼襻绊判叛胖

b [12] 盘文旁螃庞　　[24] 棒蚌办伴拌傍

m [12] 蛮瞒文忙芒茫盲虻　　[42] 莽蟒满文　　[35] 慢馒漫幔蔓瓜~子

f [55] 翻番荒慌方芳欢　　[42] 反谎晃傲纺仿彷访缓暖白　　[35] 贩
放焕泛皖

v [12] 藩烦繁礬黄簧皇蝗肪妨房防亡忘王枉凡帆恒完文还~原玩游~顽
环　　[24] 妄望唤换幻患万宦范犯饭

t [55] 丹单当耽担~任　　[42] 党胆　　[35] 诞旦荡当~作担~子

tʻ [55] 滩摊汤贪　　[42] 坦倘躺趟毯　　[24] 烫探掭~笔炭叹

d [12] 檀坛弹~琴堂棠螳唐糖塘潭谭谈痰　　[24] 但弹子~淡

n [12] 男南难兰拦栏蓝篮囊郎廊狼囔　　[42] 懒朗览揽榄缆　　[35]
难患~烂浪滥

ts [55] 簪脏肮~张章樟障沾粘文瞻毡　　[42] 盏展攒长生~涨掌斩
[35] 赞瓒绽战颤帐胀瘴暂站蘸渐占佔仗

tsʻ [55] 参搀餐昌菖　　[42] 惨产铲厂　　[24] 畅唱倡灿

dz [12] 蚕谗馋缠长肠场常尝裳文惭　　[24] 丈杖栈

s [55] 衫珊山删膻商伤三杉　　[42] 伞散鞋带~了偿赏晌裳白　　[35]
散分~扇搧

z [12] 然燃蝉禅~宗　　[42] 壤攘襄陕染冉闪　　[24] 善膳单姓禅~让
上~山尚让

k　［55］干肝艰间奸冈岗刚纲钢缸扛甘柑　　［42］感减竿杆秆赶简柬涧
铜港讲敢橄　　［35］监鉴尴干~部间~断钢刀钝了，~~杠虹舰

k'　［55］堪勘嵌刊康糠龛　［42］坎慷~慨　［24］看~见，~守抗炕

ŋ　［55］庵安鞍肮　［12］昂岩颜白严白，把门关~　［42］眼　［35］
暗岸按案晏雁文

x　［55］鼾罕夯憨酣　［42］喊　［35］汉

ɣ　［12］含函衔寒韩行银~航杭咸~菜闲　［24］憾撼旱汗陷焊翰限苋巷
项

iã

t　［55］粘白，~到一起

t'　［42］腆~起肚子

n　［12］良凉量粮梁粱　［42］两辆　［35］亮凉量数~

tɕ　［55］将姜姓，生~浆江　［42］蒋奖桨颈白　［35］酱降下~将大~

tɕ'　［55］枪疆僵缰匡筐文腔羌　［42］抢强勉~　［24］浸白，冰~

dʑ　［12］墙详祥强　［24］象像匠

n̠　［55］□~薄：很薄　［12］娘　［42］仰　［35］酿瓤瓜~

ɕ　［55］相互~箱厢湘襄镶香乡　［42］想享响饷　［35］向相~貌像绣~

ʑ　［12］羊洋杨扬阳疡溃~降~伏

ø　［55］央秧殃　［42］养痒　［35］样

uã

p　［55］般白搬白

b　［12］盘白

m　［12］瞒白　［42］满白

t　［55］端　［42］短　［35］断决~锻

t'　［42］喘

d　［12］团粞　［24］断~绝段缎

n　［12］鸾圞~夜：一整夜　［42］卵文暖文　［35］乱

ts　［55］钻动词赃贪~庄装桩　［42］纂撰攒　［35］钻名词葬壮赚

ts' ［55］氽仓苍疮窗　［42］闯　［24］窜创篡

dz ［12］藏隐~，西~脏心~床　［24］状撞

s ［55］酸闩拴桑霜孀双　［42］嗓爽　［35］算蒜丧疝涮~烟筒

k ［55］官棺观冠衣~鳏关光　［42］管馆广　［3］贯惯灌罐观寺~冠
　~军逛

k' ［55］宽筐白眶　［42］款　［24］旷矿况

g ［12］狂

ø ［55］弯湾汪　［42］晚挽宛往碗豌~豆腕网　［35］旺

iɛ̃

p ［55］鞭边　［42］贬扁匾蝙　［35］变

p' ［55］篇偏编　［24］片骗遍一~，~地

b ［24］辨辩汴辫便方~，~宜

m ［12］绵棉眠　［42］免勉娩　［35］面缅麵

t ［55］颠　［42］点典　［35］店

t' ［55］添天　［42］舔

d ［12］甜团填　［24］电簟席奠佃垫殿

n ［12］廉镰帘连联怜莲　［42］脸辇　［35］练链炼恋敛殓

tɕ ［55］尖兼肩坚　［42］捡剪茧拣笕　［35］剑煎箭建荐见犍~子

tɕ' ［55］签歼千迁牵谦签　［42］遣　［24］欠歉

dʑ ［12］潜钳钱乾~坤虔前捐　［24］俭件健键腱钱~行

ŋ ［55］拈~起来研　［12］阎严文鲇年　［42］碾撵俨~然　［35］谚
砚验念

ɕ ［55］仙先　［42］险显　［35］宪献线现出~

ʑ ［12］盐簷嫌涎延言贤醃颜文炎发~　［24］现~在

ø ［55］焉烟炎~热阉　［42］掩淹演魇　［35］厌艳焰宴筵燕姓

yɛ̃

tɕ ［55］专砖捐　［42］转~运捲~起　［35］转~圈卷券眷绢

tɕ' ［55］川穿圈圆~　［42］犬浅　［24］串劝

dʑ ［12］全泉传~达船拳权颧　［24］践倦贱篆传~记

ɕ　[55] 鲜掀轩宣喧　　[42] 选癣　　[35] 楦羡

ʑ　[12] 玄弦眩员圆缘沿铅悬旋丸袁辕圆援完白垣　　[24] 县

ø　[55] 渊宛　　[42] 软远阮　　[35] 院怨愿

n̩

ø　[42] 你

ŋ̍

ø　[35] □不：～晓得，嚼～嚼得烂

（原载《方言》1989 年第三期）

湖南城步（儒林）方言音系

城步苗族自治县地处湖南省西南边陲，南与广西壮族自治区接壤。境内居住着苗、汉、侗、瑶等十多个民族，约二十二万人。其中以苗族为主体的少数民族约占总人口的 48.2%。本文记录的是城步县政府所在地儒林镇的汉语方言。发音合作人是城步县县志办公室刘期劲先生，59 岁。调查过程中县民族委员会、县志办公室等部门给予大力支持，阳盛海、段志强、杨应德等同志给予热情帮助，在此谨致谢意。

本文分三节：（壹）城步汉语方言分布概况，（贰）城步（儒林）话声韵调及其特点，（叁）城步（儒林）话同音字汇。

壹 城步汉语方言分布概况

城步汉语方言内部有差异，当地人从口音的区别上认为有 6 种话：即儒林话、西岩话、蒋坊话、武冈话、新化话、长安话。前 5 种话属湘语娄邵片，后 1 种属西南官话。其分布情形见下页湖南城步苗族自治县汉语方言示意图。儒林话分布在城步县政府所在地的儒林镇及其周围，它对全县的影响最大，是城步汉语方言的优势方言。

西岩话当地人认为和儒林话有明显的区别。蒋坊话是西岩话和儒林话之间的又一种口音。武冈话受相邻武冈县方言的影响。新化话是由新化的移民形成的。据文献记载，新化的大规模移民先后两次：一次距今一百多年，即清朝末年的自然移民有一万余人；另一次是中华人民共和国成立后 1961 年先后有组织的移民两万余人。

长安话分布在城步西南端的长安乡。乾隆五年（1740 年），清军在此设长安营，屯兵驻守。后来有一些北方籍的清兵在此落户。有人推测长安营一带的方言可能保存着某种北方话的特点。为此笔者特地到长安营，记录了本

地有代表性的口音。发音人蓝斌，60 多岁，退休教师，此外还调查了一些老农。结果表明，长安话实际上是西南官话的一种，它和毗邻的通道侗族自治县汉语方言一样，均属于西南官话的岑江片。

以上说的 6 种话可以用"短、斗~争、船"等字的读音，把它们区别开来：

	儒林	西岩	蒋坊	武冈	新化	长安
短	tuã³¹	tɔ³¹	tuɔ³¹	tə³¹	tõ³¹	tuan³¹
斗~争	tei⁴⁵	tə⁴⁵	tɕi⁴⁵	tai⁴⁵	tiau⁴⁵	təɯ⁴⁵
船	gẽ¹¹	guə¹¹	guɛ¹¹	dʐyẽ¹¹	guɛ¹¹	tɕ'yan¹³

此外，城步境内的巡头村以及南山牧场一带还有从沅陵过来的乡话，使用者约数千人。

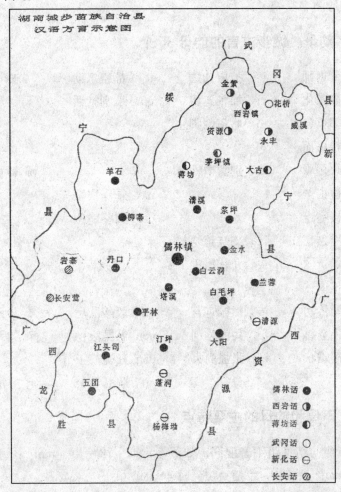

贰　城步（儒林）话声韵调及其特点

2.1　声母　城步方言的声母27个，包括零声母在内。

p 布补杯　p' 怕铺披　b 步盘败　m 门马眉　f 飞灰说　v 胡符换

t 到低丹　t' 太体天　d 道同弟　　　　　　l 兰难吕

ts 增阻再　ts' 倉楚猜　dz 从锄茶　　　　　s 生丝散

tɕ 精招经　tɕ' 秋昌丘　dʑ 齐除潮　ȵ 年女严　ɕ 修扇休　ʑ 玄绕软

k 贵专家　k' 开跪川　g 葵权船　ŋ 袄我晏　x 好活瞎　ɣ 红冯鞋

ø 而延闻缘阿

2.2　韵母　城步方言的韵母35个。

ɿ 资紫迟师	i 披眉知之	u 都租怒助	y 珠语如怹
a 巴摘茶化	ia 加雅遮姐	ua 瓜刮括话	
o 母郭莫各	io 略雀削脚		
ə 北特格而		uə 国勿物	
ɛ 决缺掘厥	iɛ 别雪节铁		yɛ 靴血说越
ai 怀摆街柴		uai 乖怪快歪	
ei 雷楼嘴走		uei 归葵跪位	
au 包浮敲豪	iau 交烧超晓		
	iəu 九秋舅手		
an 南感谈三			
ɛ̃ 犬圈传劝	iɛ̃ 建掀宣言	uɛ̃ 般酸乱玩	yɛ̃ 县元员阮
ən 跟孙登耕	in 兵因均训	uən 温昆滚稳	yn 匀尹晕绳
aŋ 帮浪霜状	iaŋ 张强尚央	uaŋ 狂况广王	
		uŋ 朋弘东公	yŋ 穷浓兄绒

2.3　声母和韵母的主要特点

①知章组与精见组细音混同。如：珍＝真＝津＝巾 [tɕin⁵⁵]，张＝章＝将＝姜 [tɕiaŋ⁵⁵]，朝今~＝招＝焦＝骄 [tɕiau⁵⁵]。

②泥来两母洪音混同，细音不混。如：南＝蓝 [lan¹¹]，脑＝老 [lau³¹]；但宁 [ȵin¹¹] ≠林 [lin¹¹]，娘 [ȵiaŋ¹¹] ≠良 [liaŋ¹¹]。

③臻摄合口三等知章见组字和梗摄合口三等见组字，今声母 [k kʻ g] 拼 [in] 韵。如：椿 [kʻin⁵⁵]、春 [kʻin⁵⁵]、均钧 [kin⁵⁵]、准 [kin³¹]、蠢 [kʻin³¹]、窘 [kin⁴⁵]、菌 [gin³³]、君军 [kin⁵⁵]、群裙 [gin¹¹]、郡 [gin³³]、倾顷 [kʻin³¹]、琼 [gin¹¹]。

④臻摄合口三等章组和晓组的部分字今声母为 [f] 或 [v] 时拼 [in] 韵。如：舜 [fin⁴⁵]、纯醇 [vin¹¹]、顺 [vin³³]、熏薰 [fin⁵⁵]、勋 [fin³¹]、训 [fin⁴⁵]。臻摄合口三等日母影组和梗摄合口三四等影组和晓组的部分字今声母为 [v] 时拼 [yn] 韵。如：润 [vyn⁴⁵]、闰 [vyn³³]、匀云 [vyn¹¹]、允尹 [vyn³¹]、韵熨 [vyn⁴⁵]、运 [vyn³³]、晕 [vyn⁵⁵]、荣营茔萤 [vyn¹¹]、永 [vyn³¹]、泳咏 [vyn⁴⁵]。

⑤山摄合口三四等知章见组字，今多数读 [kɛ̃ kʻɛ̃ gɛ̃]。如山摄合口三等仙韵：

知组 传~达 gɛ̃¹¹ 转~眼 kɛ̃³¹ 转~圆圈 kɛ̃⁴⁵ 传~记 gɛ̃³³ | 章组 专砖 kɛ̃⁵⁵ 川穿 kʻɛ̃⁵⁵ 船 gɛ̃¹¹ 串 kʻɛ̃⁴⁵ | 见组 捲 kɛ̃³¹ 眷卷绢 kɛ̃⁴⁵ 圈 kʻɛ̃⁵⁵ 拳权颧 gɛ̃¹¹ 倦 gɛ̃³³ ‖ 山摄合口三等元韵见组：劝 kʻɛ̃⁴⁵ 券 kɛ̃⁴⁵ 厥掘 kɛ̃³³ ‖ 山摄合口四等先韵见组：犬 kʻɛ̃³¹ 决诀 kɛ̃³³ 缺 kʻɛ̃³³。

⑥流摄开口一等读 [ei] 韵，与蟹摄合口一等、止摄合口三等相同。如：某＝每 [mei³¹]、鬥＝对 [tei⁴⁵]、偷＝推 [tʻei⁵⁵]、透＝退 [tʻei⁴⁵]、楼＝雷 [lei¹¹]、篓＝儡＝壨 [lei³¹]、漏＝内＝泪 [lei³³]、走＝嘴 [tsei³¹]、奏＝最＝醉 [tsei⁴⁵]。

2.4 声调 城步方言的声调有 5 个，轻声除外。

阴平 [55]	衣 i⁵⁵	夫 fu⁵⁵	虚 ɕy⁵⁵	巴 pa⁵⁵	堆 tei⁵⁵	焦 tɕiau⁵⁵
阳平 [11]	移 i¹¹	胡 vu¹¹	殊 ʑy¹¹	爬 ba¹¹	头 dei¹¹	潮 dʑiau¹¹
上声 [31]	椅 i³¹	虎 fu³¹	许 ɕy³¹	把 pa³¹	抖 tei³¹	绞 tɕiau³¹
阴去 [45]	意 i⁴⁵	富 fu⁴⁵	絮 ɕy⁴⁵	霸 pa⁴⁵	对 tei⁴⁵	照 tɕiau⁴⁵
阳去 [33]	逸 i³³	福 fu³³	树 ʑy³³	八 pa³³	豆 dei³³	轿 dʑiau³³

古四声和今声调的关系，大致如下：

①古平声清声母字今读阴平，如"波多歌天"等；浊声母字今读阳平，

如"罗人婆床"等。②古上声清声母和次浊声母字今仍读上声，如"板胆米礼"等；全浊声母字今读阳去，如"被弟是技"等。③古去声清声母字今一律读阴去，如"辈对配退"等；次浊声母字今读阴去或阳去，如"漫润"今读阴去，"慢运"今读阳去；全浊声母字今读阳去，如"备第事忌"等。④古入声字绝大部分今读阳去，如"笔滴立笛"等，少数字读阴去或阴平，如"木汁毒剧"今读阴去，"蛰掐摸拉"今读阴平等。

叁　城步（儒林）话同音字汇

本字汇先按韵母分类，再以声母、声调为序。文白异读的字，在右下角加注小字，"文"表示文读，"白"表示白读。写不出字的用方框"□"代替。

ɿ

p [31] 彼比秕　[45] 蔽敝弊币毙闭秘泌　[33] 臂笔毕必逼碧璧壁

ts [55] 资姿咨兹滋辎　[31] 紫纸只姊旨脂指子梓止趾址　[45] 制裁智翅致稚至痔置志誌痣

ts' [55] 雌疵痴　[31] 此侈耻齿　[45] 刺赐次

dz [11] 池驰瓷餈迟慈磁辞词祠嗣持时　[33] 滞是氏匙自示视字牸似祀巳寺治士仕柿事市侍

s [55] 斯厮撕施私师狮尸屍司丝思诗　[31] 豕死矢屎史使驶始　[45] 世势逝誓四肆嗜恃试式

i

p [31] 彼比秕　[45] 蔽敝弊币毙闭秘泌　[33] 臂笔毕必逼碧璧壁

p' [55] 批披　[31] 鄙否　[45] 屁　[33] 避譬庇匹弼僻辟劈文

b [11] 俾皮疲脾琵枇　[33] 蓖被婢备鼻箆

m [11] 迷谜糜弥靡眉楣媚　[31] 米　[33] 密蜜觅

t [55] 低的目~　[31] 底抵　[45] 帝　[33] 滴嫡笛敌狄籴

t' [55] 梯　[31] 体　[45] 替涕剃屉　[33] 踢剔

d [11] 堤题提蹄啼　[33] 第弟递地

l　[11] 犁黎离篱璃梨厘狸　　[31] 礼李里理鲤　　[45] 栗文，板~粒
　　[33] 励丽隶荔利痢吏立笠力历

tɕ　[55] 鸡知蜘支枝栀肌饥之芝基机饥屐木~隻文　　[31] 挤几茶~己纪
　　几~乎　　[45] 祭际济剂计继寄记既季汁　　[33] 稽忌缉集辑执急级
　　吸疾质吉即鲫织职戟积跻脊籍掷绩击激

tɕʻ　[55] 妻榛溪欺　　[31] 启起杞岂　　[45] 砌契器弃气汽　　[33] 及
　　七漆膝~下秩讫乞极赤斥尺文戚寂吃文

dʑ　[11] 齐脐奇骑岐祁鳍其棋期旗祈　　[33] 企衙立技妓姪直值殖植

ȵ　[11] 泥倪宜仪蚁谊尼疑凝　　[31] 你拟　　[45] 艺日白　　[33] 刘
　　义议毅匿逆溺

ɕ　[55] 西犀奚兮豉牺嬉熙希稀携畦饰　　[31] 玺徙喜洗　　[45] 细系
　　戏十拾什~物　　[33] 婿习湿悉膝~头骨，膝盖实失室恤息熄媳食蚀识
　　惜昔席夕适释石文锡析

ʑ　[33] 日文

ø　[55] 伊医衣依　　[11] 移夷姨饴沂　　[31] 倚椅矣已以　　[45] 缢
　　瞖易难~冀肄意异忆亿翼易交~　　[33] 揖一逸抑益亦译

u

p　[55] 晡夜~，晚上　　[31] 补　　[45] 布怖怖　　[33] 不

pʻ　[55] 铺~设　　[31] 谱普浦捕脯　　[45] 铺店~　　[33] 勃朴卜扑仆倒
　　僕

b　[11] 蒲菩　　[33] 部薄步埠

f　[55] 呼夫敷俘孵麸　　[31] 虎浒斧府腑甫辅腐釜蝠　　[45] 戽~水
　　付赋傅赴讣附富副负斛幅　　[33] 肤吠狒佛福梭腹覆服伏复~原

v　[11] 胡湖狐壶乎瓠符扶芙巫诬浮文　　[33] 户沪互护父获复~兴妇屋

t　[55] 都　　[31] 堵赌肚　　[45] 妒毒　　[33] 笃督

tʻ　[31] 吐土　　[45] 兔唾

d　[11] 徒屠图途涂　　[33] 度渡镀杜蠹独读牍犊

l　[11] 奴卢炉芦鸬庐驴　　[31] 努鲁橹虏滷　　[33] 怒路露鹿禄陆_文

绿录

ts　[55] 租　[31] 祖组阻　[45] 做　[33] 卒足

ts'　[55] 粗初　[31] 楚础　[45] 醋　[33] 族促束

dz　[11] 锄雏　[33] 助

s　[55] 苏稣疏梳蔬　[31] 数_{动词}　[45] 素诉塑数_{名词}漱~口　[33]

续宿星~率~领速肃宿缩粟俗赎

k　[55] 姑孤箍估　[31] 古牯股鼓　[45] 故固锢雇顾　[33] 骨_文

谷榖酷

k'　[55] 枯窟　[31] 苦　[45] 库裤　[33] 哭

Ø　[55] 乌污坞无　[11] 胡~子吴蜈吾梧　[31] 五伍午武舞侮鹉

[45] 恶可~误悟　[33] 戊

y

l　[31] 吕旅　[33] 虑滤律率_{效~}

tɕ　[55] 猪诸居车~马炮诛蛛朱珠硃拘驹俱　[31] 煮举主矩　[45] 著

据锯_文巨拒距驻註注蛀铸句剧戏~　[33] 橘镯竹筑祝粥菊掬烛触蜀

局

tɕ'　[55] 蛆趋枢区驱黢~黑　[31] 处相~取娶　[45] 处~所去_文

[33] 出屈倔畜~牲,~牧逐曲蓄

dʑ　[11] 徐除储渠厨瞿　[33] 芋~麻聚柱住具惧

ɲ　[11] 愚　[31] 女　[33] 遇

ɕ　[55] 书舒虚墟嘘须鬚需输虽绥　[31] 褚暑鼠黍许　[45] 序绪絮

庶恕署遂隧穗　[45] 叙戍戌术述秫熟叔淑嘱属

ʑ　[11] 薯殊　[33] 竖树肉_文

Ø　[55] 淤迂芋榆又音　[11] 鱼渔如於余儒虞娱于盂榆　[31] 汝语

与给~乳雨字羽禹　[45] 御禦誉预豫寓吁喻愈愉裕逾域玉狱_文

[33] 入疫役辱褥欲浴

a

p　[55] 巴芭疤爸　　[31] 把　　[45] 霸欄壩坝　　[33] 八

p'　[45] 怕帕　　[33] 拔

b　[45] 爬琶杷耙　　[33] 罢□蔫，花萎

m　[55] 妈　　[11] 麻蔴蟆虾~　　[31] 马码　　[33] 骂

f　[55] 花　　[45] 化　　[33] 法乏发伐筏罚

v　[11] 华铧划~船　　[33] 画划

t　[31] 打　　[33] 答搭达

t'　[55] 他　　[33] 踏搨榻塌塔沓獭

d　[33] 大

l　[55] 挪拉　　[11] 拿　　[31] 哪　　[45] 那辣　　[33] 纳腊蜡捺

ts　[55] 渣摘白抓　　[31] 紥　　[45] 诈乍炸榨啄白　　[33] 杂剳眨闸
　　札

ts'　[55] 叉杈差钗　　[45] 岔　　[33] 插擦察拆白

dz　[11] 茶搽查　　[45] 择白，~菜

s　[55] 沙纱杉萨　　[31] 傻耍　　[33] 杀刷

k　[55] 家白　　[45] 架白嫁白　　[33] 痂夹白甲白，鳞~：①鱼鳞②穿山甲挟
　　~菜

k'　[55] 揢一~菜

ŋ　[11] 牙白芽白伢丫白，脚~~　　[31] 哑白　　[45] 轧~棉花轭牛~
　　[33] 鸭白

x　[33] 虾白，~公，虾　　[45] 嚇白，收~，一种迷信活动　　[33] 蛤~蜊瞎白

ɣ　[33] 下白，底~

ø　[55] 阿

ia

p'　[33] 劈白，~柴

t　[55] 爹白，父亲

l　[45] 栗白，～子豆腐

tɕ　[55] 遮家文加嘉傢佳　[31] 假贾姓　[45] 借白姐白蔗白架文驾价稼隻白　[33] 隻白，又音甲文涩

tɕʻ　[55] 车白　[31] 扯白　[33] 恰洽尺白吃白

dʑ　[11] 邪白斜白茄　[45] □跨，～过门槛　[33] 谢白，姓

ȵ　[55] 黏～手

ɕ　[55] 赊白虾文　[45] 石白，青～板　[33] 夹文袷狭峡匣瞎文辖

ʑ　[11] 蛇白佘霞瑕遐暇　[33] 射白麝白，～子，麝香下文夏厦

ø　[55] 鸦丫文　[11] 牙文芽文衙涯　[31] 雅也白野白哑文　[45] 亚　[33] 夜白鸭文押压

ua

k　[55] 瓜　[31] 寡剐　[45] 挂卦　[33] 括刮

kʻ　[55] 夸跨又音　[31] 垮□～枝，桠杈　[45] 跨

ø　[55] 蛙洼挖　[31] 瓦　[45] 滑猾　[33] 话袜

o

p　[55] 波菠玻跛　[45] 簸　[33] 钵拨泼钹博薄缚剥驳

pʻ　[55] 破颇　[45] 破

b　[11] 婆　[33] 薄～荷

m　[55] 摸　[11] 魔磨摩馍模摹膜　[31] 母拇　[45] 幕木　[33] 磨石～暮慕墓募莫寞目穆牧

t　[55] 多　[31] 朵　[45] 剁　[33] 夺

tʻ　[55] 拖　[31] 妥椭　[33] 脱突託托铎秃

d　[11] 驼舵　[45] □掉落：饭～到地上　[33] 驮惰

l　[55] 啰　[11] 罗锣箩骡螺脶　[31] 裸暖卵　[45] 落～雨　[33] 糯赂诺落烙骆洛络乐

ts　[31] 左　　[45] 佐　　[33] 撮拙作桌卓琢啄_文捉

ts'　[55] 搓　[45] 措错　[33] 戳

dz　[45] 锉凿浊　[33] 坐座昨

s　[55] 蓑梭唆　[31] 锁琐　[33] 索朔

k　[55] 歌哥锅戈　[31] 果裹　[45] 個过　[33] 鸽割葛各阁搁郭
廓角

k'　[55] 科窠　[31] 棵颗　[45] 课　[33] 磕渴阔扩确壳

ŋ　[11] 蛾鹅俄讹　[31] 我　[33] 饿卧鄂

x　[55] 豁蠚蜂～人　[31] 火伙　[45] 货盒活　[33] 合喝鹤霍藿

ɣ　[11] 河何荷和～气　[33] 贺祸和～面

ø　[55] 阿～胶倭窝蜗　[11] 禾　[45] 握沃　[33] 恶善～

io

l　[33] 略掠

tɕ　[33] 爵嚼着～衣酌脚觉知～

tɕ'　[33] 雀鹊绰却

n̠　[33] 弱虐瘧

ɕ　[45] 勺～子　[33] 削芍学粟～米饭

ø　[45] 药　[33] 若约钥～匙岳嶽乐音～

ə

p　[33] 北百柏伯陌

p'　[33] 泊迫拍

b　[33] 魄白帛

m　[45] 墨麦脉　[33] 抹～布末沫没墨又音默

f　[33] 或惑忽

t　[33] 得德

t'　[33] 特

l　　[33] 捋~袖肋勒

ts　　[33] 则窄摘文责

ts'　[33] 铡~刀侧测拆泽择宅策册

dz　[45] 贼

s　　[33] 瑟虱塞色啬

k　　[33] 格隔革

k'　[33] 刻克客

ŋ　　[33] 额扼

x　　[33] 核黑赫嚇文

Ø　　[11] 儿而　　[31] 尔耳　　[45] 饵　　[33] 二贰

uə

k　　[33] 国虢

Ø　　[33] 物勿

ɜ

k　　[33] 决厥掘诀

k'　[33] 缺

ɜi

p　　[33] 鳖憋

p'　[33] 撇

b　　[33] 别区~

m　　[45] 篾　　[35] 灭

t　　[55] 爹文，父亲　　[33] 跌

t'　[33] 帖贴铁

d　　[33] 叠碟牒蝶谍

l　　[33] 猎列烈裂劣

tɕ [31] 姐文者　　[45] 借文蔗文　　[33] 接摺劫给哲浙折揭节结洁

tɕʻ [55] 车文　　[31] 且扯文　　[45] 藉~故　　[33] 妾捷怯彻撤辙杰切
截

dʑ [11] 邪文斜文　　[33] 绝

n̠ [45] 聂蹑　　[33] 业孽捏

ɕ [55] 奢赊文　　[31] 写些　　[45] 泻卸谢文舌　　[33] 摄涉胁协袭
泣薛泄设拽歇蛾雪穴

ʑ [11] 蛇文　　[31] 惹　　[33] 射文麝白，~香社热

Ø [55] 爷~~，对父辈中比父亲年轻者的称呼　　[11] 爷~~，祖父（近年来兴起的
称呼）　　[31] 耶也文野文　　[45] 叶页　　[33] 噎乙液文腋

yɛ

f [55] 靴又音　　[33] 说又音血

ɕ [55] 靴　　[33] 说

Ø [33] 悦阅月越曰粤

ai

p [31] 摆　　[45] 拜

pʻ [45] 派

b [11] 排牌　　[33] 稗败

m [11] 埋　　[31] 买　　[33] 卖

v [11] 怀槐淮　　[33] 坏

t [45] 戴带

tʻ [55] 胎　　[45] 态太泰

d [11] 台抬　　[33] 贷待怠殆代袋

l [11] 来　　[31] 乃奶　　[45] 癞　　[33] 耐奈赖

ts [55] 灾栽斋　　[31] 宰　　[45] 载再债

tsʻ [55] 猜差出~　　[31] 彩採睬　　[45] 蔡菜

dz　［11］才材财裁豺柴　　［33］在寨

s　［55］腮鳃筛衰　　［31］洒摔　　［45］赛晒帅

k　［55］该皆阶秸街　　［31］改楷解　　［45］盖丐介界芥疥届戒械尬

k'　［55］开揩　　［31］凯　　［45］概溉慨

ŋ　［55］哀　　［11］呆磑磨_磨埃挨崖捱～打岩颜　　［31］矮　　［45］爱
　　［33］碍艾隘

x　［31］海蟹

ɣ　［11］孩谐鞋还～有　　［33］亥害懈

uai

k　［55］乖　　［31］拐　　［45］怪

k'　［31］块蒯傀　　［45］快筷会～计刽

b　［55］歪　　［33］外

ei

p　［55］悲卑杯碑　　［33］背辈贝

p'　［55］坯　　［31］胚剖　　［45］配佩沛

b　［11］培陪赔裴　　［33］倍焙～干陛

m　［11］梅枚媒煤谋　　［31］美每某亩牡　　［45］寐妹昧　　［33］茂贸

f　［55］非飞妃翡挥辉徽灰恢　　［31］匪麾毁贿否　　［33］费痱～子废
　　肺悔晦阜

v　［11］肥回苗　　［33］汇惠慧会

t　［55］堆兜　　［31］斗抖陡　　［45］对碓斗～争

t'　［55］推偷　　［31］腿敨～气褪～色　　［45］退蜕透

d　［11］头投　　［33］坠队兑豆逗

l　［11］雷楼楼　　［31］垒累积～，连～儡屡缕累文，极困搂篓　　［33］泪
　　类内累白，极困漏陋

ts　［55］追锥邹　　［31］嘴走　　［45］醉赘最皱绉奏

ts' ［55］吹炊崔催搋～起来 ［31］揣 ［45］翠粹脆碎趣骤凑猝

dz ［11］锤文槌文谁随垂愁 ［33］罪

s ［55］搜飕馊蒐 ［31］水叟 ［45］睡瑞岁税锐瘦嗽

k ［55］阄勾钩 ［31］狗苟 ［45］沟够构购

k' ［55］抠 ［31］口 ［45］扣叩寇

ŋ ［55］欧殴 ［31］藕偶呕 ［45］沤怄～气

x ［31］吼

ɣ ［11］侯喉猴 ［33］後厚后候

uei

k ［55］圭闺奎规龟归 ［31］诡轨鬼 ［45］桂鳜癸贵 ［33］骨白，
桃子～

k' ［55］盔魁亏窥 ［31］跪 ［45］桧绘溃～脓愧

g ［11］逵葵 ［33］柜

ø ［55］煨威 ［11］桅危为～什么维惟唯微围违 ［31］委萎尾伟苇
纬 ［45］卫秽伪魏讳畏慰胃谓猬 ［33］位未味

au

p ［55］包胞鲍褒 ［31］保堡宝饱 ［45］报豹爆

p' ［55］泡抛 ［31］跑 ［45］炮泡～在水里雹瀑～布

b ［11］袍浮白 ［33］抱暴刨刨鲍曝

m ［11］毛茅矛锚 ［31］卯 ［45］冒貌 ［33］帽

t ［55］刀 ［31］祷岛倒打～ ［45］到倒～水

t' ［55］叨唠～滔 ［31］讨 ［45］套导

d ［11］掏桃逃淘陶萄涛绉缚 ［33］道稻盗

l ［55］唠～叨 ［11］劳牢挠 ［31］脑恼老 ［45］捞涝闹

ts ［55］遭糟 ［31］早枣蚤澡爪～牙找 ［45］灶罩

ts' ［55］操抄钞 ［31］草炒吵 ［45］躁糙造

dz [11] 曹槽巢 [33] 皂

s [55] 骚臊梢捎 [31] 扫~地嫂稍 [45] 扫~帚溯猪食

k [55] 高膏篙羔糕犒胶白 [31] 稿搞 [45] 告教~书窖

k' [55] 敲 [31] 考烤 [45] 靠

ŋ [11] 熬 [31] 咬 [45] 傲袄奥懊坳

x [55] 蒿薅除田草 [31] 好~坏 [45] 好喜~耗

ɣ [11] 豪壕毫号呼~ [33] 浩号~数

iau

p [55] 膘标彪 [31] 表

p' [55] 飘 [31] 漂 [45] 票漂~亮

b [11] 瓢嫖

m [11] 苗描猫 [31] 藐渺秒 [45] 妙谬 [33] 庙

t [55] 刁貂雕 [31] 鸟白 [45] 钓吊掉

t' [55] 挑 [45] 跳粜

d [11] 条调~和 [33] 调~动

l [11] 燎疗辽撩瞭聊寥 [31] 了~结 [45] 廖 [33] 料□扔

tɕ [55] 焦蕉椒朝今~交郊胶文骄娇昭招沼~气浇 [31] 剿绞狡矫缴

　　[45] 醮照教文校又音叫觉睡~

tɕ' [55] 锹缲~边悄超 [31] 巧 [45] 俏窍

dʑ [11] 樵瞧朝~代潮乔侨桥荞 [33] 赵兆召轿

ȵ [11] 尧 [31] 鸟文 [33] 尿

ɕ [55] 消宵霄硝销鞘烧桴嚣萧箫侥~幸 [31] 小少多~晓 [45] 笑

　　诏~书少~年绍邵孝酵

ʑ [11] 韶绕围~肴洧 [31] 扰 [33] 效校~对,学~,上~

Ø [55] 妖邀要~求腰鹞么~二三吆 [11] 饶摇谣窑姚鹞~鹰 [31]

　　舀~水 [45] 耀要重~跃

iəu

t　［55］丢

l　［55］溜馏　　［11］流留刘硫琉　　［31］榴石~柳　　［45］六陆白

tɕ　［55］周舟州洲鬵鸠纠　　［31］酒肘帚九久韭炙　　［45］昼咒救究枢

　　咎

tɕ'　［55］秋~天，~千抽丘　　［31］丑醜　　［45］纠臭　　［33］轴

dʑ　［11］囚泅绸稠筹仇~恨仇姓酬求球　　［33］就宙售舅旧

n̠　［45］肉白

ɕ　［55］修休收羞　　［31］手守首朽　　［45］秀绣锈袖兽赎~回来

ʑ　［33］受授寿

ø　［55］忧优悠幽　　［11］柔揉尤邮由油游猷　　［31］有友酉　　［45］

　　莠柚釉祐幼郁育　　［33］又右狱白

an

p　［55］班斑颁扳□擘，~包谷　　　　［31］板版　　［45］扮绊

p'　［55］攀　　［45］盼襻

b　［45］瓣　　［33］办

m　［11］蛮　　［45］漫幔蔓　　［33］慢馒

f　［55］翻番　　［31］反　　［45］泛唤焕贩

v　［11］凡帆桓藩烦攀繁环还~原　　　　［33］范範犯饭换幻患宦

t　［55］耽担~任丹单　　［31］胆　　［45］担挑~诞旦

t'　［55］贪滩摊　　［31］毯坍坦　　［45］探炭叹

d　［11］潭谭谈痰檀坛弹~琴，子~　　　　［33］淡蛋但

l　［11］南男蓝篮难~易兰拦栏　　［31］览揽榄缆懒　　［33］滥难患~烂

ts　［55］簪　　［31］斩盏攒积~　　［45］站赞濽绽　　［33］栈

ts'　［55］参惨攙餐　　［31］铲产　　［45］灿

dz　［11］蚕惭谗馋残　　［33］暂錾~花

s　［55］三衫珊山删　　［31］散伞　　［45］散分~疝

k　［55］甘柑泔尴艰间中~　干肝乾~湿奸　　［31］感敢橄减竿杆秆擀赶
简柬　　［45］鉴监~牢舰干~部拣间~断谏涧锏

k'　［55］堪龛嵌刊　　［31］坎砍　　［45］看~见，~守

ŋ　［55］庵安鞍　　［31］埯坑眼白　　［45］暗岸案按腌~酸菜雁晏

x　［55］酣蚶憨鼾　　［31］喊罕　　［45］汉

ɣ　［11］含函咸鹹衔寒韩闲　　［33］撼憾陷旱汗焊翰限苋

ĩ

k　［55］专砖捐　　［31］转~眼捲　　［45］转~螺丝眷卷绢券

k'　［55］川穿圈　　［31］犬　　［45］串劝

g　［11］传~达船拳权颧　　［33］传~记倦

iɛ̃

p　［55］鞭边辫　　［31］贬蝙扁匾　　［45］变

p'　［55］编篇偏　　［45］骗遍片

b　［11］汴　　［33］便~宜，方~辨辩

m　［11］绵棉眠　　［31］免勉娩　　［33］面缅麵

t　［55］掂颠　　［31］点典　　［45］店

t'　［55］添天　　［31］舔腆

d　［11］甜田填　　［33］电殿奠佃垫

l　［11］廉镰帘连联怜莲　　［31］脸　　［33］敛殓验练炼楝恋

tɕ　［55］尖沾粘瞻兼煎毡肩坚　　［31］检剪践展茧笕　　［45］占~卜，~
领剑箭饯战颤建荐见

tɕ'　［55］笺签歼谦千迁牵铅~印　　［31］浅遣　　［45］欠歉

dʑ　［11］潜钳钱缠乾~坤虔前旋泉全　　［33］渐俭件贱键健

ȵ　［11］阎严年　　［31］染俨碾辇撵研　　［33］念谚砚

ɕ　［55］仙掀先宣暄　　［31］陕闪险鲜癣显选　　［45］线羡扇宪献

ʐ　[11] 嫌蝉禅贤蟾~酥　　[33] 善膳单姓现

Ø　[55] 阉焉烟燕~京　　[11] 炎檐盐涎然燃延筵言　　[31] 眼文演

　　[45] 燕~子咽厌

yɛ̃

f　[55] 轩　　[45] 楦鞋~眩

ʐ　[11] 椽~皮玄悬弦　　[31] 阮软　　[33] 县

Ø　[55] 宛渊院　　[11] 丸肉~圆员缘沿铅元原源袁园辕援　　[31] 远

　　[45] 怨　　[33] 愿

uã

p　[55] 般搬　　[45] 半

p'　[55] 潘　　[45] 判叛

b　[11] 盘　　[33] 伴拌

m　[11] 瞒　　[31] 满

f　[55] 欢　　[31] 缓

t　[55] 端　　[31] 短　　[45] 断果~锻

d　[11] 团　　[33] 断~绝段缎

l　[11] 鸾　　[33] 乱

ts　[55] 钻动词　　[31] 纂撰篆　　[45] 钻名词

ts'　[31] 喘　　[45] 窜篡

dz　[33] 赚

s　[55] 酸闩栓　　[45] 算蒜

k　[55] 官棺观冠衣~鳏关　　[31] 管馆　　[45] 贯灌罐观寺~冠~军惯

k'　[55] 宽　　[31] 款

Ø　[55] 豌弯湾剜　　[11] 完顽　　[31] 皖碗腕晚挽宛　　[45] 玩古~

　　[33] 万

ən

p [55] 奔崩　[31] 本笨

pʻ [55] 烹　[45] 喷~香

b [11] 盆彭膨

m [55] 蚊白　[11] 门　[45] 闷

f [55] 昏婚浑分芬纷荤　[31] 粉　[45] 喷~水粪奋愤

v [11] 魂焚坟貘牡豕横~直，蛮~　[33] 混馄~饨忿份

t [55] 敦墩登灯　[31] 等　[45] 顿盾凳瞪

tʻ [55] 吞

d [11] 豚臀腾誉藤疼　[33] 馄馄~囤沌钝遁邓□两头要~起

l [11] 仑伦沦轮能　[31] 冷　[33] 嫩论楞

ts [55] 榛臻尊蹲遵曾增憎争筝睁　[45] 俊浚

tsʻ [55] 村撑　[31] □按忖　[45] 衬寸㧐

dz [11] 存旬荀循巡殉曾~经层　[33] 赠

s [55] 森参人~孙僧生牲笙甥　[31] 损笋省榫~头　[45] 渗~透逊

k [55] 跟根更五~庚羹耕　[31] 哽埂梗耿　[45] 更~换粳□蘸

kʻ [55] 坑　[31] 恳垦肯

ŋ [55] 恩　[45] 硬

x [55] 亨　[31] 很

ɣ [11] 痕恒衡　[33] 恨杏幸

in

p [55] 彬宾槟冰兵　[55] 禀丙秉柄饼　[45] 殡鬓併并

pʻ [31] 品　[45] 进娉拼聘

b [11] 贫频凭平坪评瓶屏萍　[33] 病

m [11] 民闽明萌鸣盟名铭　[31] 悯敏皿　[33] 命

f [55] 熏薰　[31] 勋　[45] 舜训

v [11] 纯醇　[33] 顺

t [55] 丁钉疔汀　[31] 顶鼎　[45] 钉动词订

t' [55] 厅　[31] 艇挺　[45] 听

d [11] 亭停廷庭蜓　[33] 定锭

l [11] 林淋临邻鳞燐陵凌菱灵零铃翎　[31] 领岭伶　[45] 吝
[33] 檩令另

tɕ [55] 针斟今金正~月襟津珍真诊经疹巾斤筋征蒸京惊鲸荆精睛晶贞
侦　[31] 枕锦紧谨惩境景警井整　[45] 浸禁进晋镇振震劲证症
茎擎敬竟镜竞正政颈文径

tɕ' [55] 侵钦亲称~呼卿轻青蜻清　[31] 寝请逞　[45] 亲~家趁慎伩
秤庆磬

dʑ [11] 寻沉琴禽擒秦陈尘臣勤芹澄橙拯丞承乘成城诚塍情晴呈程
[33] 尽侭近澄水浑, ~~一~阵静靖净郑

ȵ [11] 银仍扔宁　[45] 赁佞

ɕ [55] 心深新辛薪身申伸欣升兴~旺声星腥馨　[31] 沈审婶醒
[45] 信讯肾衅胜兴高~性姓圣

ʑ [11] 神辰娠晨行~为, 品~形刑型　[33] 甚认韧剩盛~满, 兴~

k [55] 均钧君军　[31] 准　[45] 窘

k' [55] 春椿~树　[31] 蠢顷倾

g [11] 群裙琼　[33] 菌郡

ø [55] 音阴荫因姻殷鹰莺鹦樱婴缨英　[11] 壬吟人淫仁寅迎盈赢
[31] 饮~酒, ~马忍引隐影颖　[45] 印应映　[33] 任纴刃孕

uən

k [31] 滚　[45] 棍

k' [55] 昆崑坤　[31] 捆　[45] 困

ø [55] 温瘟　[11] 文纹蚊文闻　[31] 稳吻刎　[45] 问

yn

v   [55] 晕   [11] 云匀荣营萤茎   [31] 允尹永   [45] 韵熨泳咏润

    [33] 运闰

ʐ   [11] 绳蝇

aŋ

p   [55] 帮邦浜   [31] 榜绑   [45] 谤

p'   [45] 胖

b   [11] 旁螃滂庞   [45] 棒   [33] 傍蚌

m   [11] 忙芒茫亡盲虻   [31] 莽蟒

f   [55] 方芳荒慌   [31] 傲访彷纺仿谎晃   [45] 放

v   [11] 房防肪妨黄簧皇蝗

t   [55] 当~时   [31] 党挡   [45] 当~作

t'   [55] 汤   [31] 倘躺趟   [45] 烫

d   [11] 堂棠螳唐糖塘   [33] 荡

l   [11] 囊郎廊狼   [31] 朗   [33] 浪

ts   [55] 脏庄装桩   [45] 壮

ts'   [55] 仓苍疮窗文   [31] 闯   [45] 创

dz   [11] 藏隐~床   [33] 藏西~脏内~状撞

s   [55] 桑霜孀双   [31] 嗓爽   [45] 丧婚~,~失

k   [55] 冈岗刚纲钢缸江白豇   [31] 讲白港   [45] 降白~班

k'   [55] 康糠   [31] 慷   [45] 抗炕

g   [11] 扛

ŋ   [11] 昂

x   [55] 夯

ɣ   [11] 行银~航杭降文,投~   [33] 项巷

iaŋ

l　[11] 良凉量~长短粮梁粱　[31] 两　[45] 辆　[33] 亮谅量数~

tɕ　[55] 将~来浆桨张章樟疆僵缰姜江文　[31] 蒋奖长生~涨掌讲文颈
白，~骨　[45] 酱将大~帐账胀仗打~障瘴降文，下~

tɕʻ　[55] 枪昌菖倡匡眶窗白，~封子，窗户　[31] 抢厂强勉~□偏~，偏厦
[45] 畅唱

dʑ　[11] 墙详祥长~短肠场强　[33] 匠像丈杖仗~势

n̠　[11] 娘　[31] 仰

ɕ　[55] 相互~箱厢湘襄镶商伤香　[31] 想赏晌饷偿享晌　[45] 相~
貌象橡向

ʑ　[11] 常尝裳降白，~伏　[33] 尚上

ø　[55] 央秧殃阳姓　[11] 瓢羊洋杨阳太~扬疡　[31] 养痒　[33]
壤攘嚷让样

uaŋ

k　[55] 光　[31] 广

kʻ　[55] 筐　[45] 旷况矿

g　[11] 狂逛

ø　[55] 汪　[11] 王忘　[31] 枉往网　[45] 妄旺望

uŋ

pʻ　[55] 蜂白　[31] 捧

b　[11] 蓬篷朋棚

m　[11] 蒙　[31] 懵猛　[45] 孟　[33] 梦

t　[55] 东冬　[31] 懂董　[45] 冻栋

tʻ　[55] 通　[31] 桶捅统　[45] 痛

d　[11] 同铜桐筒童瞳　[31] 动洞

l [55] 聋 [11] 笼农脓隆龙 [31] 拢陇垅 [45] 弄

ts [55] 棕鬃宗综中忠终钟盅 [31] 总冢种肿 [45] 粽中射~众纵
种~树

ts' [55] 聪葱囱囱充从~容冲 [31] 宠 [45] 铳

dz [11] 丛虫崇从跟~重~复 [33] 仲诵讼颂重轻~

s [55] 松嵩 [31] 耸 [45] 送宋

k [55] 公蚣工功攻弓躬宫恭 [31] 汞拱巩 [45] 贡供

k' [55] 空 [31] 孔恐 [33] 控空~缺

g [33] 共

x [55] 烘轰风枫疯丰封峯锋蜂文 [31] 哄~骗阒 [33] 讽俸

ɣ [11] 红洪鸿虹弘宏冯逢缝 [33] 凤奉缝—条~

ø [55] 瓮 [11] 翁

yŋ

dʑ [11] 穷

n̠ [55] □猫~,公猫 [11] 浓牛 [31] 纽扭

ɕ [55] 兄胸凶 [45] 嗅用鼻子闻

ʑ [11] 熊雄

ø [55] 冗雍痈 [11] 戎绒融茸容蓉熔庸 [31] 拥甬勇涌 [33]
用

(原载《方言》1993年第1期)

湘语声调演变的一种特殊格局①

壹

笔者在调查湖南汉语方言的过程中，陆续积累了一些不太常见的、调类分合具有特点的材料，其中有的方言形成了调类配置十分独特的格局。

1983年4月，我和沈若云、伍云姬带领中文系20多名学生到邵阳调查方言，发现邵阳方言古去声清声母字分化的特点是全清去声今读阴去，次清去声今并入阳去，对应十分整齐。

1985年4月，我和沈若云去涟源蓝田和安化梅城调查。涟源方言去声一分为三，古全清去、次清去和浊去分别构成今调类阴去、次阴去和阳去（这在1960年的《湖南省汉语方言普查总结报告》中有过记载）。在安化梅城也发现同样的情况。

2000年7月，我对函授学员湘乡月山镇人陈田华进行调查，发现该方言声调平声和去声都三分，外加一个上声，为阴平［55］、阳平［24］、次阳平［334］、上声［31］、阴去［45］、次阴去［35］、阳去［22］。入声已经分化，基本是全清入、浊入归次阳平，次清入归阳平。

2002年12月带学生去岳阳荣家湾调查（此前已有三次对不同的发音人作过简略调查），确定该地方言去声也属三分，即全清去、次清去、阳去各为一类。

2003年4月调查双峰梓门桥镇方言，继月山镇方言之后，再次发现平声、去声都三分，外加上声的格局，调类为阴平［55］、阳平［13］、次阳平［23］、上声［21］、阴去［35］、次阴去［24］、阳去［33］。入声分派情况是：全清入归次阳平，次清入归阳平，次浊入归阴去，全浊入分归次阳平、阴去和次阴去。

---

① 本文曾以提纲形式在全国汉语方言学会第十二届年会（2003.7.贵阳）上宣读。成文时作了修改和补充。

2003 年 12 月调查双峰井字镇（原属荷叶区）方言，又一次发现平声、去声都三分，外加一个上声的类型。

类似月山、梓门桥和井字镇的调类格局还在湘乡其他地点有所发现。这里需要特别介绍一下杨翊强先生（1989）对湘乡方言的研究。关于湘乡方言的声调，他记为七个调类（括号内为笔者加注）：阴平［55］（包括全清、次清）、阳平［122］（原文指"次浊声母归阳平"）、次阳平［214］（原文指"全浊声母归次阳平"）、上声［21］（清上、次浊上仍归上声，全浊上归阳去）、阴去［25］（全清去声）、次阴去［215］（次清去声）、阳去［11］（全浊去声和次浊去声）。

双峰县是 1952 年从湘乡县划出来新设置的行政区。湘乡、双峰一带的方言被作为湘语中偏保守地区（或称老湘语区，或称娄邵片湘语）的典型代表，历来受到关注。

表1　永丰镇、杏子区、梓门桥镇、井字镇声调比较表

古调类	古清浊	永丰镇	杏子区	梓门桥镇	井字镇
平声	全清	阴平［55］	阴平［55］	阴平［55］	阴平［55］
	次清				
	全浊	阳平［13］	阳平［23］	阳平［13］	阳平［12］
	次浊			次阳平［23］	次阳平［22］
上声	全清	上声［31］	上声［21］	上声［21］	上声［31］
	次清				
	次浊				
	全浊	阳去［33］	阳去［33］	阳去［33］	阳去［23］
去声	全清	阴去［35］	阴去［35］	阴去［35］	阳去［23］
	次清			次阴去［24］	次阴去［25］
	全浊	阳去［33］	阳去［33］	阳去［33］	阳去［23］
	次浊				
入声	全清	阳平［13］	阳平［23］	次阳平［23］	次阳平［22］
	次清			阳平［13］	阳平［12］
	次浊	阳平/阴去	阳平/阴去	阴去［35］	阴去［35］
	全浊			次阳平、阴去、次阴去	次阳平、阴去、次阴去

　　表 1 仅就双峰境内的几个方言点的声调作一比较。表 1 有四个点：王福堂先生所记永丰镇方言，向熹先生所记杏子区（也曾说过是丰瑞乡）方言，笔者所记梓门桥镇方言和井字镇方言。

　　从比较中可以看出以下三项区别：

　　（一）平声在永丰镇和杏子区两地是二分，即清平为一类，浊平（不分全浊、次浊）为一类；在梓门桥镇、井字镇两地是三分，即清平为一类，浊平又因全浊、次浊不同分为两类。

　　（二）去声在永丰镇和杏子区两地是二分，即清去为一类，浊去为一类；在梓门桥镇和井字镇两地是三分，即清去因全清、次清不同分为两类，浊去又是一类。

　　（三）入声在这四地都已失去独立调类，但在分派上显出一定差异。杏子区和永丰镇两地古清入归阳平，古浊入分归阳平和阴去；梓门桥和井字镇两地古清入因全清、次清不同分归次阳平和阳平，古次浊入归阴去，古全浊入分归次阳平、阴去和次阴去。

贰

　　这种"平声三分＋上声＋去声三分"的格局，在湖南方言研究历史上两次大规模的调查总结报告中都未曾有过记述。一次是 1935 年秋季史语所的调查，材料由杨时逢发表（1957，1974）。杨时逢（1957）把湖南方言声调的调类分为四类：

　　1. 四声调类。即无入声（入声大都归阳平），又不分阴阳去，为阴平、阳平、上声、去声。计有 27 县（当时湖南全省为 75 县）。

　　2. 五声调类。即有入声而不分阴阳去，为阴平、阳平、上声、去声、入声。计有 18 县。

　　3. 五声调类。即无入声而分阴阳去，为阴平、阳平、上声、阴去、阳去。计有 14 县。

　　4. 六声调类。即有入声又分阴阳去，为阴平、阳平、上声、阴去、阳去、入声。计有 16 县。

　　另一次是 1960 年湖南师范学院中文系汉语方言普查组编写的《湖南省汉语方言普查总结报告》，对湖南当时 81 县市方言的声调调类分布也分四个大

类，但与杨氏有所不同：

1. 四声调类。无入声，不分阴阳去，入声绝大多数方言归入阳平。这对应杨氏第一类。

2. 五声调类。分为两种：A型，阴平、阳平、上声、阴去、阳去；B型，阴平、阳平、上声、去声、入声。这一大类中，大部分属A型，小部分属B型。这一类与杨氏二、三类对应。

3. 六声调类。又分四种：

A型　既有入声，又分阴阳去（阴平、阳平、上声、阴去、阳去、入声），这是六声调类中分布最广的一种，与杨氏的第四类对应。

B型　入声分阴阳，去声不分（阴平、阳平、上声、去声、阴入、阳入），仅祁阳、酃县（今炎陵——笔者注）两处。

C型　无入声，上声和去声都分阴阳（阴平、阳平、阴上、阳上、阴去、阳去），仅嘉禾一处。

D型　无入声，阴去分全阴去、次阴去（阴平、阳平、上声、全阴去、次阴去、阳去），仅涟源一处。

以上B、C、D三种类型，杨氏分类中无对应。

4. 七声调类。《报告》说，全省只有两处：

①祁东：阴平、阳平、上声、阴去、阳去、阴入、阳入。

②平江：阴平、阳平、阴上、阳上、阴去、阳去、入声。

这两次大规模调查中，除后一次发现涟源去声三分外，均未发现湘乡、双峰一带的平声、去声都三分的格局。主要原因或如杨时逢（1957）所言："我们所调查的区域，大半是偏城区为多，并没有能够到各乡镇作详细的调查，有些乡间的方言字调，也很可能跟所调查的城区方言的声调，有些差别，对调类分区上，也或稍有影响，那是很难免的事。"

叁

比较一下其他方言，最能引起注意的是赣语。下面根据刘纶鑫（1999）选出有平声或去声三分的方言来进行比较，可分成以下几类：

①平声三分而去声未三分的有都昌、南昌塔城乡、新建、新余、南丰等

地，其中新余是因清平两分导致平声三分的，不同于其他各点。都昌、南昌塔城乡、南丰三处来源于全清、次清的平声统为阴平，来源于次浊平的称为阳平 1，来源于全浊平的称为阳平 2。其调值形式为：

都昌	阴平 [33]	阳平 1 [334]	阳平 2 [214]
南昌塔城乡	阴平 [44]	阳平 1 [35]	阳平 2 [24]
南丰	阴平 [23]	阳平 1 [45]	阳平 2 [34]

至于新建，阳平虽分两类，但条件有所不同，次浊和全浊擦音为一类，全浊塞音和塞擦音为一类，与以上三处有所区别。

②去声三分而平声未三分的有湖口、星子、丰城等地，都是去声一分为三，即全清去、次清去、浊去各自成为一类。其调值形式为：

湖口	阴去 1 [35]	阴去 2 [213]	阳去 [13]
星子	阴去 1 [55]	阴去 2 [214]	阳去 [11]
丰城	阴去 1 [44]	阴去 2 [35]	阳去 [13]

③平声三分同时去声也三分的有永修、德安、修水等地，其去声三分也是分全阴去、次阴去和阳去，而平声的三分与湘语的不同，是全清平、次清平和浊平各为一类。其调值形式为：

永修	阴平 1 [35]	阳平 [33]	阴去 1 [55]	阳去 [212]
	阴平 2 [24]		阴去 2 [445]	
德安	阴平 1 [44]	阳平 [42]	阴去 1 [35]	阳去 [12]
	阴平 2 [33]		阴去 2 [24]	
修水	阴平 1 [34]	阳平 [13]	阴去 1 [55]	阳去 [22]
	阴平 2 [23]		阴去 2 [45]	

以上三类除湖口无入声外，其余都有入声调类，入声或不分，或两分、三分，甚或四分。

这样看来，湘语中湘乡、双峰一带"平声三分＋上声＋去声三分"的特殊格局在赣语中并无同类，这样说，并不排除湘语和赣语在声调演变的历史发展过程中可能存在某种关系。还须特别提到吴语的一些情况。赵元任（1928）记录吴江的黎里、盛泽两地去声三分：

黎里	全阴去 [513]	次阴去 [213]	阳去 [113]
盛泽	全阴去 [412]	次阴去 [213]	阳去 [113]

叶祥苓（1983）对吴江方言声调作过再调查。本页表 2 是叶氏的吴江七镇声调比较表，请比较。

蒋冰冰（2003）记宁国市南极乡方言，古平声今三分：阴平 [55]、阳平 [13]、次浊平 [33]，这不同于吴江方言。吴语中平声因全浊次浊有别而导致三分的目前暂只见此一处。而去声因全清次清有别导致三分的现象倒不少见。虽然吴语声调中出现各种三分的情形，但也没有发现湘语中湘乡、双峰那种特殊的格局。至于闽北方言里古浊声母平声字今分读两个调类，并不是以次浊、全浊为分化条件的，就不在这里比较了。

表 2　吴江七镇声调比较表

古调类	古清浊	行	例字	今调类	松陵	同里	平望	黎里	芦墟	盛泽	震泽
平	全清	1	刚知丁边三安	全阴平	55	55	55	55	55	55	55
	次清	2	开超初粗天偏	次阴平	33	33	33		33		33
	浊	3	陈穷唐寒人云	阳　平	13	13	24	24	13	24	13
上	全清	4	古走短比死好	全阴上	51	51	51	51	51	51	51
	次清	5	口丑楚草体普	次阴上	42	42	34	34	并入次阴去	34	
	浊	6	近是淡厚老染	阳　上	31	31	23	21	并入阳去	23	31
去	全清	7	盖醉对爱汉送	全阴去	412	412	513	412	412	513	412
	次清	8	寇臭菜怕退气	次阴去	312	312	313	313	312	313	312
	浊	9	共大备树饭帽	阳　去	212	212	213	213	212	212	212
入	全清	10	各竹百说发削	全阴入	5	5	5	5	5	5	5
	次清	11	匹尺切铁拍曲	次阴入	3	3	3	3	3		3
	浊	12	局读白服岳六	阳　入	2	2	2	2	2	2	2
今音声调总数					12	12	12	11	10	10	11

肆

湘乡、双峰一带"平声三分＋上声＋去声三分"这种声调格局的方言究竟如何分布的，有多大范围，目前还正在逐步调查之中。但有几点可以肯定：

（一）湘乡、双峰一带声调演变的类型具有多样性，而并不是铁板一块的。如平声、去声既有三分的，也有两分的。在我们调查的双峰的四个方言

点中，梓门桥镇、井字镇两个点是平声、去声都三分而构成七个调类，花门、洪山殿两个点没有平、去声的三分，只有五个调类。

（二）湘乡、双峰一带这种特殊类型不是孤立的现象。其一，在湘乡、双峰一带这种特殊类型一而再、再而三地被发现出来，单就去声以全清、次清而分化的现象而言，已涉及邵阳、涟源、安化、岳阳等地。其二，在赣语、吴语中存在的平声或去声三分的情况与湘语中湘乡、双峰一带的这种现象遥相呼应。

无论是湘语还是赣语、吴语，只要出现平声三分（一个阴平、两个阳平）或去声三分（两个阴去、一个阳去），其中次阴平、阳平（或曰阳平1、阳平2）在调型上调值上常呈现共同的特点，全阴去、次阴去（或曰阴去1、阴去2）也是如此。这就是：次阳平（阳平1）的调值比阳平（阳平2）的略高一些；次阴去（阴去2）的调值比全阴去（阴去1）的略低一些。如湘语：

梓门桥镇　阳平［13］　　次阳平［23］　　阴去［35］　　次阴去［24］

井字镇　　阳平［12］　　次阳平［35］　　阴去［22］　　次阴去［25］

一个方言的声调如何演变，最初的格局是什么状态，什么情况下会出现分化，什么情况下会出现合并，这样一个复杂的过程既带有整个汉语方言声调演变进程的共性，又呈现出因背景不同而产生的个性。要解读这样的个性，常常是一件复杂的事情。某些调类的分化可以从声母的差别上找到原因，例如由声母的全浊、次浊，全清、次清带来调类的分化，但为什么这样的变化只发生在甲方言里，而不发生在乙方言里呢？

我们来看湘乡白田镇的材料（文丹，2004）。该镇位于湘乡县北端，其口音从北向南，大概分仁厚、白田、沙田三种。仁厚话根据主要音韵特征当属长益片；沙田话是典型的湘乡话，应属娄邵片；而处在两地之间的白田，音韵特征兼具两地特色，声调特点同于仁厚，韵母系统特征接近沙田，声母系统带有仁厚与沙田的混合色彩。表3比较三地的声调特点。

表3 湘乡仁厚、白田、沙田声调比较表

项目 \ 地点		仁厚	白田	沙田
声调 古平声	清音	阴平 [33]	阴平 [33]	阴平 [33]
	次浊	阳平 [13]	阳平 [13]	次阳平 [35]
	全浊			阳平 [13]
古上声	清、次浊	上声 [41]	上声 [41]	上声 [21]
	全浊	阳去 [11]	阳去 [11]	阳去 [22]
古去声	全清	阴去 [55]	阴去 [55]	阴去 [55]
	次清			次阴去 [214]
	次浊	阳去 [11] 阴去 [55]	阳去 [11] 阴去 [55]	阳去 [22] 阴去 [55]
	全浊	阳去 [11]	阳去 [11]	阳去 [22]
古入声	全清	入声 [24]	入声 [24]	阳平 [13]
	次清			次阴去 [214]
	次浊			阳平 [13]
	全浊			阳平 [13] 阴去 [55]

　　白田话声调特点与仁厚话完全一致，仁厚虽在湘乡境内，但处于与长益片（北边的宁乡县）紧紧相连的地带，音韵特征的主导方面与长益片趋同，其声调就是典型的长沙话模式。白田虽在多数音韵特征上偏向于娄邵片，但声调却与仁厚的长沙型相同。至于沙田的声调则是湘乡、双峰一带平声、去声同时三分外带一个上声的特殊格局。同属一个镇，距离如此之近，声调格局却如此不同。很显然，白田与仁厚受到北面长益片方言的影响，虽然这一片交界地带的口音，都与长益片代表方言长沙话有明显的差异，但长沙型的声调格局影响的穿透力似乎特别强，不过到了沙田，就开始受阻了。如果这种分析或者说推测有一定道理的话，那么，前面提出的湘乡、双峰一带平声去声同时三分的格局在甲方言里出现不在乙方言里出现的原因，就要考察某一方言的周边环境，考察语言接触的背景了。这至少是一个重要的原因。仁厚、白田和沙田的比较还给了我们一个启发，沙田话相对于白田话、仁厚话而言，处于更加保守的层面，因而它的平声、去声三分的格局应该在历史层

次上早于平声、去声两分的格局。

附记：当本文写成时，正值我们调查湘乡泉塘方言（在沙田以南，离县城约 10 华里）。发音人刘佩兰，1948 年生，教师，泉塘口音纯正。调查结果显示，泉塘话声调也是七类：阴平 [55]、阳平 [13]、次阳平 [23]、上声 [21]、阴去 [45]、次阴去 [35]、阳去 [33]。无入声调类，全清入归次阳平，次清入归阳平，浊入分归次阳平、阴去。

参考文献

鲍厚星 1989 湖南邵阳方言音系，《方言》第 3 期

北京大学中国语言文学系 2003《汉语方音字汇》（第二版重排本），语文出版社

丁邦新 1998《丁邦新语言学论文集》，商务印书馆

蒋冰冰 2003《吴语宣州片方言音韵研究》，华东师范大学出版社

刘纶鑫 1999《客赣方言比较研究》，中国社会科学出版社

文　丹 2004 湖南宁乡与湘乡边界东段的方言状况，湖南师范大学硕士学位论文，未刊

向　熹 1960 湖南双峰县方言，《语言学论丛》第四辑，上海教育出版社

杨时逢 1957 湖南方言声调分布，（台湾）《历史语言研究所集刊》第 29 本上册

杨时逢 1974《湖南方言调查报告》，（台湾）历史语言研究所专刊之六十六

杨翊强 1989 湘乡方音声调系统简析，《长沙水电师院学报》第 3 期

叶祥苓 1983 吴江方言声调再调查，《方言》第 1 期

赵元任 1928《现代吴语的研究》，清华学校研究院

（原载《中国方言学报》第一期，2006 年 10 月出版）

从古全浊声母和古入声的演变
看湘语发展的不平衡性

一

语言或方言在发展过程中的不平衡性是一个普遍规律，在不同的语言或方言里这种不平衡的发展状况又是多样而富有个性特点的。

湘语经过漫长的历史发展，也呈现出种种复杂的不平衡局面。这里不讨论语音、词汇和语法之间发展的不平衡现象，本文仅从湘语发展过程中最突出也是最具鲜明特色的两个问题，即古全浊声母演变和古入声演变的问题来作一些探讨。

古全浊声母演变和古入声演变是考察各大方言特点、对方言进行区划的两个重要依据。

在讨论确认湘语的语音标准时，我们曾把涉及这两项内容的条文放在最前面。其一，古全浊声母舒声字今逢塞音、塞擦音时，无论清浊，一般都念不送气音。其二，古塞音韵尾〔-p-t-k〕完全消失，也无喉塞尾。对第一条我们作了特别界定：只提舒声字，不提入声字，因后者不能以"念不送气音"概括；无论清浊，是说既包括浊音已经清化的一类，又涵盖仍存浊音系统的一类；"念不送气音"覆盖面最大，最具普遍性，但有例外，故冠以"一般"，不用"一律"。对第二条也有说明：湘语中一部分方言无入声，一部分方言保留入声调类，入声不带塞音韵尾。

下面根据我们关于湘语分布区域的新认识和现在掌握的材料，对湘语有关古全浊声母和古入声的演变情况作一个分类。

湘语古全浊声母和古入声演变类型

演变类型 分类	古全浊声母演变		古入声演变	代表点
	古全浊舒声字	古全浊入声字		
第一类	保留浊音	全部或绝大部分清化	入声调类消失	湘乡
第二类	平声保留浊音，上、去基本清化	绝大部分清化	入声调类消失	辰溪
第三类	大体保留浊音	大多数保留浊音	入声调类消失	全州广西
第四类	保留浊音	绝大部分清化	保留入声调类，部分派入其他调类	邵阳
第五类	保留浊音	绝大部分或大多数保留浊音	保留入声调类，部分派入其他调类	祁阳
第六类	已清化	已清化	保留入声调类，分化不多	长沙
第七类	已清化	已清化	保留入声调类，分化严重	衡阳
第八类	已清化	已清化	入声调类消失	湘阴
第九类	除部分转化为[1]，其余清化	已清化	入声调类消失	益阳
第十类	已清化	大多数读浊音	保留入声调类	岳阳县部分

　　第一类　包括湘乡、双峰、安化东坪、娄底部分、冷水江部分、邵东、新邵、隆回南部、洞口部分等地，湘乡古入声今派入阳平或次阳平的约占75％。城步、武冈、新宁也可列入此类，只是古全浊入声字今读浊音的稍多一些。

　　第二类　包括辰溪、泸溪、溆浦三地，古入声大多派入阳平。

　　第三类　包括广西的全州、兴安、灌阳、资源等地。所谓"大体保留浊音"，以全州话为例，即有约80％的古浊声母字仍读浊音。（据《广西通志·汉语方言志》）

　　第四类　包括邵阳、新化等地。这两地派入舒声调类的古入声字已占约20％。邵阳入声自成调类的约占79％，派入阴去的最多，约占14％。

　　第五类　包括祁阳、祁东、东安花桥、中田、井头圩、高峰等、冷水滩岚角山等地。祁阳话新派入声只一个调类，由古清入和古次浊入构成，全浊入归派阳平；老派入声有两个调类，古清入、次浊入构成阴入，全浊入构成阳入。

　　第六类　包括长沙、株洲、湘潭、望城、宁乡东部、南县、安乡部分、平

江部分、浏阳部分、衡山前山、衡东等地。这一类各地入声虽有一些不同程度的分化，但入声调类是比较稳固的。如长沙话留在入声调类的古入声字达到95％以上。

第七类　包括涟源桥头河、衡阳、衡南等地。虽保留入声调类，但有大量古入声字派入舒声，如涟源桥头河归派舒声调类的古入声字已达63％，主要是派入了阴去（据陈晖《涟源方言研究》）。衡阳保留入声调类靠的是古清入（约95％以上），至于古浊入字则90％归派至阳平。（据张进军《中古入声字在湖南方言中的演变研究》）

第八类　包括湘阴、汨罗、安化梅城、涟源蓝田等地，会同、绥宁南部、新田部分、江华部分也可属此类。湘阴、汨罗古入声大抵归派阴去，安化梅城、涟源蓝田古入声大多归派阴去或次阴去。

第九类　包括益阳、沅江、桃江等地，古入声今派入阴去。

第十类　岳阳县部分地区属此类，荣家湾话可作代表。

二

以上的分类是着眼于考察在同一个方言里这两种重要演变综合的表现。从语音发展的一般规律来看，汉语方言中保留浊音系统相对于浊音系统清化，前者属于早期现象，后者属于晚期现象；保留入声调类相对于入声调类消失，前者属早期现象，后者属晚期现象。

对上述分类一一比较，可以看到同属于湘语的各地方言在发展演变道路上的多样性。有的方言在甲项音韵演变上比较保守，在乙项音韵演变上却步伐较快；反之，有的方言在甲项音韵演变上步子较快，而在乙项音韵演变上又显得较为保守。拿娄邵片中的湘乡、双峰一类方言和长益片中的长沙、株洲、湘潭一类方言比较，在古全浊声母演变上前者比后者保守，但在古入声演变上，却是后者比前者保守。

也有的方言在甲乙两项音韵演变上或者同处于保守的状态，或者都不偏于保守。第五类即祁阳、祁东等方言既在古全浊声母演变上几乎是全方位地保留浊音（无论是古全浊舒声字，还是古全浊入声字），又在古入声演变上保存入声调类（特别是老派入声还分阴阳两类），应该说，排比这两项演变，保守性最大的莫过于这一类方言了。而第八类即湘阴、汨罗等方言既在古全浊声母演变上

彻底清化，又消失了入声调类，这恐怕是这两项演变中步伐最快的了。

在同一项音韵演变中处于保守类型的方言又有这样那样的不同。如古全浊声母演变，湘乡、双峰一类比之于辰溪、泸溪一类，前者的保守性更大，因为后者古全浊舒声字保留浊音的范围又缩小了，上、去已基本清化了。湘乡、双峰一类比之于全州、兴安一类，情况又有所不同，从古全浊舒声字保留浊音看，前者保守性大一些，但从古全浊入声字的演变看，后者的保守性又远高过于前者，因为全州、兴安一类古全浊入声字今大多数保留浊音，而湘乡、双峰一类的古全浊入声字今几乎全部清化。因此，仅从古全浊声母今保留浊音系统这一项上看，湘乡、双峰一类的保守程度还要轻一些。如果拿全州、兴安一类和祁阳、祁东一类相比，保守程度高的又自然是后者了。

三

方言的发展演变走哪一条道路，不以人们的意志为转移。比如湘乡、双峰一类方言古全浊舒声字保留浊音，入声调类不复存在，而长沙一类方言所有古全浊声母今均已清化，入声调类却又保存，这都不是由该地区的人们主观决定的。这种区别之所以存在，完全受语言内部的规律和外部的各种因素所支配。

考察湘语古全浊声母和古入声两种演变的综合表现，我们可以从中看到湘语发展演变中某些一般的规律和特殊的表现。

湘语终究要走浊音清化的道路，即使目前一部分湘语地区保留浊音，甚至比较完整地保留浊音，迟早也会发生变化。这种变化先从仄声开始，仄声中又先从入声中突破，一、二、四类可以说明。其中第二类即辰溪、溆浦、泸溪等地古全浊舒声字清化先在上、去中实现，平声仍保留浊音。第三类即全州、兴安、灌阳、资源等地也有类似的现象，如灌阳方言"並、定、从、澄、崇、群"六母舒声字有一批读不送气清音。这种浊音清化的现象主要集中在仄声字上，至于平声字受到清化的波动要小得多（刘祥友 2002 届硕士学位论文《广西灌阳方言音系特点及其归属》）。

湘语的入声演变目前基本上存在两大类型，一种是入声完全消失，一种是仍旧保留入声调类，但入声均不带塞尾。这种入声模式从整个汉语方言入声演变的历程来看，已是晚期的形式，再向前一步就是向其他舒声归并了。

湘语中保留入声调类的方言绝大多数都已出现分化，有的方言如第七类（涟源桥头河等）分化还相当突出，入声调类已经很不稳固了。保守性相当强的祁阳、祁东方言，新派已经把阳入的字读同阳平了。目前看上去第六类长沙等地的方言入声调类还相当稳固，但是入声的调值 24 和阳平的调值 13 从起点到落点都比较接近，入声向阳平靠拢、趋同已经在这里埋下了伏笔。这样是不是可以说，湘语长期发展下去，那些保留入声调类的方言最后将一个一个地丢失入声的地盘。

考察湘语古全浊声母和古入声两种演变的不平衡性，有助于从这种共时的差异中去探测整个湘语发展演变的历史道路，从而对现实中各湘方言点的历史地位作出正确的评价。

前面所列的两种演变综合表现的 10 种类型如果结合上面对于一般演变规律的认识，可以构图如下：

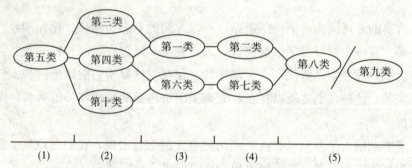

说明：①10 种类型可以划分成 5 个阶段，有的阶段有几种类型并列；
　　　②从左至右表明两种演变综合表现的保守程度逐渐降低。

从两种演变的综合表现看，第五类即祁阳、祁东等地方言是湘语中保守性最强的一端，与它相对的另一端即保守性最弱的一端是第八类、第九类，而平时谈及最多的湘乡类（第一类）和长沙类（第六类）倒是都处于既不强也不弱的中间层。

不过，若加入韵母的演变和其他声母范畴的演变，这种保守程度的格局又会出现变化，这也正是方言发展演变不平衡的错综复杂的一面，本文暂不涉及。

考察湘语古全浊声母和古入声两种演变的不平衡性，还让我们看到方言发展演变的多样性是一个大方言发展历程中的必然表现和正常状态。如果偌大一个方言在漫长的历史发展过程中处处齐头并进，变成一个面孔，那倒是不正常了。湘语和其他兄弟方言乃至少数民族语言有长期的接触和碰撞，由此而产生的变异是

相当复杂而多样的。研究方言发展的不平衡性对于透过复杂的变异把握方言本质属性是有益处的。

参考文献

鲍厚星．湘方言概要．湖南师范大学出版社，2006.

鲍厚星，崔振华，沈若云，伍云姬．长沙方言研究．湖南教育出版社，1999.

鲍厚星．东安土话研究．湖南教育出版社，1998.

鲍厚星．湖南邵阳方言音系．方言，1989.

鲍厚星．湖南城步（儒林）方言音系．方言，1993.

陈　晖．涟源方言研究．湖南教育出版社，1999.

陈　晖．湘方言语音研究．湖南师范大学出版社，2006.

崔振华．益阳方言研究．湖南教育出版社，1998.

广西壮族自治区地方志编纂委员会．广西通志·汉语方言志．广西人民出版社，1998.

贺凯林．溆浦方言研究．湖南教育出版社，1999.

蒋军凤．湘乡方言语音研究．湖南师范大学博士学位论文，2008.

李维琦．祁阳方言研究．湖南教育出版社，1998.

李永明．衡阳方言．湖南人民出版社，1986.

刘丽华．娄底方言研究．中南大学出版社，2001.

罗昕如．新化方言研究．湖南教育出版社，1998.

彭逢澍，唐斯力．娄底地区普通话语音教程．湖南师范大学出版社，1996.

彭泽润．衡山方言研究．湖南教育出版社，1999.

瞿建慧．湖南泸溪（浦市）方言音系．方言，2005.

向　熹．湖南双峰县方言．语言学论丛（第四辑），1960.

谢奇勇．新田南乡土话研究．湖南教育出版社，2005.

徐通锵．历史语言学．商务印书馆，2001.

应雨田．湖南安乡方言．中国社会科学出版社，1994.

曾毓美．湘潭方言音档．上海教育出版社，1997.

张进军．中古入声字在湖南方言中的演变研究．湖南师范大学博士学位论文，2008.

　　附记：本文曾在2006年首届湘语学术研讨会上宣读，今略有增补。文中有关各个类型两种演变的综合表现未能细致阐述，对于多种演变的成因也未作探讨，这些不足之处拟待以后再作讨论。

（原载《湘语研究》第一辑，湖南师范大学出版社2009年出版）

近年来湘语研究简说

我们在《二十世纪湖南方言研究概述》（2000）一文中曾把湖南方言在20世纪的研究大致划为三个阶段：第一阶段从世纪初期到40年代，是从传统到现代的转变时期；第二阶段从50年代中期开始，大约10年时间，是以语音为重点的普查时期；第三阶段从80年代初期到该世纪末期，是方言研究的全面发展时期[1]。

经过20世纪最后20年的努力，湖南方言研究可以说出现了一个新的局面，这个局面有两个特点：一是涌现了一批新人，他们给湖南方言研究注入了强劲的生命力，他们带来的新成果呈现出勃勃生机；二是出现了一个良好的研究势头，使湖南方言研究得以持续稳固的发展。

自2000年以来，湖南方言研究就是在这种形势下继续前行的。在湖南方言研究中湘语研究占的比重自然最大，本文就我所知的近年来湘语研究的情况作一个简单介绍。

考虑到不同的视角和不同的层面，我们把研究的情况分成以下三个方面来叙述。

一、宏观微观研究

在湘语研究中，宏观与微观相比，前者偏少，后者居多。

我们这里对宏观的研究持比较宽松的理解，下面介绍的一些著作，可以看作各种不同样式的宏观研究的成果。鲍厚星教授主编的《湘方言研究丛书》[2]（2006）包括五本书：《湘方言概要》、《湘方言语音研究》、《湘方言词汇研究》、《湘方言动态助词的系统及其演变》、《湘方言动词句式的配价研究——以隆回方言为例》。编辑这套丛书的构想旨在从宏观、综合的层面对湘方言语音、词汇、语法以及某些概况作一个反映。《湘方言概要》（鲍厚星）根

据对确认湘语标准的重新思考，重新审视了湘语分布的范围，调整了湘语区划的某些格局，并且从调查所获的第一手材料中选编成 16 个方言点的字汇，为湘语各片的比较提供一个基础材料。《湘方言语音研究》（陈晖）从整体上研究湘语的语音特征，对一些重要的语音现象进行古今纵向比较和广泛的横向比较，并在理论上做了一些分析和探索。《湘方言词汇研究》（罗昕如）从共时与历时两个角度对湘方言词汇进行全面深入的研究，揭示了湘语词汇的基本特征和整体面貌，探讨了湘语词汇的源流与演变规律。《湘方言动态助词的系统及其演变》（伍云姬）系统深入地研究了湘语不同方言点的动态助词及其系统，并用内部构拟的方法，论证了动态助词的词源以及动态助词系统从近代汉语到现代湘语的演变过程。《湘方言动词句式的配价研究——以隆回方言为例》（丁加勇）尝试运用句式配价理论对湘语一个具体方言的句式进行研究，对该方言中常见的动词句式做了统一的描写和解释。

　　这套丛书具有以下几个特点：（1）深入学术前沿。湘方言作为汉语的一大方言，它的主要特点、基本面貌、演变规律及其他许多问题，每经过一段历史时期，人们的认识就会有一次深化，或有新的发现，或提出对旧说的修订、补充，或对未曾开发的领域进行开拓，所有这些研究，已经成为学术继续向前发展必须面对的问题。湘方言研究丛书这一次所选择的课题，正是对湘方言研究进一步发展所需解决的有关全局性的问题或是必须引领向纵深开拓的问题，因而这套丛书具有突出的学术前沿性。（2）理论方法创新。这套丛书在理论或方法上多有创新。中国社会科学院语言研究所张振兴先生评价《湘方言语音研究》时指出："就我所知，这些分析和讨论在湘方言研究里是开创性的，作者所提出的看法是有创造性的见解。"北京大学陆俭明先生认为《湘方言动词句式的配价研究——以隆回方言为例》的作者第一次把句式配价理论运用于描写、分析汉语方言，并"多有发现"。《湘方言词汇研究》对一种大方言的词汇进行如此规模的多角度的深入研究尚属首次，《湘方言动态助词的系统及其演变》从历时和共时两个角度对湘方言动态助词在一个或多个系统中的关系进行研究，也是一个创举。（3）材料基础厚实。丛书的作者十分重视调查，注意在记音、描写的准确和语料发掘的深入上下工夫。正因为有丰富而翔实的材料作基石，这套丛书的研究才显出了它的深度和力度。像《湘方言研究丛书》这样一次性推出对一个大方言作宏观、综合的深入研究，这样的组合，这样的投入，对促进方言研究的发展是有一定作用的。

卢小群所著《湘语语法研究》[3]（2007）是作者根据其在中国社会科学院语言研究所做的博士后出站报告修改而成的。全书的主体部分是词法篇和句法篇。前者全面讨论了湘语的形态类型、代词系统、介词系统、量词系统、体貌系统、否定表达式以及时间词、方位词的研究等；后者对湘语的语序、处置式、被动式、疑问句、比较句、"得"字句等句法特点作了重点研究。

此前，有关湘语语法的宏观研究，虽然也有学者在一些重要领域作过深层次的探索和研究，并取得了显著成绩，但终究还没有人对湘语语法从更宽的层面上，进行近乎全方位的系统和综合的研究。《湘语语法研究》的作者在合作导师张振兴先生的指导下，得以不断地完善写作方案，最终实现了她的想作一种拓荒性研究尝试的愿望。我们很同意张振兴先生在该书序言中的一段话："综合性地研究一个方言区的方言语法可能有很多困难，碰到的复杂问题太多了。这个工作才刚刚起步，以至于现在还不可能提供一种可以参考的范本，这还是需要大家继续探索的。"

伍云姬主编的《湖南方言语法系列》[4]（1996—2007）是一套丛书，一共5集。前3集是《湖南方言的动态助词》（1996）、《湖南方言的介词》（1998）、《湖南方言的代词》（2000），后两集出版时间较晚，《湖南方言的语气词》（2006）、《湖南方言的副词》（2007）。

这套系列研究是面向整个湖南方言的，考虑到其中湘语占据主要比重（后两集50个方言点，湘语近30个点），因此，也列入本文中评述。

该系列的体例是，每一集都是在各个单点方言就同一命题的专门论述之外，由主编本人发表一篇综论，书末还附有各点方言例句对照或比较。所有语料都注有国际音标。

这里以第四集《湖南方言的语气词》为例，该集收有24篇单点方言论述，主编本人的综论是"湖南方言是否问句中的语气词的发展"。该文在分析了湖南方言里是否问句最常见的结构之后，又列表讨论了各种是否问句结构在湖南方言区的分布和合音词在湖南方言里的分布。作者认为，如今湖南方言中湘方言是否问句的结构开始从［动词＋否定副词＋（语气助词）］向［动词＋合音词］转化。同时，普通话的［动词＋否定副词＋动词］结构已经进入了湘方言。

既重视事实描写，又重视理论探讨，是该系列的鲜明特色，也是这套丛书取得成功备受注目的关键所在。

胡萍所著《湘西南汉语方言语音研究》[5]（2007）不是专门研究湘语的内容，但在湘语研究中它应该占有重要的位置。研究湘西南汉语方言，不可能不触及湘语。正如作者指出的那样，湘西南处于湖南、贵州、广西三省的交界处，是湘语与西南官话的自然过渡地带，同时，又由于一定数量的江西人口的迁入，造成赣语与湘语、西南官话的接触，因此也就形成了湘西南汉语方言多元接触的特点。该书第九章"从方言接触看湘西南汉语方音的演变"指出湘语在该地区的萎缩以及湘语和其他方言混杂的典型状态，分析颇具说服力。

这一时期属于宏观论述的还有《现代汉语方言概论》（侯精一主编，2002年10月，上海教育出版社）中的"湘语"部分，撰稿人是鲍厚星，内容包括：（一）湘语区的地理分布，（二）湘语区的形成，（三）确认湘语的标准，（四）湘语的特点，（五）湘语的内部差异，（六）前人对湘语的研究。

微观研究，从形式上看，可以是通常所指的单点方言研究（如××方言研究），或单点方言的专题研究（如××方言语法研究），也可以是一个或几个具体问题的研究，后者多半是论文形式，可暂名为单篇研究。从内容上看，微观研究更具多样性。下面分别叙述。

先说单点方言或单点方言专题研究。

继上世纪90年代《湖南方言研究丛书》推出一批单点方言研究著作之后，近年来又有一批同类作品问世，其中属于湘语系属的有《娄底方言研究》（刘丽华，2001年5月，中南大学出版社）、《汨罗长乐方言研究》（陈山青，2006年10月，湖南教育出版社）、《宁乡方言研究》（邓开初，2008年7月，湖南教育出版社）。娄底方言是湘语娄邵片的重要代表点，汨罗方言属湘语长益片，长乐位于汨罗东北部，紧邻平江县，长乐方言因而受到较多赣语的影响，但基本特征仍与湘语一致。宁乡方言有上宁乡与下宁乡之分，上宁乡方言属湘语娄邵片，下宁乡方言属湘语长益片。《宁乡方言研究》记录的语音是上宁乡话，但词汇则面向全县。以上三本专著充实了湘语单点研究的文库，对于了解和研究湘语是很好的补充。

这一时期单点方言著作在语法研究上有了长足的进步。

徐慧的《益阳方言语法研究》[6]（2001）是湘语，也是湖南方言中第一部对一个单点方言的语法进行全面系统研究的专著。该书注意吸收学界语法研究在方法论上的新思想，运用多角验证的分析方法，对方言语法中的一些特

殊现象，尽可能给予充分的描写和解释。其后，又有曾毓美的《湘潭方言语法研究》[7]（2001）和彭兰玉的《衡阳方言语法研究》[8]（2005）出版，它们都得到了著名学者的充分肯定。张振兴先生指出，《湘潭方言语法研究》有两个突出的特点。一个是不孤立地研究语法，能重视语法跟语音和词汇的联系，一个是能抓住重点，而不是面面俱到，把跟共同语相同的部分说得比较简单，或者完全省略了。吴启主先生概括《衡阳方言语法研究》的特点是：第一，有理论思考，提出了好些有见地的论断；第二，对方言现象有深入细致的观察，捕捉到了许多有价值的现象；第三，比较讲究研究方法，注意多角度立体地研究问题。

再说单篇研究。

先要说明一下，单篇研究的文章数量不小，全部列出来似无必要，而且事实上因刊物太多，难以掌握所有发表的篇目。这里所选的是部分有代表性的文章。

从研究的内容来看，主要还是语音和语法两大范畴。

先说语音：在《方言》、《中国语文》、《语言研究》等刊物上发表的文章有 10 余篇（限于湘语，至于讨论湘南土话的不在其内）。

比较突出的研究有：

《论湘语、吴语及周边方言里蟹假果遇摄字主要元音的连锁变化现象》（陈立中《方言》2005），《古全浊声母在湘方言中的今读音情况》（陈晖《方言》2008），《长沙话的轻声》（钟奇《方言》2003），《湘语声调演变的一种特殊格局》（鲍厚星《中国方言学报》第一期 2006）。

有关实验语音学的研究是湘语研究中新的项目，也应在这里提及，它们是：

《长沙话单字调的声学实验与统计分析》（向柠、石锋《语言研究》2007），《湖南祁阳白水话单字调实验分析》（曾春蓉《语言研究》2007）。

有的文章虽不是由《方言》等刊物发表，但其研究有一定的代表性，如：

《湘语果摄字的历史层次》（彭建国《安徽教育学院学报 2005》），《湘语假摄字的历史层次》（彭建国《三峡大学学报》2005）。

再说语法：同样是上述刊物，也有近十篇。

比较突出的研究有：

《衡阳方言的语气词》（彭兰玉《方言》2003），《湖南方言中的"动词＋

动态助词＋介宾短语"》句型（罗昕如《方言》2008），《长沙方言中的"够得V"和"够不得V"》（崔振华《中国方言学报》第一期 2006），《长沙方言的介词》（张小克《方言》2002），《湘语"滴"的多功能用法》（罗昕如《汉语学报》2007）。

除上述研究外，还有关于地理语言学的研究，彭泽润 2004 年在《湖南社会科学》发表了《〈地理和语言的启示〉——衡山南岳 350 个村子高密度的地理语言学研究》。

二、方言区划研究

方言的分区与分片研究是近年来湘语研究的一个重要方面。由于湖南是一个多方言区，各种方言内部又存在种种差异，导致情况十分复杂，加之不同时期不同的研究者对湖南境内方言的调查与揭示出来的面貌又有这样那样的区别，还有对方言区划的标准不尽一致，因此，历来对湖南方言，包括湘方言的区划就难免存在分歧。

从 1987 年和 1989 年《中国语言地图集》分两册正式出版，到这一次新编中国语言地图集，其间十多年时间，全国汉语方言研究，包括湘方言研究又有了新的进展，有关湘方言的区划研究随之也出现了变化。2005 年《方言》发表的《湘语的分区（稿）》（鲍厚星、陈晖）是这一变化的标志。

该文一方面对于如何把湘语同其他汉语方言区分开来的确认标准进行了重新思考，以便能更有效地识别湘语和非湘语，把湘语的区域确立得更加符合客观事实一些。文中提出确认湘语的几条语音标准，并阐明了使用过程中各标准之间的关系。其内容这里从略。

另一方面又对湘语内部的分片作了调整。原《中国语言地图集》中关于湘语的三片（长益片、娄邵片、吉溆片）改变为现在的五片（长益片、娄邵片、衡州片、辰溆片、永州片）。其中长益片、娄邵片沿用原名，但两片内部均有调整。衡州片、辰溆片、永州片均为新立，衡州片由原长益片的一部分构成，辰溆片由原吉溆片中的一部分构成，其另一部分划入西南官话，永州片由湘南一部分土话和原娄邵片中个别地区的方言构成。

在一个方言区内再划出各片，也是需要再三斟酌的。在新立的三片中，永州片的设立是一个果敢的切分。该片涵盖的范围涉及部分湘南土话地区，

湘南土话在原《中国语言地图集》里属于"未分区的方言"，那是因为缺乏调查和了解的缘故。要给湘南土话的归属找出路，唯一的办法是到实地去调查，以认识它的真面貌。这里告诉我们，湘南土话的研究和湘语的研究以及湖南其他汉语方言的研究是密切相关的，湘语的研究在一定的程度上就有赖于湘南土话的研究。

经过一段时间的努力，湘南土话的调查与研究取得了一批成果，仅在《方言》上就发表了以下系列文章：

《湖南蓝山土话的内部差异》（罗昕如，2002 年），《湖南临武（麦市）土话语音分析》（陈晖，2002 年），《〈湖南方言调查报告〉中的"湘南土话"》（谢奇勇，2002 年），《湘南东安型土话的系属》（鲍厚星，2002 年），《湖南宜章大地岭土话的语音特点》（彭泽润，2002 年），《试论湖南汝城话的归属》（陈立中，2002 年），《湖南嘉禾土话的特点及内部差异》（卢小群，2003 年），《湖南永州岚角山土话音系》（李星辉，2003 年），《湖南道县寿雁平话音系》（贺凯林，2003 年），《湖南新田南乡土话同音字汇》（谢奇勇，2004 年），《湘南土话系属问题》（鲍厚星，2004 年）。

在湘语的分区分片研究中还深入到小片的划分，这要求更加细致地把握各地方言的特点，稍有疏忽，就有可能划得不是地方。如安化梅城在原《中国语言地图集》中属长益片，现在依据古全浊声母的今读和声调演变的特点把它调整到娄邵片的涟梅小片。又如同是衡山话，因有前山、后山之分，前山话在衡州片的衡山小片，而后山话却要划到娄邵片的湘双小片中去。

湘语的分区与分片研究还是在探索中前进，目前的区划并没有达到完善的地步，随着时间的推移，新的研究成果出来了，我们还得修正已有的结论。

三、方言比较研究

比较研究有多重的含义，这里所谈到的是指对于有关大方言相互之间关系的探讨和研究。随着整个汉语方言研究的深入发展，这一课题特别引人关注，并逐渐成为热门研究的领域，如吴语与闽语比较研究，客赣方言比较研究，等等。

湘语和兄弟方言之间的关系如何？这里面一直有诱人的课题摆在我们面前，但湘语研究在这一领域事实上处于滞后局面。

陈立中《湘语与吴语音韵比较研究》[9]（2004）的出版是湘语研究这一领域的重要突破。作者在中国社会科学院语言研究所博士后流动站完成了同名课题的研究任务，并最后写成了这本专著。他的合作导师是张振兴先生。

对湘语与吴语这两大方言进行比较，作者考虑的是"基本上可以反映吴语和湘语的总体语音面貌"，为此，在方言点的选择上达到了百余点，除吴语的太湖片杭州小片外，涵盖了吴语和湘语的各片及小片。除了广度，作者又注意深度，为此，书中对某些方言点的材料进行了重点的比较分析。

该书除导言和余论外，由五章构成：第一章，吴语和湘语中的浊声母；第二章，中古元音韵尾在湘语和吴语中读音的比较；第三章，中古鼻音韵尾在湘语和吴语中读音的比较；第四章，中古无尾韵主要元音在湘语和吴语中的演变；第五章，湘语和吴语声调的比较。

张振兴先生为该书写了长篇序言，有许多精辟的点评，下面所引的是序言最后一段中的几行文字："本书在进行比较研究的时候，纵横捭阖，但不夸张；引经据典，但尚平实。本书的目的是比较湘语与吴语的音韵，有暗含这两种方言具有特殊关系的倾向，但并不把话说绝对了，而是处处留有余地的。事实上，讨论两种方言之间的关系，光看音韵的条件也不够，词汇和语法方面的条件也是很重要的，还要联系人文历史等其他因素。"

有的作者虽未用专书来做这种大型的比较研究，但在其专著或有关论文中对湘语与兄弟方言之间某一方面的重要问题做了相当深入的研究，如陈晖在《湘方言语音研究》中对湘语与吴语在古全浊声母演变上的差异这一问题，在严谨取材的基础上条分缕析，充分论证，颇有独到之处。这些研究与陈立中在《湘语与吴语音韵比较研究》中的相关研究可互相补充，相得益彰。陈晖对湘语与闽语在古全浊声母演变上的差异也有深入的探讨（《方言》2008年第二期）。

说到词汇比较研究，又是一番风景。罗昕如在其以博士学位论文为基础的专著《湘南土话词汇研究》出版之后，又有专著《湘方言词汇研究》问世。这两部著作在整个湖南方言研究中都是挑大梁并具有开拓性意义的。就在《湘方言词汇研究》中，作者辟专章对湘语与其他大方言做词汇上的比较研究。该书第九章分三节讨论从词汇看湘语与赣语、湘语与吴语、湘语与西南官话的关系。每一节又分三部分分别讨论词汇上的区别，词汇上的联系，两种方言间的关系。这种研究既讲究章法，又注重理论思考，使研究取得了显

著成效。如讨论了湘语与赣语和吴语的关系之后，作者指出："陈立中先生（2004）从音韵的角度认为湘语与吴语的关系密切，而湘语与赣语的关系相对较为疏远。而本节从词汇的角度得出的结论却恰好相反。这种由语音与词汇所反映出来的不一致现象应该看成是语言内部各要素发展演变不平衡的结果。"

参考文献

[1] 鲍厚星等 . 20 世纪湖南方言研究概述 [J] . 方言，2000.

[2] 鲍厚星主编 . 湘方言研究丛书 [M] . 长沙：湖南师范大学出版社，2006.

[3] 卢小群 . 湘语语法研究 [M] . 北京：中央民族大学出版社，2007.

[4] 伍云姬主编 . 湖南方言语法系列 [M] . 长沙：湖南师范大学出版社，1996－2007.

[5] 胡　萍 . 湘西南汉语方言语音研究 [M] . 长沙：湖南师范大学出版社，2007.

[6] 徐　慧 . 益阳方言语法研究 [M] . 长沙：湖南教育出版社，2001.

[7] 曾毓美 . 湘潭方言语法研究 [M] . 长沙：湖南大学出版社，2001.

[8] 彭兰玉 . 衡阳方言语法研究 [M] . 北京：中国社会科学出版社，2005.

[9] 陈立中 . 湘语与吴语音韵比较研究 [M] . 北京：中国社会科学出版社，2004.

（原载《云南师范大学学报》2009 年第二期）

第三部分

湘西乡话与湘南土话

沅陵乡话记略

引言

　　湖南省西部除大多数地区使用西南官话、一部分地区使用湘语、一部分地区为兄弟民族语言外，还有一种所谓"乡话"（有人称做"瓦乡话"）。当地人把西南官话叫"客话"，把自己的土话叫"乡话"。于是就有"讲客"、"讲乡"的说法。所谓"瓦乡话"实际上就是讲乡话的意思（"瓦"应该就是"话"，在乡话中此二字同音）。1983 年 12 月我们为绘制湖南省方言地图准备资料，来到沅陵一带调查了这种"乡话"。

　　乡话主要分布在沅陵以及溆浦、辰溪、泸溪、古丈、永顺、大庸等地与沅陵交界的地区。面积约六千平方公里，人口约四十万（其中沅陵约占一半）。这连成一片的乡话区，基本上处在西南官话的包围之中。乡话区的范围如下图虚线所示。

　　据《沅陵县志》（修成浩主编，民国十九年石印本）所载：

　　"城区吐音发字；四音皆得其正，与（？）官话纯正，尾声稍带儿音。县东近桃源各地，声轻滑，多舌上音。县西近辰溪各地，声重浊，多喉音。县南如舒、杨、荔三溪，县西如石岗界、棋坪、芦坪，县北如深溪口、㯊木堡一带，各有一种乡话，聱牙诘屈，不知其所自，大约当时土人所遗传至于今者也。"

　　通过与中古音韵的比较以及词汇、语法的调查，我们了解到这种"聱牙诘屈"的乡话，实际上是汉语的一种方言。

　　乡话在语音上的特点主要是：

　　一、古浊塞音和浊塞擦音逢平声一般读不送气带音声母，逢仄声多数读送气不带音声母；二、知彻澄一般读如端透定；三、鼻韵尾基本消失（-ŋ 也

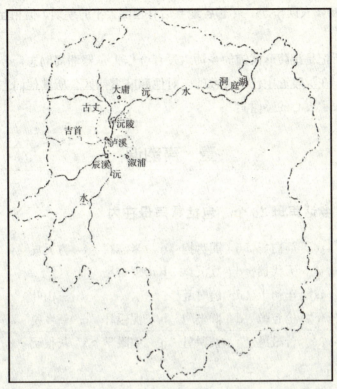

只剩下-oŋ、-ioŋ）；四、入声一部分保留喉塞音韵尾，一部分并入其他声调；
五、次浊平归阴平，全浊上仍读上声，不归去。

　　乡话保留了一批古汉语词和古语词中某些在今天一般已不通行的用法，
其中有些是为其他方言所未见或所少见的。

　　乡话同西南官话、湘语的距离都很大，以至于不能互相通话。为了同外
界交际的需要说乡话的人很多都学会了客话（即西南官话）。乡话区人们掌握
语言的情况有以下四种类型：①既会"讲乡"，又会"讲客"；②只会"讲
乡"，不会"讲客"；③基本"讲乡"，稍懂客话；④基本"讲客"，稍懂乡话。
属于第二种类型的大多在地区偏僻、交通阻塞、文化事业落后一些的地方。

　　乡话内部也存在差异。拿沅陵境内来说，乡话有四大区之别，即乌宿区，
麻溪铺区，太常区，北溶区。同一区内也有某种程度的差别。如同属麻溪铺
区的荔溪和杨溪就有不同。民谣说："荔溪人讲话咬生姜，杨溪人讲话起娇
腔。"当地同志解释，"咬生姜"指腔调比较硬一些，"起娇腔"指腔调比较软
一些。据我们调查，这两地乡话的区别之一是，上声字的读法不同，荔溪读

作 35，而杨溪人读作 53。尽管各地乡话有程度大小的差别，但相互之间并不
难进行交际。

本文所记是沅陵麻溪铺的乡话。发音合作人是瞿湘周同志，今年 55 岁，
大专程度，在沅陵五中任语文教师。对他和麻溪铺区公所其他同志的热情支
持，我们表示衷心的感谢。

壹　声韵调

1.1　乡话声母 28 个，包括零声母在内

p	包布半	p'	篇白妇	b	朋盘抱	m	米忘蚁	f	方兄皮	v	文房远
t	多绸章	t'	天代抽	d	豆沉桌	l(n)罗难染						
ts	珠早水	ts'	车初十	dz	前时乱			s	三山叶	z	闰羊食
tɕ	结节贵	tɕ'	枪腔跪	dʑ	群坐勺	ɲ	泥银耳	ɕ	新乡税	ʑ	药勺钥
k	古鸡衔	k'	苦敲黑	g	渠瞿舅	ŋ	牛眼学	x	灰很玩	ɣ	红杏活
∅	衣云五										

1.2　乡话韵母 49 个

ɿ 祠齿事	i 西自肩	u 补武穗	y 嘴围脐
a 阿口师	ʮ 秋柱耳	ua 瓜堆害	
o 巴车财	io 写斜黏		
	iɔ 穷窍胸		
ɛ 门天是	iɛ 你坐紧	uɛ 温砖舵	yɛ 云嫩选
æ 翻浅本		uæ 魂河茶	
eɿ 枝梳破		ɯ 歌罗鹅	yɿ 韵左吹
aɔ 早冬空	iaɔ 标虫晓		
əu 到风聪	iəu 表庙票		
əɯ 瘦试牛	iəɯ鱼理猪		
oŋ 方糖圆	ioŋ 娘墙秧		
õ 蒸慢帮			
ẽ 正星燕			

ĩ　　见鲜烟

ŋ̍　　岸黄人

ʔ̍ʔ　汁什　　i ʔ　歇贴接　　u ʔ　读谷出　　y ʔ　黢

a ʔ　笔铁色　　ia ʔ　筑鹊戳　　ua ʔ　刮骨捉

o ʔ　答百尺　　io ʔ　曆削

e ʔ　北黑驳　　　　　　　　ui ʔ　脱阔渴

ε ʔ　舌热蜇　　iε ʔ　捷　　　uε ʔ　各磕鸭　　yε ʔ　雀怯血

 əu ʔ　竹织急　　iəu ʔ　肉力

ŋ̍ ʔ　日木人

1.3　乡话声调 5 个，轻声在外

阴平　　〔55〕高梯飞沙眉罗　　　阳平〔13〕穷求齐田桃活

上声　　〔35〕巡站口粉女是桂　　去声〔22〕盖送炭冻住帽

入声　　〔53〕急竹笔辣抹月

1.4　乡话声韵调简要说明

乡话声母中有 Φ、β，但出现条件与 f、v 不同，可看作 f、v 的变体。同音字汇中仍分开标写。

乡话不分 n、l，这里一律记作 l。中古泥母和来母的细音有的能分为 ȵ- 和 l-。有的已相混。另有一部分疑母、日母字读 ȵ 声母。

乡话鼻音韵尾少，只有- ŋ，且限于- oŋ、- ioŋ。

乡话有塞音韵尾- ʔ，但部分塞尾韵母已不太稳定，有失去喉塞音的趋势。

乡话上声字绝大多数调值为 35 调，少数字调值为 53 调，例如"履、蚁、海、铲、很、喜、嗓"等。

乡话入声字基本上能自成调类，调值 53 发音短促。少数古入声字（主要是全浊入）归并到其他调类。

贰 声韵调的配合关系

2.1 声韵的配合关系

乡话声韵的配合关系如表1。表里把韵母分成开齐合撮四类。声母分成八组。空格表示声韵不相拼合。

表1 乡话声韵的配合关系

	开口呼	齐齿呼	合口呼	撮口呼
p pʻ b m	包抛刨猫	标飘嫖苗	布铺菩	
f v	火袜	飞肥	斧武	
t tʻ d	都通同	多拖池	肚兔徒	
l	老	料	橹	嫩
ts tsʻ dz s z	渣叉财沙惹		砖春船孙闰	
tɕ tɕʻ dʑ ȵ ɕ z		肩牵棋泥西		茄菌拳 选匀
k kʻ ŋ x ɣ	公敲瞿牛哄红		歌窠 蛾荤活	
ø	阿	衣	乌	围

(1) ［p pʻ b m］只拼开齐合（合口限于［u］韵）三呼，不拼撮口呼。

(2) ［f v］拼开齐合三呼。齐齿限于［i］韵，表中"飞、肥"实际读音记为"Φ、β"，属［f v］变体。合口限于［u］韵。

(3) ［t tʻ d］只拼开齐合三呼。

(4) ［l］和［ø］声母开齐合撮四呼都拼。［l］拼撮口呼限于［yɛ］韵。

(5) ［ts tsʻ dz s z］和［k kʻ ŋ x ɣ］只拼开合，不拼齐撮。

(6) ［tɕ tɕʻ dʑ ȵ ɕ z］只拼齐撮，不拼开合。

表2至表7是声韵调配合表。表中同一横行的字声母相同，同一竖行的字韵母、声调相同。有音义而无适当字形可写的，表中用数码表示，并在表下加注。其他需要说明的字，在其右上角以"△"号，亦在表下加注。

2.2 声韵调配合表（说明见后）

表 2 乡话声韵调配合表

	ɿ				i				u				y				a				ia			
	阴平55	阳平13	上声35	去声22	阴平55	阳平13	上声35	去声22	阴平55	阳平13	上声35	去声22	阴平55	阳平13	上声35	去声22	阴平55	阳平13	上声35	去声22	阴平55	阳平13	上声35	去声22
p							比	闭			补	布												
p'					篇			屁				铺					披		妚					
b						枇		鼻	蒲	菩							负		簿	②				
m						迷	蚁	面											买	卖				
f	飞		胐	粪							斧	傅					花							
v		肥		吠							武													
t					多			帝			肚		罨				兜		斗		爹	绸		
t'					拖			替				兔					梯			剃	抽	柱		
d						提	池	渡		徒				锤			篓			豆				
l	迟	犁	鲤	地						卢	橹							楼	讨	弄		刘③	柳	
ts			指	痣							祖						周		子					
ts'		十	齿									醋					①		取					
dz		祠									射	漱					油	馋	扯	字				
s		示	屎								鼠						师		数	晒				
z											穗							槌		右				
tɕ					肩		借	剑					髻		嘴	醉							九	救
tɕ'					牵			汽													秋	求		
dʑ						棋		湿						脐	跪									
ȵ						泥		认										捏					耳	
ɕ					丁		死	四													修			绣
ʑ																								
k									箍		古						该	钩	解	够				
k'									枯		苦						溪		口	扣				
g																		岩						
ŋ																								
x																		睺	海					
ɣ																		喉		厚				
ø					衣	一	椅	印	乌	胡	吾	悟		围			阿		讴	沤	忧			

①ts'a55端：~菜　　　　肥吠：实际读音声母　　妇p'a22媳~　　　　　馋dza13羡慕
②ba22画（动词）　　　　为[β]　　　　　　　　　负ba55~东西　　　　数sa35动词
③lia13小　　　　　　　　傅fu22师~　　　　　　斗ta35一~米　　　　　槌za13梨
飞胐粪：实际读音声　　　卢lu13瓠~　　　　　　篓da55鱼~　　　　　　睺xa13贪
母为[Φ]　　　　　　　　 罨ty55雷　　　　　　　弄la35玩~

表 3

注：各韵母下分四调，调值依次为 阴平55、阳平13、上声35、去声22。

声母	ua 55	ua 13	ua 35	ua 22	o 55	o 13	o 35	o 22	io 55	io 13	io 35	io 22	iɔ 55	iɔ 13	iɔ 35	iɔ 22	ɛ 55	ɛ 13	ɛ 35	ɛ 22	iɛ 55	iɛ 13	iɛ 35	iɛ 22
p					巴		摆	拜											跛簸	辈				
p'						白		帕												喷				
b						杷		耙										盆		变				便
m						麻	马										门	摸	尾	万			米	
f						匹	火										分	符	腐	喷				
v								袜										文		份				
t	堆			对																递				
t'	推			退			腿										天		地	太				
d				队	塌			袋										填				陈		第
l				癞		台												年田				啼	你	
ts	栽			岁	渣		②	炸									尖		纸					
ts'	猜	啄		蔡	叉			岔									千			是				
dz		①		裂		查财		罪										锄甜						
s	筛		厦	碎	沙		捨										山			扇				
z						线	野	夜										来		焰				
tɕ																						齐	紧	
tɕ'												④				窍								件
dʑ										斜				穷								骑		坐
ȵ									黏															
ɕ											写		胸	熊									⑦	
ʑ										⑤														
k	乖		寡	界	家	夹	改	架									跟		⑥					
k'	开		块	快				敤																
g							舅																	
ŋ						牙		硬																
x		玩		画	虾			下											很					
ɣ						狭																		
ø	蜗		瓦	害	桠	③	哑																掩	

①dzua13 蹲
②tso35 两（个）
③o13 叔
④tɕ'io22 躲藏
⑤ʑio13 瓣
⑥kɛ35 整（天）
⑦ɕiɛ35 骂

厦 sua35 披～
画 xua35 名词
匹 fo13 一～布
黏 ȵio55 ～起来

簸 pɛ35 动词
喷 p'ɛ22 ～水
喷 fɛ22 ～嚏
分：实际读音声母为[Φ]

份：实际读音声母为[β]
地 t'ɛ35 ～上
便 biɛ～宜
你 liɛ35 又音 diɛ35

表 4

声母	uɛ 阴平55	uɛ 阳平13	uɛ 上声35	uɛ 去声22	yɛ 阴平55	yɛ 阳平13	yɛ 上声35	yɛ 去声22	æ 阴平55	æ 阳平13	æ 上声35	æ 去声22	uæ 阴平55	uæ 阳平13	uæ 上声35	uæ 去声22	ei 阴平55	ei 阳平13	ei 上声35	ei 去声22	ui 阴平55	ui 阳平13	ui 上声35	ui 去声22
p																	碑			背⌐				
p'																	坡			破				
b																		陪	薄					
m																	磨⌐		蚊	磨⌐				
f									番		粉　反									痱				
v											远													
t											点													转
t'			舵									垫												
d		驮	赚								澄⌐													
l							寻	嫩			碾											罗		大
ts	砖										盏		准				枝		皱⌐					
ts'	春		蠢	寸							浅			茶			粗			菜				
dz		船																						
s	孙										闪				笋		梳							
z				闰														②						
tɕ					倔⌐	茄	捲																	
tɕ'						①	菌																	
dʑ						群	矿⌐																	
ɳ																								
ɕ							选																	
ʑ						匀																		
k	裈⌐		棍												滚					聚	歌			过
k'			睏												犬		窠						跬⌐	
g																								
ŋ											眼											蛾		
x	荤			贺									灰								缚⌐			
ɣ										还		陷		活										
∅	温		祸	县						丸			河		稳									

① tɕ'yɛ13（用斧）砍　矿 dʑyɛ35（用刀）砍　磨 mei55 动词　　缚 xui55 系（鞋带）
② zei13 他　　澄 dæ35 澄一澄　磨 mei22 名词
裈 kuɛ55 裤　背 pei22 名词　跬 kui35 步：一～

表 5

	yɪ				ɑɔ				cɑi				əu				iəu				əɯ			
	阴平55	阳平13	上声35	去声22	阴平55	阳平13	上声35	去声22	阴平55	阳平13	上声35	去声22	阴平55	阳平13	上声35	去声22	阴平55	阳平13	上声35	去声22	阴平55	阳平13	上声35	去声22
p					包		保		标							报			表					
p'					抛		菢		飘						捧	炮				票				
b						刨				嫖				抱	袍									
m						茅				苗				毛	猛	帽				庙				
f													风											
v																缝								
t					刀				雕		钓		都			冻								
t'							道				调		通			套								
d						淘				朝				同		洞								
l						桃	老			龙	了	料		牢	②拢									
ts					宗		早						糟			照					珠		煮	
ts'					超		草						聪			臭								
dz																动						流		醜
s					烧		扫							苕		笑								瘦
z														融								揉		
tɕ	龟			贵					浇		绞													
tɕ'	吹			脆					鳅		轿													
dʑ		勺								桥														
ɲ																								
ɕ	襄			税							晓													
ʑ																								
k					高		搞														公	割	喜	锯
k'					空				敲														起	去
g																						渠		
ŋ						熬																牛		饿
x					烘		好							毫	哄	蕻								
ɣ														红										
∅	冤			愿	①				妖		舀	要	轵			瓮								

①ɑɔ55肿　　扫 sɑɔ35~地　　炮 p'əu22枪~　　哄 xəu35~骗

②lɤu13缩　　调 t'iɑi35~换　　风：实际读音是 [ɸəu55]　　轵 əu55牛~

勺 dʑyɪ13~子　　朝 diɑi13~代　　缝：实际读音是 [βəu22]　　锯 kəɯ22~子

道 t'ɑɔ35~士　　要 iɑɔ22~东西　　苕 səu13红薯

表 6

	iəu				oŋ				ioŋ				ō				ē				i			
	阴平	阳平	上声	去声	阴平	阳平	上声	去声	阴平	阳平	上声	去声	阴平	阳平	上声	去声	阴平	阳平	上声	去声	阴平	阳平	上声	去声
	55	13	35	22	55	13	35	22	55	13	35	22	55	13	35	22	55	13	35	22	55	13	35	22
p					搬			半					班		板	扮	瓶^		饼					
pʻ					潘											拼^								
b						盘										柄		瓶^						
m							满	望						忙		命		名						
f					方		纺	放					兄	平										
v						房	网																	
t	猪			驻		塘	胆	当	章		长^		单		等	担								
tʻ		直			汤			炭			丈		听											
d		厨		调^		团		淡		长^				痰										
l		①	理	滤		拦	糖	浪	粮	肠	两	亮		兰		耐								
ts					装		②	钻					争				正^			正^				
tsʻ					仓		撞	唱					称^			秤	青		请	清				
dz						床	乱	懒						塍		层			上^					
s					双		伞	散									星		醒					
z						羊	养	样										赢						
tɕ									浆		蒋	酱												见
tɕʻ	蛆								枪		抢													
dʑ										墙	象	匠												
ȵ		鱼								娘														砚
ɕ				絮					多		想	向						鲜						
k					甘		讲						更^											
kʻ						乾^									肯									
g																								
ŋ																								
x					荒		谎						鼾^			唤								
ɣ						行														杏				
∅									秧				淹		饮				影	燕	烟			

①liəu¹³：～糵　涎水　　乾 kʻoŋ⁵⁵～湿　　担 tō²²～子　　正 tsē⁵⁵～月
②tsoŋ³⁵～娘：姨母　　长 tioŋ³⁵生～　　称 tsʻō⁵⁵～东西　正 tsē²²端～
调 diəu²²～动　　长 dioŋ¹³～短　　更 kō⁵⁵五～　　清 tsʻē²²～凉
当 toŋ²²典～　　两 lioŋ³⁵斤～　　瓶 pē⁵⁵花～　　上 dzē³⁵～面
钻 tsoŋ²²～子　　拼 pʻō²²～命　　瓶 bē¹³～子

表 7

声母	ŋ̍ 阴平 55	阳平 13	上声 35	去声 22	ɿʔ 入声 53	iʔ 入声 53	uʔ 入声 53	yʔ 入声 53	aʔ 入声 53	iaʔ 入声 53	uaʔ 入声 53	oʔ 入声 53	ioʔ 入声 53	eʔ 入声 53	uiʔ 入声 53	ɛʔ 入声 53	iɛʔ 入声 53	uɛʔ 入声 53	yɛʔ 入声 53	əuʔ 入声 53	iəuʔ 入声 53	ŋʔ 入声 53
p						逼			笔			百		北						剥		
p'												拍										
b																						
m												麦		墨								
f												法										
v																						
t						摘					筑	答		得								
t'						贴				铁		拓			脱							
d										跌												
l						笠	读				绿	辣	曆									力
ts					汁						捉	紮		隻						织		
ts'							出		拆		插	尺								逐		
dz							①									热						
s					什		②		色		刷			塞		蜇						
ʐ														页								
tɕ						接					鹊						捷		拙			
tɕ'						切		鶹											怯			
dʑ																						
ȵ																					肉	
ç						歇							削						血 钥			
ʑ																						
k							谷				刮	裌				葛			各	角		
k'											窟	客				阔			磕	壳		
g																						
ŋ												额										
x												瞎		黑								
ɣ																						
∅	人	王	五	岸	噎						挖	压							鸭	月	忆	日

① dzuʔ⁵³ ～雨：下雨   拓 t'oʔ⁵³ ～印   蜇 sɛʔ⁵³ 蜂子～人   逐 ts'əuʔ⁵³ ～野肉（打猎）
② suʔ⁵³ 被子   裌 koʔ⁵³ ～衣   捷 tɕiɛʔ⁵³ ～路
汁 tsɿʔ⁵³ 糜～   曆 lioʔ⁵³ ～头（日曆）   怯 tɕ'yɛʔ⁵³ 怕：～得很   角 kəuʔ⁵³ 牛～
鶹 tɕ'yʔ⁵³ ～黑   隻 tseʔ⁵³ 一～鸡   很

叁　同音字汇

同音字汇以韵母为序，韵母次第同韵母表一致。同韵的字以声母为序；声母次第同声母表一致。声韵相同的字以声调为序。写不出的字用"□"表示。入声字按实际归并的调类记音。

ʅ

tsʅ　［35］指　［22］痣翅

tsʻʅ　［55］十拾漦集韵之韵充之切,流涎也　［35］齿

dzʅ　［13］祠~堂

sʅ　［55］示告~　［35］屎事又音dza55

i

pi　［35］比　［22］闭遍

pʻi　［55］便方~篇偏　［22］屁

bi　［13］枇□稀　［22］鼻边

mi　［55］迷眉棉篾□乳汁　［35］蚁　［22］谜味面麵

Φi　［55］飞　［35］觑蛇　［22］粪

βi　［13］肥　［22］吠

ti　［55］多尘灰~　［22］帝滴

tʻi　［55］拖　［22］替吐呕~

di　［55］提~起来　［13］池　［35］渡

li　［55］犁镰燃厘　［13］迟　［35］履鞋鲤里　［22］厉染地山~

tɕi　［55］肩斤筋荆今金　［35］借几~个□屋　［22］祭剑镜

tɕʻi　［55］牵亲~人亲~家自　［35］砌契刺气汽磬

dʑi　［13］棋期旗糍钳鳍　［22］湿

ɲi　［55］泥银　［22］认

ɕi　［55］西新薪先谢　［35］死　［22］细四信戏姓

i　［55］衣□饱　［13］一乙　［35］椅　［22］印

u

pu　［13］□~~:祖母　［35］补　［22］布

pʻu　［22］铺

bu　［55］蒲　［22］菩簿

fu　［35］斧~头府　［22］傅师~

vu　［35］武舞

tu　［35］肚

t'u [22] 兔

du [55] 徒　[13] □蹲

lu [55] 捋　[13] 卢瓠~□~蜂：马蜂　[35] 橹

tsu [35] 祖帚水

ts'u [55] □~灰：石灰　[22] 醋

dzu [13] 射　[22] 漱

su [35] 鼠

zu [13] 穗

ku [55] 箍　[35] 古估牯鼓

k'u [55] 枯　[35] 苦

u [55] 乌　[13] 胡湖狐壶鬍　[35] 吾　[22] 悟

y

ty [55] 靁广韵脂韵陟佳切，雷也，出韩诗（敠~：打雷）

dy [13] 锤槌

tɕy [55] 髻　[35] 嘴鬼　[22] 醉

tɕ'y [35] 跪柜

dʑy [13] 脐

a

y [35] 围

p'a [55] 披　[22] 妇媳~

ba [55] 负　[35] 簿　[22] □画（动词）

ma [35] 买　[22] 卖

fa [55] 花

ta [55] 苋一~菜 蘸头 斧~　[35] 底陡斗□~~：姑母

t'a [55] 梯　[22] 透剃

da [55] 篓鱼~　[22] 豆

la [55] 楼　[13] 讨　[35] 累弄玩~

tsa [55] 周　[35] 主紫子蚤狗~ 指手~　[22] 树

ts'a [55] □端，~菜　[35] 取娶

dza [55] 油事又音sɿ³⁵　[13] 馋　[35] 扯　[22] 竖字

sa [55] 撕师狮丝馊收鸶　[35] 数~一~使　[22] 数~字晒

za [13] 楂广韵麻韵侧加切，似梨而酸　[22] 漏右

ka [55] 该鸡沟阄呆　[13] 钩　[35] 解　[22] 够

k'a [55] 溪抠　[35] 口　[22] 扣

ŋa [55] 捱岩

xa [13] 猴　[35] 海会~不~

ɣa [13] 喉　[35] 厚后

a [55] 阿　[35] 呕　[22] 沤

ia

tia 　[55] 爹　[13] 绸

t'ia 　[55] 抽　[35] 柱

lia 　[55] 刘榴□爬　[13] □小　[35] 柳

tɕia 　[35] 酒九韭久　[22] 救殿

tɕ'ia 　[55] 秋硈集韵黠韵丘八切，短也　鳅

dʑia 　[13] 泅求球　[22] 就

ȵia 　[55] 捏　[35] 耳

ɕia 　[55] 修杀　[22] 绣~球

ia 　[55] 忧

ua

tua 　[55] 堆　[22] 对碓

t'ua 　[55] 胎推驰代　[22] 退

dua 　[22] 队

lua 　[22] 癞

tsua 　[55] 栽斋　[22] 岁

ts'ua 　[55] 猜差出~催　[13] 啄　[22] 蔡

dzua 　[13] □蹲　[22] 裂揢

sua 　[55] 筛萨　[13] 碎　[35] 厦偏~

kua 　[55] 乖瓜街　[35] 寡拐　[22] 盖界山~怪挂卦

k'ua 　[55] 开　[35] 块　[22] 快筷

xua 　[13] 玩　[35] 画一张~坏

ua 　[55] 蜗抓　[35] 瓦雨有话　[22] 害滑

o

po 　[55] 巴疤　[35] 摆把　[22] 拜

p'o 　[55] 稗白败　[22] 帕□~ lɑ cɑ 肮脏

bo 　[55] 杷　[13] 耙排牌赔

mo 　[55] 麻煤　[35] 马码莫蚂　□~~：婶婶

fo 　[13] 皮脾匹　[35] 火

vo 　[13] 袜

t'o 　[55] 遏邋~　[13] 塌　[35] 腿

lo 　[13] 邋~遢

do 　[13] 台抬　[22] 袋

tso 　[55] 渣遮　[35] □二，基数　[22] 榨炸溅

ts'o 　[55] 叉权差~别车载　[22] 岔

dzo 　[55] 查　[13] 财仇杂煤　[35] 罪

so 　[55] 三杉沙纱赊　[35] 捨

zo 　[13] 线　[35] 惹野　[22] 夜

ko [55] 家加　[13] 衔夹鸽
　　[35] 假改蟹铰　[13] 架驾
　　嫁价

k'o [35] 鞍集韵果韵苦果切，一曰击也

go [13] 舅

ŋo [55] 伢牙芽衙颜　[22] 硬

xo [55] 虾霞鰓　[35] 骇

ɣo [13] 狭学　[35] 下

o [55] 桠　[13] □叔叔
　　[35] 哑矮

io

tɕ'io [22] □躲藏

dʑio [13] 斜

n̠io [55] 黏~起来□挨近

ɕio [35] 写

zio [13] □瓣

iɔ

tɕ'iɔ [22] 曲窍

dʑiɔ [13] 穷松

ɕiɔ [55] 胸萧□掀　[13] 熊雄

ɛ

pɛ [55] 跛　[35] 簸~一~
　　[22] 辈

p'ɛ [22] 喷

bɛ [13] 盆　[22] 变

mɛ [55] 门蚊　[13] 摸
　　[35] 尾　[22] 万闷问

Φɛ [55] 分

βɛ [22] 份

fɛ [13] 坟符扶　[35] 腐
　　[22] 喷~嚏

vɛ [55] 文

tɛ [35] 颠递

t'ɛ [55] 天添　[13] 太
　　[35] 地~上

dɛ [13] 填

lɛ [55] 年　[13] 田

tsɛ [55] 尖~利姐针真　[35]
　　纸诊

ts'ɛ [55] 千簽　[35] 是铲在

dzɛ [13] 锄□移动钱前裁　[35]
　　舐

sɛ [55] 籼~米山深升身　[22]
　　扇~子

zɛ [13] 来盐檐　[22] 焰

kɛ [35] 跟　[35] □整

xɛ 很恨

iɛ

p'iɛ [13] □看　[35] 辫

biɛ [13] 便~宜

miɛ [35] 米

diɛ [13] 堤橡陈~米蹄　[35]

你又音 lie³⁵　　[22] 第

liɛ　[13] 啼　[35] 你又音 die³⁵

tɕiɛ　[13] 齐　[35] 紧

tɕʻiɛ　[35] 件

dʑiɛ　[13] 骑勤芹　[22] 坐座

ɕiɛ　[35] □骂

iɛ　[35] 掩

uɛ

tʻuɛ　[35] 舵

duɛ　[13] 驮　[22] 赚

tsuɛ　[55] 砖

tsʻuɛ　[55] 春椿村　[35] 蠢　[22] 寸

dzuɛ　[13] 船泉

suɛ　[55] 孙狲猻~

zuɛ　[35] □蚯蚓　[22] 闰顺

kuɛ　[55] 裈　[22] 棍灌

kʻuɛ　[22] 睏

xuɛ　[55] 荤浑昏　[35] 贺

uɛ　[55] 温~水瘟　[35] 祸　[22] 县吞

yɛ

lyɛ　[35] 寻　[22] 嫩

tɕyɛ　[55] 倔~头　[13] 茄　[35] 捲

tɕʻyɛ　[13] □(用斧)砍　[35] 菌

dʑyɛ　[13] 拳裙群　[35] 斫 广韵

药韵之若切，刀斫，（用刀）砍

ɕyɛ　[35] 锁涩选

ʑyɛ　[13] 匀药

yɛ　[13] 丸袁云

æ

pæ　[55] 踹　[35] 粉本

fæ　[55] 番　[35] 反翻

væ　[35] 远

tæ　[35] 点□~家：女婿

tʻæ　[35] 殿垫

dæ　[35] 沉澄~一~

læ　[35] 簟碾

tsæ　[35] 盏

tsʻæ　[35] 浅

sæ　[35] 闪

ŋæ　[35] 眼

ɣæ　[13] 还　[35] 陷

uæ

tsuæ　[35] 准準

tsʻuæ　[35] 茶

suæ　[35] 笋榫省~市

kuæ　[35] 滚捆

kʻuæ　[35] 犬

ɣuæ　[13] 活

uæ　[13] 河何和~面横魂　[35]

稳

eɪ

peɪ 　[55] 碑 　[22] 背_{名词}

p'eɪ 　[22] 破劈

beɪ 　[55] 陪 　[13] 薄□_{阿~：祖父} 　[35] 坡

meɪ 　[55] 磨_{~刀}埋煤 　[22] 磨_{~子}

feɪ 　[35] 痱

tseɪ 　[55] 枝支 　[35] 皱

ts'eɪ 　[55] 粗初贼 　[22] 菜

seɪ 　[55] 梳

zeɪ 　[13] □_他

keɪ 　[35] 聚_{~拢}

xeɪ 　[55] 灰

uɪ

tuɪ 　[22] 转

t'uɪ 　[55] □_{睏~了：睡着了}

luɪ 　[55] 罗箩锣骡螺胴蜕_{~皮} 　[22] 大

kuɪ 　[55] 歌 　[35] 跬 　[22] 过

kʰuɪ 　[55] 窠

ŋuɪ 　[55] 蛾鹅屙_{~肚：泻}

xuɪ 　[55] 缚_{~带子。广韵药韵符籰切，系也}

ʏɪ

tɕʏɪ 　[55] 军龟 　[22] 左鳜贵_{~气}稞

tɕ'ʏɪ 　[55] 吹截搓 　[22] 脆劝错

dʑʏɪ 　[13] 勺_{~子}

ɕʏɪ 　[55] 薰蓑 　[22] 税楦

ʏɪ 　[55] 冤完怨 　[22] 院熨愿韵

aɔ

paɔ 　[55] 包胞 　[35] 保宝

p'aɔ 　[55] 抛 　[35] 菢

baɔ 　[13] 刨

maɔ 　[55] 猫锚茅

taɔ 　[55] 刀东冬

t'aɔ 　[35] 道_{~主}

daɔ 　[13] 淘跳

laɔ 　[13] 桃条 　[35] 老脑绕_{~线}□_弟

tsaɔ 　[55] 宗钟棕春_{~米} 　[35] 早枣爪吵少多_{~蚤澡洗涤}

ts'aɔ 　[55] 超 　[35] 草嫂炒

saɔ 　[55] 烧鬆 　[35] 扫_{~地}□_路

zaɔ 　[55] 窑

kaɔ 　[55] 高膏教_{~书}工做_{~铰} 　[35] 稿搞槁

kʻaɔ [55] 空

ŋaɔ [55] 熬

xaɔ [55] 烘 [35] 好

aɔ [55] □肿 [13] 篙

iaɔ

piaɔ [55] 标膘

pʻiaɔ [55] 飘

biaɔ [13] 嫖

miaɔ [55] 苗

tiaɔ [55] 雕卤烟~ [22] 钓

tʻiaɔ [35] 调~换

diaɔ [13] 朝~代条黄荆~重~叠

liaɔ [55] 浓龙潲虫 [35] 了
[22] 尿料

tɕiaɔ [55] 椒浇焦 [35] 绞

tɕʻiaɔ [55] 锹 [35] 轿

dʑiaɔ [13] 桥荞

ɕiaɔ [35] 晓

iaɔ [55] 妖邀要~求腰 [35]
舀 [22] 要~东西

əu

pəu [22] 报豹

pʻəu [35] 捧 [22] 泡爆炮

bəu [55] 抱 [13] 袍朋彭棚篷
缝~衣服

məu [55] 毛 [35] 猛 [22]

梦帽□阴（天）

Φəu [55] 风枫疯封蜂坪地名

βəu [13] 平 [22] 缝一条~病

təu [55] 都 [22] 到倒冻

tʻəu [55] 通桶 [22] 套

dəu [13] 同铜 [22] 洞盗

ləu [55] 牢笼 [13] □缩
[35] 拢

tsəu [55] 糟 [22] 照罩粽灶做

tsʻəu [55] 聪葱 [22] 糙臭

dzəu [35] 动

səu [13] 茗红薯 [22] 扫~帚笑
送宋□痛

zəu [13] 食~饭融□让

kʻəu [55] 敲 [22] 靠空~缺

xəu [13] 毫 [35] 哄 [22]
薅

ɣəu [13] 红洪

əu [35] 轭牛~ [22] 坳瓮

iəu

piəu [35] 表

pʻiəu [22] 票

miəu [22] 庙

me

tsme [55] 珠书盅茶~ [35] 煮
~猪草守剩~饭

dzəɯ [13] 流时□酸、咸 [22] 醜

səɯ [35] 手 [22] 瘦试

zəɯ [55] 揉

kəɯ [55] 公虾~个哪~ [13] 割 [35] 喜 [22] 锯~子

kʻəɯ [35] 起 [22] 去

gəɯ [13] 渠瞿

ŋəɯ [55] 牛 [22] 饿

iəɯ

tiəɯ [55] 蛛猪株中 [22] 驻住

tʻiəɯ [55] 直值

diəɯ [13] 厨 [22] 调~动

liəɯ [13] □（~藜，涎） [35] 女理掉 [22] 滤

tɕʻiəɯ [55] 蛆 [13] □大锅

ȵiəɯ [55] 鱼

ɕiəɯ [22] 絮

oŋ

poŋ [55] 搬 [22] 半

pʻoŋ [55] 潘

boŋ [13] 盘螃

moŋ [35] 满 [22] 忘望

foŋ [55] 方 [35] 纺 [22] 放

voŋ [13] 房还回 [35] 网

toŋ [55] 塘疗钉 [35] 胆 [22] 当典~

tʻoŋ [55] 汤滩摊 [22] 炭

doŋ [13] 弹~琴团磴 [22] 淡

loŋ [55] 拦栏难 [13] 糖囤 [35] 浪

tsoŋ [55] 装桩 [35] □~娘：姨母 [22] 钻

tsʻoŋ [55] 仓铛小锅 [35] 撞上~山 [22] 唱尚和~

dzoŋ [55] 床 [13] 乱藤□腊（~月）□背篓 [35] 懒痒

soŋ [55] 桑伤霜双生 [35] 伞嗓磉省节~ [22] 散算蒜涮

zoŋ [13] 园羊洋杨 [35] 养 [22] 样剩

koŋ [55] 甘肝官钢豇 [35] 讲港

kʻoŋ [55] 乾~湿

ɣoŋ [13] 行走

xoŋ [55] 荒慌 [13] 谎

ioŋ

tioŋ [55] 章张 [35] 长生~涨

tʻioŋ [35] 丈

dioŋ [13] 长~短场

lioŋ [55] 粮粱 [13] 肠 [35] 两几~ [22] 亮

tɕioŋ　[55] 浆薑　[35] 浆蒋　[22] 将~帅酱

tɕʻioŋ　[55] 枪腔香　[35] 抢

dʑioŋ　[13] 墙　[35] 象　[22] 匠~人

ȵioŋ　[55] 娘

ɕioŋ　[55] 乡箱厢　[35] 想饷　[22] 像相~貌向

ioŋ　[55] 秧

õ

põ　[55] 班帮崩　[35] 班~长板　[22] 扮

pʻõ　[22] 拼~命攀

bõ　[22] 柄

mõ　[55] 忙縻　[22] 慢命

fõ　[55] 兄　[13] 平坪

tõ　[55] 单　[35] 等　[22] 担~子

tʻõ　[55] 听堂

dõ　[13] 痰

lõ　[55] 零铃男兰　[22] 耐

tsõ　[55] 簪争曾蒸

tsʻõ　[55] 称~东西　[22] 撑秤一杆~

dzõ　[55] 塍　[13] 层

kõ　[55] 柑更五~

kʻõ　[35] 肯咳

xõ　[55] 鼾　[22] 唤

õ　[55] 淹　[35] 饮~茶

ẽ

pẽ　[55] 瓶花~　[35] 饼

bẽ　[13] 瓶~子

ẽ　[55] 名明~白

lẽ　[35] 领

tsẽ　[55] 正~月　[22] 正端~

tsʻẽ　[55] 青清轻~重□糠　[35] 请　[22] 清

dzẽ　[35] 上~面

sẽ　[55] 星腥　[35] 醒

zẽ　[22] 赢

ɣẽ　[35] 杏

ẽ　[35] 影　[22] 燕荫

ĩ

tɕĩ　[22] 见

ȵĩ　[22] 砚

ɕĩ　[55] 鲜仙

ĩ　[55] 烟

ŋ̍

ŋ̍　[55] 人　[13] 黄王蝗　[35] 碗五　[22] 岸苋汗焊晏应答~二第~

ʅʔ

tsʅʔ [53] 汁饭~

sʅʔ [53] 什

iʔ

piʔ [53] 憋逼壁

tiʔ [53] 摘

tʻiʔ [53] 帖贴踢侄

liʔ [53] 笠

tɕiʔ [53] 接节结揭鲫

tɕʻiʔ [53] 切戚漆七

ɕiʔ [53] 膝媳锡歇

iʔ [53] 拽噎

uʔ

luʔ [53] 读

tsʻuʔ [53] 出

dzuʔ [53] □~雨, 下雨

suʔ [53] □被子

kuʔ [53] 谷

yʔ

tɕʻyʔ [53] 黢~黑

aʔ

paʔ [53] 笔不

tʻaʔ [53] 铁

daʔ [53] 跌

tsʻaʔ [53] 拆

saʔ [53] 色虱

iaʔ

tiaʔ [53] 筑戳

liaʔ [53] 绿六

tɕʻiaʔ [53] 鹊

uaʔ

tsuaʔ [53] 捉

tsʻuaʔ [53] 插

suaʔ [53] 刷

kuaʔ [53] 刮骨

kʻuaʔ [53] 窟

uaʔ [53] 挖

oʔ

poʔ [53] 八百伯

pʻoʔ [53] 拍

moʔ [53] 麦抹末

foʔ [53] 法发~作罚合

toʔ [53] 答搭

tʻoʔ [53] 獭拓~印

loʔ [53] 蜡辣

tsoʔ [53] 紮

tsʻoʔ [53] 擦尺

koʔ [53] 夹~衣挟~菜隔~壁

k'oʔ　[53] 客
ŋoʔ　[53] 额
xoʔ　[53] 瞎吓
oʔ　[53] 押压轧

ioʔ

lioʔ　[53] 曆~头
ɕioʔ　[53] 削

eʔ

peʔ　[53] 钵拨驳北
meʔ　[53] 墨脉
teʔ　[53] 得不~（没有）
tseʔ　[53] 摺隻一~鸡
seʔ　[53] 叶~子塞
zeʔ　[53] 页
k'eʔ　[53] 黑

uɪʔ

t'uɪʔ　[53] 脱托
kuɪʔ　[53] 葛
k'uɪʔ　[53] 阔渴

ɛʔ

dzɛʔ　[53] 热舌
sɛʔ　[53] 蜇~人

iɛʔ

iɛʔ　[53] 捷~路（近路）

uɛʔ

kuɛʔ　[53] 各
k'uɛʔ　[53] 磕
uɛʔ　[53] 鸭

yɛʔ

tɕyɛʔ　[53] 拙雀作
tɕ'yɛʔ　[53] 怯缺~口皮（豁嘴）
ɕyɛʔ　[53] 撒~种薛雪索~子血
ʑyɛʔ　[53] 钥
yɛʔ　[53] 月越

əuʔ

pəuʔ　[53] 剥
tsəuʔ　[53] 竹烛织
ts'əuʔ　[53] 逐~野肉（打猎）
kəuʔ　[53] 急角
k'əuʔ　[53] 壳谷~给麴酒~
əuʔ　[53] 忆

iəuʔ

liəuʔ　[53] 力
ȵiəuʔ　[53] 肉

ŋ̍ʔ

ŋ̍ʔ　[53] 日木入

肆 今古音韵比较

这里所谓今音是指沅陵麻溪铺现代乡话的音系，所谓古音是指《广韵》所代表的中古音系。音韵的分类依据语言研究所的《方言调查字表》。声韵的比较皆以乡话声母、韵母为纲，分别列出例字说明中古音的来源。声调的比较用表格对照。每项比较之后，对其特点略加说明。

4.1 声母的比较

p 闭遍逼壁憋补布笔巴疤把摆拜八百伯跛簸碑辈比剥表报豹钵拨驳北搬半饼班帮崩板扮膘标保宝包胞背本下（帮母）粉（帮母）瓶花~（並母）

p' 篇偏屁铺帕拍喷~香票炮泡水~潘攀飘抛破坡劈披拼（滂母）便方~稗辫掹白败（並母）爆（帮母）捧（敷母）妇媳~（奉母）

b 批蒲菩杷排牌赔盆便~宜鼻簿薄粑抱袍棚彭朋蓬盘螃刨陪薄嫖瓶~子（並母）边柄变（帮母）坡（滂母）负缝~衣服（奉母）

m 迷谜面麵篾眉买卖麻媒马码蚂莫抹末摸门闷米毛帽墨脉满名明慢忙命苗猫锚茅煤磨~刀磨~子埋猛梦庙（明母）味尾问万忘望蚊（微母）蚁（疑母）饭（奉母）

f 飞粪风枫疯封府斧傅法发方放痱反（非母）分罚符扶坟腐（奉母）蜂纺翻番（敷母）喷~嚏匹（滂母）皮脾平坪（並母）花火虺兄（晓母）合（匣母）

v 肥吠缝一条~房（奉母）袜文武舞网（微母）回（匣母）远（云母）

t 多帝滴肚兜底斗陡堆碓对答搭得颠倒到冻胆当单担~子雕钓刀东冬点都钉疔（端母）摘爹筑猪蛛株驻张长生~涨转（知母）尘绸住（澄母）戳（彻母）递头斧~塘（定母）章（章母）蘸（庄母）囱（清母）

t' 拖替吐贴帖踢梯剃透铁推胎退塌腿獭拓天添太套桶通滩摊炭汤托脱听（透母）堂测~换代舵垫地~上道~士（定母）抽（彻母）侄柱驰跑丈直值重轻~（澄母）殿（端母）

d 提渡徒豆跌队台抬填蹄第盗洞铜同淡弹~琴团痰淘跳驮调~动袋条黄荆~（定母）池锤槌椽陈厨长~短场朝~代重~叠沉赚澄（澄母）桌（知母）堤磴

（端母）篓鱼~（来母）

　　l　犁镰厘里鲤理厉笠暦捋撸卢瓤~楼累弄刘榴柳六绿蜡辣力滤牢笼拢梁粮两斤~亮拦栏懒领兰铃零料了龙老罗锣箩骡螺胴浪癞（来母）女难男尿浓脑嫩你年耐碾（泥母）地山~啼~哭读田调~动桃大簟掉糖条量词（定母）讨蜕（透母）肠虫迟（澄母）燃染绕~线（日母），寻（邪母）漉（生母）

　　ts　指痔汁帚周珠主遮针纸枝支烛织照钟煮摺褶隻正~月正端~真诊准準蒸（章母）祖做子紫糟蚤栽溅尖姐灶棕粽钻簪曾早枣澡宗（精母）斋提渣榨紥争皱盏爪~子装炸爆~（庄母）吵（初母）竹罩桩（知毋）翅水守春书少（书母）岁（心母）

　　ts'　醋取娶猜蔡菜催擦千草簸糙聪葱仓青清请粗浅村寸（清母）齿出车尺臭唱称秤春蠢（昌母）差插叉权岔铲炒初（初母）十拾是尚上~山（禅母）茶逐撞（澄母）椿撑拆超（彻母）啄（知母）嫂（心母）在贼载满~（从母）轻（溪母）

　　dz　字杂财罪钱前层泉裁（从母）竖树仇时上~面（禅母）馋煤锄床查事（崇母）船舌舐螣（船母）流乱裂懒（来母）藤动（定母）祠（邪母）热（日母）痒（以母）漱（生母）扯丑（昌母）掐（溪母）

　　s　撕丝萨碎三扫笑鬆宋送塞散算蒜桑嗓磉伞星腥醒笋榫省孙籼~米（心母）师狮馊数使晒色虱筛刷涮厦偏~沙彬纱山瘦霜双生梳（生母）屎鼠捨收深升身扇试伤烧闪赊（书母）示（船母）事（崇母）叶（以母）苕什（禅母）螫（知母）

　　z　野夜盐檐焰融羊洋杨样养赢页窑（以母）闰惹揉（日母）顺剩食（船母）穗（邪母）漏来（来母）园（云母）线（心母）

　　tɕ　斤盘荆今金肩几剑结揭髻鬼久九韭救紧见浇龟贵鳜军卷绞（见母）借祭节接嘴醉酒雀浆蒋桨将酱姜椒焦左作鲫稷（精母）拙（章母）倔茄（群母）

　　tɕ'　亲砌切刺漆七戚黢秋鳅鹊蛆枪抢锹脆搓错（清母）牵契气汽磬曲窍缺怯腔劝（溪母）吹（昌母）香（晓母）跪柜件轿菌（群母）捷截自（从母）

　　dʑ　棋旗期钳鳍求球穷勤芹骑桥荞裙群拳（群母）糍脐坐座墙匠就（从母）泅斜象（邪母）勺~子（禅母）射（船母）湿（书母）

　　ȵ　泥黏捏娘（泥母）银鱼砚（疑母）认耳肉（日母）

　　ɕ　西新薪先信四死细媳锡膝修锈萧削写絮索雪薛撒厢箱想相襄鲜仙（心

母）歇血胸向乡晓薰楦戏（晓母）饷税（书母）杀（生母）谢像（邪母）熊雄（云母）

　　z　钥匀药（以母）

　　k　箍古估牯鼓各谷该鸡沟阄钩解够街乖瓜寡盖界怪拐挂卦刮骨家加夹假驾架嫁价改鸽袼隔兵过公锯个角急官甘肝讲港钢缸柑跟更高膏稿槁搞葛歌滚教铰工灌棍裈（见母）睏捆跬步（溪母）喜（晓母）衔蟹（匣母）聚（从母）呆（疑母）

　　k'　苦溪抠口扣开块筷窟客靠空去敲魏壳肯阔渴磕窠睏犬咳起（溪母）乾～湿给（见母）黑（晓母）

　　g　渠瞿舅（群母）

　　ŋ　捱岩牙芽衙伢颜硬额牛饿熬蛾鹅眼（疑母）

　　x　海虾吓瞎薤烘哄谎荒慌鼾好灰荤昏唤（晓母）会画霞坏骇很恨毫浑贺（匣母）玩（疑母）

　　ɣ　喉厚后还红洪杏下活陷狭学行走（匣母）

　　ø　衣椅印噫乌阿呕沤忧挖桠哑矮押鸭压轧掩忆一乙坳碗晏应秧烟淹影饮燕邀荫妖要腰怨冤熨稳温瘟瓮轭（影母）吾悟五瓦月岸愿（疑母）入日人二第～（日母）汗（晓母）拽舀（以母）蜗篙（见母）抓（庄母）木（明母）吞（透母）

　　从比较中可以看出乡话声母的几个特点：

　　（1）知彻澄三母的字一般读为［t、t'、d］，反映了"古无舌上音"这个特征。例如：猪［tiəu³³］、长生～［tioŋ³⁵］、转［tui²²］、抽［t'ia⁵⁵］、池［di¹³］、厨［diəu¹³］、赚［duɛ²²］等。

　　（2）並定群从澄崇船七母的字逢平声一般读为不送气的带音声母，例如：排［bo¹³］、团［doŋ¹³］、渠［gəu¹³］、财［dzo¹³］、陈［diɛ¹³］、锄［dzɛ¹³］、船［dzuɛ¹³］等；逢仄声多数读为送气的不带音声母，例如：稗［p'o⁵⁵］、舵［t'uɛ³⁵］、跪［tɕ'y³⁵］、在［ts'ɛ³⁵］、撞［ts'oŋ³⁵］等。

　　（3）某些非敷奉母的字保留着重唇音的读法，即读为"帮滂並"。例如：粉［pæ³⁵］、妇媳～［p'a²²］、负～东西［ba⁵⁵］、缝～衣服［bəu¹³］等。

　　（4）少数心母、生母、书母的字不读擦音，而读塞擦音。例如：嫂［ts'cɑ³⁵］、岁［tsua²²］、漱［dzu²²］、水［tsu³⁵］、书［tsəu⁵⁵］、守［tsəu³⁵］、少多～［tsɑɔ³⁵］等。

（5）乡话边音［l］的来源亦有特色。来母字是主要来源，其次是泥母洪音和部分泥母细音。一部分定母字也读 l，如"桃、田、读、大、掉、糖、簟、啼哭、地山~、调~动、条量词"等。其他还有透母字：讨［la¹³］、蜕［luɪ⁵⁵］；澄母字：肠［lioŋ¹³］、虫［liaɔ⁵⁵］；日母字：燃［li⁵⁵］、染［li²²］；邪母字：寻［lyɛ³⁵］；生母字：瀟［liaɔ⁵⁵］。

4.2　韵母的比较

ʅ　祠齿事痣（止摄开口三等之韵）指屎示（止摄开口三等脂韵）翅（止摄开口三等支韵）十拾汁（深摄开口三等辑韵）

i　柀眉糍迟履死比屁鼻四自鳍（止摄口三等脂韵）刺寄戏蚁（止摄开口三等支韵）棋期旗里鲤厘（止摄开口三等之韵）衣几~个气汽（止摄开口三等微韵）飞肥味胝（止摄合口三等微韵）亲~戚亲~家新尘银信认印（臻摄开口三等真韵）斤筋（臻摄开口三等殷韵）一乙（臻摄开口三等质韵）粪（臻摄合口三等文韵）便方~篇偏棉燃（山摄开口三等仙韵）边先肩牵遍麵（山摄开口四等先韵）篾（山摄开口四等屑韵）迷提犁西谜帝替砌细契闭（蟹摄开口四等齐韵）厉祭（蟹摄开口三等祭韵）吠（蟹摄合口三等废韵）剑（咸摄开口三等严韵）钳镰（咸摄开口三等盐韵）染（咸摄开口三等琰韵）多拖（果摄开口一等歌韵）谢（假摄开口三等麻韵）荆（梗摄开口三等庚韵）磬（梗摄开口四等青韵）滴（梗摄开口四等锡韵）心金今（深摄开口三等侵韵）湿（深摄开口三等辑韵）

u　布铺补菩蒲簿徒兔肚橹祖醋卢箍古估牯鼓枯苦吾乌胡湖狐鬍悟（遇摄合口一等模韵）府斧傅武舞（遇摄合口三等虞韵）鼠（遇摄合口三等鱼韵）水穗（止摄合口三等脂韵）帚漱（流摄开口三等尤韵）捋（山摄合口一等末韵）

y　醉锤槌柜（止摄合口三等脂韵）嘴跪（止摄合口三等支韵）鬼围（止摄合口三等微韵）脐髻（蟹摄开口四等齐韵）

a　头楼钩沟抠喉蔸斗陡篓口厚后呕沤扣够漏豆透（流摄开口一等侯韵）妇负油收馊周右阄（流摄开口三等尤韵）簿买卖晒解揩（蟹摄开口二等佳韵）底梯鸡溪剃（蟹摄开口四等齐韵）呆该海（蟹摄开口一等咍韵）会（蟹摄合口一等泰韵）累极困（蟹摄合口一等灰韵）竖树数取娶主（遇摄合口三等虞韵）丝字使子事（止摄开口三等之韵）师狮指手~（止摄开口三等脂韵）披撕

紫（止摄开口三等支韵）馋蘸（咸摄开口二等咸韵）扯（假摄开口三等麻韵）
花（假摄合口二等麻韵）讨（效摄开口一等豪韵）弄玩~（通摄合口一等东
韵）阿（果摄开口一等歌韵）

ia 抽刘榴柳绸秋鳅泅求球酒久九韭救就绣修忧（流摄开口三等尤韵）
爹（假摄开口三等麻韵）柱（遇摄合口三等虞韵）耳（止摄开口三等之韵）
杀（山摄开口二等黠韵）捏（山摄开口四等屑韵）

ua 堆对碓推退队块催碎（蟹摄合口一等灰韵）癞蔡盖害（蟹摄开口一
等泰韵）胎代栽猜开（蟹摄开口一等咍韵）斋界（蟹摄开口二等皆韵）差出~
筛街（蟹摄开口二等佳韵）乖怪坏（蟹摄合口二等皆韵）话（蟹摄合口二等
夬韵）拐挂卦快筷画（蟹摄合口二等佳韵）岁（蟹摄合口三等祭韵）瓜蜗寡
瓦（假摄合口二等麻韵）厦偏~（假摄开口二等麻韵）雨（遇摄合口三等虞
韵）玩（山摄合口一等桓韵）滑（山摄合口二等黠韵）萨（山摄开口一等曷
韵）裂（山摄开口三等薛韵）掐（咸摄开口二等洽韵）驰（止摄开口三等支
韵）有（流摄开口三等尤韵）啄（江摄开口二等觉韵）

o 巴疤耙麻马码渣榨炸查岔沙纱家加假架驾嫁价叉权差牙伢衙芽下虾桠
哑霞把帕（假摄开口二等麻韵）拾惹野夜赊遮车（假摄开口三等麻韵）台抬
鳃载改财（蟹摄开口一等咍韵）排拜骇（蟹摄开口二等皆韵）牌稗矮蟹（蟹
摄开口二等佳韵）败（蟹摄开口二等夬韵）赔媒腿罪（蟹摄合口一等灰韵）
颜（山摄开口二等删韵）线溅（山摄开口三等仙韵）袜（山摄合口三等月韵）
三（咸摄开口一等谈韵）杂（咸摄开口一等合韵）塌（咸摄开口一等盍韵）
杉（咸摄开口二等咸韵）夹狭煤（咸摄开口二等洽韵）衔（咸摄开口二等衔
韵）舅仇（流摄开口三等尤韵）火（果摄合口一等戈韵）皮脾（止摄开口三
等支韵）匹（臻摄开口三等质韵）桌学（江摄开口二等觉韵）莫（宕摄开口
一等铎韵）硬（梗摄开口二等庚韵）

io 写斜（假摄开口三等麻韵）黏~起来（咸摄开口三等盐韵）

iɔ 萧窈（效摄开口四等萧韵）穷熊雄（通摄合口三等东韵）胸（通摄
合口三等钟韵）酿（通摄合口三等烛韵）

ɛ 恨恨跟（臻摄开口一等痕韵）真诊身（臻摄开口三等真韵）盆喷门闷
（臻摄合口一等魂韵）问文分坟汾（臻摄合口三等文韵）针深（深摄开口三等
侵韵）升（曾摄开口三等蒸韵）山铲（山摄开口二等山韵）扇~子钱灿~米变
（山摄开口三等仙韵）田填天颠年千前（山摄开口四等先韵）万（山摄合口三

等元韵）尖籤盐焰檐（咸摄开口三等盐韵）添（咸摄牙口四等添韵）符扶腐
（遇摄合口三等虞韵）锄（遇摄开口三等鱼韵）跢簸（果摄合口一等戈韵）来
裁在（蟹摄开口一等咍韵）太（蟹摄开口一等泰韵）递（蟹摄开口四等齐韵）
辈（蟹摄合口一等灰韵）是纸舐（止摄开口三等支韵）地（止摄开口三等止
韵）尾（止摄合口三等微韵）姐（假摄开口三等麻韵）摸（宕摄开口一等铎
韵）

ie　便~宜件（山摄开口三等仙韵）辫（山摄开口四等先韵）椽（山摄合
口三等仙韵）掩（咸摄开口三等盐韵）陈紧（臻摄开口三等真韵）勤芹（臻
摄开口三等殷韵）你（止摄开口三等之韵）骑（止摄开口三等支韵）米第齐
堤蹄啼（蟹摄开口四等齐韵）坐座（果摄合口一等戈韵）

ue　温浑村孙瘟棍裈昏睏寸（臻摄合口一等魂韵）春蠢顺闰（臻摄合口
三等谆韵）吞（臻摄开口一等痕韵）荤（臻摄合口三等文韵）灌（山摄合口
一等桓韵）县（山摄合口四等先韵）泉砖船（山摄合口三等仙韵）驮舵贺
（果摄开口一等歌韵）祸（果摄合口一等戈韵）赚（咸摄开口二等咸韵）

ye　裙云群（臻摄合口三等文韵）菌匀（臻摄合口三等谆韵）嫩（臻摄
合口一等魂韵）倔（臻摄合口三等物韵）捲拳选（山摄合口三等仙韵）袁
（山摄合口三等元韵）丸（山摄合口一等桓韵）茄（果摄合口三等戈韵）锁
（果摄合口一等戈韵）寻（深摄开口三等侵韵）涩（深摄开口三等辑韵）药
（宕摄开口三等药韵）

æ　眼盏（山摄开口二等山韵）浅碾（山摄开口三等仙韵）殿垫（山摄
开口四等先韵）还（山摄合口二等删韵）反翻番远（山摄合口三等元韵）陷
（咸摄开口二等咸韵）闪（咸摄开口三等盐韵）点簟（咸摄开口四等添韵）本
（臻摄合口一等魂韵）粉（臻摄合口三等文韵）沉（深摄开口三等侵韵）澄~
清（曾摄开口一等登韵）

uæ　魂滚捆稳（臻摄合口一等魂韵）準准笋桦（臻摄合口三等谆韵）和
~面（果摄合口一等戈韵）河何（果摄开口一等歌韵）活（山摄合口一等末
韵）犬（山摄合口四等先韵）省~市（梗摄开口二等庚韵）横（梗摄合口二等
庚韵）茶（假摄开口二等麻韵）

ei　坡破磨~刀磨~子（果摄合口一等戈韵）粗（遇摄合口一等模韵）初
梳（遇摄合口三等鱼韵）聚（遇摄合口三等虞韵）菜（蟹摄开口一等咍韵）
埋薄~荷（蟹摄开口二等皆韵）陪煤背~上灰（蟹摄合口一等灰韵）枝支碑

（止摄开口三等支韵）痱（止摄合口三等微韵）皴（流摄开口三等尤韵）蚊（臻摄合口三等文韵）贼（曾摄开口一等德韵）劈（梗摄开口四等锡韵）

ɯ　罗锣箩歌蛾鹅大（果摄开口一等歌韵）过骡螺腂窠（果摄合口一等戈韵）蜕（蟹摄合口一等泰韵）跐（止摄开口三等支韵）转（山摄合口三等仙韵）

yɪ　军薰熨韵（臻摄合口三等文韵）劝冤怨愿楦（山摄合口三等元韵）院（山摄合口三等仙韵）完（山摄合口一等桓韵）截（山摄开口四等屑韵）脆税鳜（蟹摄合口三等祭韵）穄（蟹摄开口三等祭韵）搓左（果摄开口一等歌韵）蓑（果摄合口一等戈韵）吹（止摄合口三等支韵）龟（止摄合口三等脂韵）贵~气（止摄合口三等微韵）错（遇摄合口一等模韵）勺（宕摄开口三等药韵）

ɑ　保宝桃道老脑革早枣蚤澡嫂扫~地高稿槁好熬刀膏篙淘袍（效摄开口一等豪韵）包胞抛茅储锚爪炒吵搞教铰刨（效摄开口二等肴韵）烧绕少窑超（效摄开口三等宵韵）条量词跳（效摄开口四等萧韵）棕鬃东工空~虚烘（通摄合口一等东韵）宗冬鬆（通摄合口一等冬韵）钟春（通摄合口三等锺韵）

cɑ　膘标飘苗嫖妖邀要腰舀朝~代椒焦锹轿桥荞（效援开口三等宵韵）雕条黄荆~调~换尿料了钓浇晓（效摄开口四等萧韵）潲绞（效摄开口二等肴韵）囱（通摄合口一等东韵）虫（通摄合口三等东韵）浓龙重（通摄合口三等锺韵）

əu　袍毛抱报帽到倒套盗薅牢扫~帚毫靠糟灶糙（效摄开口一等豪韵）豹爆罩敲炮泡坳（效摄开口二等肴韵）照笑蓍（效摄开口三等宵韵）篷通桶同笼拢铜动冻洞粽聪葱送洪红哄空~缺瓮（通摄合口一等东韵）宋（通摄合口一等冬韵）风枫疯梦融（通摄合口三等东韵）封蜂缝捧（通摄合口三等锺韵）臭（流摄开口三等尤韵）都做（遇摄合口一等模韵）彭猛（梗摄开口二等庚韵）棚（梗摄开口二等耕韵）轭（梗摄开口二等麦韵）朋（曾摄开口一等登韵）食（曾摄开口三等职韵）

uəi　表票庙（效摄开口三等宵韵）

uə　牛流瘦揉丑守（流摄开口三等尤韵）书锯去渠煮（遇摄合口三等鱼韵）珠蠷（遇摄合口三等虞韵）起喜试时（止摄开口三等之韵）个饿（果摄开口一等歌韵）剩~饭（曾摄开口三等蒸韵）公（通摄合口一等东韵）盅（通摄合口三等锺韵）

　　uəi　猪鱼滤女蛆絮（遇摄合口三等鱼韵）蛛株厨住驻（遇摄合口三等虞韵）掉明~动（效摄开口四等萧韵）理（止摄开口三等之韵）直值（曾摄开口三等职韵）

　　oŋ　装床霜伤羊洋杨养痒上~山唱样尚（宕摄开口三等阳韵）螃当典~浪磉嗓桑仓钢汤糖塘（宕摄开口一等唐韵）方放房纺网忘望（宕摄合口三等阳韵）荒慌谎（宕摄合口一等唐韵）桩双豇讲港撞（江摄开口二等江韵）省节~生行~走（梗摄开口二等庚韵）钉疔（梗摄开口四等青韵）藤磴（曾摄开口一等登韵）剩（曾摄开口三等蒸韵）弹~琴难拦栏滩懒散伞肝乾~湿炭（山摄开口一等寒韵）搬潘满盘官团钻半算蒜乱（山摄合口一等桓韵）涮（山摄合口二等删韵）圈（山摄合口一等桓韵）园（山摄合口三等元韵）甘淡胆（咸摄开口一等谈韵）回（蟹摄合口一等灰韵）

　　ioŋ　娘粮梁箱厢枪香乡秧两儿~丈长生~蒋浆桨姜张肠长~短场章墙亮将大~匠相~貌向抢象像饷想（宕摄开口三等阳韵）腔（江摄开口二等江韵）

　　õ　崩等曾层肯（曾摄开口一等登韵）蒸称塍秤（曾摄开口三等蒸韵）平坪命柄（梗摄开口三等庚韵）听零铃拼（梗摄开口四等青韵）更五~撑（梗摄开口二等庚韵）争（梗摄开口二等耕韵）兄（梗摄合口三等庚韵）帮忙堂（宕摄开口一等唐韵）班攀慢板（山摄开口二等删韵）单兰鼾（山摄开口一等寒韵）扮（山摄开口二等山韵）唤（山摄合口一等桓韵）饭（山摄合口三等元韵）痰柑担（咸摄开口一等谈韵）男簪（咸摄开口一等覃韵）淹（咸摄开口三等盐韵）饮（深摄开口三等侵韵）咳袋耐（蟹摄开口一等哈韵）

　　ẽ　饼名清请正领赢（梗摄开口三等清韵）青星腥醒瓶（梗摄开口四等青韵）明影（梗摄开口三等庚韵）杏（梗摄开口二等庚韵）燕（山摄开口四等先韵）荫（深摄开口三等侵韵）

　　ĩ　鲜仙（山摄开口三等仙韵）见砚烟（山摄开口四等先韵）

　　ŋ̍　岸汗焊（山摄开口一等寒韵）苋（山摄开口二等山韵）晏（山摄开口二等删韵）碗（山摄合口一等桓韵）黄蝗（宕摄合口一等唐韵）王（宕摄合口三等阳韵）人（臻摄开口三等真韵）应答~（曾摄开口三等蒸韵）五（遇摄合口一等模韵）二第~（止摄开口三等脂韵）

　　iʔ　汁什（深摄开口三等缉韵）

　　iʔ　憋节结切噎（山摄开口四等屑韵）歇（山摄开口四等月韵）拽（山摄开口三等薛韵）帖贴（咸摄开口四等帖韵）接（咸摄开口三等叶韵）笠

（深摄开口三等缉韵）壁踢戚锡（梗摄开口四等锡韵）摘（梗摄开口二等麦韵）漆膝七侄（臻摄开口三等质韵）逼媳鲫（曾摄开口三等职韵）

u? 读谷（通摄合口一等屋韵）出（臻摄合口三等术韵）

y? 黢（臻摄合口三等术韵）

a? 跌（咸摄开口四等帖韵）铁（山摄开口四等屑韵）笔虱（臻摄开口三等质韵）不（臻摄合口一等没韵）色（曾摄开口三等职韵）拆（梗摄开口二等陌韵）

ia? 筑六（通摄合口三等屋韵）绿（通摄合口三等烛韵）戳（江摄开口二等觉韵）鹊（宕摄开口三等药韵）

ua? 插（咸摄开口二等洽韵）刷刮（山摄合口二等鎋韵）挖（山摄合口二等黠韵）骨窟（臻摄合口一等没韵）捉（江摄开口二等觉韵）

o? 答搭合（咸摄开口一等合韵）蜡（咸摄开口一等盍韵）袷（咸摄开口二等洽韵）押压（咸摄开口二等狎韵）挟（咸摄开口四等帖韵）法（咸摄合口三等乏韵）獭辣擦（山摄开口一等曷韵）八抹紥轧（山摄开口二等黠韵）瞎（山摄开口二等鎋韵）末（山摄合口一等末韵）发~怍罚（山摄合口三等月韵）百伯拍客嚇额（梗摄开口二等陌韵）麦隔（梗摄开口二等麦韵）尺（梗摄开口三等昔韵）

io? 曆（梗摄开口四等锡韵）削（宕摄开口三等药韵）

e? 北默塞黑墨得（曾摄开口一等德韵）隻（梗摄开口三等昔韵）驳（江摄开口二等觉韵）摺页叶（咸摄开口三等叶韵）钵拨（山摄合口一等末韵）

ɯ? 脱阔（山摄合口一等末韵）葛渴（山摄开口一等曷韵）托（宕摄开口一等铎韵）

ɛ? 舌热蜇~人（山摄开口三等薛韵）

iɛ? 捷（咸摄开口三等叶韵）

uɛ? 各（宕摄开口一等铎韵）磕（咸摄开口一等盍韵）鸭（咸摄开口二等狎韵）

yɛ? 雀钥（宕摄开口三等药韵）作索（宕摄开口一等铎韵）怯（咸摄开口三等业韵）撒~种（山摄开口一等曷韵）薛（山摄开口三等薛韵）雪拙（山摄合口三等薛韵）月越（山摄合口三等月韵）缺~口血（山摄合口四等屑韵）

əu? 竹麯（通摄合口三等屋韵）烛（通摄合口三等烛韵）织忆（曾摄开

口三等职韵）角壳剥（江摄开口二等觉韵）急给（深摄开口三等缉韵）

　　iəuʔ　肉（通摄合口三等屋韵）力（曾摄开口三等职韵）

　　n̩ʔ　日（臻摄开口三等质韵）木（通摄合口一等屋韵）入（深摄开口三等缉韵）

从比较中可以看出乡话韵母的几个特点：

（1）歌韵有 i、uɪ、yɪ、uɛ、uæ 等读法，如多［ti⁵⁵］、大［luɪ²²］、左［tɕyɪ²²］、舵［tʻuɛ³⁵］、河［uæ¹³］等。戈韵（合口一等）有 eɪ、uɪ、yɪ、iɛ、uɛ、yɛ 等读法，如破［pʻeɪ²²］、裸［kʻuɪ⁵⁵］、蓑［ɕyɪ⁵⁵］、坐［dʑiɛ²²］、祸［uɛ³⁵］、锁［ɕyɛ³⁵］等。

（2）哈、泰二韵有不少字读为合口呼韵母 ua。如"胎、代、栽、猜、开、癞、蔡、盖、害"等。皆、佳二韵庄组字一般方言读开口，见组字一般方言读开口或齐齿，而乡话有一些却是读合口的，如"斋、差出~、筛、界、街"等。此外，乡话 ua 韵的字还有的来自灰韵（对［tua²²］）、虞韵（雨［ua³⁵］）、尤韵（有［ua³⁵］）、支韵（驰［tʻua⁵⁵］）等。

（3）侯韵和部分尤韵字读 a。如口［kʻa³⁵］、楼［la⁵⁵］、陡［ta³⁵］、妇［pʻa²²］、油［dza⁵⁵］、周［tsa⁵⁵］。此外，乡话 a 韵字的来源还有一些也为一般方言所罕见。例如梯［tʻa⁵⁵］、溪［kʻa⁵⁵］、鸡［ka⁵⁵］（以上齐韵）、主［tsa³⁵］、树［dza²²］、娶［tsʻa³⁵］（以上虞韵）、子［tsa³⁵］、使［sa³⁵］、字［dza²²］（以上之韵）、师［sa⁵⁵］、指手~［tsa³⁵］（以上脂韵）、紫［tsa³⁵］、披［pʻa⁵⁵］、撕［sa⁵⁵］（以上支韵）。

（4）豪、肴二韵一部分读 cɑ，一部分读 ue，似和声调有关。读 cɑ 的这两韵无去声；读 əu 的这两韵除少数字外，大多是去声。如"报豹帽到套盗靠爆炮坳"等。

（5）中古音的鼻韵尾-m、-n 在乡话中已消失。咸深二摄中除咸摄开口一等有少数字读-oŋ 外，其余均读单元音、复元音或鼻化音。山臻二摄中除山摄开合口一等部分字读-oŋ 外，其余几乎也都读为单元音、复元音或鼻化音。只有-ŋ 尾还保存着一部分（实际上只有-oŋ 和-ioŋ）。宕江二摄主要读-oŋ 和-loŋ，曾摄主要读 ō，梗摄主要读 ē 和 ō，通摄主要读 cɑ 和 əu。

4.3　声调的比较

乡话调类和古四声的关系如下表：

表8　乡话调类和古四声的关系表

		阴平 [55]	阳平 [13]	上声 [35]	去声 [22]	入声 [53]
古平声	清	巴单				
	次浊	麻难				
	全浊		排团			
古上声	清			摆等		
	次浊			马老		
	全浊			是近		
古去声	清				布寸	
	次浊				味浪	
	全浊				第树	
古入声	清		割鸽		滴劈	笔铁
	次浊					绿抹
	全浊	白直	活狭			捷逐

从比较中可以看出乡话声调的几个特点：

（1）次浊平归阴平。

（2）全浊上仍读上声，不归去声。

（3）入声一部分保留喉塞音韵尾，一部分（主要是全浊入）并入其他声调：并入阳平的最多，并入阴平、去声的次之，并入上声的限于极个别的字。可以说乡话入声正处于由具有喉塞音韵尾到逐渐消失这种韵尾的蜕变之中。

表中情况详细说明如下：

①古平声清声母字，乡话读阴平。例外字有：读阳平的如"钩"，读上声的如"坡"，读去声的如"攀"。

②古平声次浊声母字，乡话一般读阴平。少数字读阳平，如"来、园、围、羊、杨、盐"等。个别字读上声，如"蚊"。

③古平声全浊声母字，乡话一般读阳平。少数字读阴平，如"提、蒲、徒、驰、杷、霞、陪、床、堂、塍"等。个别字读上声，如"茶"。

④古上声清声母字，乡话读上声。例外字有：读阴平的如"姐、桶、跛"，读阳平的如"讨"，读去声的如"左、丑"。

⑤古上声次浊声母字，乡话读上声。个别字读去声，如"染"。

　　⑥古上声全浊声母字，乡话仍读上声，而不归去声。例外字有：读去声的如"坐、妇、像、淡"等，读阴平的如"抱"。

　　⑦古去声清声母字，乡话一般读去声。少数读其他声调：读阴平的如"蘸、载"，读阳平的如"碎、块、线、跳"，读上声的如"借、殿、垫、痱、皱"。

　　⑧古去声次浊声母字，乡话读去声。个别字读阳平，如"乱"。

　　⑨古去声全浊声母字，乡话一般读去声。少数读其他声调：读阴平的如"示、便方~、自、溅、代、稗"，读上声的如"事、通、贺、陷、菢、轿、画"，读阳平的如"射、穗"。

　　⑩古入声清声母字，乡话一部分保留喉塞音韵尾，一部分并入阴平或去声。除表中例字外，并入阳平的还有"啄、塌、夹"等，并入去声的还有"湿、掐、曲"等。

　　⑪古入声次浊声母字，乡活一部分保留喉塞音韵尾，一部分并入其他声调。并入阴平的如"捏"，并入阳平的如"袜、药"，并入上声的如"莫"，并入去声的如"裂"。

　　⑫古入声全浊声母字，乡话保留喉塞尾的颇少。较多的并入阴平，如"十、拾、白、倔、贼、截、直、值"等，或并入阳平，如"食、学、狭、活、薄、勺、煠"等。

伍　词汇和语法例句

　　这一部分是依据语言研究所方言组所编《方言调查词汇表》的条目进行调查的。本书从中选录了一部分，其中有些词条是原表所没有的。共分十八项。（一）至（十七）是词和词组，（十八）是语法例句。每条先列汉字后记音，再用普通话对照注释。"□"用来表示写不出的字。

（一）

日头	ŋ̩ʔ⁵³・ta	太阳
月亮	yɛʔ⁵³ lioŋ²²	
星	sē⁵⁵	星星
罩子	tsəu²²・tsa	雾
干天	k'oŋ⁵⁵ t'ɛ⁵⁵	晴天
□天	məu¹³ t'ɛ⁵⁵	阴天
□雨	tsu³⁵ ua³⁵	下雨
□面雪	mo⁵⁵ mi²² ɕyɛʔ⁵³	鹅毛雪

蚂蟥虫　　mo³⁵ ŋ̍¹³ liaɔ⁵⁵　虹
仙犬食月亮　ɕĩ⁵⁵ k'uæ³⁵ zəu¹³ yɛʔ⁵³
　　　　　lioŋ²² 月食
聚霆　　　k'o³⁵ ty⁵⁵　打雷

(二)

岩包　　　ŋa⁵⁵ paɔ⁵⁵　大石头
岩老骨　　ŋa⁵⁵ laɔ³⁵ •ku　小石头
鸡子岩　　ka⁵⁵ •tsa ŋa⁵⁵　鹅卵石
碑岩　　　peɪ⁵⁵ ŋa⁵⁵　碑
干水窟　　k'oŋ⁵⁵ tsu³⁵ k'uaʔ⁵³　旱
　　　　井
岩磴　　　ŋa⁵⁵ doŋ¹³　台阶儿
地包　　　t'ɛ³⁵ paɔ⁵⁵　土堆（自然
　　　　形成的）
山水　　　sɛ⁵⁵ tsu³⁵　山洪；山泉
坟包　　　fɛ¹³ paɔ⁵⁵　坟
索子　　　ɕyɛʔ⁵³ •tsa　绳子
行捷□　　ɣoŋ¹³ tɕ'iɛʔ⁵³ saɔ³⁵　走近
　　　　路

(三)

年头头　　lɛ⁵⁵ ta¹³ •ta　年初
年尾巴　　lɛ⁵⁵ mɛ³⁵ •po　年终
坐三十夜　dziɛ²² so⁵⁵ ts'ʅ⁵⁵ zo²²　守
　　　　岁
拜正　　　po²² tsē⁵⁵　拜年
□日　　　dzia¹³ ŋ̍ʔ⁵³　今天

明□　　　mē⁵⁵ •ta　明天
后日　　　ɣa³⁵ ŋ̍ʔ⁵³ 后天
老后日　　laɔ³⁵ ɣa³⁵ ŋ̍ʔ⁵³ 大后天
□眼　　　mo⁵⁵ ŋæ³⁵ 黄昏

(四)

油麻　　　dza⁵⁵ mo⁵⁵　芝麻
苕　　　　səu¹³　红薯
番瓜　　　fæ⁵⁵ kua⁵⁵　南瓜
青瓜　　　ts'ē⁵⁵ kua⁵⁵
辣子　　　loʔ⁵³ •tsa　辣椒
洋辣子　　zoŋ¹³ loʔ⁵³ •tsa　西红柿
长豆角　　dioŋ¹³ da²² kəuʔ⁵³　豇豆
枫香树　　fəu⁵⁵ tɕ'ioŋ⁵⁵ dza²²　枫树
松毛　　　dziɔ¹³ məu⁵⁵　松针
麦槠　　　moʔ⁵³ za¹³　李子
□柑子　　lia¹³ kō⁵⁵ •tsa　橘子
大柑　　　luɪ¹³ kō⁵⁵　柚子
□菜　　　lɛ¹³ ts'eɪ²²　菠菜
洋白菜　　zoŋ¹³ p'o⁵⁵ ts'eɪ²²　包菜
大葱　　　luɪ²² ts'əu⁵⁵　蒜

(五)

刺猪　　　tɕ'i²² tiɯ⁵⁵　刺猬
鱼　　　　ȵiɯ⁵⁵
鱼星　　　ȵiɯ⁵⁵ sē⁵⁵　鱼鳞
鲫壳子　　tɕiʔ⁵³ k'əuʔ⁵³ •tsa　鲫鱼
山里鱼　　sɛ⁵⁵ li³⁵ ȵiɯ⁵⁵　穿山甲

天鹅　t'ɛ⁵⁵ ŋɯ⁵⁵　大雁

八八子　poʔ⁵³ poʔ⁵³•tsa　八哥

蛛蛛子　tiəɯ⁵⁵ tiəɯ⁵⁵•tsa　蜘蛛

壁虫　piʔ⁵³ liaɔ⁵⁵　臭虫

黄老鼠　ŋ¹³ laɔ³⁵ su³⁵　黄鼠狼

鱼鳅　ȵiəɯ⁵⁵ tɕ'ia⁵⁵　泥鳅

燕雀子　ē²² tɕyɛʔ⁵³•tsa　燕子

檐雀子　zɛ¹³ tɕyɛʔ⁵³•tsa　蝙蝠

虾公　xo⁵⁵ kəɯ⁵⁵　虾

犬公　k'uæ³⁵ kəɯ⁵⁵　公狗

犬娘　k'uæ³⁵ ȵioŋ⁵⁵　母狗

猪娘　tiəɯ⁵⁵ ȵioŋ⁵⁵　母猪

猪子子　tiəɯ⁵⁵ tsa³⁵•tsa　小猪

公鸭　kəɯ⁵⁵ uɛʔ⁵³

娘鸭　ȵioŋ⁵⁵ uɛʔ⁵³　母鸭

鸡公　ka⁵⁵ kəɯ⁵⁵　公鸡

鸡娘　ka⁵⁵ ȵioŋ⁵⁵　母鸡

鸡子子　ka⁵⁵ tsa³⁵•tsa　小鸡儿

菢鸡娘　p'aɔ³⁵ ka⁵⁵ ȵioŋ⁵⁵　菢窝鸡

牯牛　ku³⁵ ŋməɯ⁵⁵ 公牛

牛娘　ŋməɯ⁵⁵ ȵioŋ⁵⁵　母牛

(六)

□　tɕi³⁵　屋

偏厦　p'i⁵⁵ sua³⁵　靠墙搭的小房子

猫子窟　maɔ⁵⁵•tsa k'uaʔ⁵³　窗户

睏床　k'uɛ²² dzoŋ⁵⁵　床

薪槁　ɕi⁵⁵ kaɔ³⁵　柴火

锯末粉　kəɯ²² moʔ⁵³ pæ³⁵　木屑

茶盅子　ts'uæ³⁵ tsəɯ⁵⁵•tsa　茶杯

酒盏子　tɕia³⁵ tsæ⁵⁵•tsa　酒杯

澡面盆子　tsa³⁵ mi²² bɛ¹³•tsa　脸盆

帕子　p'o²²•tsa³³　毛巾

铛　ts'oŋ⁵⁵　小锅

□　tɕ'iəɯ¹³　大锅

铁钳　t'aʔ⁵³ dʑi¹³　火钳

铰子　kaɔ⁵⁵•tsa　剪刀

勺　dʑyɪ¹³　瓢

丝久　sa⁵⁵ dʑyɪ¹³　笊篱

推箱　t'ua⁵⁵ ɕioŋ⁵⁵　抽屉

水瓮　tsu³⁵ əɯ²²　水缸

□　dzoŋ¹³　背篓

钵头　peʔ⁵³•ta　钵子

(七)

后生子　ɣa³⁵ soŋ⁵⁵•tsa　青年男子

□伢子　lia¹³ ŋo⁵⁵•tsa　小孩儿

□子子　lia¹³ tsa³⁵•tsa　小男孩儿

□女子　lia¹³ liəɯ³⁵•tsa　小女孩

儿

同年	dəu¹³ lɛ⁵⁵	同庚
老□头	laɔ³⁵ tɕi³⁵ • ta	老家
做春的	tsəu²² tsʻuɛ⁵⁵ • ti	农民
药师	ʑyɛ¹³ sa⁵⁵	医生
老师	laɔ³⁵ sa⁵⁵	巫师（男的）
师娘	sa⁵⁵ ȵioŋ⁵⁵	巫师（女的）
师傅	sa⁵⁵ • fu	老师
罪人	dzo³⁵ ŋ⁵⁵	囚犯
拐子	kua³⁵ • tsa	骗子
败家子孙	pʻo⁵⁵ ko⁵⁵ tsa³⁵ suɛ⁵⁵	败家子
接生娘	tɕiʔ⁵³ soŋ⁵⁵ ȵioŋ⁵⁵	收生婆
寡□子	kua³⁵ mo¹³ • tsa	寡妇

（八）

爹	tia⁵⁵	父亲
阿娘	a⁵⁵ ȵioŋ⁵⁵	母亲
伯□	poʔ⁵³ • pu	伯父
伯娘	poʔ⁵³ ȵioŋ⁵⁵	伯母
□	o¹³	叔叔
□□	mo³⁵ mo⁵⁵	婶婶
阿□	a⁵⁵ beɪ¹³	祖父
□□	pu¹³ pu⁵⁵	祖母
家□	ko⁵⁵ beɪ¹³	外祖父
家□	ko⁵⁵ moŋ⁵⁵	外祖母

子	tsa³⁵	儿子
女	liəu⁵⁵	女儿
媳妇	ɕiʔ⁵³ pʻa²²	
亲爹	tɕʻi⁵⁵ tia⁵⁵	岳父
亲娘	tɕʻi⁵⁵ ȵioŋ⁵⁵	岳母
□家	tæ³⁵ ko⁵⁵	女婿
男□	lō⁵⁵ • xua	丈夫
□□	mɛ¹³ • xua	妻子
舅公	go¹³ kəu⁵⁵	舅父
舅□	go¹³ moŋ⁵⁵	舅母
□□	ta³⁵ • ta	姑母
□娘	tsoŋ³⁵ ȵioŋ⁵⁵	姨母
老表	laɔ³⁵ piəu³⁵	表哥
□□	laɔ³⁵ • laɔ	弟弟
后爹	ɣa³⁵ tia⁵⁵	继父
后娘	ɣa³⁵ ȵioŋ⁵⁵	继母
亲家	tɕʻi⁵⁵ ko⁵⁵	

（九）

身个	sɛ⁵⁵ kəu⁵⁵	身体
脑古	laɔ³⁵ • ku	头
脑毛	laɔ³⁵ məu⁵⁵	头发
脑毛辫	laɔ³⁵ məu⁵⁵ pʻiɛ³⁵	辫子
面巴	mi²² po⁵⁵	脸
眼珠	ŋæ³⁵ tsəu⁵⁵	眼睛
鼻□	bi²² koŋ⁵⁵	鼻子
鼻□窟	bi²² koŋ⁵⁵ kʻua⁵³	鼻孔
口皮	kʻa³⁵ fo¹³	嘴唇

下嘴巴　ɣo³⁵ tɕy³⁵ po⁵⁵　下巴

□　mi⁵⁵ 乳汁

□包　mi⁵⁵ pao⁵⁵　乳房

鸡眼子　ka⁵⁵ ŋæ³⁵ ·tsa　踝骨

□爒　liəɯ¹³ tsʻɿ⁵⁵　涎

（十）

籺摆子　kʻo³⁵ po³⁵ ·tsa　生疟疾

沙痱子　so⁵⁵ feɪ³⁵ ·tsa　痱子

缺口皮　tɕʻyɛʔ⁵³ kʻa³⁵ fo¹³　豁嘴

跛□　pɛ³⁵ ·li　跛子

瞎□　xoʔ⁵³ ·li　瞎子

□□　tsao⁵⁵ ·li　聋子

哑□　o³⁵ ·li　哑子

麻□　mo⁵⁵ ·li　麻子

癫□　lua²² ·li　癫子

蠢人　tsʻuɛ³⁵ ŋ̍⁵⁵　傻子

□　səu²²　痛

作冻　tɕyɛʔ⁵³ təu²²　发冷

（十一）

絮衣　ɕiəɯ²² i⁵⁵　棉衣

袄衣　koʔ⁵³ i⁵⁵

单衣　tō⁵⁵ i⁵⁵

裈　kuɛ⁵⁵　裤子

绔裈　tɕʻia⁵⁵ kuɛ⁵⁵　短裤

履　li³⁵　鞋

花履　fa⁵⁵ li³⁵

履底　li³⁵ ta³⁵　鞋底

履面子　li³⁵ mi²² ·tsa　鞋帮儿

花扇　fa⁵⁵ sɛ²²　带花的折扇

纸扇　tsɛ³⁵ sɛ²²　一般的折扇

箍子　ku⁵⁵ ·tsa　戒指

吹吹烟□　tɕʻyɪ⁵⁵ tɕʻyɪ⁵⁵ ĩ⁵⁵ ti⁵⁵　尺来长的竹烟斗

（十二）

早糜　tsao³⁵ mō⁵⁵

□　soŋ³⁵　中饭

黑糜　kʻeʔ³⁵ mō⁵⁵　晚饭

焦糜　tɕiao⁵⁵ mō⁵⁵　锅巴

麦粉　moʔ⁵³ pæ³⁵　面粉

□糜　bi¹³ mō⁵⁵　粥

糜汁　mō⁵⁵ tsɿʔ⁵³　米汤

泡豆腐　pʻəu⁵⁵ da²² ·fɛ　豆腐泡儿

肉油　ȵiəu⁵³ dza⁵⁵　猪油

稷酒　tɕyɪ²² tɕia³⁵　高粱酒

甘糟　koŋ⁵⁵ tsəu⁵⁵　江米酒

（十三）

澡面　tsao³⁵ mi²²　洗脸

澡身个　tsao³⁵ sɛ⁵⁵ ·ɯ　洗澡

食糜　zəu¹³ mō⁵⁵　吃饭

饮茶　ō³⁵ tsʻuæ³⁵　喝茶

饮酒　ō³⁵ tɕia³⁵　喝酒

饮酒　　õ³⁵ ĩ⁵⁵　吸烟

□戏　　p'iɛ¹³ ɕi²²　看戏

泅水　　dʑia¹³ tsu³⁵　游泳

逐野肉　ts'əuʔ⁵³ zo³⁵ ȵiəuʔ⁵³　打猎

（十四）

摆脑古　po³⁵ laɔ³⁵ ·ku　摇头

眙　　　ku³⁵　瞪

□　　　dzua¹³ | du¹³　蹲

□　　　lia⁵⁵　爬

竖　　　dza²²　站

讲白字　koŋ³⁵ p'o⁵⁵ dza²²　谈天

唤　　　xõ²²　喊

□　　　ɕiɛ³⁵　骂

啼　　　liɛ¹³　哭

吵场合　tsaɔ³⁵ dioŋ¹³ foʔ⁵³　吵架

□　　　ts'a⁵⁵　端~菜

□　　　ɕiɔ⁵⁵　掀

□　　　dzɛ¹³　移动

缚　　　xuɪ⁵⁵　系~带子

怯　　　tɕ'yɛʔ⁵³　害怕

馋　　　dza¹³　羡慕

（十五）

乖　　　kua⁵⁵　漂亮

丑　　　dzəɯ²²

索利　　so¹³ li²²　干净

邋遢　　lo¹³ t'o⁵⁵ | □□ p'o²²
　　　　·laɔ　肮脏

□　　　dzɯu¹³　咸；酸

□　　　bi¹³　稀

怯丑　　tɕ'yɛ⁵³ dzəɯ²²　害羞

（十六）

一条客人　i¹³ laɔ¹³ k'oʔ⁵³ ŋ̍⁵⁵

一架车子　i¹³ ko²² ts'o ·tsa

一隻鸡　　i¹³ tseʔ⁵³ ka⁵⁵

一条鱼　　i¹³ laɔ¹³ ȵiəɯ⁵⁵

一条牛　　i¹³ laɔ¹³ ŋəɯ⁵⁵

一条桥　　i¹³ laɔ¹³ dziaɔ¹³

一株花　　i¹³ tiəɯ⁵⁵ fa⁵⁵

一盏茶　　i¹³ tsæ⁵⁵ ts'uæ³⁵

一床火□　i¹³ dzoŋ⁵⁵ fo³⁵ suʔ⁵³　一床被子

一双履　　i¹³ soŋ⁵⁵ li³⁵

（十七）

一　i¹³　　　　二　tso³⁵

三　so⁵⁵　　　四　ɕi²²

五　ŋ³⁵　　　六　liaʔ⁵³

七　tɕ'iʔ⁵³　八　poʔ⁵³

九　tɕia³⁵　　十　ts'ɿ⁵⁵

（十八）

吾□该来不□该来？ <small>我应该来不应该来？</small> u³⁵ ɕi⁵⁵ ka⁵⁵ zɛ¹³ paʔ⁵³ ɕi²² ka⁵⁵ zɛ¹⁵？

□得来不？ <small>他能来不能？</small> zeɪ¹³ teʔ⁵³ zɛ¹³ paʔ⁵³？

还有糜不？ <small>还有饭没有？</small> ɣæ¹³ ua³⁵ mõ⁵⁵ paʔ⁵³？

你晓得不？ <small>你知道不知道？</small> liɛ³⁵ ɕiao³⁵ teʔ⁵³ paʔ⁵³？

这条大，那条小，这两条东西何条好点呢？ <small>这个大，那个小，这两个东西哪个好一点呢？</small> liɛ⁵⁵ lao¹³ luɪ²² loŋ²² lao¹³ lia¹³，liɛ⁵⁵ tso³⁵ lao¹³ tao⁵⁵ ɕi⁵⁵ uæ¹³ lao¹³ xao³⁵ tæ³⁵ • lɛ？

这条比那条好。 <small>这个比那个好。</small> liɛ⁵⁵ lao¹³ pi³⁵ loŋ²² lao¹³ xao³⁵。

那条不得这条好。 <small>那个没有这个好。</small> loŋ²² lao¹³ paʔ⁵³ teʔ⁵³ liɛ⁵⁵ lao¹³ xao³⁵。

这条人比那条人高□，不得那条人肥。 <small>这个人比那个人高，可是没有那个人胖。</small>
liɛ⁵⁵ lao¹³ ŋ̍⁵⁵ pi³⁵ loŋ²² lao¹³ ŋ̍⁵⁵ kao⁵⁵ li⁵⁵，paʔ⁵³ teʔ⁵³ loŋ²² lao¹³ ŋ̍⁵⁵ vi¹³。

你高姓？我姓王。 <small>你贵姓？我姓王。</small> liɛ³⁵ kao⁵⁵ ɕi²²？u³⁵ ɕi²² ŋ̍¹³。

何个？吾是老王。 <small>谁呀？我是老王。</small> uæ¹³ kəɯ⁵⁵？u³⁵ tsʻɛ³⁵ lao³⁵ ŋ̍¹³。

老张呢？老张还在□头呢。 <small>老张呢？老张还在屋里呢。</small> lao³⁵ tioŋ⁵⁵ • lɛ？lao³⁵ tioŋ⁵⁵ ɣæ¹³ tsʻɛ³⁵ tɕi³⁵ • ta • lɛ。

□在做什□？□正在食饭。 <small>他在干什么呢？他在吃着饭呢。</small> zeɪ¹³ tsʻɛ³⁵ tsəu²² sʅʔ⁵³ • ka？zeɪ¹³ tsẽ²² tsʻɛ³⁵ zəu¹³ mõ⁵⁵。

你到何地去？吾到街头去。 <small>你到哪儿去？我上街去。</small> liɛ³⁵ ləu²² uæ¹³ li²² kʻəɯ²²？u³⁵ lao²² kua⁵⁵ • ta kʻəɯ²²。

你好生行，莫驰。 <small>你好好儿地走，不要跑。</small> liɛ³⁵ xao³⁵ soŋ⁵⁵ ɣoŋ¹³，mo³⁵ tʻua⁵⁵。

□今年好多岁数？超不过三十岁。 <small>他今年多大岁数？也不过三十来岁罢。</small> zeɪ¹³ tɕi⁵⁵ lɛ⁵⁵ xao³⁵ ti⁵⁵ tsua⁵⁵ sa²²？tsʻao⁵⁵ paʔ⁵³ kuɪ²² so⁵⁵ tsʻʅ⁵⁵ tsua²²。

给吾一本书，吾不得书。 <small>给我一本书。我没有书。</small> kʻəuʔ⁵³ u³⁵ i¹³ pæ³⁵ tsəɯ⁵⁵ u³⁵ paʔ⁵³ teʔ⁵³ tsəɯ⁵⁵。

你是饮烟，还是饮茶？ <small>你是抽烟呢，还是喝茶？</small> liɛ³⁵ tsʻɛ³⁵ õ³⁵ ĩ⁵⁵，ɣæ¹³ tsʻɛ³⁵ õ³⁵ tsʻuæ³⁵？

□越行越快，字越话越多。 <small>路越走越快，话越说越多。</small>
sao³⁵ yɛʔ⁵³ ɣoŋ¹³ yɛʔ⁵³ kʻua²²，dza²² yɛʔ⁵³ ua³⁵ yɛʔ⁵³ ti⁵⁵。

这东西好是好，就是价钱贵。这东西好是好，可是太贵。

liɛ⁵⁵ taɔ⁵⁵ ɕi⁵⁵ xaɔ³⁵ tsʻɛ³⁵ ꞎxaɔ³⁵, dʑia²² tsʻɛ³⁵ ko²² dzɛ¹³ tɕyɪ²²。

三四条人盖一床火□。三四个人盖一床被子。

so⁵⁵ ɕi²² laɔ¹³ ꞎŋ⁵⁵ kua²² i¹³ dzoŋ⁵⁵ fo³⁵ suʔ⁵³。

莫把茶盏敤坏了。不要把茶碗砸了。

mo³⁵ po³⁵ tsʻuæ³⁵ tsæ³⁵ kʻo³⁵ xua³⁵ · liaɔ。

你哄不到吾。你骗不了我。 liɛ³⁵ xəu³⁵ paʔ⁵³ təu²² u³⁵。

台头放到一碗水。桌上放着一碗水。 do¹³ · ta foŋ²² · təu i¹³ ŋ³⁵ tsu³⁵。

话到话到，笑起来了。说着说着，笑起来了。 ua³⁵ · təu ua³⁵ · təu, səu²² ·

  kʻəɯ zɛ¹³ · liaɔ。

□对人好得很。他对人可好着呢。 zeɪ¹³ tua²² ꞎŋ⁵⁵ xaɔ³⁵ teʔ⁵³ xɛ³⁵。

睏□了。睡着了。 kʻuɛ²² tʻuɪ⁵⁵ liaɔ³⁵。

（原载《湖南师大学报》1985 年增刊《湖南方言专辑》，与伍云姬合作。）

湘西乡话二题

　　湖南湘西地区存在一种未分区的非官话方言，即所谓"乡话"或"瓦乡话"（后者实际上是"讲乡话"的意思，此处的"瓦"是用的同音字，本字当为"话"，用为动词）。当地人有所谓"讲客"、"讲乡"的说法，"讲客"就是讲城里的官话，"讲乡"就是讲有别于城里官话的土话。

　　乡话主要分布在沅陵县，周边的溆浦、辰溪、泸溪、古丈、永顺等县也有一些分布。面积约六千平方公里，人口约四十万，其中沅陵约占一半（《中国语言地图集》1987—1989）。

一、关于"乡话"一词的来历

　　1982年王辅世先生在《语言研究》上发表了《湖南泸溪瓦乡话语音》一文，后又于1985年在《中国语文》发表了《再论湖南泸溪瓦乡话是汉语方言》。笔者和伍云姬于1983年12月赴湘西调查"瓦乡话"，在沅陵县麻溪铺调查了20多天，后来于1985年在《湖南师大学报》（增刊）发表了调查报告《沅陵乡话记略》，这里未用"瓦"字，请见本文开头说明。《记略》一文中引用了《沅陵县志》（民国十九年石印本）的一段话，其中有一段文字提到乡话："县南如舒、杨、荔三溪，县西如石岗界、棋坪、芦坪，县北如深溪口、檫木堡一带，各有一种乡话，聱牙诘屈，不知其所自，大约当时土人所遗传至于今者也。"

　　该县志还有一段文字可资参考："乡话之中亦有分别，大抵发音清浊之差耳。俗谓舒、杨、荔三溪之话为乡话生长其地者，操其土音，反以说官话为难。塾师之授蒙，除本文读官音外，其讲说皆用乡话训释。此种乡话自成一种名词，无意义可寻。"

了解"乡话"一词的来历，可以在《古丈坪厅志》中找到更清楚的脉络。《古丈坪厅志》是光绪三十三年（1907）董鸿勋所纂修。伍云姬研究古丈乡话时收集到这份旧志，并把其中有关语言的部分影印出来列在《湘西古丈瓦乡话调查报告》的附录里了。

在《古丈坪厅志》中有一部分是"方言相异编"。编者把古丈境内五种不同的话都以不同的方言相称，分别是以下五种方言（解说尽量引用原文）：

①民籍方言

"民籍方言谓之客（笔者按：此处可能漏一"话"字），即通行官音也。"在另一处，编者曾指出："今古丈坪方袤五百里内，言侏离而衣异制，繁然有歧，乃习官音客话者居其十之七八。"

②土籍方言

"为古丈坪之本音"（笔者按：此即土家族语言）。

③客籍方言

"客籍方言谓之小客乡语，亦谓之土客话，以其别于官音而为土，又以其异于土籍、章籍、苗籍而为客也，又自谓乡音，以勿忘其为客中之土也。"

④章籍方言①

"章籍方言谓之仡佬语，亦谓之熟苗语，亦谓之仡佬土语。以习苗故人称之熟苗，又以对土客语、官音客话，而亦谓之仡佬土语也。今既易以章籍，亦即可纪章音。"

⑤苗籍方言

"本厅之苗，非各处黑苗种落可比，以其较驯近，且沾化日久，多能客语应世务，非复前日之生苗矣。"

以上"客籍方言"正是我们今天进行研究的"乡话"。上文只出现了"小客乡语"、"土客话"、"乡音"等提法，而在该厅志"客族姓编"中列举客族分布时，"乡话"一词被反复采用。以下列原文加以说明。

"以上本城保客姓三寨皆用乡话，所谓小客乡语也。"

---

① 古代的湘西地区早就有关于"大小章人"活动的记载，据《清史稿·严如熤传》中记载："大小章者，故土司遗民，名曰仡佬"……由于这些仡佬人的聚居地正处于苗族和土家族的"包裹"之中，各民族间文化的长期融合和影响，仡佬人在外面的强势文化中则表现出"在土村为土民，在苗寨为苗人"的融合倾向。——转引自：田明、田小雨《湘西苗族织锦芭排与土家织绵西兰卡普》。

"以上四寨亦用乡话。"

"以上除老寨用客语外，余五寨皆用乡话。"

"以上除棉花寨系用客话，即民籍之官音，其余十三寨均系乡话云。"

"以上除瓦厂靠袍、拱寨两寨用客话外，余六寨皆用乡话。"

"以上除别州一寨用客话，余七寨皆用乡话。"

"以上龚家一寨张、莫二姓唯莫姓用乡话，与七寨同。"

"以上罗依保客姓六寨唯龙潭坪寨兼用官音客话，其余五寨半用乡话。"

"以上六保共计九十六寨，皆以乡话为主而兼习于苗、章语者有之，业著于编。"

在这些列举的文字中，用"乡话"和"客话"相对，逐一比较，十分清楚。

二、关于乡话的性质

自王辅世先生提出乡话是一种汉语方言后，有人曾认为乡话是一种少数民族语言（张永家、侯自佳《关于"瓦乡人"的调查报告》，见《吉首大学学报》1984 年第 1 期），接着王辅世先生又发表论文《再论湖南泸溪瓦乡话是汉语方言》。笔者和伍云姬当年关于沅陵乡话的调查报告也支持王辅世先生的观点。此后，伍云姬、杨蔚先后分别发表的论文或专著都进一步论证了乡话属于汉语方言的性质。杨蔚在《湘西乡话语音研究》一书的结语中，更明确地指出"湘西乡话是一种保留着古湘楚语的许多特征，兼具现代湘语的一些特点，同时杂糅客赣方言成分的特殊的汉语方言"。

这里且不讨论湘西乡话具体的属性，只想从旧志中探寻一些线索，考察历史留传给后人的一些信息，以便我们今天的认识尽可能接近事物的本质属性。

《古丈坪厅志》的"客族姓编"中有一段文字，对于我们认识乡话的性质很有帮助。这段文字如下：

"客族姓者民之介乎民姓、土姓之间，其时代大抵后土籍，先民籍，而与章、苗相习久而自成风气，言语自成一种乡音，谓之小客乡语，且习于苗者能为苗语，习于章、土者能为章、土语，其语或时杂焉，对官音客话，亦谓

之土客话。亦民亦土亦章亦苗，其实非土非章非苗，亦与凡所谓民籍者有异。土著数百年矣，而土、章犹客之，苗犹客之，民籍亦相率而客之，无所附丽而自为焉。其族姓最繁，遍于六保，非民、土两族之仅聚于本城、西英、罗依三保，章族之仅聚于内功全、外功全、冲正三保，苗族之仅聚于本城、外功全、西英、冲正四保可比。"

上世纪之初的这段有关乡话的史实说明，讲乡话的人群后于当地的土籍居民进入湘西，所以被称为"客族姓者"，至于操官音客话的民籍人氏则更晚进入湘西。

这些"客族姓者"进入湘西当地年深日久，据志书编纂者按当时（1907年）的推算，已达数百年（这只能算是一种估计），按说也已成为土著了（所谓"土著数百年矣"），然而原土著土、章、苗仍"犹客之"，还是念念不忘其客籍的身份，甚至民籍人氏也跟着一样不忘其特殊的客籍身份，以至于长期以来这些"客族姓者"仍保持着相当的独立性，这和其使用的语言能长期保存下来是密切相关的。

在多种语言或方言杂处的环境中，语言接触是不可避免的。讲乡话的客族姓者进入这个环境，虽与章、苗等原土著相习日久，且部分人甚至能说苗语，或章语、土语，但他们仍能保持自身的风俗，言语也保持着独特的乡音。这充分显示了客籍方言（即乡话）顽强的生命力。用"小客乡语"或"土客话"来称谓客籍方言，实际上提示了在那个复杂的语言环境中的几种界限，一种是乡话与土、章、苗等少数民族语言的界限，一种是乡话与客话（民籍方言）的界限。对官音客话来说，乡话是"土"的，但对土、章、苗等少数民族语言来说，乡话又是"客"的范畴。只不过在强势的官音客话面前，乡话就得用"小客"、"土客"来称呼了。无论是民籍方言的"客"，还是客籍方言的"小客"、"土客"，总归都在"客"的范畴，这个范畴就是汉语方言范畴。

当然，判断一种语言或方言的性质，最根本、最重要的还是要看语言事实本身。这一点请参见上文提到的一些学者的有关论著。

参考文献

鲍厚星、伍云姬 1985 沅陵乡话记略，《湖南师大学报》增刊

董鸿勋 1907《古丈坪厅志》，光绪三十三年铅印九册，所据为影印件

瞿建慧 2008 湖南泸溪（白沙）乡话音系，《方言》第 2 期

王辅世 1982 湖南泸溪瓦乡话语音，《语言研究》第 1 期

王辅世 1985 再论湖南泸溪瓦乡话是汉语方言，《中国语文》第 3 期

伍云姬 2007《湘西瓦乡话风俗名物彩图典》，（长沙）湖南师范大学出版社

伍云姬、沈瑞清 2010《湘西古丈瓦乡话调查报告》，（上海）上海教育出版社

杨　蔚 1999《沅陵乡话研究》，（长沙）湖南教育出版社

杨　蔚 2010《湘西乡话语音研究》，（广州）广东人民出版社

（本文于 2011 年 11 月在全国汉语方言学会第 16 届学术年会上宣读。）

东安花桥土话同音字汇

（一）字汇按照东安花桥土话音系排列，先以韵母为序，同韵的字以声母为序，声韵相同的字以声调为序。

1. 韵母的排列次序是：［ɿ i u y a ia ua ya o io e ie ue ye ai uai ei uei au iau əu iəu iu an uan ən in uən yn aŋ iaŋ uaŋ uŋ yŋ iẽ yẽ iũ m̩ ŋ̍］

2. 声母的排列次序是：［p pʻ b m f v t tʻ d n l ts tsʻ dz s z tɕ tɕʻ dʑ ɳ ɕ ʑ k kʻ g ŋ x ɣ ∅］

3. 声调的排列次序是：阴平［33］　阳平［13］　上声［55］　阴去［35］　阳去［24］　入声［42］

（二）字下加双线"＝"的表示是文读音，加单线"—"的表示是白读音。一个字有几读而又不属于文白异读的，在字的右下角加注又音，例如：鹅又m¹³。

（三）方框"□"表示写不出字的音节。

（四）注文中的"～"号代替所注的字，例如：棵—～树。

（五）同音字下面加浪线"﹏﹏"。

（六）凡涉及意义有区别的繁简字形，如"发"与"髪"、"干"与"乾"、"咸"与"鹹"、"松"与"鬆"等，在表中均予以分开（在本书其他部分，一般只采用简化字形）。

ɿ

ts̩　　［33］雌疵支枝肢栀～子花资姿咨兹滋辎之芝

ts̩　　［55］紫此纸只～有齿侈姊脂旨指子梓耻止趾址

ts̩　　［35］刺制製翅次致至志誌痣做帜

tsʻ̩　　［33］差参～嗤

tsʻ̩　　［35］厕～所

dʐ̩　[13] 匙箱~：撮炉灰的用具 瓷糍~巴慈磁鹚鹈~

dʐ̩　[24] 誓逝自字牸~牛：母牛伺痔

s̩　[33] 斯厮施私师狮尸思司丝鸶鹭~诗

s̩　[55] 豕死矢屎使史驶始

s̩　[35] 世赐四肆试诉告~

s̩　[42] 湿

z̩　[13] 辞词祠饲嗣时莳~田：插秧脐

z̩　[55] 柿

z̩　[24] 是氏豉豆~示视嗜似祀巳辰~寺士仕事市恃侍

z̩　[42] 十拾龠交合

i

pi　[33] 蓖璧壁

pi　[13] 笔毕必

pi　[55] 彼比秕

pi　[35] 弊币毙敝蔽闭算~子秘泌痹碧

pi　[42] 笔毕必□凹

p'i　[33] 批臂披譬飞鸡毛~~：鸡毛掸子匹僻辟劈

p'i　[55] 鄙庇粥

p'i　[35] 屁

bi　[13] 皮疲脾琵枇鼻维唯惟

肥地蛮~

bi　[55] 被~壳子：被单

bi　[24] 被婢避备篦鼻~头：鼻子未~来

mi　[33] 縻密蜜□闭：~倒眼睛

mi　[13] 迷弥眉楣媚觅

mi　[55] 米靡尾~巴

mi　[35] 谜

mi　[42] 密蜜

ti　[33] 低的目~嫡敌□些：好~

ti　[55] 底抵

ti　[35] 帝滴

ti　[42] 得好~很

t'i　[33] 梯踢

t'i　[55] 体

t'i　[35] 替涕剃屉剔

di　[13] 堤题提啼蹄笛狄籴迟

di　[24] 弟~~隶第门~递地~理

li　[13] 梨犁黎离篱璃嫠笠粒栗板~力历曆

li　[55] 履狸李里裹理鲤

li　[35] 例厉励礼吏丽荔利痢

li　[42] 立笠~头：斗笠粒

tɕi　[33] 鸡稽知蜘饥肌机讥基箕缉辑执汁急级吸质即鲫织职戟屐积跻脊掷隻绩击激蛰

tɕi　[55] 挤几茶~已纪杞几~个：~乎

tɕi	[35]	祭际济剂计继系~鞋带髻智寄置记既季吉炙
tɕi	[42]	急级质
tɕi	[33]	妻榱痴欺七漆膝赤斥尺戚吃嗤又 tsʻ1
tɕʻi	[13]	乞讫
tɕʻi	[55]	启起岂
tɕʻi	[35]	砌契~约器气汽瞭近~眼
tɕʻi	[42]	七漆
dʑi	[13]	脐荠池驰奇骑迟祁鳍持其棋期旗集及疾侄直值极殖植籍藉席寂
dʑi	[55]	徛站立：~倒
dʑi	[35]	滞
dʑi	[24]	誓逝歧企技妓稚治忌祈
ȵi	[13]	泥倪宜仪蚁谊尼疑凝
ȵi	[55]	你拟
ȵi	[35]	艺刈二第~贰你义议毅匿逆溺腻
ȵi	[42]	日今晡~：今天入
ɕi	[33]	西犀溪奚兮携牺熙希稀习秩悉湿泣实失室恤息媳熄食蚀识式饰昔惜夕适释锡析
ɕi	[55]	洗玺徙嬉喜婶~~
ɕi	[35]	细世势系係戏气~~；味道不正常弃
ɕi	[42]	习膝秩室失实熄
zi	[13]	日石~板：文具拾十
i	[33]	倚伊医衣依揖一抑益亦译液
i	[13]	移夷姨饴沂逸
i	[55]	椅矣已以
i	[35]	缢翳易难~冀肆意异忆亿翼易交~
i	[42]	一

u

pu	[33]	包胞苞晡某一时段：今~日，昨~日，上~下~□□iaŋ33~婆：鱼篓
pu	[55]	补饱
pu	[35]	布佈怖豹~公：老虎；~唧：豹子爆□凸
pu	[42]	拨不薄剥驳
pʻu	[33]	铺~路朴樸卜扑醭仆僕曝瀑泡~雪：鹅毛雪
pʻu	[55]	普浦脯甫捕辅
pʻu	[35]	铺店~破赴讣泡水~
pʻu	[42]	仆倒：前~后继
bu	[13]	蒲菩婆
bu	[55]	簿
bu	[24]	部步
bu	[42]	薄厚~薄~荷缚

mu [13] 磨~刀。又m̩^{13} 鹅又m̩^{13} 蛾 又m̩^{13} 蜈又m̩^{13} 梧又m̩^{13} 茅又muŋ^{13} 木且穆

mu [55] 母拇么~个：什么；为~个：为什么

mu [35] 暮慕募墓又m̩^{35} 误悟幕 牧磨石~。又m̩^{35}，饿又m̩^{35}，ŋu^{35}~脑壳：抬头□~下嘴子：努嘴

mu [42] 莫寞膜摸木目

fu [33] 夫肤敷俘麸孵~小鸡呼 復~兴複腹復覆佛窠鸟唧~：鸟窝楸一~树

fu [55] 府腑俯斧抚釜腐火~炉：厨房夥伙虎浒

fu [35] 付傅赋附货荷薄~戽~水富副斛幅

fu [42] 喝勿蠚蜂子~人壳脑~：头哭福

vu [13] 符扶芙无巫诬和~气禾河荷~花佛物胡湖糊蝴葫狐壶乎瓠~卢鬍服伏袱

vu [55] 武侮

vu [35] 雾务戊

vu [24] 妇负父贺互户护沪瓠~子祸

vu [42] 合盒佛学~堂服伏袱

tu [33] 多都笃督

tu [55] 朵躲堵赌肚

tu [35] 妒剁

tu [42] 铎踱

t'u [33] 拖突秃

t'u [55] 土

t'u [35] 吐兔

t'u [42] 突讬托秃

du [13] 驼徒屠途涂图独读牍犊毒它量词：一~线砣秤~□①被，让：~狗咬呱一口 ②给，替：~我买本书

du [24] 舵驮杜度渡镀夺

lu [13] 罗萝锣箩螺胪手指纹：~~奴卢炉鸬芦庐驴鹿禄六陆绿錄

lu [55] 努鲁橹镥虏滷两~个

lu [35] 怒路赂

lu [42] 落烙

tsu [33] 租卒竹筑祝粥足烛嘱

tsu [55] 左佐祖组阻

tsu [35] 罩

tsu [42] 卒桌捉

ts'u [33] 搓粗初雏畜~牧畜~牲促触

ts'u [55] 楚础炒

ts'u [35] 锉醋轴□~肱巴：胳膊肘儿

tsʻu	[42]	戳促敊~起棍子
dzu	[13]	逐
dzu	[55]	坐
dzu	[24]	座一~屋
su	[33]	蓑梭苏酥梳疏蔬筲速叔淑粟俗束
su	[13]	宿星~肃宿住~缩
su	[55]	锁数动词
su	[35]	素诉塑数名词溯潄
su	[42]	索速肃宿俗
zu	[13]	续族逐又dzu¹³熟肉赎蜀辱褥属
zu	[35]	错
zu	[42]	凿浊镯
ku	[33]	歌锅姑孤箍骨穀谷
ku	[55]	果古估牯股鼓
ku	[35]	个过故固雇顾教~书窖
ku	[42]	鸽各郭廓角穀谷
kʻu	[33]	枯窟哭酷
kʻu	[55]	苦
kʻu	[35]	库裤
ŋu	[35]	饿又mu³⁵，m̩³⁵
u	[33]	乌污坞窝握沃屋屙
u	[13]	吴吾蜈梧
u	[55]	五伍午舞鹉梧
u	[35]	误悟
u	[42]	恶可恨恶善~屋

y

dy	[13]	槌又dʑy¹³锤又dʑy¹³捶又dʑy¹³
ly	[13]	律
ly	[55]	吕铝旅
ly	[35]	虑滤
tɕy	[33]	猪诸居诛蛛朱株珠硃拘龟乌~锥~人菊掬橘
tɕy	[55]	煮举主拄矩嘴~皮：嘴唇儿鬼~头蜂：马蜂
tɕy	[35]	著据驻诖注蛀铸驹句醉贵剧
tɕy	[42]	骨~头
tɕʻy	[33]	趋区枢驱吹黢~黑出屈曲亏~本
tɕʻy	[55]	处相~处~所取跪
tɕʻy	[35]	趣
tɕʻy	[42]	出曲
dʑy	[13]	储渠厨殊瞿局槌又dy¹³锤又dy¹³捶又dy¹³
dʑy	[55]	柱竖□~脑壳：低头
dʑy	[24]	序叙绪苎巨拒距聚娶柱住竖具俱惧柜□~眼闭：打盹儿
ȵy	[55]	女
ɕy	[33]	书舒虚嘘墟须鬚需输戍吁戌蓄储~□零个八~：零碎

东西□□luŋ³³~：啰嗦葖芫~

ɕy	[55]	暑鼠黍署许髓水
ɕy	[35]	庶恕絮婿税杵
ɕy	[42]	戌~时
ʑy	[13]	徐除如薯儒入术述
ʑy	[55]	汝乳
ʑy	[24]	树
y	[33]	秽 污浊，引申指粪肥、尿肥：淋大~（浇粪），淋小~（浇尿）
y	[13]	鱼於淤余馀愚虞娱迂于盂围~裙域疫役郁浴 又 y³⁵
y	[55]	语与雨宇禹羽
y	[35]	御禦誉预像遇寓芋喻愈榆逾愉裕魏~家村：地名 育玉狱欲浴

a

pa	[33]	巴芭粑疤爸八班板般
pa	[55]	板版把
pa	[35]	霸欄坝拜绊
pa	[42]	八钵
p'a	[33]	攀
p'a	[35]	怕帕襻 扣~~：中式的纽襻
p'a	[42]	泼~水
ba	[13]	爬耙琶杷钯排牌拔~河 罚袜伐筏□~锅：饭锅
ba	[55]	罢
ba	[24]	罢稗犯~人乏
ba	[42]	罚~呱款：罚了款
ma	[33]	妈抹
ma	[13]	麻痳蟆蛤~：青蛙 埋蛮
ma	[55]	马码买瓣满~~：叔父；老~：排行最小的
ma	[35]	卖慢
ma	[42]	抹袜
fa	[33]	花法翻番发髮
fa	[55]	缓反返
fa	[35]	化贩
fa	[42]	法发髮
va	[24]	饭万
ta	[33]	笝搭单褡
ta	[55]	打
ta	[35]	带~子
t'a	[33]	他踏查塔塌榻滩摊獭瘫□乖~：好看
t'a	[55]	疸
t'a	[35]	炭
t'a	[42]	脱遏遢~
da	[13]	谭檀坛弹达
da	[35]	大
na	[13]	拿纳难捺
na	[55]	奶~水
na	[35]	奈
na	[42]	捺
la	[33]	腊蜡辣

la	[13]	来拉兰拦栏
la	[55]	懒喇~叭哪
la	[35]	癩烂那
la	[42]	辣邋~遢
tsa	[33]	渣灾栽劀眨铡
tsa	[55]	盏札扎攒
tsa	[35]	榨诈乍炸油~灒轧
tsa	[42]	闸铡扎札
tsʻa	[33]	差~别叉杈猜参插擦察餐
tsʻa	[55]	铲铲~子：谷子，子实是小米
tsʻa	[35]	岔菜蔡
tsʻa	[42]	擦
dza	[33]	杂又za33
dza	[13]	茶财裁查
dza	[55]	在
sa	[33]	沙纱厦偏~杉萨山杀
sa	[55]	洒傻散伞
sa	[35]	散~会撒
za	[33]	杂又dza33
ka	[33]	街间中~
ka	[55]	改解~鞋：脱鞋减
ka	[55]	界~基：篱笆芥戒间~子：单间屋子解押~
ka	[42]	夹~倒：夹着挟~菜
kʻa	[33]	揩
kʻa	[55]	卡~倒呱哩：卡住了
kʻa	[35]	胯
kʻa	[42]	揢
ga	[55]	□跨：~过门口。又dʑia55
ŋa	[33]	挨~近安鞍娭~馳：母亲 □~起口：张着嘴
ŋa	[13]	伢月里~~：婴儿
ŋa	[55]	矮眼埯坑
ŋa	[35]	研~平暗岸晏晚：~呱哩（晚了）
ŋa	[42]	轧~棉花
xa	[33]	哈~~：笑声
xa	[55]	喊哈~醒：傻子
xa	[35]	哈打~~
xa	[42]	瞎
ɣa	[13]	蛤~蟆鞋闲
ɣa	[55]	蟹
ɣa	[24]	苋~菜□不：~要
ɣa	[42]	狭匣
a	[33]	啊

ia

pia	[42]	□枪声
tia	[33]	爹~~：祖父
tia	[42]	□扶：~过门口
tʻia	[55]	舔
dia	[13]	提
lia	[13]	□~胛头：溜肩膀儿□~砣：称物时秤尾低

tɕia 　[33]　家加嘉傢斋佳<u>夹袂甲</u><u>胛匣挟</u>

tɕia 　[55]　假贾

tɕia 　[35]　架驾稼价

tɕ'ia 　[33]　恰掐

tɕ'ia 　[35]　□斜

tɕ'ia 　[42]　插恰

dʑia 　[13]　斜

dʑia 　[55]　拃一~□跨：~过门口。又
ga⁵⁵

ȵia 　[33]　嫽挨着：紧相~

ȵia 　[13]　嫽~起来□蛮~：很疲倦

ȵia 　[55]　□撒娇：~得很

ɕia 　[33]　虾筛瞎辖

ɕia 　[35]　晒

ɕia 　[42]　杀

ʑia 　[13]　霞瑕暇柴佘<u>狭峡洽</u>

ʑia 　[24]　夏姓厦~门

ia 　[33]　鸦丫~头鸭压押

ia 　[13]　牙芽衙涯萤~火唧：萤火
虫爷~~：曾祖父

ia 　[55]　雅<u>哑</u>

ia 　[35]　亚

ia 　[42]　<u>押压</u>

ua

tsua 　[33]　抓又 tɕya³³

tsua 　[55]　爪

tsua 　[35]　啄~木鸟唧。又 tɕya³⁵

dzua 　[24]　抓~痒

sua 　[33]　刷

sua 　[55]　耍

sua 　[35]　涮

zua 　[24]　□淋：~雨。又 dʑya²⁴

kua 　[33]　瓜乖~□t'a³³：好看<u>括关</u>
<u>刮</u>

kua 　[55]　寡剐

kua 　[35]　<u>怪挂卦惯</u>

kua 　[42]　<u>割葛括刮</u>

k'ua 　[33]　跨誇□树~枝：树枝

k'ua 　[55]　垮□量词：一~花（一枝花
儿）

k'ua 　[35]　块量词：一~砖<u>快胯</u>~骨

ua 　[33]　蛙窪歪弯湾来~：地名
哇老~：乌鸦

ua 　[13]　<u>还环华铧桦怀槐滑猾</u>
<u>挖</u>

ua 　[55]　搲~米昷米瓦豌腕挽

ua 　[35]　坏画话划

ua 　[42]　<u>滑猾挖</u>□~起来：从地上
站起来

ya

lya 　[42]　捋~袖子

tɕya 　[33]　抓又 tsua³³

tɕya 　[35]　啄又 tsua³⁵

tɕya 　[42]　撮~斗：撮垃圾的簸箕

dʑya [13] 瘸~子:手残

dʑya [24] □淋:~雨。又 zua²⁴

ʑya [13] 豻

ʑya [24] 寨赚

ɕya [33] 闩拴

ɕya [42] 删刷

O

po [33] 波菠巴芭粑疤玻披~起钵拨钹泼活~博剥驳

po [13] 薄厚~

po [55] 把□~□ɣai¹³:喉结

po [35] 薄~荷欂坝啵打~:接吻

po [42] 百柏伯

pʻo [33] 坡泊梁山~

pʻo [13] 泊飘~,又pʻe¹³

pʻo [55] 颇

pʻo [35] 怕破

pʻo [42] 拍

bo [13] 爬粑杷划~船拔绋

bo [55] 蚌~壳

bo [42] 白

mo [33] 末沫抹摸

mo [13] 魔磨~刀,又mu¹³,m̩¹³ 摩馍麻痳摹模~范模~子猫莫寞膜

mo [55] 马码蚂

mo [35] 骂磨石~,又mu³⁵,m̩³⁵

莫姓氏

mo [42] 额~头麦脉

to [33] 多担挑掇①拿:~不动 ②把:~门关上;用:~铅笔写

to [13] 铎踱

to [55] 胆打~早:趁早儿

to [35] 担~子

to [42] 答搭褡口水~:围嘴儿

tʻo [33] 脱讬托

tʻo [55] 妥椭唾

tʻo [42] 踏沓塔塌

do [13] 驼

do [55] 淡□~米:舂米

do [24] 舵驮惰夺

no [13] 挪南男

lo [13] 骡罗锣萝箩赂蓝篮诺□~尿落烙骆酪洛络乐□爬

lo [55] 裸卵冷

lo [42] 腊蜡

tso [33] 渣争硪

tso [13] 作桌卓琢涿捉绰

tso [55] 左佐

tso [35] 榨做蚱

tso [42] 劄眨闸炸摘扎札

tsʻo [33] 叉权差~别撮戳

tsʻo [35] 岔措错撑撑

tsʻo [42] 拆肤爆~:皮肤因受冻而裂开

dzo [13] 茶又zo¹³查又zo¹³碴又

zo¹³

dzo	[24]	坐座~位
dzo	[42]	杂择又 zo⁴²
so	[33]	率蟀索朔萐沙纱三杉梭生牲甥孙外~
so	[55]	锁琐所
zo	[13]	搽昨浊镯凿又 dzo¹³ 查又 dzo¹³ 茶又 dzo¹³
zo	[55]	昨
zo	[42]	择又 dzo⁴² 杂又 dzo⁴²
ko	[33]	哥歌戈家埂小溪瓜鸽割葛胛~头：肩膀各阁搁郭江角廓
ko	[55]	裹讲梗~~：杆儿
ko	[35]	个架驾嫁价掛卦
ko	[42]	痂袷单~衣：夹衣甲手指~；鳞~；穿山~搁
kʻo	[33]	科磕渴阔豁扩推壳坑
kʻo	[55]	可颗
kʻo	[35]	课
kʻo	[42]	阔确客
ŋo	[13]	蛾鹅俄讹牙芽岩鄂
ŋo	[55]	我用于复数"我们"瓦
ŋo	[35]	我用于单数饿卧
xo	[33]	虾煆~腰花喝郝蠱鹤霍藿
xo	[55]	火
xo	[42]	荷薄~货化
xo	[42]	吓~一跳
ɣo	[13]	何荷合盒鹹行走横~放起；~得很
ɣo	[55]	下底~；~降
ɣo	[24]	贺夏春~下~定画话
o	[33]	阿啊倭鸦桠莴蜗恶轭
o	[55]	哑
o	[24]	划
o	[42]	鸭

io

pio	[35]	蔽
pio	[42]	壁
pʻio	[42]	劈
bio	[13]	平坪评
bio	[24]	病
mio	[13]	名
mio	[35]	命
tio	[33]	钉疔
tio	[55]	顶鼎~锅
tio	[35]	钉订
tio	[42]	滴□背~：后边
tʻio	[33]	厅~屋：客厅
tʻio	[35]	听~见；~其自然
tʻio	[42]	踢
dio	[24]	地又 die²⁴ 定
dio	[42]	笛籴
lio	[13]	挏略灵零铃

lio	[55]	领岭	io	[55]	野影也
lio	[42]	栗~树；~木冲：地名 撩	io	[35]	夜
tɕio	[33]	遮精睛正~月□~个：哪个	io	[42]	易姓

e

tɕio	[13]	着酌脚觉爵
tɕio	[55]	姐井整颈诊
tɕio	[35]	借正
tɕio	[42]	觉隻炙~火：烤火
tɕ'io	[33]	车卿姓清轻青□高~：上面
tɕ'io	[13]	鹊雀却确
tɕ'io	[55]	笪~眼皮扯请
tɕ'io	[35]	笪斜清凉
tɕ'io	[42]	鹊赤尺
dʑio	[13]	茄
ȵio	[13]	虐疟明~晡日：明天
ɕio	[33]	赊削声星腥靴
ɕio	[55]	写捡醒
ɕio	[35]	泻卸赦锈泄姓
ɕio	[42]	锡腋~眼：胳肢窝
ʑio	[13]	斜邪蛇嚼勺若弱晴成 做~呱哩：做成了
ʑio	[55]	社赶~惹喏唱~：行礼作揖
ʑio	[24]	谢射芍阵净
ʑio	[42]	席竹~石~头
io	[13]	约药钥跃嶽□情~：礼物岳乐音~学赢爷父：阿~

pe	[33]	搬
pe	[13]	北百柏伯白帛陌
pe	[35]	半
pe	[42]	北
p'e	[13]	勃泊飘~，又 p'o¹³ 迫拍魄
be	[13]	盘
be	[55]	拌
me	[13]	瞒没墨默麦脉
me	[55]	满水~呱哩：水满了
fe	[33]	欢忽匆
fe	[35]	唤焕
fe	[13]	得德
t'e	[42]	特
de	[13]	特
le	[13]	肋勒
tse	[33]	窄摘
tse	[13]	则侧责
tse	[42]	责
ts'e	[13]	测拆破策册
ts'e	[42]	册
se	[33]	涩瑟虱
se	[13]	塞色啬

ze	[13] 贼泽择宅		mie	[55] 㑇
ke	[13] 格革隔嗝膈		mie	[35] 庙面麵
ke	[35] 锯		mie	[42] 灭
ke	[42] 格革隔给嗝隔		tie	[33] 雕跌颠爹~~：祖父
k'e	[13] 刻时~克客		tie	[55] 鸟点
k'e	[35] 去又 xe³⁵		tie	[35] 钓吊店
k'e	[42] 咳刻刀~		t'ie	[33] 挑添帖贴天铁
ŋe	[13] 鱼渔额扼轭		t'ie	[35] 跳
xe	[33] 黑		die	[33] 叠碟牒蝶谍
xe	[13] 赫吓		die	[13] 条甜田
xe	[35] 去又 k'e³⁵		die	[55] 簟
ɣe	[13] 核儿而		die	[24] 掉调~动垫地又 dio²⁴
ɣe	[55] 尔耳饵		die	[42] 直
ɣe	[24] 二一~三贰		lie	[33] 列烈裂
e	[33] □这：~个		lie	[13] 镰猎连莲劣
			lie	[35] 料□打武~子：打架
ie			lie	[42] 列烈裂力
pie	[33] 膘标鞭编编鳖边逼憋		tɕie	[33] 遮鸡箕基焦蕉椒占~米
pie	[55] 蝙扁匾			尖接摺褶劫给煎折浙揭结洁
pie	[35] 变□看			节
pie	[42] 掰~包谷		tɕie	[55] 者拣剪茧捡笕姐馳娭~：
p'ie	[33] 篇偏撇			母亲
p'ie	[35] 骗遍片		tɕie	[35] 借叫估剑箭颤哲见蔗
p'ie	[42] 撇~开		tɕie	[42] 摺褶劫揭织
bie	[13] 便~宜		tɕ'ie	[33] 车缲簌签妾怯迁彻撤
bie	[24] 便方~			千辙牵切
mie	[33] 灭篾		tɕ'ie	[55] 扯浅且
mie	[13] 苗描棉		tɕ'ie	[35] 欠

tɕ'ie [42] 怯撤

dʑie [13] 桥荞捷嫌杰截

dʑie [55] 件

dʑie [24] 轿

ȵie [13] 聂镊蹑业鲇燃孽年□ ~铁:脾

ȵie [55] 耳碾燃撵捏□~菜:做菜

ȵie [35] 尿燕~雀

ȵie [33] 业孽

ɕie [33] 些奢赊烧枵~膪:肚子空了摄涉胁协袭仙先设掀歇蠍屑腋

ɕie [55] 写拾少多~晓闪癣

ɕie [35] 泻卸谢赦舍笑搁线扇泄宪献

ɕie [42] 胁协袭设歇

ʑie [13] 蛇钱缠舌热前

ʑie [55] 惹染

ʑie [24] 社射麝善鳝现又dʑie²⁴

ʑie [42] 舌

ie [33] 耶阇拽烟噎

ie [13] 爷盐簷叶页延言乙

ie [55] 也野舀演

ie [35] 夜要重~

ie [42] 叶页噎食~饭蚀

ue

tue [33] 端~阳节

tue [55] 短

due [13] 团

due [55] 断~黑:黄昏

due [24] 段缎断决~

nue [55] 暖

lue [13] 圈纠~:很圆

lue [35] 乱□~仗:吵架

tsue [33] 钻

tsue [35] 钻木工用具

ts'ue [33] 余窜

sue [33] 酸

sue [35] 算蒜

kue [33] 官干肝乾~鱼

kue [13] 国虢

kue [55] 管竿擀赶秆杆

kue [35] 灌罐

k'ue [33] 宽

k'ue [55] □折

ue [13] 回或惑获活

ue [55] 碗

ue [35] 换汗醃~菜

ue [42] 活

ye

tye [35] 转眼珠子乱~

lye [13] □缝

tɕye [33] 砖捐拙厥掘倔

tɕye [13] 决诀

tɕye	[55]	转掉~来捲
tɕye	[42]	拙厥决诀掘
tɕ'ye	[33]	穿圈
tɕ'ye	[13]	缺
tɕ'ye	[35]	串劝
tɕ'ye	[42]	缺
dʑye	[13]	全传~达橡又 zye¹³ 船拳权颧绝穴
dʑye	[24]	旋~转旋打~~传~记
dʑye	[42]	穴
ȵye	[55]	软
ɕye	[33]	薛雪说血靴
ɕye	[55]	选
ɕye	[35]	岁楦
ɕye	[42]	薛雪血
zye	[13]	橡~皮：橡子。又 dʑye¹³
zye	[24]	贱县蟮
zye	[42]	绝
ye	[33]	丸完圆沿悦阅园月越曰粤
ye	[55]	远
ye	[55]	院愿
ye	[42]	阅月越曰粤

ai

pai	[33]	蹁~子：瘸子
pai	[55]	摆
pai	[35]	拜闭睡：朝天~（朝天睡）；

		~不牢（睡不着）
pai	[42]	鳖逼憋别
p'ai	[35]	派洒~：整齐、清洁（多指人）
bai	[13]	排牌
bai	[24]	稗败
mai	[13]	埋
rnai	[55]	买米
mai	[35]	卖迈
mai	[42]	墨篾□那：~个，~隻
fai	[35]	肺
tai	[33]	歚低
tai	[55]	底抵~钱：值钱；爱惜
tai	[35]	戴带~队
tai	[42]	跌
t'ai	[33]	胎苔舌~梯
t'ai	[35]	太泰态替剃
t'ai	[42]	帖贴铁
dai	[13]	台抬苔菜~
dai	[55]	□寻找
dai	[24]	代袋贷待怠殆弟阿~第~一
dai	[42]	□~好：收拾
nai	[33]	□□ɕyŋ³³~：怎么
nai	[13]	泥
lai	[33]	□好~：好好地
lai	[13]	来犁
lai	[55]	乃奶

lai [35] 耐<u>奈</u>赖癞碍

lai [42] <u>热</u>~头：太阳 <u>肋</u>

tsai [33] <u>灾栽斋</u>

tsai [55] 宰滓崽儿子□别~：簪子

tsai [35] <u>载</u>年~；~重；满~债再

tsai [42] 接鲫侧节窄<u>截</u>~断

ts'ai [33] 猜钗差出~

ts'ai [55] <u>彩</u>探睬踩

ts'ai [35] <u>菜蔡</u>砌

ts'ai [42] 切

dzai [13] 才材<u>财裁</u>纔<u>豺</u>柴齐大~
家：大家

dzai [24] <u>在</u>

sai [33] 腮鳃<u>筛西</u>东~：物件<u>犀</u>

sai [55] <u>洗</u>

sai [35] 赛<u>晒</u>细

sai [42] <u>涩虱塞色</u>啬~家婆：吝啬
鬼

zai [24] <u>塞</u>

zai [42] <u>贼</u>

kai [33] 该皆阶<u>街</u>□□ɣai¹³~：食
道

kai [55] <u>改解</u>

kai [35] 盖丐介界<u>芥</u>尬疥届<u>戒</u>
械

kai [42] 结

k'ai [33] <u>开揩</u>

k'ai [55] 凯慨楷

k'ai [35] 概溉

ŋai [33] 哀<u>挨</u>~近

ŋai [13] 呆礙埃崖捱

ŋai [55] 蔼矮

ŋai [35] 艾爱隘雁又 ŋan³⁵

xai [55] 海

xai [35] 懈

xai [42] <u>黑</u>

ɣai [13] 孩谐<u>鞋</u>□~□kai³³：食道

ɣai [55] 蟹

ɣai [24] 亥害骇解姓

uai

ts'uai [55] 揣喘

suai [33] 衰

suai [55] 摔<u>洒</u>~洁：整齐清洁（多指
地方）

suai [35] 帅疝

kuai [33] 乖

kuai [55] 拐

kuai [35] 怪

k'uai [55] 傀块会~计剐桧

k'uai [35] 快筷

uai [33] <u>歪</u>

uai [13] 怀槐淮

uai [35] <u>外坏</u>

ei

pei [33] 杯卑碑悲揹

pei	[55]	保堡宝抱
pei	[35]	贝辈背报簸~箕□搽（笔）
p'ei	[33]	胚坯
p'ei	[35]	沛配佩丕辔泡口水~~
bei	[13]	培陪赔陪裴浮~起来
bei	[24]	陛~下暴鼙~刀布昧又vei³⁵倍背~诵抱~鸡婆：抱窝鸡
mei	[33]	□~烂：（食物煮得）很烂；（衣服）很破烂
mei	[13]	梅枚媒煤眉媚楣毛霉
mei	[55]	每美
mei	[35]	妹昧寐沕打~子：潜水
fei	[33]	灰恢麾非飞妃挥辉徽
fei	[55]	悔贿毁匪痱翡
fei	[35]	晦废肺吠秽慧费讳
vei	[13]	肥微
vei	[55]	尾
vei	[35]	未味又bei³⁵
tei	[33]	刀
tei	[55]	倒打~
tei	[13]	到倒~风□铸造
t'ei	[55]	讨
dei	[13]	掏逃桃淘陶萄涛
nei	[55]	脑恼
lei	[33]	□~胖：很胖
lei	[55]	老佬帮工~：雇工
tsei	[55]	早枣澡

tsei	[35]	灶
ts'ei	[55]	草
dzei	[13]	槽巢膪枵~：肚子空了，饿了
sei	[33]	骚臊
sei	[55]	扫~地
sei	[35]	扫~管：笤帚
kei	[33]	高膏
kei	[35]	告
k'ei	[35]	靠
xei	[33]	薅~草：锄草
xei	[55]	好

uei

tuei	[33]	堆
tuei	[35]	对碓
t'uei	[33]	推
t'uei	[55]	腿
t'uei	[35]	退褪
duei	[24]	队兑蜕锐
luei	[33]	□~壮：很肥（指动物）；很胖（指人）
luei	[13]	雷擂
luei	[55]	儡累~积；连~垒
luei	[35]	累极困内泪类
tsuei	[33]	追锥糟
tsuei	[55]	嘴
tsuei	[35]	最缀赘醉

ts'uei	[33]	崔催吹炊	p'au	[55]	跑
ts'uei	[35]	碎脆翠粹猝趣	p'au	[35]	炮泡雹
dzuei	[13]	槌垂锤捶谁又 zuei¹³	bau	[13]	袍跑
dzuei	[24]	罪	bau	[24]	抱暴菢胞刨鲍爆铇
suei	[33]	虽绥	mau	[13]	毛矛茅
suei	[55]	水	mau	[55]	卯冇～得：没有
suei	[35]	碎岁税遂隧穗	mau	[35]	冒帽貌□～脑壳：抬头
zuei	[13]	随谁又 dzuei¹³	tau	[33]	刀兜逗篼篼
zuei	[24]	睡瑞坠	tau	[55]	岛祷倒打～斗陡
kuei	[33]	圭闺奎规龟归	tau	[35]	到斗～争倒～风
kuei	[55]	诡轨鬼	t'au	[33]	叨滔偷
kuei	[35]	鳜桂贵盖	t'au	[55]	讨敨～凉
k'uei	[33]	盔魁亏窥开	t'au	[35]	套透
k'uei	[35]	愧	dau	[13]	桃逃掏淘萄陶涛头
guei	[13]	逵葵	dau	[24]	道稻盗导豆
guei	[24]	柜溃～脓跪癸	lau	[33]	□～松：很松
uei	[33]	煨威	lau	[13]	劳捞牢唠涝痨楼搂
uei	[13]	桅回茴危为作～；～么	lau	[55]	老脑恼篓搂
		个：为什么维惟唯违围	lau	[35]	闹～热：热闹漏
uei	[55]	萎委伟苇纬	tsau	[33]	遭糟□蹲。又 tsəu³³
uei	[35]	汇会绘外～婆卫惠伪位	tsau	[55]	爪找沼走
		畏魏慰胃谓蝟	tsau	[35]	躁灶罩皱绉
			ts'au	[33]	操抄钞揸～屎～尿：把屎 把尿。又 ts'əu³³
	au		ts'au	[55]	草炒吵
			ts'au	[35]	造糙凑
pau	[33]	褒包	dzau	[13]	曹槽巢
pau	[55]	保堡宝饱	dzau	[24]	皂
pau	[35]	报豹□凸			
p'au	[33]	抛			

sau　[33] 骚臊梢捎搜馊

sau　[55] 扫~地嫂稍

sau　[35] 扫潲嗽瘦臊~子

zau　[13] 愁

kau　[33] 高膏篙羔糕胶勾沟钩阄茭

kau　[55] 稿搞狗

kau　[35] 告酵窖觉睏~□冰：结~

k'au　[33] 犒敲

k'au　[55] 考烤口

k'au　[35] 靠扣铐

gau　[13] 搅

ŋau　[13] 熬牛

ŋau　[55] 袄藕呕

ŋau　[35] 傲奥懊坳山~

xau　[33] 蒿薅耗

xau　[55] 好

xau　[35] 好爱好号~数孝带~

ɣau　[13] 豪壕毫号~雷：打雷喉猴

ɣau　[55] 後又 $ɣau^{24}$

ɣau　[24] 有厚浩後又 $ɣau^{55}$

au　[33] 爊~菜

au　[35] 沤怄

iau

piau　[33] 标膘彪

piau　[55] 表錶

p'iau　[33] 飘

p'iau　[55] 瞟~子：斗鸡眼儿

p'iau　[35] 票漂

biau　[13] 瓢嫖

miau　[13] 苗描猫锚

miau　[55] 藐渺秒杳

miau　[35] 妙庙

tiau　[33] 刁貂雕□~二马脚：跷二郎腿

tiau　[35] 钓吊掉

t'iau　[33] 挑

t'iau　[35] 跳粜

diau　[13] 条调~和

diau　[24] 调音调调~动

liau　[13] 燎疗辽撩聊寥

liau　[55] 了~结瞭

liau　[35] 料廖□~脑壳：摇头撂扔

tɕiau　[33] 交郊胶焦蕉椒朝昭招诏骄娇浇

tɕiau　[55] 绞狡铰搅剿矫缴饺笊皎□~子：戒尺

tɕiau　[35] 教醮照~子：镜子叫

tɕ'iau　[33] 缲~边悄超

tɕ'iau　[55] 巧

tɕ'iau　[35] 俏鞘窍翘

dʑiau　[13] 樵瞧朝~代潮韶乔侨桥荞

dʑiau　[24] 赵兆召轿

ȵiau	[13] 尧	t'əu	[55] 土鼓
ȵiau	[55] 鸟	t'əu	[35] 兔透
ȵiau	[35] 尿	dəu	[13] 徒屠图涂头投
ɕiau	[33] 消宵霄硝销烧嚣萧箫 桴~膲：肚子饿了	dəu	[24] 豆逗又 təu³³ 痘肚鸡~腩：鸡杂儿
ɕiau	[55] 小少扰绕晓	dəu	[42] 独读毒
ɕiau	[35] 孝酵笑少~年绍邵	ləu	[13] 楼
ʑiau	[13] 肴淆饶侥~幸	ləu	[55] 缕屡搂篓
ʑiau	[55] 绕~棺	ləu	[35] 路漏陋露鹭□咬：~一口
ʑiau	[24] 校学~；上~；~对效嚼	tsəu	[33] 租邹□蹲。又 tsau³³
iau	[33] 妖邀腰要~求幺~二三	tsəu	[55] 阻走
iau	[13] 摇谣窑姚挠	tsəu	[35] 奏皱绉
iau	[55] 舀	ts'əu	[33] 粗初搋~尿。又 ts'au³³
iau	[35] 要重~耀鹞	ts'əu	[35] 醋凑

$$əu$$

p'əu	[55] 剖	dzəu	[13] 锄又 zəu¹³
bəu	[13] 浮	səu	[33] 苏酥梳搜飕馊蒐
bəu	[24] 阜埠	səu	[55] 数叟
məu	[13] 谋	səu	[35] 素数嗽瘦
məu	[55] 某亩牡	səu	[42] 缩
məu	[35] 茂贸	zəu	[13] 愁锄又 dzəu¹³
fəu	[55] 否	zəu	[24] 助骤
fəu	[35] 讣	kəu	[33] 勾钩阄
təu	[33] 兜逗又 dəu²⁴	kəu	[55] 狗苟
təu	[55] 肚堵赌斗抖陡	kəu	[35] 够构购
təu	[35] 斗~争	k'əu	[33] 抠眍
t'əu	[33] 偷	k'əu	[55] 口
		k'əu	[35] 叩扣寇

ŋeu	[33]	欧瓯殴
ŋeu	[55]	藕偶呕
ŋeu	[35]	沤怄~气
xeu	[55]	吼
ɣeu	[13]	侯喉猴候
ɣeu	[24]	後厚后皇~

ieu

tieu	[33]	猪车~马炮丢
tieu	[55]	煮
tieu	[42]	竹
t'ieu	[42]	□~脚：跺脚
dieu	[24]	住
lieu	[33]	溜
lieu	[13]	流硫琉留榴馏刘
lieu	[55]	柳
lieu	[42]	六绿
tɕieu	[33]	周舟州洲鸠纠鬏~子：中老年妇女盘在脑后的发结
tɕieu	[55]	酒肘煮九久帚韭
tɕieu	[35]	昼灸救究笤枢咒殻拧：转：脑壳~转来（回头）
tɕieu	[42]	粥烛
tɕ'ieu	[33]	蛆秋抽丘鳅
tɕ'ieu	[55]	丑醜
tɕ'ieu	[35]	觑~戏：看戏。好~：好看臭
tɕ'ieu	[42]	畜~牲

dzieu	[13]	囚绸稠筹仇复~仇姓酬柔又zieu13揉又zieu13求球
dzieu	[24]	袖纣宙售臼舅旧
ȵieu	[33]	□猫~：猫
ȵieu	[13]	生
ȵieu	[55]	女纽扭
ȵieu	[35]	谬
ȵieu	[42]	肉
ɕieu	[33]	修羞休收
ɕieu	[55]	手首守朽鼠
ɕieu	[35]	絮秀绣锈嗅嗦~袋：鸟嗦子兽
ɕieu	[42]	叔粟
zieu	[13]	柔又dzieu13揉又dzieu13
zieu	[24]	树就受寿授
zieu	[42]	熟赎
ieu	[33]	忧优悠幽
ieu	[13]	尤邮由油游犹
ieu	[55]	酉诱友有
ieu	[35]	又右祐柚釉幼

iu

tiu	[42]	着~衣：穿衣
tɕiu	[42]	酌脚角一~钱
tɕ'iu	[33]	雀
ɕiu	[42]	削
ziu	[42]	弱
iu	[42]	约药

an

pan	[33]	班斑颁扳般搬
pan	[55]	板版
pan	[35]	半
p'an	[33]	攀潘
p'an	[55]	瓣
p'an	[35]	盼襻绊判叛
ban	[13]	凡又 van¹³ 帆又 van¹³ 盘藩蟠繁
ban	[24]	范又 van²⁴ 範又 van²⁴ 犯扮办蚌伴拌
man	[13]	蛮瞒
man	[55]	满
man	[35]	慢馒漫幔蔓
fan	[33]	欢翻番
fan	[55]	缓反返
fan	[35]	泛唤焕贩痪
van	[13]	凡又 ban¹³ 帆又 ban¹³ 烦
van	[24]	范又 ban²⁴ 範又 ban²⁴ 犯又 ban²⁴ 饭万
tan	[33]	耽担丹单
tan	[55]	胆诞
tan	[35]	担旦
t'an	[33]	贪坍滩摊瘫
t'an	[55]	毯坦
t'an	[35]	探炭叹
dan	[13]	潭谭谈痰檀壇弹
dan	[24]	淡但蛋
nan	[33]	奶～～～：祖母
lan	[13]	南男蓝篮难兰拦栏
lan	[55]	览揽榄缆懒
lan	[35]	滥难患～烂
tsan	[33]	簪
tsan	[55]	盏攒斩
tsan	[35]	赞瓒绽溅站立
ts'an	[33]	参掺餐
ts'an	[55]	惨铲产
ts'an	[35]	灿
dzan	[13]	蚕残馋馋
dzan	[24]	暂站车～渐栈錾惭
san	[33]	三衫山□□ɣa²⁴ 代～：不行
san	[55]	散～装伞
san	[35]	散～会
kan	[33]	甘柑干肝乾艰间奸
kan	[55]	感敢橄减竿杆秆赶擀
kan	[35]	尴监～察鑑舰干间谏涧监～定
k'an	[33]	堪勘龛坎嵌刊
k'an	[55]	砍
k'an	[35]	看
ŋan	[33]	庵安鞍
ŋan	[13]	岩颜
ŋan	[35]	揞暗醃岸雁又 ŋai³⁵ 晏按案

xan	[33]	憨酣鼾夯
xan	[55]	喊罕
xan	[35]	汉
ɣan	[13]	含函咸鹹衔寒韩闲
ɣan	[55]	撼憾
ɣan	[24]	陷馅旱汗銲翰限览

uan

tuan	[33]	端
tuan	[55]	短
tuan	[35]	锻
duan	[13]	团
duan	[24]	断~绝；决~段缎
luan	[13]	鸾
luan	[55]	暖
luan	[35]	乱
tsuan	[33]	钻动词
tsuan	[55]	撰
tsuan	[35]	钻木工用具
ts'uan	[33]	汆窜
ts'uan	[35]	篡纂簒创
suan	[33]	删酸闩拴栅珊
suan	[35]	算涮蒜
zuan	[24]	赚
kuan	[33]	宜棺观冠鳏关
kuan	[55]	管馆
kuan	[35]	贯灌罐观冠惯
k'uan	[33]	宽

k'uan	[55]	款皖
uan	[33]	弯湾
uan	[13]	桓玩顽还环
uan	[55]	晚挽腕踠剜碗
uan	[35]	换幻患宦

ən

pən	[33]	奔崩
pən	[55]	本
pən	[35]	笨迸
p'ən	[33]	烹
p'ən	[35]	喷~香
bən	[13]	盆彭膨
bən	[24]	份又 vən²⁴
mən	[33]	□~主意：想主意
mən	[13]	门
mən	[35]	闷焖
fən	[33]	昏婚浑分芬纷荤
fən	[55]	粉
fən	[35]	喷~水愤忿粪奋
vən	[13]	焚坟文纹蚊闻
vən	[55]	吻刎
vən	[24]	问份又 bən²⁴
tən	[33]	敦墩抟登灯瞪
tən	[55]	等
tən	[35]	顿凳
t'ən	[33]	吞
dən	[13]	屯饨沌囤豚臀腾誊藤

疼

dən	[24]	盾钝遁邓
lən	[13]	苍伦沦轮能
lən	[55]	冷
lən	[35]	论论嫩
tsən	[33]	榛臻尊撙<u>蹲</u>遵<u>曾</u>姓增 僧<u>争</u>筝睁
tsən	[35]	俊浚
ts'ən	[33]	村皴参~差
ts'ən	[35]	<u>忖寸</u>衬撑<u>掌</u>
dzən	[24]	憎
sən	[33]	<u>孙生牲甥</u>笙森参人~
sən	[55]	损<u>笋榫</u>省~长省反~
sən	[35]	逊殉舜渗~畅:盲肠
zən	[13]	存荀旬循巡曾~经<u>层</u>惩 橙□~起眼睛:睁眼
zən	[24]	赠
kən	[33]	<u>跟根埂</u>庚耕<u>羹</u>
kən	[55]	粳哽梗耿
kən	[35]	更~换更~加
k'ən	[33]	坑
k'ən	[55]	垦恳<u>肯</u>
ŋən	[33]	恩
ŋən	[35]	硬
xən	[33]	亨
ɣən	[13]	痕恒衡
ɣən	[55]	<u>很狠</u>
ɣən	[24]	恨杏

in

pin	[33]	彬宾槟殡鬓兵冰
pin	[55]	丙柄禀秉饼
pin	[35]	饼
p'in	[55]	品
p'in	[35]	拼姘聘
bin	[13]	贫频凭<u>平坪</u>评屏瓶萍 苹
bin	[24]	<u>病並</u>
min	[13]	闽民鸣<u>明盟</u>名铭
min	[55]	悯敏抿皿
min	[35]	<u>命</u>
tin	[33]	丁<u>钉</u>靪疔汀中~间。又 tɕyŋ³³砧
tin	[55]	顶鼎
tin	[35]	钉~住订
t'in	[33]	厅□伸:~手
t'in	[55]	艇挺
t'in	[35]	听
din	[13]	亭停廷庭蜓<u>虫</u>
din	[55]	重轻~
din	[24]	澄锭定沉
lin	[33]	□~光:精光
lin	[13]	林淋临邻鳞燐<u>陵凌菱</u> <u>灵零铃</u>伶翎拎楞~□ŋa³³子:银 杏
lin	[55]	檩<u>领岭</u>

lin　[35]　吝凌另令

tɕin　[33]　针斟今金襟津珍诊疹真巾斤筋徵蒸茎京荆惊鲸擎精晶睛贞侦正~月征经径

tɕin　[55]　枕锦振震紧仅谨拯景警井整颈肿种□~呱哩:后加成分,表示程度很深

tɕin　[35]　禁浸进晋镇劲证症竟境镜竞敬正政

tɕ'in　[33]　钦亲称~呼卿清轻青蜻

tɕ'in　[55]　揪请

tɕ'in　[35]　浸亲~家趁称相~秤庆磬侵寝

dʑin　[13]　沉岑琴禽擒秦陈尘臣勤芹澄乘承丞裎呈程逞成诚城情又ʑin13

dʑin　[55]　近

dʑin　[24]　阵近扔郑

ɲin　[13]　吟迎宁

ɕin　[33]　心深辛新薪身申伸欣升兴声星腥

ɕin　[55]　沈审婶醒

ɕin　[35]　信讯迅衅胜兴高~性姓圣

ʑin　[13]　寻壬淫神辰晨娠唇人仁仍晴情又dʑin13

ʑin　[55]　忍

ʑin　[24]　甚任姓任责~纤尽侭肾

慎刃认韧剩静靖净盛~满呱哩:盛满了盛兴~

in　[33]　音阴荫因姻殷鹰鹦樱英婴缨

in　[13]　银寅行~为行品~盈赢形刑型

in　[55]　饮引隐影颖

in　[35]　印应幸映

uən

kuən　[55]　滚

kuən　[35]　棍

k'uən　[33]　昆崑坤

k'uən　[55]　捆

k'uən　[35]　困睏

uən　[33]　温瘟

uən　[13]　魂横~直横蛮~

uən　[55]　稳

uən　[35]　馄混

yn

tɕyn　[33]　均钧君军

tɕyn　[55]　准準

tɕyn　[35]　朘

tɕ'yn　[33]　椿春

tɕ'yn　[55]　蠢倾顷

dʑyn　[13]　纯醇群裙绳蝇螣琼

dʑyn　[24]　窘菌郡

ɕyn	[33]	熏薰勋
ɕyn	[55]	迥
ɕyn	[35]	舜训
ʑyn	[24]	顺润闰
yn	[33]	晕
yn	[13]	匀云雲莺营茔
yn	[55]	允尹永
yn	[35]	熨韵运孕泳咏

aŋ

paŋ	[33]	帮邦崩~呱陡坡；陡坡崩塌了浜梆~硬：很硬
paŋ	[55]	本~子榜谤绑
p'aŋ	[33]	烹蜂~子
p'aŋ	[35]	喷~香胖
baŋ	[13]	盆猯~猪：公猪滂旁螃傍房防亡忘庞
baŋ	[55]	磅
baŋ	[24]	妄望棒份 又 vaŋ²⁴
maŋ	[13]	门蚊~子忙芒茫芒虻盲梦~梦 maŋ³⁵ 做梦
maŋ	[55]	莽蟒
maŋ	[35]	梦
faŋ	[33]	分荒慌方芳妨枫~木树
faŋ	[55]	粉谎晃肪做纺仿彷访网
faŋ	[35]	喷粪放
vaŋ	[24]	份 又 baŋ²⁴

taŋ	[33]	当灯东~西裆
taŋ	[55]	党档等戥
taŋ	[35]	当凳冻
t'aŋ	[33]	汤
t'aŋ	[55]	倘躺趟桶
t'aŋ	[35]	烫痛
daŋ	[13]	堂棠螳唐糖塘藤桐筒
daŋ	[55]	动
daŋ	[24]	荡宕邓
naŋ	[13]	脓齉~鼻子
laŋ	[13]	郎狼螂囊笼聋
laŋ	[55]	朗廊
laŋ	[35]	论议~浪朗
tsaŋ	[33]	脏不干净曾
ts'aŋ	[33]	葱
saŋ	[33]	鬆~手
saŋ	[35]	丧婚~；~失送
saŋ	[13]	层一~楼
kaŋ	[33]	跟根冈岗刚纲钢缸豇扛羹瓢~：羹匙
kaŋ	[55]	港
kaŋ	[35]	钢杠虹东~热头（太阳）西~雨
k'aŋ	[33]	康糠
k'aŋ	[55]	慷肯
k'aŋ	[35]	抗炕
ŋaŋ	[33]	航
ŋaŋ	[13]	昂

ŋaŋ	[35] 硬梆~：很硬	
ɣaŋ	[13] 行航杭含口中含物	
ɣaŋ	[55] 很狠	
ɣaŋ	[24] 项巷	

iaŋ

liaŋ	[13] 良粮凉量梁粱
liaŋ	[55] 两~个两几~辆
liaŋ	[35] 亮谅量
tɕiaŋ	[33] 将张章樟障姜江薑 刚~~；~好
tɕiaŋ	[55] 蒋奖桨长生~涨掌讲
tɕiaŋ	[35] 浆仗酱将帐账胀瘴降
tɕʻiaŋ	[33] 枪昌菖疆僵缰羌匡眶 腔
tɕʻiaŋ	[55] 抢厂强勉~敞
tɕʻiaŋ	[35] 畅唱倡
dʑiaŋ	[13] 墙详祥长肠场常尝裳 强
dʑiaŋ	[24] 丈杖
ȵiaŋ	[13] 娘
ȵiaŋ	[55] 仰
ȵiaŋ	[35] 酿腻~雨：雨水不停
ȵiaŋ	[33] 箱厢湘襄镶商伤乡香 鲜新~
ɕiaŋ	[55] 想赏晌响饷享壤攘瓤 嚷
ɕiaŋ	[35] 相互~相~貌向

ʑiaŋ	[13] 偿
ʑiaŋ	[24] 象像橡上~山匠上~面 尚让
iaŋ	[33] 央秧殃
iaŋ	[13] 羊洋杨阳扬疡降□~ pu³³篓：鱼篓
iaŋ	[55] 养痒
iaŋ	[35] 样

uaŋ

tsuaŋ	[33] 赃庄装桩妆
tsuaŋ	[35] 壮葬
tsʻuaŋ	[33] 仓苍疮窗
tsʻuaŋ	[55] 闯
dzuaŋ	[13] 床
dzuaŋ	[24] 状又zuaŋ²⁴撞
suaŋ	[33] 桑霜孀双
suaŋ	[55] 磉嗓爽
suaŋ	[35] 丧婚~；~失
zuaŋ	[13] 藏隐~脏心~藏西~
zuaŋ	[24] 状又dzuaŋ²⁴
kuaŋ	[33] 光
kuaŋ	[55] 广
kuaŋ	[35] □~脑壳：摇头
kʻuaŋ	[33] 筐框
kʻuaŋ	[35] 旷况矿
guaŋ	[13] 狂逛
uaŋ	[33] 汪

uaŋ [13] 黄簧皇蝗王

uaŋ [55] 枉往

uaŋ [35] 旺

uŋ

puŋ [33] 绷~子

puŋ [35] 泵~蛋：水煮的鸡蛋不带壳

pʻuŋ [55] 捧

pʻuŋ [35] 碰

buŋ [13] 房朋彭棚篷蓬逢缝冯

buŋ [24] 奉缝~~：缝隙

muŋ [33] 忘

muŋ [13] 茅又 mu^{13} 萌蒙虻

muŋ [55] 猛蜢㯢~懂

muŋ [35] 孟梦

fuŋ [33] 风枫疯丰封峰蜂锋方

fuŋ [35] 讽放又 xuŋ^{35}

vuŋ [24] 凤俸

tuŋ [33] 东~边冬当裆咚象声词 桩

tuŋ [55] 董懂

tuŋ [35] 当瞪冻栋当地方

tʻuŋ [55] 汤通

tʻuŋ [35] 桶捅统

tʻuŋ [35] 痛

duŋ [13] 堂唐糖塘同铜桐筒童 瞳

duŋ [24] 动洞囥秽~：沤肥的坑

nuŋ [35] 嫩糯

luŋ [35] □~□ɕy^{33}：啰嗦

luŋ [13] 郎笼聋𪏕农隆龙咙

luŋ [55] 拢陇垅

luŋ [35] 弄

tsuŋ [33] 装~窑棕鬃宗中忠钟终 冢盅

tsuŋ [55] 总综种肿

tsuŋ [35] 壮粽中射~踪纵种

tsʻuŋ [33] 疮窗聪忽葱囱充从~容 冲春

tsʻuŋ [55] 闯宠

tsʻuŋ [35] 寸忖打估~：估量铳

dzuŋ [13] 床丛崇又 zuŋ^{13} 从跟~松 ~毛须须：松针重~复

dzuŋ [55] 撞

dzuŋ [24] 重轻~状又 zuŋ^{24}

suŋ [33] 孙霜双鬆嵩松

suŋ [55] 榫丛耸~鼻头

suŋ [35] 送宋

zuŋ [13] 藏虫崇又 dzuŋ^{13}

zuŋ [24] 状又 dzuŋ^{24} 仲诵颂讼

kuŋ [33] 光公蚣工功攻弓躬宫 恭供~出同谋□亩：一~田

kuŋ [55] 滚汞拱巩

kuŋ [35] 棍供~不起供~养贡

kʻuŋ [33] 空

kʻuŋ [55] 孔恐

k'uŋ [35] 控空

guŋ [24] 共

xuŋ [33] 糠荒慌轰烘□~鼻头：擤鼻涕□~□nai³³：怎么

xuŋ [55] 谎纺哄~他不倒：骗不了他

xuŋ [35] 放又fuŋ³⁵哄起~

ɣuŋ [13] 人又dʰ¹³虹弘宏红洪鸿

uŋ [33] 温翁

uŋ [13] 稳

uŋ [35] 瓮黿雍

yŋ

tɕyŋ [33] 均中又tin³³弓~起腰子

tɕyŋ [55] 准

tɕ'yŋ [33] 椿春冲搭~嘴：插嘴

tɕ'yŋ [55] 蠢

tɕ'yŋ [35] 铳

dʑyŋ [13] 裙琼穷

dʑyŋ [55] 菌

dʑyŋ [24] 共

ȵyŋ [13] 脓浓

ȵyŋ [24] 润

ɕyŋ [33] 薰兄凶胸兇□~□nai³³怎么

ɕyŋ [55] 笋冗酕

ɕyŋ [35] 嗅~一~：闻一闻

ʑyŋ [24] 顺囯

yŋ [33] 晕瓮雍痈

yŋ [13] 匀云雲荣萤荥戎绒熊雄融茸容蓉镕庸

yŋ [55] 拥甬勇涌

yŋ [35] 韵运用佣

iẽ

piẽ [33] 鞭编边辫编

piẽ [55] 贬扁蝙匾

piẽ [35] 变

p'iẽ [33] 篇偏

p'iẽ [35] 骗遍

biẽ [13] 汴别区~；离~

biẽ [24] 便~宜辨辩辫便方~

miẽ [13] 绵棉眠

miẽ [55] 免勉

miẽ [35] 面缅麵

tiẽ [33] 颠踮

tiẽ [55] 点典

tiẽ [35] 店掂

t'iẽ [35] 天添

t'iẽ [55] 舔

diẽ [13] 田甜填

diẽ [24] 簟电殿奠佃垫

liẽ [13] 廉镰帘连联怜莲奁

liẽ [55] 敛殓脸辇

liẽ [35] 练链栋恋

tɕiẽ [33] 尖沾粘~贴瞻占~米兼

煎毡肩坚

tɕiē [55] 检捡简锏柬拣涧剪展
茧笕跕

tɕiē [35] 占~卜佔剑捐犍箭战颤
建荐见健

t'ɕiē [33] 歼籤签谦迁牵笺千

t'ɕiē [55] 浅遣

t'ɕiē [35] 欠歉

dʑiē [13] 钳嫌乾~坤虔单姓

dʑiē [24] 俭践件贱钱现~间。又
zie²⁴ 键健

ȵiē [33] 拈研

ȵiē [13] 严鲇年

ȵiē [55] 俨碾撵撵

ȵiē [35] 验酽念谚砚

ɕiē [33] 仙掀先

ɕiē [55] 陕闪染冉险鲜少显

ɕiē [35] 搧线羡扇宪献

ziē [13] 潜蟾钱缠蝉禅然燃前

ziē [24] 善膳县鳝现

iē [33] 阉烟洇胭

iē [13] 炎盐阎檐涎延筵言贤
芫

iē [55] 淹掩眼演堰

iē [35] 厌餍艳焰燕嗛宴映~山
红

yẽ

tɕyē [33] 专砖捐

tɕyē [55] 转捲

tɕyē [35] 转眷卷绢券

tɕ'yē [33] 川穿圈

tɕ'yē [55] 犬

tɕ'yē [35] 串劝

dʑyē [13] 弦全泉传椽船拳权颧
玄悬

dʑyē [13] 旋~转旋打~~传~记倦

ɕyē [33] 鲜轩宣喧

ɕyē [55] 癣选阮

ɕyē [35] 羡楦眩

zyē [55] 软

yē [33] 院~子（村子）冤

yē [13] 丸圆员缘沿铅元原源
袁辕园援

yē [55] 远

yē [35] 院愿怨

ĩu

tiũ [33] 装~满呱哩：装满了

tiũ [55] 长生~涨~水

tiũ [35] 胀~浮颈：大脖子涨面古~
红呱哩：脸涨红了

diũ [13] 长~短肠

diũ [55] 丈

liũ [13] 凉量粮梁

liũ [55] 两几~辆

tɕiũ [33] 浆樟酱

tɕiũ　　[55] 蒋

tɕiũ　　[35] 酱

tɕʻiũ　　[33] 枪

tɕʻiũ　　[55] 抢厂

tɕʻiũ　　[35] 唱~嗻：行礼作揖

dʑiũ　　[13] 墙尝又 ʑiũ¹³

ȵiũ　　[13] 娘

ȵiũ　　[35] 酿

ɕiũ　　[33] 香乡箱厢镶

ɕiũ　　[55] 想赏响饷

ɕiũ　　[35] 相~貌向

ʑiũ　　[13] 尝又 dʑiũ¹³

ʑiũ　　[55] 上~山上~面尚

ʑiũ　　[24] 象像匠让

iũ　　[33] 秧

iũ　　[13] 羊□~汁

iũ　　[55] 养痒

iũ　　[35] 样

m̩

m̩　　[13] 鹅又 mu¹³ 蛾又 mu¹³ 蜈又 mu¹³ 梧又 mu¹³ 磨~刀。又 mu¹³

m̩　　[35] 墓又 mu³⁵ 磨石~。又 mu³⁵ 饿又 mu³⁵，ŋu³⁵

ŋ̍

ŋ̍　　[13] 人又 ɣuŋ¹³

ŋ̍　　[55] 五伍

ŋ̍　　[35] 他训

（原载《东安土话研究》，湖南教育出版社 1998 年 3 月出版）

湘南东安型土话的系属

一 引言

湘南土话是一个暂拟的方言名称。《中国语言地图集》在关于汉语方言分区的说明中指出："凡是未分区的方言，无论官话还是'非官话'，包括湘南土话在内，都有待于进一步调查研究，以扩充方言工作者的眼界。"又说："有的汉语方言，我们只能确定它们不属于官话，其系属有待进一步调查研究。"在这一类汉语方言中湘南土话被专门列出。

湘南境内的土话繁多，彼此之间各不一致，但又在不同的范围内存在这样那样的联系。

本文讨论湘南土话当中的一种类型——东安型土话。东安型土话是指古全浊声母今读保留完整浊音体系的土话类型，以东安花桥、石期等地的土话为代表。花桥土话位于东安北部，石期土话位于东安南端。东安型土话还包括主要特点与东安花桥、石期等地相近的土话，如跟东安毗连的冷水滩岚角山土话。估计这一类型的土话在东安附近随着调查的进一步深入还会有所发现。

东安型土话的音韵特点多处与湘语娄邵片中的娄底、双峰、湘乡等方言有较大的一致性。

下面拿东安花桥、石期两地的土话同娄底、双峰两地的方言进行比较。比较的项目除古全浊声母今读外，还广泛地考察了韵母，选用的都是日常生活用字，字音绝大部分处于白读层，能明显地反映这些方言的音韵特点，因而有助于我们观察这些方言之间的某种内在联系。

关于字音材料的说明：①东安花桥土话依据《东安土话研究》（鲍厚星，

1998)。②东安石期土话依据本人 2001 年的调查，发音人蒋中秋，57 岁，东安县石期市镇九井塘村。③娄底话依据《湖南汉语方音字汇》（湖南省公安厅《湖南汉语方音字汇》编纂组，岳麓书社，1993），并参考《娄底方言研究》（刘丽华，2001），另有少数字请彭逢澍同志提供了读音。④双峰话依据《汉语方音字汇》和《湖南汉语方音字汇》。

东安花桥、东安石期、娄底、双峰声调表

	阴平	阳平	上声	阴去	阳去	入声
东安花桥	[33]	[13]	[55]	[35]	[24]	[42]
东安石期	[33]	[13]	[55]	[35]	[24]	清入归阴平/浊入归阳去
娄底	[44]	[13]	[42]	[35]	[11]	清入大多归阳平/浊入大多归阴去
双峰	[55]	[23]	[21]	[35]	[33]	大部分归阳平/小部分归阴去

二　花桥、石期、娄底、双峰的语音比较

（1）并定从澄崇群六母

	盘	步	团	同	洞	财	情	罪	字
花桥	be¹³	bu²⁴	due¹³	duŋ¹³	duŋ²⁴	dza¹³	dʑin¹³	dzuei²⁴	dzɿ²⁴
石期	be³⁵	bu²⁴	lue³⁵	duŋ³⁵	duŋ²⁴	dzai³⁵	dʑin¹³	dzuei²⁴	dzɿ²⁴
娄底	bẽ¹³	bu¹¹	duẽ¹³	dɤŋ¹³	dɤŋ¹¹	dze¹³	dʑin¹³	dzue¹¹	dzɿ¹¹
双峰	bæ̃²³	bu³³	dua²³	dən²³	dən³³	dze²³	dʑiɔ̃²³	dzue³³	dzɿ³³

	茶	治	住	锄	状	助	葵	茄	柜
花桥	dʐo¹³	dʑi²⁴	dʑy²⁴ / dieu²⁴	dzəu¹³	dzuŋ²⁴	zəu²⁴	guei²⁴	dʑio¹³	guei²⁴ / dʑy²⁴
石期	dʐo³⁵	dʑi²⁴	dʑieu²⁴	dzəu³⁵	dzu²⁴	dzu²⁴	guei¹³	dʑio³⁵	dʑy²⁴
娄底	dʐo¹³	dʑi¹¹	dʑy¹¹	dʑɤu¹³	dzɤŋ¹¹	dʑɤu¹¹	ɣui¹³	dʑio¹³	ɣui¹¹
双峰	dʐo²³	dzʅ³³	dy³³	dzəu²³	dzɔ̃³³	dzəu³³	gui²³	dʑio²³ / do²³	gui³³ / dy³³

古全浊声母今读方式是东安型土话系联湘语娄邵片最重要的一个特点。东安境内的土话大致分为花桥片、中田片、井头圩片和高峰片四种，各土话间虽有些差异，但均保留浊音系统：

	桃	头	豆	桥	淡	寨	齐	柜
花桥	dei¹³	dau¹³	dau²⁴	dʑie¹³	do²⁴	zya²⁴	dʑai¹³	dʐy²⁴
中田	di¹³	dau¹³	dau³⁵	dʑie¹³	do³⁵	dza³⁵	dʑai¹³	dʐy³⁵
井头圩	dei¹³	dau¹³	dau⁵³	dʑie¹³	do⁵⁵	dzai⁵³	dʑai¹³	dʐy⁵³
高峰	di¹³	dau¹³	dau²²	dʑi¹³	do²²	dzai²²	dʑai¹³	gy²²

东安石期土话定母字有的转化为 [l] 声母,如通摄合口一等东韵平声有三种读音:①同 duŋ³⁵,②同铜桐筒 lan³⁵,③童 duŋ¹³。其中③是文读层,①、②均为白读层,①是改变声调,②是声母韵母声调同时改变,是更早的白读层。

花桥土话浊塞音 [dz] 与浊擦音 [z] 从多数情况看,需要分立,但有时又带有自由变体色彩。如"锄 dzɐu¹³/zɐu¹³ | 查 dzo¹³/zo¹³ | 谁 dzuei¹³/zuei¹³ | 状 dzuŋ²⁴/zuŋ²⁴"。石期土话也有类似情况。这种把浊塞音、塞擦音变读为浊擦音的现象在岚角山土话中更为普遍。

(2) 果摄一等

	多	锣	歌	个~人	饿	破	朵	锅	火
花桥	tu³³	lu¹³	ku³³	ku³⁵	ŋu³⁵	p'u³⁵	tu⁵⁵	ku³³	fu⁵⁵
石期	tu³³	lu³⁵	ku³³	ku³⁵	ku²⁴	p'u³⁵	tu⁵⁵	ku³³	fu⁵⁵
娄底	tɤ⁴⁴	lɤ¹³	kɤ⁴⁴	kɤ³⁵	ŋɤ¹¹	p'ɤ³⁵	tɤ⁴²	kɤ⁴⁴	xɤ⁴²
双峰	tɤ⁵⁵	lɤ²³	kɤ⁵⁵	kɤ³⁵	ŋɤ³³	p'ɤ³⁵	tɤ²¹	kɤ⁵⁵	xɤ²¹

果摄读 [ɤ],是湘语娄邵片部分地区方言中的一个特色韵母,北大《汉语方音字汇》把双峰作为湘语代表点之一,其音系中就有 [ɤ],如"多锁罗"等字。据我们掌握的材料,这个 [ɤ] 的范围还不小,除双峰之外,娄邵片还有湘乡、娄底、涟源等地。此外,溆浦(湘语辰溆片)、宁乡、安化(长益片)也有果摄读 [ɤ] 的情形。1935 年前中央研究院历史语言所来湖南调查方言已有过关于果摄读 [ɤ] 的历史记录:湘乡(赵元任、吴宗济记音),"婆、多、果"等记为 u,文字说明"u 近标准元音 u,有时略开一点";宁乡(丁声树记音),"多、果、合"等字记为 o,文字说明"严式可作 ɤ";安化(赵元任记音),"波歌河"等记为 o,文字说明"严式可作 ɤ"。

(3) 假摄二、三等

	爬	沙	下	牙	写	蛇	夜	瓜	花
花桥	bo¹³	so³³	ɣo⁵⁵	ŋo¹³	ɕio⁵⁵	zio¹³	io³⁵	ko³³	xo³³

石期	ba³⁵	so³³	ɣo²⁴	ko³⁵	ɕio⁵⁵	ʑio³⁵	io²⁴	ko³³	xo³³
娄底	bo¹³	so⁴⁴	ɣo¹¹	ŋo¹³	ɕio⁴²	ʑio¹³	io¹¹	ko⁴⁴	xo⁴⁴
双峰	bo²³	so⁵⁵	ɣo³³	ŋo²³	ɕio²¹	ʑio²³	io³³	ko⁵⁵	xo⁵⁵

石期土话发音人"爬"只读 [ba³⁵]，不读 [bo]。韵母 [a] 属文读层，但声调 35 是阳平调的白读。

（4）蟹摄开口二等

	排	拜	斋	芥	筛	解	鞋	买	矮
花桥	ba¹³	pa³⁵	tɕia³³	ka³⁵	ɕia³³	ka⁵⁵	ɣa¹³	ma⁵⁵	ŋa⁵⁵
石期	bia¹³	pia³⁵	tɕia³³	tɕia³⁵	ɕia³³	tɕia⁵⁵	ʑia³⁵	mia⁵⁵	ia⁵⁵
娄底	ba¹³	pa³⁵	tsa⁴⁴	ka³⁵	sa⁴⁴	ka⁴²	ɣa¹³	ma⁴²	ŋa⁴²
双峰	ba²³	pa³⁵	tsa⁵⁵	ka³⁵	sa⁵⁵	ka²¹	ɣa²³	ma²¹	ŋa²¹

（5）效摄三、四等

	苗	焦	烧	轿	挑	钓	叫	晓
花桥	mie¹³	tɕie³³	ɕie³³	dʑie²⁴	t'ie³³	tie³⁵	tɕie³⁵	ɕie⁵⁵
石期	mie³⁵	tɕie³³	ɕi³³	dʑie²⁴	t'ie³³	tie³⁵	tɕie³⁵	ɕie⁵⁵
娄底	miɣ¹³	tɕiɣ⁴⁴	ɕiɣ⁴⁴	t'ɣ¹¹	t'iɣ⁴⁴	tiɣ³⁵	tiɣ³⁵	ɕiɣ⁴²
双峰	miə²³	tɕiə⁵⁵	ɕiə⁵⁵	dʑiə³³	t'iə⁵⁵	tiə³⁵	tɕiə³⁵	ɕiə²¹

（6）梗摄开口三、四等

	病	井	清	声	坪	颈	钉	听	星
花桥	bio²⁴	tɕio⁵⁵	tɕ'io³³	ɕio³³	bio¹³	tɕio⁵⁵	tio³³	t'io³⁵	ɕio³³
石期	bio²⁴	tɕio⁵⁵	tɕ'io³³	ɕio³³	bio³⁵	tɕio⁵⁵	tio³³	t'io³⁵	ɕio³³
娄底	biõ¹¹	tɕiõ⁴²	tɕiõ⁴⁴	ɕiõ⁴⁴	biõ¹³	tɕiõ⁴²	tiõ⁴⁴	t'iõ³⁵	ɕiõ⁴⁴
双峰	biɔ̃³³	tɕiɔ̃²¹	tɕ'iɔ̃⁵⁵	ɕiɔ̃⁵⁵	biɔ̃²³	tɕiɔ̃²¹	tiɔ̃⁵⁵	t'iɔ̃³⁵	ɕiɔ̃⁵⁵

（7）宕摄入声

	摸	索	各	恶	郭	雀	脚	约
花桥	mu⁴²	su⁴²	ku⁴²	u⁴²	ku⁴²	tɕ'iu³³	tɕiu⁴²	iu⁴²
石期	mu³³	su³³	ku³³	u³³	ko³³	tɕ'io³³	tɕi³³	io³³
娄底	mo³⁵	so¹³	kɤ¹³	ɤ¹³	kɤ¹³	tɕ'iu³⁵	tɕiɤ¹³	iɤ¹³
双峰	mo³⁵	so²³	kɤ²³	ɤ²³	kɤ²³	tɕ'iu³⁵	tɤ²³	iɤ²³

石期土话的"郭、雀、约"读 [o io]，与"模、索、各、恶"的字音不

同，原因还待进一步调查。

（8）江摄入声

	剥	桌	戳	捉	角	壳	学	握
花桥	pu⁴²	tsu⁴²	ts'u⁴²	tsu⁴²	ku⁴²	fu⁴²	vu⁴²	u³³
石期	pa³³	tsu³³	ts'u³³	tsu³³	ka³³	xa³³	ʑio²⁴	u³³
娄底	pu¹³	tsu¹³	ts'u³⁵	tsu¹³	ku¹³	k'u¹³	ɕiu¹³	u³⁵
双峰	pu²³	tsu²³	ts'u³⁵	tsu²³	ku²³	k'u²³	ɕiu²³	u³⁵

石期土话的"剥、角、壳"读 [a] 韵，当另有来历。但其余字音（除学 [ʑio²⁴] 外）还是一致的。

（9）梗摄开口二等入声

	百	白	拆	择	麦	摘	客	吓
花桥	po⁴²	bo⁴²	ts'o⁴²	dzo⁴²	mo⁴²	tso⁴²	k'o⁴²	xo⁴²
石期	po³³	bo²⁴	ts'o³³	zo²⁴	mo³³	tso³³	k'o³³	xo³³
娄底	pie¹³	p'o³⁵	ts'o¹³	ts'o³⁵	mo³⁵	tso¹³	k'o¹³	xo¹³
双峰	pia²³	p'o³⁵	ts'o²³	ts'o³⁵	mo³⁵	tsua²³	k'ia²³	xo²³

（10）梗摄开口三、四等入声

	只₁~	赤	尺	石	壁	劈	滴	踢
花桥	tɕio⁴²	tɕ'io⁴²	tɕ'io⁴²	ʑio⁴²	pio⁴²	p'io⁴²	tio⁴²	t'io⁴²
石期	tɕio³³	tɕ'io³³	tɕ'io³³	ʑio²⁴	pio³³			
娄底	to¹³	tɕ'io¹³	tɕ'io¹³	ɕio³⁵	pio¹³	p'io¹³	tio¹³	t'io¹³
双峰	to²³	tɕ'io²³	t'o²³	ɕio³⁵	pio²³	p'io²³	tio²³	t'io²³

三　结论

通过上述比较，可以看出东安型土话和湘语娄邵片中娄底、双峰等地方言相当一致。古全浊声母今读这一个重要特征几乎如出一辙，更有众多的韵母白读层惊人地相似。这主要表现在古果、假摄元音的高化，蟹摄元音尾的脱落和梗摄主要元音的后高圆唇化上面。这些特征应属湘语中较早的历史层次。从而充分说明不应再忽略古浊音声母演变方式在判断系属问题上的意义了。

《中国语言地图集》曾经依据古浊音声母的演变把湘语分成长益片（古全浊声母今逢塞音、塞擦音时，不论平仄都读不送气清音），娄邵片（古全浊声母今逢塞音、塞擦音时，不论平仄都读不送气浊音），吉溆片（古全浊声母今逢塞音、塞擦音时，平声读不送气浊音，仄声读不送气清音）。《地图集》刚一问世，我们就对吉溆片作了分解，把吉首等十处方言划归西南官话，把溆浦、辰溪、泸溪三处仍归湘语，称为辰溆片（参见《湖南方言研究丛书》代前言）。根据认定娄邵片的标准，《中国语言地图集》曾把这一片一直划到了广西的全州、资源、灌阳、兴安四县。《广西通志·汉语方言志》也把上述四县方言划进了湘语范围。

现在再让我们来简略地了解一下湘语的地理环境。湘语除了分布于资江流域和沅江中游少数地区外，主要分布于湘江流域。湘江发源于广西临桂县海洋圩的海洋坪，称海洋河。经零陵（今永州）而北上。在零陵以南称上游，零陵至衡阳为中游，衡阳以北进入下游。

如果把《中国语言地图集》对湘语的划分与湘江流域联系起来，就成为以下局面，湘江源头一带的全州等四县划入湘语，然后越过零陵那一段，从祁阳（原属衡阳辖区）以上再划入湘语。实际上湘江穿过东安（石期正处于湘江之滨）、冷水滩再进入祁阳而北上。东安境内宽广的浊音区域恰恰是与湘江为伴的。

东安一带的官话（湘南双方言区使用西南官话）也保留浊音系统，和土话有密切的关系，它实际上是由强势方言西南官话的影响、渗透和冲击而形成。我们把这种带浊音系统的官话划入西南官话，如同把湘西吉首等带浊音系统的方言划归为西南官话一样。而东安境内保留湘语广泛底层的土话不及官话的势力强大，只能在狭小的范围内流通。人们用官话的眼光来看待它们，把它们称为土话。

讨论东安型的土话，应该从语言事实和相关的外部环境来作出判断，让它回到湘语中去。

四　余论

随着调查工作的逐步开展，反映湘南地区土话特点的各种材料将一个个

浮现出来。仅以古全浊声母的今读来看，据原有的几部著作和新近调查所得的材料，已经有了以下一些类型：

①古全浊声母字，不论平仄今一律读不送气浊音（少数变读擦音），如东安花桥、石期等地。

②古全浊声母字，不论平仄，除定母仍读浊塞音外，其余都读浊擦音，如冷水滩岚角山。

③古全浊声母字，不论平仄，一律读不送气清音，如江永城关、桃川等地。

④古全浊声母今读清化，平声一律不送气，仄声多数不送气，少数送气，如新田南乡。

⑤古全浊声母字，不论平仄，绝大多数今读送气清音，如临武麦市、桂阳流丰、蓝山新圩等地。

⑥古全浊声母今读清化，平声一般送气，仄声多数不送气，少数送气，如宁远东路平话。

⑦古并定母字不论平仄，一律读不送气清音，古从澄崇群母字不论平仄，多读送气清音，如临武街头，宜章赤石、大地岭，桂阳燕塘，嘉禾广发，蓝山太平等地。

⑧古并定群母字不论平仄，今读不送气清音，古从澄床母字不论平仄，今一般读清擦音，如道县寿雁、江华寨山等地。

⑨古并定群母字，今读不送气清音，古从澄床母字，今读送气清音，如道县小甲。

要讨论整个湘南土话的归属问题，必须对整个湘南土话地区进行全面深入的调查，进行各种范围的比较研究，并要尽可能结合人文历史地理进行考察，这是判断湘南土话系属问题的基础。目前看来还是要走"分而治之"的道路。根据不同对象的具体情况，分别去探索不同的归属，可以归甲种方言的就归甲种方言，可以归乙种方言的就归乙种方言，不能具体归某一种方言的，就采取另外的办法来处理。在某种情况下也不排斥出现混合型的方言。

参考文献

[1] 鲍厚星. 东安土话研究. 长沙：湖南教育出版社，1998

［2］北京大学中文系．汉语方音字汇．北京：文字改革出版社，1989

［3］广西壮族自治区地方志编纂委员会．广西通志·汉语方言志．南宁：广西人民出版社，1998

［4］湖南省公安厅《湖南汉语方音字汇》编纂组．湖南汉语方音字汇．长沙：岳麓书社，1993

［5］李　荣．汉语方言的分区．方言，1989（4）：241～259

［6］刘丽华．娄底方言研究．长沙：中南大学出版社，2001

［7］杨时逢．湖南方言调查报告．史语所集刊之六十六，1974

［8］中国社会科学院、澳大利亚人文科学院．中国语言地图集．朗文出版社（远东）有限公司，1989

（原载《方言》2002 年第 3 期）

江永桃川土话同音字汇

说明

（一）字汇按照江永桃川土话音系排列，先以韵母为序，同韵的字以声母为序，声韵相同的字再以声调为序。

1. 韵母的次序是：［ɿ i u y a ia ua ya io ou o ɛ iɛ yɛ uə ai uai ei uei au iau ɯ

ịu ịeị ỳeị ịeị ueị yeị e n iaŋ uaŋ en ieị ueị yeị uịŋ n̩］

2. 声母的次序是：［p pʻ m f t tʻ n l ts tsʻ s tɕ tɕʻ n̠ ɕ k kʻ ŋ x ø］

3. 声调的次序是：阴平 33　阳平 21　上声 35　去声 24　入声 55

（二）表内又音既涵盖了文与白的不同读音，也包括了一些非文白异读的多音情况，如□这 xa^{55}，又 xai^{55}。文白异读不另用符号显示，规律可参看文白异读一节内容。

（三）方框"□"表示暂写不出的音节。

（四）替代号"～"代替所注的字或□。

（五）注释用小号字体，以示区别。

（六）需要注明繁体字的用括号，如：把（欛）坝（壩）。

（七）引注《广韵》《集韵》等韵书时，书名号略去。

ɿ

ts	33	资姿之支枝 脂脂～
	21	池瓷迟又 tai^{21} 慈 鹚鹚～：水鸟，南方多饲养来帮助捕鱼
		磁糍～粑 词祠饲字
		脐腹～窟：肚脐眼
	35	紫纸指又 $tuə^{35}$ 子又 $tuə^{35}$

止只

	24	志痣自至夏～ 致既 翅寺痔 巳地支的第六位
	55	汁酿～：溃脓
tsʻ	35	此齿
	24	次刺柿
s	33	私师狮 蛳螺～ 尸是

		司 丝 鸶鹭~ 思 敂 示
		□~□tɕio³⁵：打尖的食物
	21	时 事 十 实 匙 锁~ 视 近~眼
	35	始 使又 sai³⁵ 史又 sai³⁵ 屎
	24	试 市 士
	55	湿

i

t	21	笛 敌
	55	滴
tɕ	33	鸡 饥 机 箕 徛 今又 tɕie³³
	21	奇 骑 棋 期 旗 及
	35	几~个 纪 己
	24	计 技 继 寄 祭 记
	55	级 极 疾 吉 急 激 绩 击 吸 即 直又 tiəu⁵⁵ 值 执 质 织 蛰 职 折~被 揭又 tɕio³⁵ □奶汁
tɕʻ	33	欺 溪
	21	□不~声：不做声
	24	气 汽 契
ŋ	21	疑 尼 □~~母：蝉
	24	义 议 艺又 lai²¹ □话~多：叨唠
ɕ	21	失 式 饰
	35	喜 起
	24	世 势 系 戏 弃 器
	55	室 释 食又 iəu²¹ 适 歇 说
ø	33	医 依 □在
	21	移 姨 舌 叶
	35	椅 以 易 交~ □语助词，表已然
	24	易 难~ 忆 亿 意
	55	一 乙 益 揞 作~ 腌

u

P	33	巴 疤 粑 糙~ 晡 后日~：后天
	21	白
	35	补
	24	布~匹 布~告 富~隆 隆：地名。又 fu²⁴
	55	百 柏 泊 伯 北又 pəu⁵⁵ 腹 ~泻
f	33	虾 下底~；~降。又 xuo²⁴ 花又 xuo³³ 幅 父岳~
	21	夏~天。又 xuo²⁴ 化又 xuo²⁴ 湖又 xau²¹ 胡 葫 糊 狐又 xau²¹ 符 扶 壶又 xau²¹ 复~兴 划计~ 画 话 服 伏 佛 覆
	35	虎 浒 腑 腐
	24	副 富又 pu²⁴ 咐 妇~女。又 pəu³³
	55	福 客 荷薄~
l	33	□~头：里面

	21	辣 腊 蜡 □~屎：尿床
	55	答~应 搭
ts	33	渣
	21	杂 宅
	55	铡 择 摘又tsuo⁵⁵ 责 筑 闸 扎用针~
ts'	33	杈 岔 差~不多 又又ts'a³³
	55	拆 策
s	33	沙又suo³³ 纱 杉 衫又ɕie³³ 厦偏~
	24	粟又ɕia⁵⁵
	55	撒~秧 萨
k	33	家 加 瓜 笳 痂
	35	假 寡
	55	格 隔 甲又tɕia⁵⁵ 革
Ø	33	乌又ŋau³³ 舞 戊又ŋau³³ 雨谷~。又xau³³
	21	握
	35	哑
	24	雾 务
	55	鸭 押 压 物动~。又ŋuɐ²¹

y

tɕ	21	菊
	35	举 主想~意。又tɕia³⁵
tɕ'	33	区又tɕ'ia³³
	35	取
ɕ	33	戌又suai⁵⁵ 荽芫~

	21	□~鸡公：倒立
Ø	21	余 馀
	24	誉

a

P	33	被~子 □~丝烟：香烟 芭
	21	皮 脾 肥猪~：猪粪。又fai²¹
	24	沸~水：开水
P'	55	□那。又p'ai⁵⁵
m	21	糜食~：吃饭
	35	□~□tɕi⁵⁵：乳房
t	21	大
	55	跶~下去：跌下去。广韵曷韵他达切，足跌。桃川今读不送气音
l	33	哪~个。又lai³³ □~下：想~
ts	33	担拿。集韵麻韵庄加切，说文捼也，一曰取物泥中
	21	□~筛：罗（筛粉末状细物用的器具）□~子：粑粑（一种食品）
ts'	33	叉又ts'u³³
s	55	虱
k	33	□耳~：耳朵 □~颈矣：噎住了
ŋ	33	按
x	21	□肠气~：疝气
	55	□这。又xai⁵⁵
Ø	33	衣

	35	矮
	24	爱隘
	55	轭又uo⁵⁵

ia

P	33	踔~脚：瘸子 □大~：大腿。手~母：胳膊
	21	排牌箄
	35	摆又mia³⁵ □~家：丈夫
	24	拜败罢~意：故意
	55	八 □~砖：碎砖 □~□ɕiɛ³⁵裤：开裆裤
P'	35	□一~：一庹（两臂平伸两手伸直的长度）
	24	派 □□ɕiɛ³⁵~：屁股
m	33	买
	21	卖埋
	35	摆又pia³⁵
	24	□洒
	55	袜
t	33	爹父待柱又tɕia³³
	21	台（臺、檯）抬薹蒜~厨~师 除又suai²¹
	24	态袋又lia²⁴住驻
t'	33	胎
	24	太泰
l	21	来蔾~抱鸡母 耐奈赖癞
	24	代袋又tia²⁴带贷戴□

两~：兄弟俩；姐妹俩

tɕ	33	诸居车~马炮柱~木：柱子。又tia³³朱珠灾在再该阶~级街佳寨
	21	徐~家续手~才材财裁豺局柴
	35	煮主又tɕy³⁵改解嘴又tsuai³⁵载三年五~
	24	据根~锯句盖介芥~菜界戒债载~重
	55	夹挟~菜甲又ku⁵⁵卒又tɕio⁵⁵足镯烛嘱~咐颊面~：脸掐~痧。又ɕia⁵⁵
tɕ'	33	区又tɕ'y³³蛆揩猜差~别；出~钗鳍鱼~
	35	彩采（採）踩楷
	24	菜蔡觑看：~病，~戏，~风水
	55	插
ŋ	33	女挨~近奶
	21	挨~打艾~叶崖~母：老鹰
	55	玉
ɕ	33	墟赶~：赶集虚书鳃腮开须（鬚）胡~输筛□软
	21	鞋薯匣树害亥竖
	35	鼠暑海~带蟹许

24　晒

55　杀 瞎 掐~死。又 tɕia⁵⁵ 粟 ~子：小米

ø　33　丫~环 □交合

　　21　牙又 uo²¹ 芽又 uo²¹

ua

f　21　回

t'　33　推

　　35　腿

　　24　退 褪

l　33　堆 □~筋：抽筋

　　21　雷内

　　35　□~水：泉水

　　24　对 碓 队 兑 □牛~嘴：牛笼嘴

s　24　赛

k　33　乖

　　35　拐 □蛙

　　24　怪 挂 卦 □肚~：整个腹部 □麻点~：麻子

k'　33　夸

　　35　垮

　　24　块 会~计 快 筷

x　33　灰~薯脑：芋头。又 fuai³³

ø　33　□药~子：小型的药罐子

　　21　滑 猾 外又 uei²⁴ 槐~木：地名。又 xuai²¹

ya

tɕ　21　拳又 kuaŋ²¹、tɕyən²¹ □~道：

气味 诀

tɕ'　24　斜训

io

l　35　鼎铁锅~：烧水的锅 顶又 nəŋ³⁵

tɕ　33　正~月。又 tɕiən³³

　　35　颈 整又 tɕiən³⁵ 揭又 tɕi⁵⁵ □□sɿ³³~：打尖的食物

　　24　蔗 镜 肉 俊~当：俊俏。又 tɕie²⁴

　　55　啄~脑：点头 卒又 tɕia⁵⁵ □四~：钉钯

tɕ'　33　村 轻

　　21　雀 鹊 却

　　24　寸 衬~衣

ȵ　33　惹

　　21　赢

ɕ　33　孙~子 声 □侄：~子，~女 星又 ɕie³³ 兄 耍

　　21　蛇 成又 tɕie²¹ 城~墙。又 tɕie²¹ 盛~满

　　35　损 笋又 ɕye³⁵ 省节~；反~

　　24　犯~法。又 maŋ²⁴

　　55　刷

ø　21　爷

　　24　夜一~。又 iu²¹

uo

P　33　分~数。又 muo³³

　　21　爬 钯 耙 盆 份又 xuo²¹ 篷 杷 枇~ □~鸡公：连续翻跟斗 拔

	35	把又 uo³⁵
	24	霸 把（欛）坝（壩）
P'	24	帕 佩 配~得起：配得上
m	33	分~开。又 puo³³，xuo³³ 马 码 蚂 末又 məu³³ 风吹~。又 faŋ³³ 美 富~：地名。又 mai³³
	21	麻 门 闻又 uəŋ²¹ 抹~台布：抹布 □筲~：筲箕 茉 没又 mai⁵⁵
	35	本 膀肩~ 母又 məu³³ 牡
	24	问 闷
t	33	淡
	21	谈
	55	达
t'	33	贪 摊 滩 瘫 躺
	35	毯 坦 疸黄~病
	24	炭~盆：火盆 烫
	55	塔
n	33	丹 单 懒 □被：~他关起来。把：~他关起来
	21	南 男 难~易；患~ 兰 栏 拦 嫩 蓝 农 脓 笼 篮 廊 又 naŋ²¹ □~□tie³³：我们
	35	胆
	24	担□ləu³⁵ ~子：挑担子 旦 顿又 tie²¹
ts	21	茶 搽 查 察 凿 藏~东西。又 tsaŋ²¹、tɕiu²¹
	35	盏又 tɕiɛ³⁵ 崽儿子
	24	诈 炸 榨 暂 站 栈 瓒 赞

		组 ~扣子：钉扣子。广韵 祠韵丈苋切，補缝
ts'	55	摘又 tsu⁵⁵
	33	参~加
s	33	三 蓑 沙又 su³³ 痧
	35	伞 爽
	24	散鞋带~开；分~
k	33	□河 枷 □~母：巴掌
	35	□~杈：树枝
	24	架 驾 嫁 价 剐
	55	刮 括又 kəu⁵⁵ 骨 胛~头：肩膀 葛
k'	35	款
	24	困
	55	豁~唇
x	33	婚 疯 荤 分~数。又 puo³³，muo³³ 花又 fu³³
	21	活 魂又 fʏɛ²¹ 坟 份又 puo²⁴ 华
	35	粉 排~：微子。又 sai³⁵
	24	睏~不着：睡不着 夏~至。又 fu²⁴ 下~种。又 fu³³ 化~肥。又 fu²⁴
	55	发 罚 窟井~：水井
Ø	33	窝 莴~笋 锅~鼎：烧水的锅 □凹 温 瘟 唤喊（用于对人）
	21	牙又 ia²¹ 芽又 ia²¹ 文
	35	稳 把又 puo³⁵
	55	挖 轭又 a⁵⁵

ɛ

k	33	耕 更五~ 庚 羹调~
	21	□~台：圆桌 □~□liɛ³³：父亲
	35	梗 埂田~
	24	更~加 虹 杠 监~察 共 □~子：单间屋子
k'	21	□□ɕiəu³³~：翅膀
ŋ	21	硬又 niɛ²¹ 额
x	33	限
	21	□~定：料定
ø	24	蕹~菜

ɛi

P	33	鞭 编 辫 奔
	21	办 便~宜 贫 平 苹 坪 评 瓶 凭 病
	24	扮打~
P'	33	拼
	35	品大~碗：海碗
	24	聘
m	33	班 斑 扮~手 搬 宾 兵 冰 □蟑螂 □阳哥~~：蜻蜓 边又 məŋ³³
	21	民 明 蚊 名 命 慢
	35	板 版 丙 饼 绑~柴 榜
	24	磅~秤 □□kuŋ³³~子：潜水
t	33	重轻~ 存~款 盾 矛~ □我~：我们 □酒~：酒窝
	21	沉 殿 佃 垫又 təŋ²⁴ 顿又

nuo²⁴ 邓 层 亭 廷 □山~谷：山谷

	24	钉~住 订店又 təŋ²⁴ 定
t'	33	厅 □~~屐：木屐
	35	挺
	24	听
l	33	丁 钉 疔 砧~板 冷 岭 领 令 拉 □嫂~：嫂子 □我~：我们
	21	林 淋 陵 凌 菱 绫 灵 零 铃 虫 龙~门田：地名。又 liaŋ²¹ 鳞又 nəŋ²¹ 磷又 nəŋ²¹ 隆富：地名。又 luŋ²¹ 怜又 nəŋ²¹ 鲢 连又 nəŋ²¹ 龄 楝苦~木：苦楝树
	35	打~铁 点一~东西。又 nəŋ³⁵ 顶脑~：头顶。又 nəŋ³⁵ □米~古：锅巴
tɕ	33	尖 煎 肩 坚 间时~ 今又 tɕi³³ 金 禁~不住 津 尽 斤 巾 筋 近 京 惊 精 晶 睛 经 境 贞 侦 真 震 珍 针 斟 徵 征 争 筝 睁 蒸 曾 姓 增 尊 遵 肫 鸡~ 重~来 席 沾 □捉~猴：捉迷藏
	21	前又 tsən²¹ 潜 钱又 tsən²¹ 秦 勤 又 tɕiaŋ²¹ 芹 陈 阵 臣 尘 橙 情 晴 成又 ɕio²¹ 城 又 ɕio²¹ 诚 程 穷 昨训
	35	剪又 tɕiaŋ³⁵ 简 减 拣 枧香~：肥皂 井 紧 斩又 tsaŋ³⁵ 盏又

	tsuo35	种~类 肿 □厚
	24	见又tɕiəŋ24箭又tɕiəŋ24建又tɕiəŋ24剑溅进劲镇竞又tɕiəŋ24敬静又tɕiəŋ24净禁~止正~确证症政又tɕiəŋ24郑俊又tɕio24谢感~借占~地方。又tɕiəŋ24种~木：种树 粽羊角~：粽子□叫唤(对动物也可对人)
	55	鲫脊积贼
tɕ'	33	千又tɕ'iəŋ33迁又tɕ'iəŋ33签~名。又tɕ'iəŋ33签求~。又tɕ'iəŋ33牵又tɕ'iəŋ33亲青清称撑铛锅
	35	产铲请且浅又tɕ'iəŋ35
	24	称相~秤庆欠又tɕ'iəŋ24歉又tɕ'iəŋ24侵又tɕ'iəŋ24筐斜浸~湿。又tɕ'iəŋ24衬(襯)~衣。又tɕ'io24趁掌椅子~
ŋ̣	33	眼忍~气又iəŋ33□(马蜂)蜇人 □称人的量词，相当于"个"，一~人：一个人
	21	人银延酽仁硬又ŋ̣21业
	24	要训
ɕ	33	心参人~深辛新星又ɕio33腥兴~旺身申伸又ɕiəŋ33升生牲~畜甥山衫又su33仙又ɕiəŋ33先间中~□铛~：锅烟子些

	21	嫌又ɕiəŋ21贤又ɕiəŋ21闲~事行~为。又ɕiəŋ21行品~形刑神又ɕiəŋ21剩又ɕiəŋ21乘承晨辰唇协胁还~有
	35	沈写恐又k'uŋ35□干湿险又ɕiəŋ35闪又ɕiəŋ35醒又ɕiəŋ35擤~鼻：擤鼻涕 □~□p'ia24：屁股 很好得~。又xəŋ35
	24	泻苋信又ɕiəŋ24兴高~杏姓性幸圣善又ɕiəŋ24扇又ɕiəŋ24县又ɕiəŋ24线又ɕiəŋ24卸现又ɕiəŋ24□叫唤(对动物亦可对人)
	55	惜锡~壶
ø	33	音阴又ɕiəŋ33因姻鹰鹦樱蝇隐引又iəŋ35
	21	壬
	24	任燕又iəŋ24雁印应厌认又iəŋ21

yɛ

f	33	番翻昏
	21	汇又xuei24会开~怀烦魂又xuo21还~愿
	35	反□~婆：蚯蚓
	24	患喷~水愤混粪奋痱~子□扔
	55	血又fei55穴
tɕ	33	均君军专捐
	21	群松~树绝又tsuei33圳~

		子：水渠	
	35	准	
tɕʻ	33	春椿穿	
	35	蠢	
ȵ	21	月又uei55	
ɕ	33	薰又ɕyən33 靴 栓门~。又 saŋ33	
	21	顺 邪歪门~道 纯 旬 巡	
	35	笋又ɕio35 癣	
	24	训楦	
	55	雪又suei55 □喝。又suei55	
k	33	关菌	
	21	裙	
	24	惯棍	
Ø	33	孕 弯又uaŋ 晕	
	21	云又uaŋ21 匀横~路越酕~ 毛子：寒毛万	
	35	舀训	
	24	闰润熨运韵	

ɯə

Pʻ	35	捧
m	33	不
t	33	动
	21	同又taŋ21 铜桐筒藤童特
	35	子又tsɿ35 指又tsɿ35
	24	洞
tʻ	35	桶统
	24	痛
n	33	灯东冬登
	21	聋

	35	等戥懂
	24	凳冻
ts	33	宗
	35	总又tsaŋ35
	55	泽
tsʻ	33	葱冲
s	33	□哄骗
	24	送宋
k	33	公工功攻弓宫跟根哽
	21	□整：鸡蛋食~个
	24	供□冷：~糜
ŋ	33	蚁恩
	21	物又u55
x	33	空又kʻaŋ33
	21	红衡逢缝洪或弘
	35	肯
	55	吓

ai

P	33	碑 □赤~吸：蚂蟥蜑广韵微韵符非切，蜑，虫名，即负盘虫。负盘，臭虫
	21	避~开 秕 鼻 箅 枇~杷
	34	比 彼 □扁
	24	闭又mai24 算 背又pei24 跰广韵未韵方味切，行疾
	55	笔毕
Pʻ	33	披又pʻei33 □迷~巴（母）：蝴蝶 □女阴 □那。又pʻa55
m	33	每~年 美又muo33
	21	迷秘密蜜眉又mei21

	24	闭又 pai24
	55	没又 muo21
f	33	非飞挥
	21	肥又 pa21
t	21	地迟又 tsl21
l	33	知尔你李里理鲤狸 厘哪又 la33
	21	离璃篱利莉梨例厉 立笠~斗斗笠粟二艺 又 ni24宜便~人~屋□i35: 回家了如
	35	□捆
	24	荔
	55	粒日今~
ts	33	荠
	21	集
	35	姊
	55	眨习学~
ts'	33	□一~萝卜:一把儿萝卜
	55	七漆
s	21	氏
	35	死使又sl35史又sl35□粉: 面~
	24	四肆
x	55	□这,又xa55

uai

f	33	灰又xua33恢
	24	坏
l	33	吕铝旅
	21	累连~滤虑挂~类泪
ts	33	罪追锥

	21	随锤捶~背槌
	35	嘴又tɕia35
	24	最醉
ts'	33	催吹炊
s	33	虽术
	21	除开~。又tia21
	35	水
	24	岁税帅
	55	出戌又ɕy33
k	33	规跪闺龟归
	35	鬼诡
	24	贵柜鳜又kuei24
	55	橘
k'	33	亏昆崑
x	21	槐又ua21
	35	匪
ø	33	威煨~肥
	21	为~什么:作~维围违 卫位未味胃会~不~ 危
	35	葵

ei

P	33	杯
	21	培陪赔鎞
	24	辈背又pai24毙币别贝
	55	鳖憋逼壁必
P'	33	苤批披又p'ai33坏
	55	匹劈撇
m	33	米□和;跟
	21	谜梅媒煤眉又mai21霉 谋枚猜~:行酒令 妹猫

		篾又 mie^{21}
f	24	费 肺
	55	血又 fyɛ^{55}
t	33	弟
	21	堤 提 题 蹄 啼 第 隶 条 □寻 的目～ 碟
t‘	33	梯
	35	体
	24	替 剃 跳 涕
	55	帖 贴 铁 □舔
l	33	朝 刁 雕 滴～起下来 礼
	21	犁 力 历 泥 热 孽～子崽
	35	底 抵 鸟 了～结
	24	帝 钓 吊 掉 调～动 □背～：背后
	55	裂
ts	21	齐 樵又 tɕiəɯ^{21} 拾～肥：拾粪
	24	际
	55	接 劫 折打～ 浙～江 节 截 洁 结
ts‘	24	砌
	55	切 戚 撤
s	33	西～方
	35	洗
	24	细 笑 媳～妇
	55	涉 息

uei

ts	33	绝又 tɕyɛ^{21}
ts‘	24	翠
s	24	婿
	55	薛 雪又 ɕyɛ^{55} □喝。又 ɕyɛ^{55}
k	21	瘸～脚：瘸腿；～手：拽子
	24	桂 鳜又 kuai^{24}
	55	决 蕨～菜
k‘	55	缺
x	24	汇又 fyɛ^{21} 惠
ø	35	委
	24	秽 外又 ua^{21}
	55	月又 ȵyɛ^{21}

au

P	33	斧
	21	浮
m	21	木 目 穆 沐～田：地名
t	33	杜 肚 道又 lauɯ^{24}
	21	度 渡 桃 逃 淘 陶 萄 读 独 毒 突 □床
t‘	35	土
	24	吐 兔
l	33	都 □踢
	21	卢 炉 芦 鸬 路 露 鹭 鹿
	35	赌
	24	稻
ts	33	租 糟 抓
	21	锄 助
	35	祖 组
	24	昼朝～：上午。又 tɕiəu^{24}
ts‘	33	初 粗
	24	醋
s	33	苏 酥 梳 蔬 疏
	35	数 □骂
	24	素 □痒 数 漱～口 诉

	55	属
k	33	姑篙
	35	古牯鼓股估
	24	故顾告教~书雇固
	55	谷
k'	35	苦又xua³⁵
	24	库
ŋ	33	乌又u³³午上~，下~。又ŋ³³戊又u³³
	21	鱼渔吴梧熬
	24	□骂
	55	屋
x	33	雨又u³³：谷~蒿户
	21	壶暖~ 湖又fu²¹ 狐又fu²¹ 瓠 胡~须
	35	苦又k'au³⁵
	24	裤去
	55	哭

iau

P	55	□~水：热水
l	33	猪
	21	绿録
tɕ'	33	曲歌~
ȵ	33	猫
ɕ	21	绍
	24	邵

aɯ

P	33	煲~药：煎药；~蛋：煮鸡子儿
	24	爆用油炸，一种烹调法，把鱼肉等放在滚油里炸

m	21	毛帽貌□脑骨~：头晕
t'	35	讨~米
	24	套□搁
l	33	老刀
	21	劳捞痨牢
	35	脑恼倒打~
	24	到倒~水盗导道又tau³³
ts	33	抓
	21	曹
	35	早枣蚤爪
	24	皂罩灶造□疼痛
ts'	33	操
	35	草
s	33	骚
	35	扫~地；~杆：扫帚 嫂
k	33	高膏~药
	21	□~脑：抬头
	35	稿~垫：蒲团；~堆：柴草堆
k'	35	考烤拷
	24	靠铐
ŋ	24	傲拗~风：顶风
x	33	薅~草
	21	毫豪~下：村名 号~数
	35	好~坏；喜~

əu

p	33	包胞苞 妇媳~ 簿抱
	21	袍蒲菩步暴 菢赖~鸡 母：抱窝鸡 □蹲 □躲
	35	饱保宝掊打部

	24	报 豹 爆~破 刨 雹 □两崽~：父亲和子女
	55	剥 钵 拨 北~瓜：南瓜。又 pu⁵⁵
p'	33	铺~路 辅 抛
	35	浦地名 谱
	24	铺店~ 拼~命 炮 泡
	55	泼 扑
m	33	卯 亩 母又 muo³⁵ 模 末又 muo³³
	21	茅~刀：镰刀 □~□xəw⁵⁵：忘记
	24	茂
t	33	□鸟~：鸟窝 □些：哪~ □□ləu³³~：垃圾
	21	头 投 徒 涂 图 豆 痘 豚屎根~：肛门
t'	33	偷
	35	敨~衣
	24	透
	55	脱
l	33	篓 卤 兜 □~□təu³³：垃圾
	21	楼 奴 漏 陋 闹~热：热闹
	35	斗一~米 □他 □~水：从井里或河里取水 □挑：~担子 □饭糊了
	24	斗~争
	55	夺 劈杉木~：杉针。广韵职韵林直切，赵魏间呼棘出方言 □~水：浑水
ts	33	抓~痒 □攒：~钱 □蹲

	21	愁
	35	走
	24	皱
	55	祝 捉
ts'	33	挡用手托着向上 抄 钞
	35	炒 吵
	24	凑
s	33	搜 馊 □歆~：歆歆
	24	瘦 溲 嗽
	55	肃 宿 束 速 缩 赎 俗 塞 色 嗍~烟：吸烟。集韵觉韵色角切，说文吮也。
k	33	勾 钩 沟 阄 鸠白~：斑鸠
	35	搅 搞 狗 苟
	24	窖 够 笱~子：捕鱼器具
	55	各 阁 郭 角 觉睡~ 国
k'	33	敲又 tɕ'əɯ³³ 抠 眍 揩打
	35	口又 xəu³⁵
	24	扣
	55	扩 确~实 硞
ŋ	33	咬 藕 偶 欧 瓯~子：杯子
	21	牛
	24	沤 怄
x	33	候 后~年 后皇~ 有
	21	学~习 侯 喉 猴
	35	口又 k'əu³⁵
	24	厚 孝守~
	55	黑 壳
∅	55	恶善~

iəu

P	33	膘 彪 标

	35	表婊
P'	33	飘
	21	瓢嫖
	35	漂~白
	24	票漂~亮
m	21	苗描妙庙
	35	秒
t	55	直~话。又tɕi55
t'	35	丑又tɕ'iəu35
	55	畜~牲
l	33	溜
	21	流刘留榴硫琉六
	35	柳~木 □美（指女人）
	24	廖
	55	竹
tɕ	33	周州洲就纠舅鬏梳个~。广韵尤韵即由切，又自秋切，接发
	21	绸求球袖
	35	酒九久韭守又ɕiəu35
	24	救旧昼又tsau24咒究
	55	粥触
tɕ'	33	秋~天；~千抽丘
	35	丑又t'iəu35醜
	24	臭
ȵ	35	纽扭
ɕ	33	修休稍筲~□muo21：筲箕 羞 收 受 □~□k'ɛ21：翅膀
	21	仇熟寿
	35	手着守又tɕiəu35朽

	24	秀绣锈兽
	55	叔识熄□法：办~ □~田：插秧 学~生
ø	33	优忧友
	21	尤由油邮游食~朝：吃早饭 柔
	35	酉也
	24	右祐幼又亦
	55	育教~ 欲

əɯ

P	33	波菠玻卜萝~
	21	婆朋棚彭薄魄□划：~船
	24	簸薄~荷
P'	33	坡蜂~子。又faŋ33蓬
	24	破
	55	拍迫
m	33	摸莫
	21	磨~刀；石~摩魔麦墨脉
t	21	驼砣秤~ 着瞓不~：睡不着
	24	舵
	55	拸~起：一物压放在另一物上。集韵哿韵待可切，加也
t'	33	拖
	55	讬托
l	33	多哆~公~婆：外祖父外祖母。集韵哿韵典可切，博雅妻父谓之父哆，妻母谓之母哆
	21	罗锣箩萝螺腡糯落

骆络烙洛乐

	调	字
	35	朵 □母~：母亲 □两母~：母亲和子女
	55	得德
ts	33	坐
	35	左
	24	做
	55	作族
ts'	33	搓擦
	35	楚
	24	措锉
	55	错册侧测
s	33	梭
	35	锁所
	55	索
k	33	歌哥胶又tɕiəɯ³³ □□xai⁵⁵~：这么；□p'ai⁵⁵~：那么 □大口舌~：大舌头
	35	果裹~细脚 馃~子：麻花
	24	过 □~食婆：乞丐 □~鞋底：纳鞋底 个助词 灌
	55	鸽割括又kuo⁵⁵
k'	33	科
	35	可
	24	课
	55	刻克咳
ŋ	21	鹅蛾俄
	24	饿
x	33	蓋
	21	河荷何和~气 禾~苗。又əɯ²¹合盒鹤咸~淡

衔

	调	字
	35	火伙~铺 夥一~人
	24	货贺祸
	55	渴阔 □□məɯ²¹~：忘记
ø	33	屙~屎
	21	禾割~ 和~尚

iəɯ

	调	字
t	33	调音~
	21	调~和
t'	33	挑
l	33	料镣
	55	着~衣。又tɕiəɯ³³
tɕ	33	交郊胶又kəɯ³³焦蕉椒骄娇浇招兆召着~急。又liəɯ⁵⁵
	22	樵又tsei²¹朝~代潮桥荞轿茄嚼
	35	缴绞狡饺剿
	24	叫较教~育赵照笊~篱
	55	脚斫~木：砍树。广韵药韵之若切，刀斫
tɕ'	33	超锹敲又k'əɯ³³
	35	巧
	24	窍翘
ɲ	33	耳
	21	尿儿
	35	扰绕
ɕ	33	消硝销宵萧箫烧削
	21	校学~，上~ 效
	35	小~气 少多~ 晓

	24	少~年 孝~子
ø	33	腰要~求妖
	21	摇窑谣瑶姚若弱虐约药钥岳乐音音~

iu

tɕ	33	遮
	21	谢姓 藏~东西。又 tsaŋ²¹、tsuo²¹
	55	涩~嘴 只两~手 炙~热 头：晒太阳 屟
tɕʻ	33	车马~
	35	扯
	55	尺
ȵ	35	惹又 ȵio³³
ɕ	33	赊社
	21	射麝石
	35	舍（捨）
	55	赤
ø	33	野
	21	夜又 io²⁴

aŋ

P	33	伴
	21	旁螃房防盘
	24	棒
Pʻ	33	潘
	35	髈肘子 纺~木棉。又 faŋ³⁵
	24	胖判叛襻盼畔马~村
m	33	帮般满网蟒漫□~ 鞋面：鞔鞋帮儿
	21	忙芒蛮螨馒亡岷梦
	24	蚌半放~花炮 犯~错误

f	33	方芳肪荒慌封峰锋蜂又pʻəɯ³³丰风~俗枫范
	21	凡矾凤尨~
	35	谎讽晃~眼 纺又pʻaŋ³⁵
	24	奉放~心
t	33	断~绝 □春 □~脚：踩脚
	21	堂棠螳膛唐糖塘团潭坛坛痰弹~琴；子~段缎锻凼肥~ 同又tuɯ²¹
tʻ	33	汤通
	24	叹探
n	33	端当~时；~作裆耽卵暖
	21	郎廊又nuo²¹狼浪乱□蠢
	35	党短挡
	24	栋
ts	33	庄装妆桩簪棕
	21	肠又lian²¹藏隐~；西~。又tɕiu²¹、tsuo²¹蚕残撞床
	35	总斩又tɕie³⁵崭~齐：很齐
	24	壮状脏心~战钻~石葬
tsʻ	33	仓苍疮窗聪餐攙
	35	惨闯
	24	创
s	33	桑丧霜插~：打霜 双酸闩栓又ɕyɛ³³
	24	算蒜

k	33	甘柑肝竿奸官棺观 ~灯 冠鸡~ 刚~好 纲钢 岗缸光
	21	扛
	35	港感敢杆笔~ 秆麻~ 擀赶广管馆
	24	干~部;实~ 贯罐冠~军 间跳~:跳房子
k'	33	康空~气 龛
	35	孔
	24	抗旷~课 矿又 k'uaŋ²⁴ 控空~ 缺□眼~ □:眍了看
ŋ	33	庵岸
	21	岩~洞
	24	案又 ŋ²⁴
x	33	糠松~紧 憨欢旱换~衣
	21	行~列 航杭寒韩汗 还~原含黄蟥簧皇隍
	24	汉焊项 炕烤干

iaŋ

t	33	丈又 tɕiaŋ³³
	21	长~短
l	33	张一~纸。又 tɕiaŋ³³ 中~间。又 tɕiaŋ³³ 两~个;几~几钱
	21	良粮凉量~长短 梁粱亮肠又 tsaŋ²¹ 龙又 liɛ²¹
	35	辆
	24	量数~ 谅胀又 tɕiaŋ³³
tɕ	33	将~军浆张又 liaŋ³³ 章樟疆姜丈又 tɕiaŋ³³ 胀~肚。又 liaŋ²⁴ 江终钟忠像障恭~城供~不起;~养中~秋。又 liaŋ³³ 刚才~
	21	墙详详场强匠重~阳节。又 tɕie²¹
	35	蒋奖桨长生~涨掌讲
	24	将大~ 酱仗拑~:打仗杖帐账降下~中射~众贡
tɕ'	33	枪腔昌文~阁菖倡充春
	35	抢强勉~厂
	24	畅唱铳
ȵ	21	娘浓又 nəŋ²¹
	24	酿
ɕ	33	相互~湘箱镶香乡商伤上~山;~面胸又 ɕiɛ³³ 凶吉~
	21	降~伏常尝裳偿熊雄
	35	想响~雷:打雷享~福赏~银象~棋
	24	相~貌向尚饷
ø	33	央秧殃养痒
	21	羊洋烊杨阳扬样用让萤容绒融镕
	35	勇当~;当兵仰

uaŋ

k　21　狂
kʻ　24　况 矿又 kʻaŋ^{24}
ø　33　汪 弯又 yɛ^{33} 湾
　21　王 亡 妄 忘 望
　35　枉 往
　24　旺

əŋ

p　21　便方～
pʻ　33　篇 偏
　24　片 遍又 məŋ^{24} 骗
m　33　边又 miɛ^{33} 蝙
　21　棉 绵 面 □～橙：柚子
　35　勉 □腹～：恶心
　24　变 并～且 遍又 pʻəŋ^{24}
t　21　田 甜 填 簟 垫～被：床单。又 tiɛ^{24} 电～火：电灯 腾 庭法～
　24　店又 tiɛ^{24}
tʻ　33　天 添 吞 囟 □～日：明天
n　33　拈 研 碾 联
　21　年 鲇 能 怜又 liɛ^{21} 莲 廉 镰 练 炼 恋 论 另 鳞又 liɛ^{21} 磷又 liɛ^{21} 连又 liɛ^{21} 临 轮 浓又 ȵiaŋ^{21} 宁安～ 龄
　35　点又 liɛ^{35} 典 顶又 liɛ^{35}
　24　念
ts　33　□交合
　21　前又 tɕiɛ^{21} 钱又 tɕiɛ^{21} 贱 从～来
s　24　线又 ɕiɛ^{24}
k　33　庚
x　35　很又 ɕiɛ^{35}
　24　恨

iəŋ

tɕ　33　正～月 又 tɕio^{33} 黏 占～米 件
　21　琴 勤又 tɕiɛ^{21} 钳
　35　检 捡～起来 枕 锦 景 警 仅 整～理。又 tɕio^{35} 剪又 tɕiɛ^{35} 展发～ 枧泥～：瓦
　24　健 键 箭又 tɕiɛ^{24} 建又 tɕiɛ^{24} 见又 tɕiɛ^{24} 竞又 tɕiɛ^{24} 静又 tɕiɛ^{24} 政又 tɕiɛ^{24} 占～地方。又 tɕiɛ^{24}
tɕʻ　33　千又 tɕʻiɛ^{33} 迁又 tɕʻiɛ^{33} 签又 tɕʻiɛ^{33} 牵又 tɕʻiɛ^{33}
　35　浅又 tɕʻiɛ^{35}
　24　欠又 tɕʻiɛ^{24} 歉又 tɕʻiɛ^{24} 芡～粉 侵又 tɕʻiɛ^{24} 浸又 tɕʻiɛ^{24}
ȵ　21　验～血
ɕ　33　仙又 ɕiɛ^{33} 伸又 ɕiɛ^{33}
　21　贤又 ɕiɛ^{21} 神又 ɕiɛ^{21} 行～为。又 ɕiɛ^{21} 嫌又 ɕiɛ^{21} 剩又 ɕiɛ^{21}
　35　显 审 闪又 ɕiɛ^{35} 险又 ɕiɛ^{35} 醒又 ɕiɛ^{35}
　24　现又 ɕiɛ^{24} 肾 胜 善又 ɕiɛ^{24} 鳝 扇又 ɕiɛ^{24} 县又 ɕiɛ^{24} 信又 ɕiɛ^{24} 盛兴～
ø　33　阴又 iɛ^{33} 英 殷 胭～脂 烟 焰 演 影 忍又 ȵiɛ^{33}
　21　盐 檐 阎 严 颜～色 燃

然 认又 nie²⁴ 营 炎 迎 寅 荣

35 饮 拥 掩 染 引又ie³³
24 燕又ie²⁴ 砚 映

uəŋ

k 21 拳又tɕya²¹、tɕyəŋ²¹
35 滚
k' 33 圈又tɕ'yəŋ³³
35 捆
24 劝
ø 33 冤 远 永~明：江永县旧称
21 完 丸 顽 圆 元 芫~荽 员 缘 沿 铅 原 源大古~：地名 园 袁 援 云又yɛ²¹ 愿 闻又muo²¹
24 院 怨

yəŋ

tɕ 33 砖
21 全 泉 旋 拳又tɕya²¹、kuəŋ²¹ 传~达；~记 转~圈圈 权 椽~架板：椽子 船又ɕyəŋ²¹
35 转~送 卷~起
24 倦 卷 眷 绢

tɕ' 33 川 圈又k'uəŋ³³
24 串
ɕ 33 宣 勋 薰又ɕyɛ³³ 鲜新~
21 船又tɕyəŋ²¹
35 选

uŋ

P 55 □凸
m 33 猛 蒙~起：捂住
21 蒙~古 孟
35 懵
t 35 董
l 21 隆
s 21 □装~：装傻
k 33 □~□mie²⁴子：潜水
35 巩
k' 35 恐又ɕie³⁵
x 21 冯 轰

ŋ̍

ø 33 我训 五 伍 午~时。又ŋau³³ 武练~ 安 鞍
35 碗
24 案又ŋaŋ²⁴暗

（原载《湖南江永桃川土话研究》，湖南师范大学出版社 2016 年 12 月出版）

湘南土话系属问题

一　湘南地区的地理人口与汉语方言

湖南省南部的郴州市与永州市构成了湘南地区。

郴州市地处五岭山脉中段，北邻衡阳，西连永州，东界江西，南接广东。总面积约 2 万平方公里，占全省总面积的 9.2%。现辖 2 区和 1 市、8 县；2 区是北湖区（原郴州市）和苏仙区（原郴县），1 市是资兴市，8 县是桂阳、永兴、宜章、嘉禾、临武、安仁、汝城、桂东。总人口至 2001 年末为 455.96 万人。

永州市位于五岭北麓，湘粤桂三省区结合部，原为零陵地区，1995 年 11 月，经国务院批准，撤销零陵地区，设立地级市。总面积 2.24 万平方公里，比郴州略大。现辖 2 区和 9 县；2 区是芝山区和冷水滩区，9 县是祁阳、东安、双牌、道县、江永、江华、宁远、新田、蓝山。总人口至 1998 年末为 555.88 万人。

湘南地区的汉语方言《中国语言地图集》的划分曾涉及以下几种类型：

（一）西南官话（被列为湘南片，湘南是西南官话与当地土话并用的双方言区），包含 16 个市县：郴州市、郴县、宜章、桂阳、临武、嘉禾、新田、蓝山、宁远、江华、江永、道县、双牌、永州市、零陵、东安（其中部分地名今有变动，此处"郴州市、郴县"对应于今天的郴州市北湖区和苏仙区，"永州市、零陵"对应于今天的永州市芝山区和冷水滩区）。

（二）湘语，仅列祁阳一地。

（三）赣语，列安仁、永兴和资兴三地。

（四）客家话，列汝城、桂东二地。

（五）土话，指出"西南官话湘南片 16 个市县对外讲西南官话，对内讲

土话。各市县的土话不一致，彼此不易通话"。

二　湘南土话区的分布及其成因

从一般地理位置而言，湘南土话可一分为二：一为永州土话，一为郴州土话。

永州土话又因县别不同分为东安土话、江永土话、道县土话、蓝山土话，等等；郴州土话又因县别不同分为桂阳土话、宜章土话、临武土话、嘉禾土话，等等。这些土话内部又分出各种土话，如东安土话又分出花桥土话、井头圩土话、中田土话、高峰土话等；嘉禾土话又分出广发土话、石桥土话、塘村土话、泮头土话、普满土话等。宁远县又有些特别，和官话相对的土话又分为两类：一类称平话，一类仍称土话。平话又分东路平话、西路平话、南路平话、北路平话；土话又分多种，每种自成系统。

像湘南土话这样，土话分布如此之广泛，如此之复杂，在全国汉语方言的分布状况中是不多见的。和湘南土话紧紧相邻的粤北土话与桂北平话或土话也是纷纭复杂，它们一定有许多共同的因素可以探讨。

这里仅就湘南土话形成的复杂原因略作分析。

一是地理环境特殊。

地理条件对方言的形成能起到一定的作用。湘南地处五岭山脉，其山地山体大，延伸长，山势高。不少地区是山、丘、岗、平地交错，山岭重峦叠嶂。如宜章地势俗称"七山半水二分田，半分道路加庄园"。这样的地形为保存多种式样的方言土话提供了适宜的空间。

再者，湘南与粤北、桂北属湘、粤、桂三省地区的边界地区，不仅连成一片，而且有些地区形成犬牙交错的格局。这给边界地带各方言的沟通或相互影响创造了条件。

另一方面，这些边界地区的历史沿革对边界方言形成的作用也是不可忽略的。如广西的资源、全州、兴安、灌阳，自秦汉以来曾有很长时间属湖南管辖，这四地后来变更的时间有先后之分，其中影响较大的全州一直到明代才脱离以长沙为中心的湖南地区。又如江永、江华两县自西汉至隋以前曾是广西管辖的范围（先属苍梧郡，后属临贺郡），从隋以后又划入湖南管辖范围，直至现在。

二是历代移民繁复。

湘南移民历史源远流长。据史学家对于西汉时期长沙国地区人口持续高增长的分析与推断，"自关中或伊洛抵南阳盆地，沿沔水（汉水）而下，经江陵向南，溯湘江而南，这是当时连接南北的干线。在南越平定以后，这条道路还延伸到了岭南和今越南。这条干线自然也是流民南下的通道，而流民一般并没有明确的目的地，只要有可能就会在沿途定居"（葛剑雄、曹树基、吴松弟《简明中国移民史》）。

东汉永和五年（140年）南方一些郡的户口统计证明，相当于西汉原长沙国范围内的零陵、长沙、桂阳三郡（笔者按：湘南地区正包含在内），其人口增长率分别达到13.5％、8.3％、11.6％，说明这些地区的实际人口都有了大幅度的增长，肯定是人口的机械流动所致。

再看唐代湘南道州人口增长的情况，"天宝年间道州有户二万三千，到广德元年（763年）前，道州有户四万，为天宝户口的177％。广德距天宝才十几年，不可能是自然增殖的结果，只能归因于北方移民的迁入"（葛剑雄等《简明中国移民史》）。

湘南的移民除避乱的流民外，还有因从征、谪徙、从官南下的各个阶层。

湘南移民状况有如下特点：

①来源纷繁。五代以前，多来自北方；五代以后，多来自东方。根据湘南各县市地方志的姓氏考源，移民祖籍涉及山东、山西、陕西、甘肃、河南、湖北、辽东、江西、福建、江苏、安徽、广东、广西等省区。其中北方移民以山东居多，例如江永县排名前六位的姓氏"何、周、蒋、李、陈、义"祖籍均为山东。历经千百年繁衍，这六姓的后代已占全县总人口的38.7％。东方移民以江西为最，实例较多，不再赘述。

②年代远近各异。以江华汉族来源为例，白芒营黄姓为秦时迁入；大路铺黑山口王姓为汉时迁入；沱江、码市、竹市、大圩等地的朱、冯、尹、费、潘、蒋、刘、杨等八姓为唐时迁入；沱江、黑山口、务江、河路口等地的贺、欧、陈、梁、李、骆、张、龙、赵、邓、伍、胡等姓为宋时迁入；沱江、大圩、鲤鱼塘等地的何、叶、涂、韩等姓为明代迁入。

③辗转各地。移民迁徙途中，常有辗转各地的现象。其中从江西迁入湘南的，有不少并非江西原籍，如宁远李姓有一支，祖籍属陇西郡（今甘肃），于后唐，随其祖李千护由江西吉安谷水徙湘南桂阳、嘉禾，再迁宁远。宁远

谢姓，原籍河南，宋末元初，因避兵乱，其祖九郎携家老少迁至江西鹅颈塘，后因饥馑逃生，继由其祖秀宇移居零陵，再迁宁远定居。

湘南移民的复杂纷繁无疑地会要在湘南土话的复杂状况中折射出来。这里仅举一例：江永桃川土话称"树"为"木"（"种树"说"种木"、"树林"说"木园"、"树苗"说"木秧"、"树梢"说"木尾"、"树根"说"木根"、"树叶"说"木叶"，等等），应该是保存着两汉以前的用法（参见汪维辉《东汉—隋常用词演变研究》）。

三是民族接触频繁。

据史学家研究，西汉末年王莽之乱，中原人士开始大举移居荆湘，到东汉时少数民族与汉族之间不断出现冲突，所谓"蛮乱"时有所闻。另一方面，由于接触频繁，少数民族中一部分人口已"颇染汉化"。随着年深日久，有的少数民族完全被汉族同化而变为汉族，谭其骧在考证近代湖南人中的少数民族血统时，曾以史料说明唐宋时少数民族变为近代汉族的事实。

长期的民族接触乃至部分少数民族汉化成为汉族的历史进程中，民族语言的相互影响必定是深刻的。除了汉语对少数民族语言的强大影响之外，少数民族语言也会在某些方面给汉语以影响。王福堂教授提出了湘南、粤北土话曾经受到壮侗族语言影响的设想，他认为，"某些土话中古全浊声母清化后塞音塞擦音送气与否和声母发音部位发音方法有关的现象，实际上是这些土话中壮侗语底层或影响的反映"（2001）。这一观点值得重视，它令人信服地解释了湘南、粤北土话中关于古全浊声母演变方式的一种特殊音韵现象。

时至今日，湘南地区少数民族人口最多的要数瑶族，除了在多数县内的少数民族构成中占有较大比重之外，还有人口相当集中的县份。其中江华是瑶族自治县，瑶族人口占全县总人口的 51.47%（截止到 1989 年）。江永县据 1990 年第四次人口普查统计，开始瑶族为 62 302 人，后又宣布该县"八都人" 16 471 人为瑶族，经考查，又批准恢复瑶族成分者 37 233 人，汉族改为瑶族者 3 878 人，至该年底，江永县瑶族人口 119 911 人，占全县人口的 52.1%。

四是宗族势力影响。

湘南地区的某些土话在其形成的过程中受到过宗族势力的影响，属于不同姓氏的人说着不同的土话。例如蓝山土话中就有十分典型的因姓氏不同而产生不同土话的现象。据罗昕如调查，其中太平圩乡便是一个突出的例子。

该乡有 8 大姓氏，人数最多的是唐姓，其次还有陈姓、厉姓、蒋姓、刘姓、薛姓、黄姓、徐姓。他们说的话分别被称为唐姓话、陈姓话、厉姓话、蒋姓话、刘姓话、薛姓话、黄姓话、徐姓话（2002）。下面仅以"他"、"母亲"两词为例说明其差异：

	唐姓	陈姓	厉姓	蒋姓	刘姓	薛姓	黄姓	徐姓
他	tsu³⁵	tso¹³	kei³⁵	tsau⁵⁵	kɤ²⁴	iɛ³³	ke²⁴	kɛ⁴⁵
母亲	tɕia⁵³	ia¹³	tɕi³³tɕi³³	tɕia⁵⁵tɕia⁵⁵	ia²¹	ai²¹tsɛ³³	tɕi⁵⁵tɕi⁵⁵	mei³³

三　湘南土话的音韵特征

　　湘南土话的音韵现象复杂纷繁，内部差异很多。虽然也可以找出某些共同之处或是比较一致的地方，如古塞音韵尾全部消失，有知组读端组、非组读帮组的残留现象，溪母字变读为擦音，阳声韵蜕变为阴声韵，等等，但是却很难找到那种具有本质属性的特征把整个湘南土话框在一起。

　　下面比较 16 个点的若干音韵现象。其中材料来源如下：东安花桥（鲍厚星）、冷水滩岚角山（李星辉）、道县寿雁（贺凯林）、江永城关（黄雪贞）、江永桃川（鲍厚星）、江华寨山（曾毓美）、新田茂家（谢奇勇）、蓝山太平（罗昕如）、宁远东路平话（张晓勤）、宁远张家土话（谢奇勇）、嘉禾广发（卢小群）、宜章赤石（沈若云）、宜章大地岭（彭泽润）、桂阳流丰（李星辉）、临武麦市（陈晖）、新田马场岭（谢奇勇）。

　　（一）古全浊声母的演变方式

	並、定	群	从、澄、崇
东安花桥	浊，不送气	浊，不送气	浊，不送气/浊擦
冷水滩岚角山	浊擦/浊不送气	浊擦	浊擦
道县寿雁	清，不送气	清，不送气	清擦/清不送气
江华寨山	清，不送气	清，不送气	清擦/清不送气
江永城关	清，不送气	清，不送气	清，不送气
江永桃川	清，不送气	清，不送气	清，不送气
新田茂家	清，不送气	清，不送气	清，不送气

蓝山_{太平}	清，不送气	清，送气	清，送气
宁远_{张家}	清，不送气	清，送气	清，送气
嘉禾_{广发}	清，不送气	清，送气	清，送气
宜章_{赤石}	清，不送气	清，送气	清，送气
宜章_{大地岭}	清，不送气	清，送气	清，送气
桂阳_{流丰}	清，送气	清，送气	清，送气
临武_{麦市}	清，送气	清，送气	清，送气
新田_{马场岭}	清，送气	清，送气	清，送气
宁远_{平话}	清，平送，仄不送	清，平送，仄不送	清，平送，仄不送

古全浊声母在湘南土话中的演变叫人眼花缭乱，如果加以归纳，最有代表性的应该是以下四种类型：

①浊音不送气型

以东安花桥土话为代表，东安全县各片土话都属此类型。冷水滩岚角山读成相应部位的浊擦音，这在东安花桥土话中也有，如锄 dzəu/zəu，查 dzo/zo，茶 dzo/zo，不过为数不多，但在岚角山土话中浊擦音读法却占了主导地位。

②清音不送气型

以江永城关土话为代表，江永全县各片土话都属此类型。道县的寿雁土话和江华的寨山话逢"从、澄、崇"母有清擦和清不送气两种读法，清擦读法实际上是从清不送气读法蜕变而来。另外，新田的茂家土话是平声一律不送气，仄声为大部分不送气，少部分送气，基本上属此类型。

③清音送气型

以临武麦市土话为代表。桂阳除流丰外，敖泉话也应属此类，它的"群、从、澄、崇"等声母都读送气音，"並、定"二母有不送气和送气两种读法，但读送气音的都属白读，如"皮、被、图、淡、排、平"等字，更能反映本质属性。新田马场岭土话位于该县北乡，属送气型，与不送气型的南乡茂家土话恰恰相反。

④清音不送气（並定）＋送气（群从澄崇）型

　　以宜章赤石土话为代表。属于这一类型的还有蓝山太平圩；桂阳燕塘、嘉禾广发和宜章大地岭以及宁远的张家土话。这一类型与前面三种类型比较，显得有些特别，送气与否是和声母的发音部位、发音方法相联系的。根据这一点，道县的小甲土话和双牌的理家坪土话也可归入此类，其特点是并定群三母不送气，从澄崇三母送气。

　　在上述 16 个土话点中，只有宁远平话（东路）未予归类，因为它完全是另一种模式：古全浊声母今读清化，平声一般送气，仄声多数不送气，少数送气。

　　（二）知组读如端组和非组读如帮组的现象

	猪	虫	着~衣	竹	浮	蜂	放
东安花桥	tiəu	din	tiu	tiəu	bei	p'aŋ	xuŋ
冷水滩岚角山	tiɐɯ	din	tu	tiu	vəɯ	p'an	fo
道县寿雁	tɕio	li	tau	tɤɯ	pa	p'iɛ	poŋ
江永城关	liu	lai	liu	liou	pau	p'ai	paŋ
江永桃川	liau	liɛ	liəu	liəu	pau	p'uɛ	maŋ
江华赛山	tɕy	soŋ		tso	pao	hoŋ	puaŋ
新田茂家	tsu	lioŋ	tɕiəu	tɕye	pəu	p'ən	poŋ
蓝山太平	tsu	nin	tɕiəu	tɕye	pəu	p'aŋ	poŋ
宁远张家	tɕy	ts'ən	tsəu	tsəu	fəu	p'ən	pa
嘉禾广发	tu	lən	tsəu	tso	pei	p'ən	mən
宜章赤石	ty	ts'əu	tiəu	tiəu	pau	p'əu	faŋ
宜章大地岭	ty	ts'on	tiau	tiou	pau	p'on	fan
桂阳流丰	tʃy	tʃ'iə̃	tʃiu	tiu	p'ə	p'ə̃	fɔ̃
临武麦市	tio	tʃ'əŋ	tio	tio	p'ɤɐ	p'əŋ	foŋ
新田马场岭	tsu	lioŋ	tso	tɕye	p'əu	fan	man
宁远平话	tɕie	liaŋ	tsə	tsəu	p'ie	p'iaŋ	pəŋ

总的情况是，清音送气型的土话，知组读舌头音、非组读重唇音的现象要少于其他类型。至于宁远平话的这种现象更是限于个别字。

（三）果_假二、三蟹开二效三四梗开三四等摄的读音

	多	火	牙	排	烧	颈	星
东安花桥	tu	fu	ŋo	ba	ɕie	tɕio	ɕio
冷水滩岚角山	tu	xu	ŋo	va	ɕi	tɕia	ɕia
道县寿雁	tau	xu	ŋu	pi	ɕiu	tɕiu	ɕiu
江永城关	ləu	fu	ŋu	pø	ɕiu	tɕioŋ	sioŋ
江永桃川	ləɯ	xəɯ	uo	pia	ɕiəu	tɕio	ɕio
江华寨山	le	hua	ŋa	pai	siu	kəŋ	siaŋ
新田茂家	to	xo	a	pie	ɕiəu	kan	ɕin
蓝山太平	to	xo	ȵia	pie	ɕiəu	kei	ɕie
宁远张家	tu	fu	ŋo	pa	sau	ke	sei
嘉禾广发	lo	xo	tɕia	pie	səu	kai	ɕie
宜章赤石	təu	həu	ŋo	pa	ɕi	kɛi	sɛi
宜章大地岭	tou	xou	ŋuo	pa	sau	kien	sen
桂阳流丰	tɤ	hu	ŋo	p'a	ʃiə	kĨ	ɕĩ
临武麦市	tɤ	xɔ	ŋa	p'ai	ʃəɤ	tʃaŋ	ʃiaŋ
新田马场岭	to	xo	ka	p'ie	ɕiəu	kai	sai
宁远平话	tə	fu	ŋo	p'ia	sɿ	tɕio	ɕio

从此表中可以看出，浊音不送气型土话中具有突出的湘语特色，这表现在果、假摄元音的高化，蟹摄元音尾的脱落和梗摄主要元音的后高圆唇化上面。其他类型的土话不同程度地受到了这种音韵特征的影响，如宁远土话和宁远平话。

（四）声调演变举例

湘南土话声调演变的复杂情况，主要集中在古上声和古入声的演变上。以下分别举江永话和蓝山话为例：

江永城关土话（据黄雪贞）上声分阴阳两类，主要规律是古清上和少数次浊上今读阴上，如"左点敢井、瓦绕软演"，古全浊上和大部分古次浊上今

读阳上，如"静旱柱罪、女老雨懒"。

江永桃川土话上声不分阴阳，只一个调类，但有突出的浊上今读阴平的现象。据我们调查，其中全浊上读阴平的字有"坐、下、杜、肚、辅、柱、待、弟、荠、罪、被~子、是、舐训、筒、技、跪、抱、道、兆、後、后、妇媳~、受、舅、淡、范、旱、件、辫、伴、拌、断、尽、近、盾、菌、像、丈、上、蚌、动、重轻~"等。次浊上读阴平的字有"马、码、卤、五、吕、武、舞、雨、买、米、礼、尔、蚁、李、里、理、鲤、耳、尾、老、卯、咬、亩、篓、藕、偶、有、友、掩、懒、眼、演、满、软、远、忍、两、养、痒、网、猛、冷、领、岭、永"等。

蓝山太平圩乡的8大姓氏的8种土话（据罗昕如），其入声演变方式也有8种（少数例外不在内）：

①陈姓话保留入声调类（清入今读入声，浊入归去声）。

②黄姓话入声归阳去。

③唐姓话入声归阴去。

④薛姓话入声分归阴去和阳去。

⑤蒋姓话入声归上声。

⑥徐姓话入声分归上声和去声（清入归上，浊入归去）。

⑦厉姓话入声分归阴平和去声（清入归阴平，浊入归去声）。

⑧刘姓话入声归阳平。

（五）土话中特殊音韵现象举例

这里的特殊音韵现象是从湘南土话的范围中提出的，它也可能是整个汉语方言中比较特殊或比较少有的现象。

①精组字读 t、t'。如：

江永回龙圩农场：精 tioŋ⁴⁴　进 tie²¹　酒 tiau³⁵　墙 tiaŋ⁴²　蒋 tiaŋ³⁵（黄雪贞）

道县仙子脚：左 tɤ⁵⁵　祖 to⁵⁵　菜 t'i³³　草 t'a⁵⁵　节 tɤ³⁵（罗昕如）

冷水滩岚角山：草 t'au³⁵　错 t'u¹³　擦 t'a³³　醋 t'ei¹³　催 t'əɯ³³（李星辉）

②明母字读 p/b。如：

新田马场岭：马 pa²¹　毛 pəu¹³　米 pei²¹　梅 pei¹³　麦 pa⁵⁵

嘉禾普满：马 ba³³　买 bai³³　茅 bau²⁴　篾 biɛ³⁵　密 biɛ²⁴

③疑母字读 k/tɕ。如：

新田马场岭：鱼 ku¹³　牙 ka¹³　牛 tɕi¹³　咬 tɕio²¹

嘉禾广发：鱼 ku¹¹　牙 tɕia¹¹　牛 tɕiəu¹¹　咬 tɕiau³³　岩 tɕia¹¹

四　湘南土话与周边方言

单从湘南土话的外围来看，除了北部紧靠湘语，东部毗连客赣方言以外，西部和南部则与另两种大型土话群——桂北土话、平话和粤北土话连成了一片。如从湘南土话的内层空间来看，则有湘语的钳制，客赣方言的侵蚀，更有西南官话强有力的渗透。

下面着重讨论湘南土话与桂北土话、平话和粤北土话的关系。

1. 湘南土话与桂北土话、平话

可以分两层来说：第一层，东安型土话和桂北土话。

先从桂北的湘语说起。据《广西的汉语方言（稿）》所说，"湘语集中在广西北端，占全州、灌阳、资源三县全部及兴安县之大部，使用人口近一百二十万。全州、资源、灌阳、兴安四县连成一片，在地理上突入湖南，是湘江的发源之地_{隋唐时代今全州称湘源县}。在历史上，这里跟湖南的关系密切。这几县的居民大多祖籍湖南南部，城镇湖南籍人中，相当部分是本世纪内迁居来的，因此，这里的口音保持着浓厚的湖南风味"。其主要音韵特点是古全浊声母大体保持浊音的读法。

该文当时未来得及对全州、资源、灌阳和兴安四县周围的土话作出介绍。实际情况是这四县周围还有不少土话。据张桂权对延东、瓜里、文桥、永岁四处土话的调查（2002），主要音韵特点是：

①古全浊声母系统保留比较完整。如（以文桥话为例）：头 dou、爬 ba、茄 dʑia、全 dʑiẽ、伴 bũ、地 di、直 dɤ、县 ziẽ。

②有知组读端组、非组读帮组的现象。

③分尖团。

④有 f、x 相混，n、l 相混的现象。

⑤鼻化韵非常丰富。

⑥声调 6 个或 7 个。保留入声调类，但无塞尾。

我们曾经根据历史和地理的背景把东安型土话和湘语娄邵片进行过比较，找出了它们之间本质特点相同的地方，从而确认了东安型土话的湘语系属（2002）。

这样围绕着保存古浊音系统的音韵特点就可以看到在湘桂之间存在着一条湘语的通道，或者换一个说法，东安型的湘南土话在桂北资、全一带可以找到自己的同类。

第二层，江永型土话和桂北平话。

在永州土话范围内，以江永话为代表的清音不送气型土话和桂北平话同样具有密切的联系。我们认为桂北平话也是混合程度很高的方言。它所包括的两个小区中，义融小区比较接近桂南平话。两灵小区却与湘南土话中江永型的土话关系密切。在地理位置上与江永、江华相邻的广西富川、贺县的"都话"（包括富川瑶族自治县境内的七都话、八都话、九都话和贺州市境内的八都话、九都话）提供了能够说明问题的语言事实。据邓玉荣调查，"讲都话的平地瑶民源自湖南千家峒，多在元、明期间陆续从湖南道县、江永、江华、广东西北部和广西恭城等地迁入"。"贺州市讲都话的居民多在明代初期因军戍或生计从湖南及江西迁入。"（2000）

2. 湘南土话与粤北土话

粤北土话（即"韶州土话"）已有东北片、中南片和西北片之分。据庄初升调查研究，在东北片所包括的 4 个地点中，有的具有最明显的客家方言特征（长江），有的具有客家话的主要特征（乌迳），有的是在一些重要的音韵特征上表现了与客家话相同的迹象（雄州），有的是除了声母读法的主要特点之外，其他音韵特征与客家方言最为相近（百顺）。最后的结论是，可以把这一片的客家方言看成是赣南"老客"往广东境内自然的延伸。看来认识赣南的客家方言，特别是赣南的"本地人"的"本地话"（即"老客"）是一个不可忽视的问题。赣南"老客"往广东境内延伸了，是否也会延伸至湖南境内呢？

关于湘南地区内的客家话分布，陈立中在《湖南客家方言的源流与演变》（2002）一文中已有系统的专门论述。该文指出安仁、资兴、汝城、桂东、宜章、江华、新田等境内有客家话分布点。这里再讨论两个问题：一是汝城县内的"汝城话"和桂东县内的"桂东话"是否属于客家话的问题；一是还有

哪些土话可以考虑划入客家话的问题。

"汝城话"、"桂东话"在《中国语言地图集》中原划入客家话,自从出现有争议的观点以后,我们再度组织了调查。新一轮的调查支持了原来归属客家话的观点。有关材料可参见曾献飞的《汝城话的音韵特点》(2002)和《桂东话的音韵特点及其归属》(2002)。

在郴州土话的范围内,对于以临武麦市为代表的清音送气型土话(包括桂阳流丰、新田马场岭等)可以作进一步考察。麦市话除了古全浊声母今读方式符合客家话特点外,古次浊入声的分化规律与客家话的吻合也是一个突出特点。像麦市、流丰一类的土话能否按粤北土话东北片的办法来对待呢?

在讨论宜章赤石这一类清音不送气(並定)+送气(群从澄崇)型的土话时,很自然地要联系到粤北土话的西北片和中南片。

张双庆、庄初升、严修鸿分别调查了连州的保安、丰阳、西岸镇土话,共同指出粤北土话中一个较普遍的特点,即古全浊声母今一律读不带音声母,但送气与否不以平仄为条件,而以声母的发音方法和部位为条件:逢塞擦音和舌根塞音声母一般读送气,逢双唇及舌尖前塞音声母一般读不送气。另外,张双庆、万波曾在乐昌(长来)土话中也指出过同一现象,不过並定母多了一个上声送气的问题。

与粤北土话西北片能够对应上的在湘南郴州土话中不在少数,宜章、桂阳、嘉禾、临武等境内有一批这样的点,与嘉禾、临武邻近的蓝山、宁远(已进入永州境内)也有这样的点。如蓝山太平圩乡的土话(以唐姓话为例):

盘	步	同	道	齐	坐	除	柱	锄	助	桥	近
poŋ²¹	pu⁵³	təŋ²¹	təu³³	tɕʻi²¹	tsʻo³³	tɕʻy²¹	tsʻu³³	tsʻu²¹	tsʻu⁵³	cʻiəu²¹	cʻin³³

五　湘南土话系属的探究

探究湘南土话的系属问题要和研究周边方言结合起来。事实证明,研究桂北的土话和平话,对于弄清湘南永州土话的性质有重要作用;研究粤北土话,对于弄清湘南郴州土话的性质很有益处。

从目前情况来看,湘南永州土话中的两种主要类型:浊音不送气型可划入湘语,它一头连着湘语的娄邵片,一头延伸到桂北的土话群。而清音不送

气型混合的程度较高，一般具有湘、客、赣、官等程度不同的音韵成分，从多数点来看，又结合地理人文环境的因素，既可以定性为湘语成分较重的混合型方言，也可以作为特殊的湘语片处理。拿永州土话和郴州土话相比，前者所含有的湘语底层比后者要深厚许多。

　　湘南郴州土话中的两种主要类型：清音送气型可以用较宽的尺寸划入客家话或赣语，它既与粤北土话中的东北片相联系，又与赣南的"老客"相呼应。而清音不送气（并定）＋送气（群从澄崇）型也属于一种混合型的方言，从周边环境来看，赣客的色彩要深一些。如果考虑不要把混合型方言的范围划得太大，以宜章赤石为代表的这一类型土话也可作为特殊的客赣片处理。

　　实事求是地说，对于湘南土话的研究还有很长的路要走。目前的调查在深度和广度上都是不够的，这一阶段就还有几个县市未涉及，对已经开展调查的每一个点深浅也很不一致。讨论湘粤桂边界地区的土话确实遇到了一些难题或者新的问题。赵元任先生的那一段话说得真是深刻："方言跟方言间的分界有颜色跟颜色间的界限那么糊涂，而所含的因素比颜色跟颜色的分别还复杂得多。"

参考文献

[1] 鲍厚星. 东安土话研究. 长沙：湖南教育出版社，1998

[2] 鲍厚星. 湘南东安土话的系属. 方言，2002（3）

[3] 陈　晖. 湖南临武（麦市）土话语音分析. 方言，2002（2）

[4] 陈立中. 湖南客家方言的源流与演变. 长沙：岳麓书社，2003

[5] 陈立中. 试论湖南汝城话的归属. 方言，2002（3）

[6] 崔振华. 桂东方言同音字汇. 方言，1997（1）

[7] 邓玉荣. 广西贺州地区都话的归属. 2000，未刊

[8] 丁邦新. 丁邦新语言学论文集. 北京：商务印书馆，1998

[9] 范峻军. 郴州土话语音及词汇研究. 暨南大学博士学位论文. 1999，未刊

[10] 葛剑雄，曹树基，吴松弟. 简明中国移民史. 福州：福建人民出版社，1993

[11] 广西壮族自治区地方志编纂委员会. 广西通志·汉语方言志. 南宁：广西人民出版社，1998

[12] 黄雪贞. 江永方言研究. 北京：社会科学文献出版社，1993

[13] 黄雪贞. 客家方言声调的特点. 方言，1988（4）

[14] 黄雪贞. 客家方言声调的特点续论. 方言，1989（2）

[15] 贺凯林. 宜章县客家话的分布及有关特点. 2000，未刊

[16] 李连进. 平话音韵研究. 南宁：广西人民出版社，2000

[17] 李　荣. 汉语方言的分区. 方言，1989（4）

[18] 李星辉. 湖南桂阳流丰土话音乐. 2000，未刊

[19] 李星辉. 湖南永州岚角山土话音系. 方言，2003（1）

[20] 李永明. 临武方言——土话与官话的比较研究. 长沙：湖南人民出版社，1988

[21] 李　未. 广西灵川平话的特点. 方言，1987（4）

[22] 林立芳，庄初升. 粤北地区汉语方言概况. 方言，2000（2）

[23] 刘纶鑫. 客赣方言比较研究. 北京：中国社会科学出版社，1999

[24] 卢小群. 嘉禾土话研究. 长沙：中南大学出版社，2002

[25] 罗昕如. 湖南蓝山土话的内部差异. 方言，2002（2）

[26] 罗昕如. 湖南蓝山太平土话音系. 2002，未刊

[27] 沈若云. 宜章土话研究. 长沙：湖南教育出版社，1999

[28] 彭泽润. 湖南宜章大地岭土话的语音特点. 方言，2002（3）

[29] 谭其骧. 湖南人由来考. 方志月刊，1933（9）

[30] 唐湘晖. 湖南桂阳燕塘土话语音特点. 方言，2000（1）

[31] 王本瑛. 湘南土话之比较研究. 台湾清华大学语言所博士论文. 1997，未刊

[32] 王福堂. 汉语方言语音的演变和层次. 北京：语文出版社，1999

[33] 王福堂. 平话、湘南土话和粤北土话的归属. 方言，2001（2）

[34] 谢留文. 客家方言的语音研究. 中国社会科学院博士论文. 2002，未刊

[35] 谢奇勇. 湘南宁远张家土话音系. 2001，未刊

[36] 谢奇勇. 湘南新田南乡土话音系及音韵特点. 2000，未刊

[37] 熊正辉. 广东方言的分区. 方言，1987（2）

[38] 严修鸿. 连州市西岸镇方言的音系（稿）. 2000，未刊

[39] 杨焕典，梁振仕，李谱英，刘村汉. 广西的汉语方言（稿）. 方言，1985（3）

[40] 曾献飞. 汝城话的音韵特点. 湖南师范大学社会科学学报，2002（5）

[41] 曾献飞. 桂东话的音韵特点及其归属. 2002，未刊

[42] 曾毓美. 江华寨山话音系. 2002，未刊

[43] 张桂权. 桂北资全土话初探. 2002，未刊

[44] 张晓勤. 宁远平话研究. 长沙：湖南教育出版社，1999

[45] 张双庆，万波. 南雄（乌迳）方言音系特点. 方言，1996（4）

[46] 张双庆，万波. 乐昌（长来）方言古全浊声母今读的考察. 方言，1998（3）

[47] 张双庆. 乐昌土话研究. 厦门：厦门大学出版社，2000

[48] 中国社会科学院，澳大利亚人文学院．中国语言地图集．香港：朗文出版（远东）有限公司，1987—1989

[49] 郑张尚芳．韶州土话跟湘南桂北平话的关系．2000，未刊

[50] 周先义．湖南道县小甲土话同音字汇．方言，1994（3）

[51] 庄初升，林立芳．粤北土话中古全浊声母今读的类型．语文研究，2000（2）

[52] 庄初升．从音韵看粤北土话的分片及其归属．暨南大学博士论文（第七章）．2000，未刊

[53] 庄初升．连州市丰阳土话的音韵特点．2000，未刊

（原载《方言》2004 年第 4 期。本文曾于 2002 年 11 月在湘南土话及周边方言国际学术研讨会上宣读。）

湘南江永、道县等地土话中的"床"

在江永调查桃川土话时,问"床"字问出两个音,一为 tsaŋ^{21},一为 tau^{21}。"床"是宕摄开口三等崇母字,读 tsaŋ^{21},符合桃川音系规律。读 tau^{21} 就觉得有些蹊跷,按桃川音系这个读音就不合规律,显得十分特别。但在发音人口中,这个音脱口而出,运用自如。在说"床"、"床板"时都用了 tau^{21} 这个音。

后在 2004 年参加南宁的学术会议时曾于一份提交的文章中比较了广西龙胜伶话、东安花桥土话和江永桃川土话的声母,其中涉及"床"字的读音:龙胜伶话记为 ₌du,东安花桥记为 ₌dzuŋ,江永桃川记为 ₌tau。王辅世先生曾说:"伶话庄、初、崇三母原来的读法似乎分别是 t、t'、d,也就是说和知彻澄、端透定不分。"

会上李蓝提出湖南城步青衣苗人话的"床"字读 ₌du,笔者后来又在他的专著《湖南城步青衣苗人话》一书中见到湘桂两省区 23 个青衣苗人话方言点有 17 个点的"床"字有 ₌do 或 ₌du 的读法。

湘南土话中"床"字的这一类特殊读音,除上文江永桃川的〔₌tau〕外,还有〔₌tu〕、〔₌to〕的读法,有关材料如下:

江永城关:₌tu,作者用了同音字"荼",例词有荼音板(床板)、铺荼音(铺床)。(黄雪贞,1993)

江永松柏、江华白芒营:₌tau(谢奇勇,2003)

道县样林铺、双牌理家坪:₌to(谢奇勇,2003)

道县小甲:to(周先义,1994)

道县寿雁:to(贺凯林,2003)

道县仙子脚、蚣坝:to(罗昕如,2004)

以上湘南土话中"床"这个特字的读音 tau、to、tu 与广西龙胜伶话、湖南城步青衣苗人话的 du、do 应为同一个来源,换言之,这些不同的读音反

映的应是同一个字。

本文开头指出，桃川"床"字的读音 [$_\subset$tau] 不合音系规律，不应是宕摄开口三等崇母字。经比较 [tau] 与效摄开口一等豪韵相合，与"桃、淘、陶"等字同音。广西龙胜伶话"床"读 $_\subset$du，同韵字有"毛、刀、到、牢、高、好"等，城步青衣苗人话"床"读 $_\subset$du，同音字有"桃、淘"等。

"床"字这个特殊读音困扰了笔者一段时间，后来从扬雄的《輶轩使者绝代语释别国方言》卷五中读到下列一段文字：

床齐鲁之间谓之箦床板也音连陈楚之间或谓之笫音滓又音姊其杠北燕朝鲜之间谓之树自关而西秦晋之间谓之杠南楚之间谓之赵赵当作桃声之转也中国亦呼杠为桃床皆通语也东齐海岱之间谓之樺音诜其上版卫之北郊赵魏之间谓之牒简牒或曰牑履属（为清楚起见，加一附页，摘自钱绎的《方言笺疏》——笔者）

这一段文字中带圆点的字（笔者所加），或为床板，床垫，或为床杠，即床前横木，都属于床的构成部分，却可以用来作为床的代称。引起我们注意的是南楚之间的说法。"南楚"曾是汉代方言区划中的一个区域，湖南包含在南楚覆盖的范围之内应该不成问题。"南楚"方言极有可能是后世湘方言的源头。关于床杠，《方言》提到的"南楚之间谓之赵"，郭璞加注"赵当作桃声之转也"。这里不仅揭示了该读音属澄母字，但读如定母，而且也说明该读音是阴声韵，在今天来说应属效摄。

江永、道县等地的土话古全浊声母已经清化，而龙胜伶话和城步青衣苗人话仍然保持着浊音，这一 [t] — [d]，均显存古的性质，它们可以相互印证。

如此看来，湘南部分土话和广西龙胜、湖南城步五团等地关于"床"字的那些读音确实是保存了一个古老的关于"床"的说法。另据刘村汉先生告知，邓玉荣的富川秀水九都话也可找到相关材料。富川位于广西壮族自治区东北部边缘，与湖南的江永、江华相邻。秀水九都话有关床的说法，一为 [tsaŋ^{31}]，一为 [ta^{31}]，该方言效摄开口一等读 [a] 韵，与江永道县等地的 [tau、to、tu] 有对应关系。从音义角度和地域分布来看，这湘桂边界一带有关"床"这一器具的语料与上述《方言》卷五提到的南楚方言应有某种关联，两者基本上是吻合的。这一说法不知在其他地方是否存在过？

牀齊魯之間謂之簀〔注〕牀版也陳楚之間或謂之笫

其杠北燕朝鮮之間謂之樹自關而西秦晉之間

謂之杠南楚之間謂之趙〔注〕趙當作桃聲之轉也

中國亦呼杠為桃牀皆通語也東齊海岱之間謂

之樺其上版衛之北郊趙魏之間謂之牒或曰牑

馬名也

〔音義〕釋音牋音進第音滓又音姊屬履屬自裝載之弟郭注云然則牀版是故訓作責周官玉府

簀音責牀棧也簡褋屬履屬自裝載之弟郭注云以

〔箋疏〕說文簀牀棧也說文者牀安身之

之文牀版也然則牀版是

炎以為牀板也鄭注檀弓云第

說山訓云牀死而蒸其招簧玉篇引作

紅蝠山房校本

三四七

参考文献

[1]（汉）扬 雄《輶轩使者绝代语释别国方言》

[2] 王辅世《广西龙胜伶话记略》，方言，1979

[3] 李 蓝《湖南城步青衣苗人话》，中国社会科学出版社，2004

[4] 黄雪贞《江永方言研究》，社会科学文献出版社，1993

[5] 谢奇勇《湘南永州土话音韵比较研究》，湖南师范大学博士学位论文（即出）

[6] 周先义《湖南道县小甲土话同音字汇》，方言，1994

[7] 罗昕如《湘南土话词汇研究》，中国社会科学出版社，2004

[8] 鲍厚星《湘方言概要》，湖南师范大学出版社，2006

[9] 鲍厚星《广西龙胜伶话和湖南东安花桥土话、江永桃川土话的声母比较》，桂北平话及周边方言学术研讨会论文，2004

（原载《桂林师范高等专科学校学报》2010 年第 2 期。本文曾于 2009 年 12 月在第五届土话平话国际学术研讨会宣读。）

第四部分

赣语、官话及其他

湖南永兴方言［i］的舌尖化过程与特点①

一

    永兴县位于湖南省东南部，耒水中游，东经 112°43′～113°35′，北纬 25°58′～26°29′，隶属郴州市。东依资兴，南邻郴州，西接桂阳，北连安仁和耒阳。永兴县面积 1 979.4 平方公里，下辖 25 个乡镇，总人口 63.61 万（2005 年）。

    春秋战国时，今永兴在当时为楚地，秦属长沙郡郴县（今郴州）。公元前 202 年始设便县。公元 9 年，改称便屏县。公元 25 年，又称便县，属桂阳郡。三国时期为吴地，仍属桂阳郡。公元 420 年，便县并入郴县。公元 559 年，复置便县。公元 589 年，再次并入郴县。公元 725 年，置安陵县。公元 742 年，改名高亭县。公元 1073 年，定名永兴县，沿袭至今。

    根据中国社科院和澳大利亚人文科学院合编的《中国语言地图集》的汉语方言分区结果，永兴方言属于赣语的耒资片。

二

    永兴境内普遍存在舌面元音［i］发生舌尖化音变的方言点，各个方言点在舌尖化的道路上速度有快慢之分，个别方言点［i］>［ɿ］的演变已经全部完成，而多数方言点按照声组的区别有不同的表现，有的声组后仍保持［i］韵，有的声组后读［i］、［ɿ］之间的过渡元音［i̠］（参考朱晓农说法，用［i̠］表示与舌叶音同部位的元音），有的声组后念舌尖元音［ɿ］，呈现出行进

---

    ① 本文初稿曾以《湖南永兴方言舌尖元音的音韵特点》为题在全国汉语方言学会第十四届学术年会上宣读，现已在材料和内容上作了重要补充和修改。

中的运动状态。永兴方言在舌尖化音变上的内部差异反映了 [i] ＞ [ɿ] ＞ [ʅ] 的演变过程及 [i] 在不同的声组后舌尖化的先后顺序。

下面列表对永兴马田、洞口、柏林、城关四地的相关例字作一比较。

蟹开三祭韵

声母	例字	马田	洞口	柏林	城关老派	城关新派
帮组	蔽 弊	pi	pi	pɿ	pɿ	pɿ
泥组	例	li	li	li	lɿ	lɿ
精组	祭	tɕi	tʃi	tʃi	tʃi	tsɿ
知组	滞	tsɿ	tsɿ	tsɿ	tsʰɿ	tsɿ
章组	制 世	tsɿ/sɿ	tsɿ/sɿ	tsɿ/sɿ	tsɿ/sɿ	tsɿ/sɿ
见组	艺	i	ʒi	ʒi	ʒi	zɿ

蟹开四齐韵

声母	例字	马田	洞口	柏林	城关老派	城关新派
帮组	闭 批 米	pi/pʰi/mi	pi/pʰi/mi	pɿ/pʰɿ/mɿ	pɿ/pʰɿ/mɿ	pɿ/pʰɿ/mɿ
端组	题 替	ti/tʰi	ti/tʰi	ti/tʰi	tʃi/tʃʰi	tɿ/tʰɿ
泥组	犁	li	li	li	lɿ	lɿ
精组	挤 齐 西	tɕi/tɕʰi/ɕi	tʃi/tʃi/tʃi	tʃi/tʃi/tʃi	tʃi/tʃi/tʃi	tsɿ/tsʰɿ/sɿ
见组	鸡 契 溪	tɕi/tɕʰi/ɕi	tʃi/tʃʰi/tʃi	tʃi/tʃʰi/tʃi	tʃi/tʃʰi/tʃi	tsɿ/tsʰɿ/sɿ
晓组	系	ɕi	ʃi	ʃi	ʃi	sɿ
影组	缢	i	ʒi	ʒi	ʒi	zɿ

止开三支韵

声母	例字	马田	洞口	柏林	城关老派	城关新派
帮组	皮 披 弥	pi/pʰi/mi	pi/pʰi/mi	pɿ/pʰɿ/mɿ	pɿ/pʰɿ/mɿ	pɿ/pʰɿ/mɿ
泥组	离	li	li	li	lɿ	lɿ
精组	紫 刺 斯	tsɿ/tsʰɿ/sɿ	tsɿ/tsʰɿ/sɿ	tsɿ/tsʰɿ/sɿ	tsɿ/tsʰɿ/sɿ	tsɿ/tsʰɿ/sɿ
知组	知 池	tsɿ/tsʰɿ	tsɿ	tsɿ	tsɿ/tsʰɿ	tsɿ/tsʰɿ
章组	支 侈 是	tsɿ/tsʰɿ/sɿ	tsɿ/tsʰɿ/sɿ	tsɿ/tsʰɿ/sɿ	tsɿ/tsʰɿ/sɿ	tsɿ/tsʰɿ/sɿ
见组	寄 骑 义	tɕi/tɕʰi/i	tʃi/tʃi/ʒi	tʃi/tʃi/ʒi	tʃi/tʃʰi/ʒi	tʃi/tʃʰi/zɿ
晓组	戏	tɕʰi	tʃʰi	tʃʰi	tʃʰi	sɿ
影组	椅 移	i	ʒi	ʒi	ʒi	zɿ

止开三脂韵

声母	例字	马田	洞口	柏林	城关老派	城关新派
帮组	鼻屁	pi/pʰi	pi/pʰi	pʅ/pʰʅ	pʅ/pʰʅ	pʅ/pʰʅ
端组	地	ti	ti	ti	tʃi	tʅ
泥组	尼梨	li	li	li	lʅ	lʅ
精组	资瓷私	tsʅ/tsʰʅ/sʅ	tsʅ/tsʰʅ/sʅ	tsʅ/tsʅ/sʅ	tsʅ/tsʰʅ/sʅ	tsʅ/tsʰʅ/sʅ
知组	致迟	tsʅ/tsʰʅ	tsʅ	tsʅ	tsʅ/tsʰʅ	tsʅ/tsʰʅ
庄组	师	sʅ	sʅ	sʅ	sʅ	sʅ
章组	指示	tsʅ/sʅ	tsʅ/sʅ	tsʅ/sʅ	tsʅ/sʅ	tsʅ/sʅ
见组	饥祁	tɕi/tɕʰi	tʃi	tʃi	tʃi/tʃʰi	tsʅ/tsʰʅ
影组	姨伊	i	ʒi	ʒi	ʒi	zʅ

止开三之韵

声母	例字	马田	洞口	柏林	城关老派	城关新派
泥组	李	li	li	li	lʅ	lʅ
精组	子慈丝	tsʅ/tsʰʅ/sʅ	tsʅ/tsʅ/sʅ	tsʅ/tsʅ/sʅ	tsʅ/tsʰʅ/sʅ	tsʅ/tsʰʅ/sʅ
知组	置耻	tsʅ/tsʰʅ	tsʅ/tsʰʅ	tsʅ/tsʰʅ	tsʅ/tsʰʅ	tsʅ/tsʰʅ
庄组	滓厕事	tsʅ/tsʰʅ/sʅ	tsʅ/tsʰʅ/sʅ	tsʅ/tsʰʅ/sʅ	tsʅ/tsʰʅ/sʅ	tsʅ/tsʰʅ/sʅ
章组	志齿时	tsʅ/tsʰʅ/sʅ	tsʅ/tsʰʅ/sʅ	tsʅ/tsʰʅ/sʅ	tsʅ/tsʰʅ/sʅ	tsʅ/tsʰʅ/sʅ
见组	记起疑	tɕi/ɕi/i	tʃi/tʃi/ʒi	tʃi/tʃi/ʒi	tʃi/tʃi/ʒi	tsʅ/sʅ/zʅ
晓组	喜	tɕʰi	tʃʰi	tʃʰi	tʃʰi	sʅ
影组	医以	i	ʒi	ʒi	ʒi	zʅ

止开三微韵

声母	例字	马田	洞口	柏林	城关老派	城关新派
见组	机气毅	tɕi/ɕi/i	tʃi/tʃi/ʒi	tʃi/tʃi/ʒi	tʃi/tʃi/ʒi	tsʅ/sʅ/zʅ
晓组	希	ɕi	ʃi	ʃi	ʃi	sʅ
影组	衣	i	ʒi	ʒi	ʒi	zʅ

深开三辑韵

声母	例字	马田	洞口	柏林	城关老派	城关新派
泥组	立	li	li	li	l̩	l̩
精组	集习	tɕi/ɕi	tʃi/ʃi	tʃi/ʃi	tʃi/tʃʰi	tsɻ/sɻ
章组	执湿	tsɻ/sɻ	tsɻ/sɻ	tsɻ/sɻ	tsɻ/sɻ	tsɻ/sɻ
见组	急泣	tɕi/tɕʰi	tʃi/tʃʰï	tʃi/tʃʰï	tʃi/tʃʰï	tsɻ/tsʰɻ
晓组	吸	tɕi	tʃi	tʃi	tʃi	sɻ
影组	揖	i	ʒï	ʒï	ʒï	zɻ

臻开三质韵

声母	例字	马田	洞口	柏林	城关老派	城关新派
帮组	笔密	pi/mi	pi/mi	pɻ/mɻ	pɻ/mɻ	pɻ/mɻ
泥组	栗	li	li	li	l̩	l̩
精组	疾七	tɕi/tɕʰi	tʃi/tʃʰï	tʃi/tʃʰï	tʃi/tʃʰï	tsɻ/tsʰɻ
知组	侄	tsɻ	tsɻ	tsɻ	tsɻ	tsɻ
章组	质实	tsɻ/sɻ	tsɻ/sɻ	tsɻ/sɻ	tsɻ/sɻ	tsɻ/sɻ
日母	日	i	ʒï	ʒï	ʒï	zɻ
见组	吉	tɕi	tʃi	tʃi	tʃi	tsɻ
影组	乙	i	ʒï	ʒï	ʒï	zɻ

止开三脂韵

声母	例字	马田	洞口	柏林	城关老派	城关新派
帮组	逼	pi	pi	pɻ	pɻ	pɻ
泥组	力	li	li	li	l̩	l̩
精组	即媳	tɕi/ɕi	tʃi/ʃi	tʃi/ʃi	tʃi/ʃi	tsɻ/sɻ
知组	值	tsɻ	tsɻ	tsɻ	tsɻ	tsɻ
章组	织食	tsɻ/sɻ	tsɻ/sɻ	tsɻ/sɻ	tsɻ/sɻ	tsɻ/sɻ
见组	极	tɕi	tʃi	tʃi	tʃi	tsɻ
影组	亿	i	ʒï	ʒï	ʒï	zɻ

梗开三陌韵

声母	例字	马田	洞口	柏林	城关老派	城关新派
帮组	碧	pi	pi	pʅ	pʅ	pʅ
见组	屐	tɕi	tʃĩ	tʃĩ	tʃĩ	tsʅ

梗开三昔韵

声母	例字	马田	洞口	柏林	城关老派	城关新派
帮组	璧 辟	pi/pʰi	pi/pʰi	pʅ/pʰʅ	pʅ/pʰʅ	pʅ/pʰʅ
精组	积 席	tɕi/ɕi	tʃĩ/ʃĩ	tʃĩ/ʃĩ	tʃĩ/tʃʰĩ	tsʅ/tsʰʅ
知组	掷	tsʅ	tsʅ	tsʅ	tsʅ	tsʅ
章组	隻 赤 石	tsʅ/tsʰʅ/sʅ	tsʅ/tsʰʅ/sʅ	tsʅ/tsʰʅ/sʅ	tsʅ/tsʰʅ/sʅ	tsʅ/tsʰʅ/sʅ
影组	益	i	ʒĩ	ʒĩ	ʒĩ	zʅ

梗开四锡韵

声母	例字	马田	洞口	柏林	城关老派	城关新派
帮组	壁 劈 觅	pi/pʰi/mi	pi/pʰi/mi	pʅ/pʰʅ/mʅ	pʅ/pʰʅ/mʅ	pʅ/pʰʅ/mʅ
端组	笛 踢	ti/tʰi	ti/tʰi	ti/tʰi	tʃĩ/tʃʰĩ	tʅ/tʰʅ
泥组	历	li	li	li	lʅ	lʅ
精组	绩 戚 锡	tɕi/tɕʰi/ɕi	tʃĩ/tʃʰĩ/ʃĩ	tʃĩ/tʃʰĩ/ʃĩ	tʃĩ/tʃʰĩ/ʃĩ	tsʅ/tsʰʅ/sʅ
见组	击 激	tɕi	tʃĩ	tʃĩ	tʃĩ	tsʅ

由以上表格可以看出，各方言知庄章组和止开三等的精组字都读 [ʅ] 韵。而马田话的 [ʅ] 韵字仅限于这些字，这和绝大多数汉语方言是相同的，为便于指称，我们暂不把马田话看作发生舌尖化音变现象的方言。永兴境内属于这一情况的还有高亭、复合、洋塘、油麻、油市、三塘、悦来、湘阴渡、碧塘等地。洞口话日母、见系各组以及其余精组字（蟹开三、四等韵和深、臻、曾、梗各摄开口三四等入声韵）变为了 [ĩ]。属于这一情况的还有龙形市、七甲等地。柏林话的帮组字也已经完成舌尖 [ʅ] 的音变，读 [i] 韵的仅剩下端、泥组字。属于这一情况的还有太和、金龟、樟树等地。城关老派话与柏林话的区别在于端、泥组字分读 [ĩ]、[ʅ] 两韵。而从 [i] 向 [ĩ]、

[ɿ] 演变后留下的空格又没有得到填补，因此，城关老派音系无真正的单元音 [i] 韵，城关老派音系中只有 [ɿ] 韵，分布在蟹、止两摄的合口韵中，如：杯 ₌pɿ≠鞭 ₌pi，倍 pɿ²≠变 pi²，霉 ₌mɿ≠棉 ₌mi。属于这一情况的还有黄泥、塘门口、香梅、城郊等地。城关新派话舌尖化速度最快，老派的 [i] 韵字新派一律念 [ɿ]，并且涉及的范围也很广，这一特点不仅体现在永兴方言内部，和舌面元音发生舌尖化音变现象的其他方言相比也非常明显。

现代汉语方言中"i>ɿ"音变涉及徽语、官话、吴语、晋语、湘南土话等多种方言。根据现有的材料，各类方言中发生"i>ɿ"音变现象的字大多局限于以蟹、止摄开口三四等为主的舒声韵中，只有极少方言如湖南宁远（禾亭）方言出现了来自深、山、臻、曾、梗摄的入声字，但字数有限，这些摄当中还有相当一部分的字读 [i] 韵，如："毕必蜜疾悉质实室乙一逼力值职极食忆亿翼碧僻辟积迹脊籍藉惜昔夕只适益译易劈的滴敌狄绩析击。"青海乐都方言 [ɿ] 的覆盖面则扩散到了蟹、止开口字（除了知系）和深、臻、曾、梗入声字。

永兴方言新派 [ɿ] 分布的范围更为广泛，除了蟹、止开三四等（包括知系）以外，在深、臻、曾、梗摄开口三、四等入声韵之中，也同样存在它的活动地盘，且字数不少，上面提到的宁远（禾亭）方言读 [i] 韵的字在永兴方言新派中一律读 [ɿ] 韵。在"i>ɿ"音变完成以后，新派音系出现了新的 [i] 韵字，从 [i] 向 [ɿ] 演变后留下的空格得到了填补，读 [i] 韵的字主要分布在咸、山两摄的开口二、三、四等韵中，如：碱 ₌tɕi | 尖 ₌tɕi | 甜 ₌ti | 天 ₌tʰi | 边 ₌pi | 闲 ₌ɕi，并且还有与 [i] 对立的 [ɿ]，"杯、倍、霉"的读音与老派话一致。至于新派出现的 [i] 韵字老派话都念 [ie] 韵，如：碱 ꜀tɕie | 尖 ₌tɕie | 甜 ₌tɕie | 天 ₌tɕʰie | 边 ₌pie | 闲 ₌ɕie。

根据以上音变过程，我们可以排列出永兴方言的 [i] 在不同声组后舌尖化的路线图（注：[tʃ] 组声母只与同部位的舌叶元音 [ɪ] 相拼，其他声组与 [ɿ] 相拼）：

马田　　　　ts 知庄章和止开三精组

洞口　　　　ts 知庄章和止开三精组　tʃ 日母、见系和其余精组

柏林　　　　ts 知庄章和止开三精组　tʃ 日母、见系和其余精组　p 帮组

城关老派　ts 知庄章和止开三精组　tʃ 日母、见系和其余精组　p 帮组
　　　　　　tʃ 端组　l 泥组

城关新派　ts 知庄章和止开三精组　tʂ 日母、见系和其余精组　p 帮组
t 端组　l 泥组

三

（1）［ʅ］是［i］在舌尖化道路上达到的较高程度，有的方言直接从［i］
演变为［ʅ］，有的方言在通向［ʅ］的路途中会经历过渡元音的阶段，从目前
所掌握的材料看，主要有［i］和带有摩擦音色彩的［i］两种。不考虑［i］
＞［ʅ］涉及的声组范围，以［i］舌尖化程度的高低为标准，可以把存在这
一现象的汉语方言大概分成三类：

①凡是发生舌尖化音变的舌面元音［i］都已经高化到最高程度，虽不排
除可能经历过 i＞ɿ 的阶段，但这一层次目前均已消失，未见相关记录，我们
将它们命名为"'i＞ʅ'终极态势型方言"。浙江遂昌、云和，湖南宁远（禾
亭），陕西子长、延川，青海乐都，安徽合肥、绩溪，江苏滨海、埠宁，山西
祁县、文水等属于这一类。

②凡是发生舌尖化音变的舌面元音［i］，高化的程度比前一类要低一些，
介于舌面与舌尖之间，我们将它们命名为"'i＞ʅ'过渡态势型方言"。

东安花桥土话中，［tɕ、tɕʰ、dʑ、ɕ、ʑ］在［i］韵前实际读音为［tʃ、
tʃʰ、dʒ、ʃ、ʒ］，与声母相配的［i］韵也相应地增加舌叶音色彩；永州岚角
山土话、新田南乡土话也存在同样的情形；李维琦（1998）明确指出祁阳方
言中处在［tʃ、tʃʰ、dʒ、ʃ、ʒ］之后的［i］韵母，与［i］接近，但在听感上
既完全不是［i］，也不是舌尖后元音，而是一个舌叶元音。湘语中以舌叶音
突出而著称的祁阳方言，不仅见于见晓组，还涉及精组（"妻西洗齐七"等）、
知组（"知池迟滞秩"等）、章组（"制世执湿石"等）等更大范围。

③青海西宁、互助、大通等地的情况有所不同，"i＞ʅ"的音变出现在了
ts 组与 t 组声母后，tɕ 组与 p 组声母后的［i］变为摩擦较重的过渡音［j］。
也就是"i＞j"和"i＞ʅ"两种音变并存。我们将这一类命名为"'i＞ʅ'过渡
态势与终极态势杂糅型方言"。

比较上述各类方言，虽然它们在舌面元音高化的程度上有高低的不同，
但不难发现，它们的共性在于这些方言都只有单一的类型归属，而不会在共
时的层面上具有"终极"、"过渡"和"过渡与终极杂糅"中的任意两种态势。

也就是说，"终极"、"过渡"和"过渡与终极杂糅"三种态势分别出现在不同的方言中，呈互补分布。

我们再来看永兴城关方言的情况。城关方言老派音系没有 [i] 韵，有 [ɿ]、[ʅ] 两韵，[ɿ] 韵主要分布在见系各组，其次是端组和部分精组（蟹开三、四等韵和深、臻、曾、梗各摄开口三四等入声韵）。[ɿ] 韵的存在和 [i] 韵的缺乏说明永兴方言老派 [i] > [ɿ] 的演变已经全部完成。[i] > [ɿ] 的演变完成之后，一些 [ɿ] 韵字仍停留在原状态，而另一些 [ɿ] 韵字又有了新的动向，进一步高化为 [ʅ] 韵，出现了 [ɿ] > [ʅ] 的演变，这些字有帮组、泥组、知组、庄组、章组和部分精组（止开三）。老派的音变情况与青海西宁、互助、大通等地在类型上相似，属"'i>ʅ'过渡态势与终极态势杂糅型方言"。城关方言新派没有 [ɿ] 韵，有 [ʅ] 韵，[ʅ] 韵分布的范围更为广泛，不仅包括老派的 [ʅ] 韵字，还包括老派的 [ɿ] 韵字，新派属"'i>ʅ'终极态势型方言"。

上文提到，"i>ʅ"演变的三种态势分别出现在不同的方言中。而城关方言新老两派的读音差异则给我们提供了一个活生生的特例：城关方言的老派读音，部分读舌尖音，部分尚处在舌叶音阶段，而新派的读音已先于老派全部完成了舌尖化的演变。其他方言中本属于历时过程中的两个不同态势，却共时存在于永兴方言中。这也说明舌面元音高化这一音变规律在由于年龄差异形成的同一方言的不同言语社团中，可以呈现出快慢不同的演变速度，正体现了语言发展的不平衡性。

（2）"i>ʅ"的速度差异使得北京话 [i] 韵字在方言中的今读理论上有可能出现六种情况：

①方言中只有念过渡音的字，属于这种情况的方言暂未发现。

②方言中既有念过渡音的字，又有发生"过渡音>ʅ"音变的 [ʅ] 韵字，如永兴城关老派、西宁、互助等方言。

③方言中只有发生"i>ʅ"音变的 [ʅ] 韵字，如永兴城关新派、乐都、合肥、文水、偏关、祁县、汾阳等方言。

④方言中既有尚未发生音变的 [i] 韵字，又有念过渡音的字，如新田南乡土话、东安花桥土话等方言。

⑤方言中既有尚未发生音变的 [i] 韵字，又有发生"i>ʅ"音变的 [ʅ] 韵字，如遂昌、云和、宁远禾亭、子长、延川等方言。

⑥方言中既有尚未发生音变的 [i] 韵字，又有念过渡音的字，还有发生"过渡音＞ʅ"音变的 [ʅ] 韵字。属于这种情况的方言较为罕见，永兴柏林端、泥组字读 [i] 韵日母、见系以及蟹开三、四等韵和深、臻、曾、梗各摄开口三四等入声韵精组字念 [i] 韵，帮组、知庄章组和止开三等的精组字读 [ʅ] 韵，完整地反映出"i＞过渡音＞ʅ"的渐变轨迹和动态过程。

（3）帮组音变的顺序。

有关 [i] 在不同的声组后舌尖化的先后顺序，朱晓农（2004）按照对官话和徽语中历时演变和共时分布情况的分析，理出了大致的顺序：精组、见系、端组、帮组。赵日新（2007）分析了吴语、晋语、湘南土话等更多方言的情况，得到的结论基本相同，这些方言中声组演化顺序的共性之一就是帮组字在序列当中处在最后。观察永兴方言，可以看到帮组的位置并未排在最后，它仅次于知庄章和止开三精组，要早于端、泥组，至于日母、见系和其余精组字虽然发生高化的现象比帮组字早，但很长一段时期保持在舌叶音 [i] 的位置，最终直到城关新派口音中才与端组字一并完成舌尖化。

（4）端组的音变过程。

汉语各方言中端组的舌尖音变过程有两条不同轨迹。一条是 ti＞tj＞tsʅ 和 tʰi＞tʰj＞tsʰʅ，经历与过渡元音相拼的阶段，一条是 ti＞tʅ＞tsʅ 和 tʰi＞tʰʅ＞tsʰʅ，没有经历与过渡元音相拼的阶段。但殊途同归，它们的最后落脚点都停留在 tsʅ 和 tsʰʅ。永兴方言走的是另外一条道路：ti＞tʃi＞tʅ 和 tʰi＞tʃʰi＞tʰʅ，先经历与过渡元音相拼的阶段，然后到了城关新派话念 tʅ 和 tʰʅ。那么永兴方言的端组会不会像上面两种情况一样最终演变成 [ts、tsʰ] 呢？

永兴方言的端组字曾经面临过向 [ts、tsʰ] 演变的机会，当它处在 [tʃi、tʃʰi] 读音的状态时，其舌尖化道路的前景呈现出一片通途：[tʃ、tʃʰ] 为舌叶塞擦音，[ts、tsʰ] 为舌尖塞擦音，二者发音方法相同，除阻时又都要通过摩擦，只有发音部位存在前后的细小区别，发 [tʃ、tʃʰ] 的时候，气流节制点稍微向前延伸，就能到达 [ts、tsʰ]，并且为了与同为摩擦化的元音 [ʅ] 相配，从发音者的角度看，由 [tʃ、tʃʰ] 到 [ts、tsʰ]，这是很自然、舒服的发音转变。

但城关新派人士放弃了这样的机会，而选择了演变到发音难度相对较大的舌尖塞音，[t、tʰ] 与 [tʃ、tʃʰ] 在发音方法和发音部位上都有差别，此外，除阻时无须通过摩擦的 [t、tʰ] 与摩擦元音 [ʅ] 相拼，发音者会略微觉

得不顺畅。

新派人士的这种与常规不相符合的选择与西南官话郴州话的渗透有着重要的关系。郴州话是整个郴州地区的最强势方言。郴州与永兴城关相距不过四十公里，两地之间交通便利，政治、经济、文化等各方面联系紧密。城关大多数年轻人以及部分中年人都会说郴州话。永兴城关话端组字今读 [t、tʰ] 声母正好与郴州话相同，而最能说明它受郴州话影响的证据是，城关话的定母字有成系统的文白两读，白读不送气清音，文读一律同郴州话念送气清音，并且调值不读自身的阳平调 35，而照搬郴州话的阳平调 21，例如：

题：题目 [ti³⁵]　　　题词 [tʰi²¹]

徒：徒弟 [tu²⁵]　　　叛徒 [tʰu²¹]

同：同学 [toŋ³⁵]　　　合同 [tʰoŋ³¹]

永兴方言的端组字在历史上已经主动放弃了从 [tʃ、tʃʰ] 自然而然向 [ts、tsʰ] 演变的机会，而随着与郴州话接触程度的提高，郴州话对永兴城关话的影响力的日益增强，城关话的 [t、tʰ] 再演变为 [ts、tsʰ] 的可能性更加微乎其微了。

四

"i>ɿ" 音变现象在永兴境内的大面积出现是否与周边方言的影响有关？分析既得材料后我们发现，在与永兴接壤的县市中，郴州、耒阳和资兴尚未发生 "i>i̠" 或 "i>ɿ" 的音变，资兴不仅仍有 [i] 韵，而且咸、山两摄的开口二、三、四等韵字，如"煎捡剪箭占剑钱前钳千浅贱欠先嫌扇线现苋"也像永兴那样读 [i] 韵，这种情况有可能促发 "i>i̠" 或 "i>ɿ" 的音变。桂阳、安仁出现了 "i>i̠" 的音变，上述见晓组字都是读舌叶元音（这在那一带是很普通的读音），其余声组字仍读 [i] 韵，但是这些方言并没有像永兴方言那样再向前走到舌尖元音那一步。可见，永兴方言内部自身语音发展规律引发的现象使得永兴方言成为周边众多方言包围之下的一块 "i>ɿ" 音变的"孤岛"，这是尤为特殊的。

在永兴这样一个很小的区域内，却有多数乡镇的方言发生 "i>ɿ" 的音变，不同方言点舌尖化的速度差异，不仅完整地反映出 [i] > [i̠] > [ɿ] 的演变过程，而且呈现出诸多不同于其他方言的特点。永兴方言舌尖化音变

的状况，对于认识汉语方言"i＞ɿ"的共时面貌和演变历程，具有重要的语料价值和类型学意义。

参考文献

鲍厚星 1998《东安土话研究》，长沙：湖南教育出版社。

北京大学中国语言文学系语言学教研室 2003《汉语方音字汇》，北京：语文出版社。

李维琦 1998《祁阳方言研究》，长沙：湖南教育出版社。

李星辉 2003《湖南永州岚角山土话音系》，《方言》第 1 期。

石汝杰 1998《汉语方言中高元音的强摩擦倾向》，《语言研究》第 l 期。

王双成 2006《青海方言元音［i］的舌尖化音变》，《中国语文》第 4 期。

伍　巍 1995《合肥话"-i"、"-y"音节声韵母前化探讨》，《语文研究》第 3 期。

谢奇勇 2004《湖南新田南乡土话同音字汇》，《方言》第 2 期。

赵日新 2007《汉语方言中的［i］＞［ɿ］》，《中国语文》第 1 期。

朱晓农 2004《汉语元音的高顶出位》，《中国语文》第 5 期。

（原载《田野春秋》，与胡斯可合作，暨南大学出版社 2011 年 6 月）

从湖南永兴方言的系属说开去

在湖南方言区划的研究中，有一些比较突出的难点，从湘东北到湘东南的某些方言就在这个范围之内。

今年《方言》第 3 期刊载了一篇关于湖南永兴方言的文章，题目是《湖南永兴赣方言同音字汇》。

一

永兴是湖南省东南部的一个县份，属郴州市管辖。永兴县周边接触的方言有西南官话、赣语、客家话，县内方言也不单一，且有湘语的地盘。关于永兴方言的系属有过多种看法：或说属于赣语区，或说属于西南官话区，或说属于湘语区，或说属于官话和湘语混杂区，或说可以看做混合型方言。这一说又有不同的处理意见，或说"融合了赣方言特征的混合型方言"，或说"看做底层属于湘方言、现今兼有西南官话和湘方言特征而前者较为突出，并且带有少数赣方言色彩的混合型方言，可以按照较宽的尺度暂把它划为西南官话处理"。

对永兴方言的归属问题，看法分歧，我认为，这至少说明两点：其一，永兴方言处在多种方言交接的环境里，各种方言长期的碰撞、接触，导致永兴方言的发展演变出现了各种变异，方言色彩不再单一，方言特征呈现出多样性，因而给方言区划工作造成了一定的障碍。其二，持不同意见者，各自调查的情况不尽一致，这很容易导致各有侧重。表面看来，出现了这样那样的分歧，实际上往往是需要相互补充，才得以反映事物本身复杂的性质。

2007 年笔者曾调查了永兴城关方言，发音人是胡斯可，后来结合胡的学位论文的研究，笔者认为以下几点值得思考。

一、永兴方言中蟹、假、果摄主要元音的连锁变化，与湘方言似乎是一脉相传，这应看做永兴方言中早期的现象。

二、永兴境内普遍存在的舌面元音［i］舌尖化的现象与湘方言中保守性较强的祁阳、东安等方言可说是遥相呼应。

三、永兴方言古全浊声母今读的演变状况体现了不同历史层次的叠加。

（1）並、定母不论平仄今读为不送气清音，这属于永兴方言中较早的层次。永兴境内有些地区（柏林镇、金龟镇、太和乡、洞品乡、樟树乡五个乡镇）不仅並、定母，而且是全部浊声母今逢塞音、塞擦音时，平声一律读不送气清音，仄声大部分不送气，少部分送气，这种带湘语色彩的特点与上述一、二点恰好是吻合的。

（2）永兴方言除並、定以外的全浊声母今逢塞音、塞擦音时读送气清音，这是又一个层次，它源自赣语大举深入湖南而官话还不强大的时期。湘东一带随着江西移民浪潮的汹涌，一方面出现了由赣语取代本土方言的类型，如萍、浏、醴等地的方言；一方面也形成了某些本土方言受到赣语严重侵蚀的局面，永兴方言里，"坐、直、昨、共、就"等常用字白读层保留送气读法，说明受赣语影响之深。

（3）永兴方言並、定母平声字出现成系统的文白异读，白读不送气，文读送气，而且声调也跟着变化，白读为35，文读为21，文读的调型、调值乃西南官话的郴州方言的直接移植。

例如：排：pa^{35}（～长）/p^he^{21}（～球）

平：$pən^{35}$（～地）/$p^hən^{21}$（水～）

驼：$tʊ^{35}$（～背）/t^ho^{21}（骆～）

同：$toŋ^{35}$（～学）/$t^hoŋ^{21}$（合～）

另外，全浊声母仄声字今读不送气已超过了送气，其中不少是常用字范围，笔者记录的有："在、罪、臼、舅、旧、赵、兆、暂、俭、件、健、倦、巨、拒、距、具、惧、笤、柩、载满～、尽、丈、仗、净、静、靖、杂、闸、捷、集、辑、铡、杰、截、绝、掘、疾、佺、籍、镯、笛、敌、寂、族、局。"

从全浊声母演变的角度观察，这些变化，特别是並、定母平声与郴州方言趋同的现象，应属较晚的层次。这里並、定母乃至其余全浊声母平声今读

送气这一特点，可说是官话和赣语色彩重合在一起了，但永兴方言阳平调的文读打上官话烙印以及仄声中多不送气的现象，就说明本地区的官话方言在势力变得愈益强盛时，对永兴方言的影响已经逐步后来居上了。

以上所述永兴方言古全浊声母今读演变所体现的不同历史层次的叠加，是我们在给永兴方言确认系属时举棋不定的重要原因。

从明显地兼具多种方言特色，而不是一种方言稍稍带上他种方言色彩这一层意义来说，把永兴方言看成一种混合型方言是合宜的。在进行区划时考虑到周边的耒阳、常宁、安仁、资兴这一片方言的特点，暂划入这一赣语片也不属牵强。

二

说了湘东南，再说湘东北。从湘、赣两大方言的接触来看，湘东北一带深入的程度不亚于湘东南，其中岳阳县方言的研究就是一个很好的个案。迄今为止，对岳阳县方言系属的论定，有赣语说，有湘语说，或者干脆就说难以定论。

岳阳县境内方言分歧，需要分片对待，其中应以县城关镇荣家湾话为代表，它一直是岳阳县的强势方言，影响较大。2002 年笔者带学生赴荣家湾实地进行调查，后根据其主要特点古全浊声母舒声字今逢塞音、塞擦音读不送气清音以及多数调类的调值与长沙方言一致，并结合"上巴陵、下巴陵"有关说法，把荣家湾一带的方言划入湘语。

数年后又让岳阳籍学生在硕士学位论文中专题研究岳阳县方言，该文将岳阳县内的方言分为五个小片：第一小片又称月田片，以月田镇话为代表；第二小片又称黄沙街片，以黄沙街镇话为代表；第三小片又称荣家湾片，以荣家湾话为代表；第四小片又称新开片，以新开乡话为代表；第五小片又称西塘片，以西塘镇话为代表。作者比较了毛田、公田、花苗、渭洞、黄沙街、大明、荣家湾、新墙、步仙、筻口、新开、西塘 12 个地点的古全浊声母舒声塞音、塞擦音今读的情况，指出荣家湾片、黄沙街片和新开片与湘语（长沙方言类型）一致，声调上多数调类的调值与长沙方言表现出惊人的相似，地理位置有相当部分与湘语区相连，"因此将这三片所在地区看做是赣语色彩浓

厚的湘语比较合适"。而西塘片、月田片与赣语趋同，地理位置也紧连赣语区，"因此，最后将这两片地区看做湘语色彩较浓的赣语比较合适"。

这种分析与判断来源于深入实际的田野调查，具有较高的可信度。

<h1 style="text-align:center">三</h1>

以上通过湘东南和湘东北两个方言点方言系属的讨论略微说明在湘赣边界地区由于方言接触、交融所形成的复杂状况。它固然会给方言区划工作带来困难，但我们可以从中获得对于方言发展演变研究颇有价值的语言事实。这一层次研究还应加大力度。其实，不仅在湘赣边界，就是在湖南内地的一些地区也会遇到湘、赣方言接触带来的问题。以下略举两例。

湘潭市、县的方言属湘语长株潭片，这本是湘语核心的地区。但湘潭县内的一些特点，如白石镇、中路铺镇的方言却具有湘、赣两种方言混杂的特色。以白石镇为例，白石话古全浊声母今读塞音、塞擦音时，平声送气，仄声大部分也送气，这与隔着株洲县南部的赣语醴陵方言有较大的一致性。除了这个明显的赣语特点外，白石话的韵母、声调与湘潭市、县的方言具有湘语特点。像白石话这样的方言仍可以看做带有赣语色彩的湘语为宜。

再如在长沙地区，距离中心较远的东北端，有的方言，如白沙、开慧、金井等地出现了声调变异现象，即这些方言的上声和入声的调值恰好与长沙市区话发生声调易位：长沙市区话的入声调值 [24] 在白沙等地变成上声调值，而长沙市区话的上声调值 [41] 在白沙等地又变成了入声调值。这种交错变化就与赣语平江、浏阳方言同长沙方言的接触有直接关系。

参考文献

[1] 鲍厚星、颜　森：《湖南方言的分区》，《方言》1986 年第 4 期。

[2] 李　蓝：《湖南方言分区述评及再分区》，《语言研究》1994. 年第 2 期。

[3] 永兴县地方志编纂委员会：《永兴县志》，中国城市出版社 1994 年版。

[4] 周振鹤、游汝杰：《湖南省方言区划及其历史背景》，《方言》1985 年第 4 期。

[5] 李冬香：《湖南赣语语音研究》，博士学位论文，暨南大学，2005 年。

[6] 胡斯可：《湖南郴州地区的汉语方言接触研究》，博士学位论文，湖南师范大学，2009

年。

[7] 李冬香：《湖南赣语的分片》，《方言》2007 年第 3 期。

[8] 陈　晖、鲍厚星：《湖南省的汉语方言（稿）》，《方言》2007 年第 3 期。

[9] 方平权：《岳阳方言研究》，湖南师范大学出版社 1999 年版。

[10] 鲍厚星：《湘方言概要》，湖南师范大学出版社 2006 年版。

[11] 马兰花：《岳阳县方言语音研究》，硕士学位论文，湖南师范大学，2006 年。

[12] 翁砺锋：《湖南省湘潭县白石话语音研究》，硕士学位论文，湖南师范大学，2009 年。

（原载《赣方言研究》（第二辑），中国社会科学出版社 2012 年 5 月。本文曾在第二届赣方言国际学术研讨会上宣读。）

非核心地区官话词汇演变的考察
——以长沙、常德、武汉三地比较为例

壹

　　湖南境内的西南官话常澧片共 10 个县市，包括常德市、汉寿县、桃源县、石门县、临澧县、澧县、津市市、安乡县含县城在内的大部分地区、慈利县、华容县。常德话即常德市的方言。从大的地理方位来看，常德方言实际上是处在北边的西南官话核心地区之一的武汉方言和南边的湘语核心地区长沙方言之间的过渡地带。对常德方言而言，武汉、长沙两地的方言都处于强势地位，它们都会对常德方言产生影响。

　　选择武汉、常德、长沙三地来比较，不仅是出于对核心地区官话—非核心地区官话—湘语这一方言链条想作一番比较的考虑，而且也和笔者个人的某些情况有一点联系。笔者是武汉人，母语为汉口话，又在长沙工作生活半个多世纪，长沙实为第二故乡，对武汉—常德—长沙这个"链条"的考察，多少会提供一些方便。

　　从部分日常用词的比较中归纳出来的类型主要有：

　　①长沙≠常德＝武汉；

　　②长沙＝常德≠武汉；

　　③长沙≠常德≠武汉；

　　④长沙＝常德＝武汉；

　　⑤长沙＝武汉≠常德；

　　⑥常德＝长沙或常德＝武汉。

　　分析这些类型，既能看到常德这种非核心地区官话在词汇演变中的某些特点，又可以看出西南官话和湘语这两个大方言在相互接触、渗透中的某些

反映。这种考察对了解和研究汉语方言演变历史的某些层面会有一定作用。

贰

从比较中归纳出来的类型有以下一些（行文中分别以"长"、"常"、"汉"代表长沙、常德、武汉）：

（1）长≠常＝汉

这一类型是常德与武汉相同，而不同于长沙。例如：

长沙	常德	武汉	（普通话）
外公 uai^{11} koŋ^{33}	家公 ka^{55} · koŋ	家公爹爹 tɕia^{55} · koŋ tie^{55} · tie	外祖父
外婆 uai^{11} po^{13}	家家 ka^{55} · ka	家家 tɕia^{55} · tɕia/ka^{55} · ka	外祖母
家爷 ka^{33} ia^{13}	公公 koŋ^{55} · koŋ	公公/爹爹 koŋ^{55} · koŋ/tie^{55} · tie	公公
家娘 ka^{33} ȵian^{13}	婆婆 p'o^{13} · p'o	婆婆 p'o^{213} p'o	婆婆
伢子 ŋa^{13} · tsʅ	男伢（儿）lan^{13} · ŋa（· ŋar)	男伢 nan^{213} · ŋa^{213}	男孩子
妹子 mei^{11} · tsʅ	女伢（儿）y^{21} · ŋa（· ŋar)	女伢 y^{42} ŋa^{213}	女孩子
马公（子）ma^{41} koŋ^{33}（· tsʅ)	公马 koŋ^{55} ma^{21}	公马 koŋ^{55} ma^{42}	公马
马婆（子）ma^{41} po^{13}（· tsʅ)	母马 mu^{42} ma^{42}	母马 mu^{42} ma^{42}	母马
满 man^{41}	幺 iau^{55}	幺 iau^{55}	排行最末
屑子 sie^{24} · tsʅ	渣滓 tsa^{55} · tsʅ	渣滓 tsa^{55} · tsʅ	垃圾

从这个类型的比较中可以看出，常德的一部分词语与长沙方言有明显差异，而与武汉方言如出一辙。常德与武汉比较，显然是前者受后者强势方言的影响，而不可能是相反。

（2）长＝常≠汉

这一类型是常德与长沙相同，而不同于武汉。

长沙	常德	武汉	（普通话）
老倌子 lau^{41} ko̅^{33} · tsʅ	老倌子 lau^{21} kuan^{55} · tsʅ 老倌得儿 lau^{21} kuan^{55} · tər	老头（子）nau^{42} t'ou^{213}（· tsʅ)	老头儿
讲话 kan^{41} fa^{11}	讲话 kaŋ^{21} xua^{35}	说话 so^{213} xua^{213}	说话
里手 li^{41} ʂəu^{41}	里手 li^{21} · sou	内行 nei^{35} xaŋ^{213}	内行
红薯 xoŋ^{13} ɕy^{11}	红薯 xoŋ^{13} tɕ'y^{21}	苕 sau^{213}	白薯
麻元它 ma^{13} ye̅^{13} to^{13}	麻阳坨 ma^{13} · iaŋ t'o^{13}	欢喜坨 xuan^{55} · ɕi t'o^{13}	
精肉（子）tsin^{33} zən^{24}（· tsʅ)	精肉 tɕin^{55} ŋou^{35}	瘦肉 sou^{35} nou^{213}	瘦肉

豆笋 təu¹¹sən⁴¹	豆笋 tou³⁵sən²¹	豆棍 tou³⁵kuən³⁵	腐竹
甜酒 tiẽ¹¹tsiəu⁴¹	甜酒 t'ian¹³tɕiou²¹	伏汁酒 fu²¹³·tsɿ tɕiou⁴² （现也叫"米酒"或"甜酒"）	江米酒
蚊子 mən³³·tsɿ （苍蝇蚊子的统称）	蚊子 uən¹³·tsɿ （苍蝇蚊子的统称）	苍蝇 ts'aŋ⁵⁵·in （苍蝇蚊子分说）	苍蝇

从这个类型的比较中可以看出，常德的一部分词语和长沙方言打成一片，而与武汉方言明显有别。常德与长沙相比，显然是处于强势方言地位的后者影响了前者。但这里有一种情况要注意，某词的本义使用时界限是分明的，而它的派生义却打破了界限。例如，常德和长沙一样，都把白薯叫红薯，把白薯做成的粉条叫红薯粉，武汉却分别称为苕和苕粉。看来这个界限还是分明的，但武汉方言中"苕"的派生义"傻、糊涂、不明事理"已经渗入到常德话和长沙话中去了，常德话用"苕"这个同表示"蠢、笨"，长沙话中也有"苕它ʂau¹³to¹³（蠢货、傻瓜）"、"苕搞子搞（随意乱来）"等说法。

（3）长≠常≠汉

这一类型是三地互不相同。例如：

长沙	常德	武汉	（普通话）
婆婆子 po¹³·po·tsɿ	老妈子 lau²¹·ma·tsɿ 老妈得儿 lau²¹·ma·tər	（老）太婆(nau⁴²)t'ai³⁵p'o²¹³ （老）婆婆(nau⁴²)p'o²¹³p'o	老太婆
何是 o¹³ʂɿ	哪门 la²¹·mən	么(样)mo⁴²(·iaŋ)	怎么
何解 o¹³·kai⁴¹	为么得 uei¹³mo²¹·te	为么事 uei³⁵mo⁴²·sɿ	为什么
为么子 uei¹¹mo⁴¹·tsɿ	做么得 tsou³⁵mo²¹·te	做么事 tsou³⁵mo⁴²·sɿ	
手指脑 ʂəu⁴¹tsɿ²⁴lau⁴¹	手指拇 sou²¹tsɿ³⁵·mər	指甲 tsɿ²¹³·ka	手指
大指脑 tai¹¹tsɿ²⁴lau⁴¹	大指拇儿 ta³⁵tsɿ³⁵·mər	大指甲 ta³⁵tsɿ²¹³·ka	大拇指
邋遢 la²⁴t'a²⁴	纰赖 p'i⁵⁵·lai	拉°瓜°na⁵⁵·kua	肮脏

这一类型的存在，显示了三地方言相对独立的一面。方言总有着地方色彩，如同人有自己的个性一样。这一类的语料掌握得愈准确，对于识别不同的方言愈有益处。其中常德话"哪门"（意为"怎么"）一词在常德地区广为流行，可看成该方言的特征词。查《现代汉语方言大词典》虽收有"哪门"词条（见柳州方言、南宁平话），但词义均不合。后从蒋宗福所著《四川方言词语考释》得悉，该词在清末川人刘省三的《跻春台》一书中有很多用例。该书是一本话本小说集，反映的是近代的四川方言。书中把"哪门"写成"那门"，而据宋元以来的文献，应作"哪门"。蒋又指出，今四川绵阳、梓

潼、江油等地都习用此词。

（4）长＝常＝汉

这一类型是三地相同。例如：

长沙	常德	武汉
打平伙 ta⁴¹ pin¹³ xo⁴¹	打平伙 ta²¹ pʻin¹³ · xo	打平伙 ta⁴² pʻin²¹³ · xo
打牙祭 ta⁴¹ ia¹³ tsi⁵⁵	打牙祭 ta²¹ ia¹³ · tɕi	打牙祭 ta⁴² ia²¹³ · tɕi
打转身 ta⁴¹ tɕye⁴¹ ʂən³³	打转身 ta²¹ tɕyan²¹ · sən	打转身 ta⁴² tsuan⁴² · sən
打饿肚 ta⁴¹ o¹³ təu⁴¹	打饿肚 ta²¹ uo³⁵ · tou	打饿肚 ta⁴² ŋo³⁵ · tou
打赤膊 ta⁴¹ tʂʅ²⁴ · po	打赤膊 ta²¹ tsʻʅ³⁵ · pau	打赤膊 ta⁴² tsʻʅ²¹³ · pʻo
打飘飘 ta⁴¹ pʻiau³³ pʻiau³³	打飘飘 ta²¹ pʻiau⁵⁵ · pʻiau	打飘飘 ta⁴² pʻiau⁵⁵ · pʻiau

这个类型不仅反映出"长—常—汉"三地方言之间的亲近关系，而且也揭示了更大范围的方言背景对湖南方言的影响，如"打牙祭"、"打平伙"等词是全国许多汉语方言都有的，据《现代汉语方言大词典》所记，"打牙祭"一词徐州、贵阳、成都、武汉、柳州、南昌、于都、萍乡等地都说，"打平伙"一词徐州、武汉、贵阳、成都、西宁、银川、绩溪、黎川等地都说。

（5）长＝汉≠常

这一类型是长沙与武汉相同，常德却另一样。例如：

长沙	常德	武汉
跍 ku¹³	□tɕyai⁵⁵	跍 kʻu²¹³
我 ŋo⁴¹	□uan¹³	我 ŋo⁴²

这一类型和第三种类型都是在突显常德方言的个性，不同的是在第三种类型中三处方言各有不同，而在这一类型中长、汉两处倒是一致，唯常德方言独树一帜。第一人称说□uan¹³，可看成常德话的标志之一。像"蹲"这样的常用词，不采用武汉话、长沙话这些强势方言的"跍"，而用一个"□tɕyai⁵⁵"来表达，是何缘故？原来常德地区紧连着湘西，常德这一片（包括常德、安乡、汉寿、临澧、澧县、石门、慈利、桃源等县市）的□tɕyai⁵⁵（或 tsuai）与湘西的吉首、古丈、花垣、保靖、永顺、龙山、张家界、桑植等县市的□tsuai⁵⁵（或 tɕyai）连成一气，在广阔的地域流行，这个词的根基自然比较坚实。

（6）常＝长或常＝汉

与上述五种类型不同，这一种格局，参与比较的只限于两地（或常德与

长沙，或常德与武汉），第三个地点是缺位的。例如：

长沙	常德	武汉
擂茶 lei¹³ tsa¹³	擂茶 lei¹³ ·tsʻa	（　　）
姜盐菜 tɕian³³ iɛ¹³ tsa¹³	姜盐菜 tɕian⁵⁵ ·ian tsʻa¹³	（　　）
（　　）	汉剧 xan³⁵ ·tɕy	汉戏 xan³⁵ ·ɕi
		汉剧 xan³⁵ ·tɕy

　　属于这一类的词语往往和地方风俗与文化有关。"擂茶"一词指把芝麻、豆子、姜和茶叶擂碎再加盐泡成的茶。按湖南风俗，用这种茶招待表示对客人的殷勤。"姜盐茶"又叫芝麻豆子茶，用来招待客人也是表示特别客气。常德方言紧连着湘语区的长益片，接受湖南这种风俗习惯是很自然的事。武汉无此风俗，也就没有相应的词语。汉剧是湖北的一种地方戏，以武汉为活动中心。地方戏曲的行腔走调与地方方言有密切关系。常德方言，特别是常德市中心市区的方言比较接近武汉方言，选择汉剧作为常德的地方戏不是没有根据的。在使用长沙方言的地区流行的地方戏不是汉剧，而是湘剧和花鼓戏。

　　考察之余，得出以下一些想法。

　　（1）处于两种强势方言之间的地方话，不可避免地会受到两种强势方言的影响，譬如常德话必然要受到来自武汉方向或长沙方向的影响。不仅常德方言的整个词汇系统有兼收并蓄的特点，就一个单词的近义来说，也有南北共举，兼收并蓄的现象。例如"干净"一词，长沙、常德、武汉三地都说，同时长沙还可用"索利"，武汉还可用"宁馨"，但这两地并不相互采用对方的说法，而常德既采用"索利"，又收纳"宁馨"。

　　（2）同是强势方言还会有较量，一般来说，谁更强谁的影响就更大。从长沙—常德—武汉这个方言链条来看，西南官话更加强于湘语（西南官话往往又跟其他官话联在一起了），只有在某种特定条件下，如常德话虽是西南官话的一支，但接触湘语核心地区，也不得不退让三分了。

　　（3）即使处在两种强势方言的中间，常德方言也还保持着鲜明的个性，作为一种地方话，它有自己形成的历史，而且至今还拥有广阔的地域，它的一些标志性的词语还会在相当长一段时间内充满活力。

（4）随着普通话的大力推广和日益深入，像常德方言处在两强方言之间的词汇演变将不断会有新的局面出现。今后，常德方言中的"么得"既不会向长沙"么子"靠拢，也不会向武汉的"么事"靠拢，而是普通话的"什么"将会有越来越大的影响。

参考文献

鲍厚星、崔振华、沈若云、伍云姬 1998《长沙方言词典》，（南京）江苏教育出版社

北京大学中文系语言学教研室 1995，《汉语方言词汇》（第二版），（北京）语文出版社

蒋宗福 2001《四川方言词语考释》，（四川）巴蜀书社

李　荣 2002《现代汉语方言大词典》，（南京）江苏教育出版社

应雨田 1994《湖南安乡方言》，（北京）中国社会科学出版社

郑庆君 1999《常德方言研究》，（长沙）湖南教育出版社

朱建颂 1995《武汉方言词典》，（南京）江苏教育出版社

朱建颂 2002《武汉俗语纵横谈》，（北京）中国档案出版社

（本文曾在 2011 年 10 月第六届官话方言国际学术研讨会上宣读。）

方言语法研究与田野调查

壹

近年来方言语法研究的成果渐渐多起来了，有关方言语法研究的理论和方法的讨论也成了热门话题。这篇文章讨论的是一个极其普通的问题。从事方言工作的人都知道。所谓"田野调查"或"田野工作"，是关于方言工作者深入实地调查，获取第一手材料的一个形象的说法。重视田野调查是自方言学界形成以来为大家所公认的一个优良传统。方言学界的前辈在这方面做出了榜样。

当年跟随在赵元任先生身边工作的吴宗济先生在追述上一世纪 30 年代末期以前赵元任先生的学术活动时写道："他在清华和史语所两处发表的和整理的材料，其间关于汉语方言的调查研究，特别是声、韵、调的系统，都是他亲自下点或带领助手，在多次田野工作中取得经验而建立法则的。"（《赵元任语言学论文集》序）据《赵元任年谱》记载，1927 年"12 月 14 日一天就跑了四个地方，常常带病坚持工作"。他的助手杨时逢先生回忆说，那次调查"从南京沿着京沪杭铁路，每站下车，如镇江、丹阳、无锡，再乘小火轮船到宜兴、溧阳，又转回无锡"，"各处寻找学校，学生做发音人，记录该处方言。有时一天跑两三处，常常夜间找不到旅馆，连小的客店也找不到，只好借宿在乡村农村人家"。赵元任的《现代吴语的研究》就是我国第一部通过田野调查完成的、应用现代语言学方法研究汉语方言的专著。

贰

前辈对于方言研究的田野工作十分重视，有一些今天看来是特别珍贵的记载。二十多年前，方言组黄雪贞准备到福建永定调查客家话，去看丁声树先生。黄雪贞提起，据说永定音硬，梅县音软，不知道什么叫音硬音软，怕对付不了。丁先生针对这一情况说过，研究方言要实地调查，要掌握第一手的资料。耳听为虚（别人对方言的评语是空的），眼见为实（自己调查的是实在的）。要调查事实，不管别人说音硬音软。这一段记载见于李荣先生写的悼念丁声树先生的文章（1989 年）。李先生说"这是丁先生晚年发表的对方言工作的重要意见"。

从丁先生说到的"耳听为虚，眼见为实。要调查事实，不管别人说音硬音软"这些话，我记起一件事。1983 年我和伍云姬去湖南沅陵调查"乡话"，当地的群众说到"乡话"各地的内部差异时举了民谣中的话："荔溪人讲话咬生姜，杨溪人讲话起娇腔。"并且解释说，"咬生姜"指腔调比较硬一些，"起娇腔"指腔调比较软一些。据我们调查，这两地乡话的区别之一是，上声字的读法不同，荔溪调值为 35，而杨溪调值为 53。我们的体会是，只有通过实地调查，才能变"虚"为"实"，牢牢抓住语言事实。

李荣先生对于方言研究田野工作的重视常在他的学术讲演或平常谈话或文字论述中显露出来。这里我尝试着把李先生的有关论述集中到一起，并分别以"要……不要……"的格式加以概括，行文或引用原话、原文，或根据原意加以表述。我认为李荣先生关于方言研究田野工作的论述比较突出的有以下一些要点：

一　要"从记音开始"，不要绕过语音关

"方言最大的差别是口音不同，研究方言首先要记音。你要是研究普通话的语法，你就可以直接从书上去找例句。从口语到文字这一关，就是记音这一关你可以不必过。老舍的文章都写好了，赵树理的文章也写好了，你可以研究现成的文字。当然，即使研究现成的文字也得注意语音，否则很多问题

你就闹不清楚。要是研究方言，现成的记录不多，就得自己下一番功夫，来收集材料，这就得从记音开始。即使是你自己会说的话，也要记下来，这样子才好排比分析，才好研究。"（《关于语言研究的几个问题》）

1984 年在给山西省方言志丛书作序时，李荣先生又指出："过去有的人研究语言，直接从文字入手，对语音不够重视。研究方言必须从记音开始，过从口语到文字的关。"

二　要注重调查，不要用印象替代调查

在汉语方言学会成立大会的开幕词中，李荣先生用现身说法的方式强调注重调查。他说："研究方言首先就得调查，不能用印象替代调查。我说说我自己亲身的经验。我在昆明住了七年以后回家，我很自豪。怎么自豪呢？我自以为乡音无改，回家可以说地道的温岭话。可是我碰到一个温岭人，他说的第一句话，就让我出一身冷汗。我走到县里一个旅馆里头，我跟招待人员说，我要一间屋子，安静一点的。他说两个字：'好用'［·hoɦyuŋ¹³］，就是'行，可以'的意思。'好'字读短一点，轻一点，有点像入声。'好用'有两个意思：一是就长辈对子弟说，'好用'就是读书用功，办事认真，行为没有什么可以指责的地方。'好用'还有一个意思，就是北京的'行'。我跟你商议某个事情，你说'好用'那就是'行'了。我说要一间屋子，安静一点的，他说'好用'。我听了完全懂。这两个字温岭人一天到晚不知要说多少遍，但是让我自己在那儿想，没有另外一个同乡在座的话，七年离开老家，我再也想不出来'好用'这两个字。"

三　要"讲实地调查"，不要依赖二手材料

这是李荣先生讲得最多，强调得最突出的一个思想。

他说："方言调查一定得实地调查。比方我是温岭人，温岭是个小县份，明朝成化年间才从黄岩、乐清分出来的。乐清在我们的南边，黄岩在我们的北边。黄岩出橘子，跟福建一样出橘子。温岭话跟黄岩话，外地人听起来差别不大，好像我听泉州话跟厦门话似的，听不出差别来。这个话一说，厦门人非笑不可，泉州话跟厦门话差这么远，你怎么分不出来呢？就像我们那儿

黄岩话跟温岭话似的，外地人不能分，本地人知道有差别。要是温岭人充黄岩发音人的话，那就糟糕，准出娄子。方言调查就得讲实地调查，实地记录，认真分析，认真研究。"（《汉语方言学会成立大会开幕词》）

全国的汉语方言多而复杂，如果研究的问题要涉及很多方言，而每一个方言都要去实地调查，那实际上是不可能的，这时就得运用二手材料。在这种情况下，我们认为一不要有依赖二手材料的思想，二不要不加选择地采用二手材料。

李荣先生曾经指出："方言的比较研究需要大家都调查，大家都写调查报告，大家都研究。你不调查，就不会鉴别、使用别人的调查成果。说起来很奇怪，有的人不愿意做资料工作，却特别迷信资料，甚至以为有了资料就有了一切。"（《方言研究中的若干问题》）关于这一点，李荣先生还强调："只有亲身调查方言，领略其中甘苦，才能理解并运用别人的调查成果。"

1996 年 10 月间，我们为请李荣先生给湖南方言研究丛书作序一事去到了先生家里。在近两个小时的谈话中，李先生问及丛书编写的计划、作者的情况，特别是问到了是否都有实地调查的经验，强调一定要做好田野工作，让事实说话。

四　"要观察事实，不要先入为主"

围绕着弄清语言事实，让事实说话的问题，李荣先生还提醒人们不要单凭旧经验，不顾新情况，而落到先入为主的框框里。他说："研究语言跟其他学问一样，要观察事实，不要先入为主。研究方言不要用自己知道的方言，或者书本知识，或者教室里讲的金科玉律去衡量甚至怀疑其他方言，其他语言。河南北部的方言韵母上百个的有的是呀，广东潮阳方言的韵母也接近一百。咱们不必因为韵母多摇头，也不要因为韵母少发愁。……汉语方言的特点，自其同者而观之，隔好几千公里还能通话；自其异者而观之，同一个县可能有好几种不易互相了解的方言。方言的音系差别很大。方言的韵母爱多就多，爱少就少，那是事实如此，并不是上帝规定的。语言现象是复杂的，我们的脑子也要复杂一点，天真的议论不能当真。"（《方言研究中的若干问题》）

五　要用正确的理论引导调查，不要被流行的理论所左右

李荣先生强调方言研究以调查为主，以调查为本，并没有忽视理论的重要性。他在谈到理论与事实的问题时，语言犀利而幽默，充满了辩证法的精神。他说："研究语言，研究方言，跟研究其他事物一样，无非是六个字：摆事实，讲道理。摆事实，讲的是事实；讲道理，那就是理论了。现在研究语言，研究方言，似乎有两个偏向，一个是重视所谓理论，一个是轻视所谓理论。我都说是'所谓理论'，那是因为大家对理论的了解不大一致。我们认为理论出于事实，并且受事实的检验。可是有人把理论跟事实对立起来，好像理论比事实高。有一个朋友给我来信说：'我们这儿作文讲究有观点，要提到理论的高度，光是罗列事实不行。'同时问我对这个有什么意见。我回答说无可奉告。假如有人说某某的文章还能罗列事实，某某刊物里的文章还能罗列事实，他说这个话当然是批评，我认为这多少也是一种表扬。能罗列事实，罗列的居然是事实。摆事实，讲道理，六个字能做到三个字，这已经很不错了。……个别有关方言的文章，陈义甚高，可是连声韵调表的排列法跟表里的例字都有问题。看他的例字，就能看出他的功夫。他摆得个七零八落，从他那个排列法一点也看不出语音的系统来。连事实都罗列不清楚，怎么好进一步讨论理论呢？"（《方言研究中的若干问题》）

这一段话李先生不知说过多少遍，在方言学界已经深入人心。每一个聆听过李先生学术讲演的人一定都会记得，李先生讲述这一段话时，语调总是那样铿锵有力，理直气壮。我们体会，这是李先生在捍卫方言研究的学术成果，在维护方言学界的代表正确方向的治学精神。

在如何对待理论与事实的问题上，李荣先生透过现象看本质，目光敏锐，论述既明晰又精辟，不少论断成为一句句至理名言："正确的理论也像空气跟水一样，平常不觉得它的重要性。不通气的时候，才知道空气的重要。缺水的时候，才知道水的重要。""语言学理论是很重要，可是任何语言学理论都迷信不得。语言是变的，语言学理论也是变的。语言学理论的作用是帮助我们记录分析语言。不能迷信一种流行的理论。""研究语言的人千万别忘了，实践是检验真理的标准，语言比语言学丰富，语言学的理论必须建立在语言

事实的基础上。"(《方言研究中的若干问题》)

上面所列举的前辈学者关于涉及田野工作的一些论述,是针对整个方言研究而言的,当然也适用于方言语法的研究。

叁

如果我们对于方言语法研究田野工作的必要性有了深入的认识,我们对开展方言语法研究的田野工作的难度还要有足够的思想准备。

为什么多年来方言研究领域中语法的研究总是处于弱势,而不像语音研究那样不断地蓬勃发展?

主要原因有两个,一个是方言语音的研究在揭示方言特点、说明方言差异时占据了主要位置,而方言学界长期以来一直把汉语方言分区的问题作为重大课题对待,这里涉及许许多多方言划分、方言定性的问题,完成这些任务的紧迫性更使得方言语音研究摆在了首当其冲的位置上。相对而言,方言语法研究的大动作、大计划,常常不能被提到日程表上来。

另一个是方言语法研究的难度(其中包括田野调查的难度,工作框架的难度)很大。方言语音研究也有其自身的难度,但毕竟在研究方法、研究框架上由前辈学者打下了厚实的基础,田野调查的方式、手段已积累了丰富的经验,相关的辅助资料也比较齐全。两相比较,方言语法研究的难度更为突出,因而难免产生一种遏制的作用。这既对长期主要从事方言语音研究准备转而投入研究方言语法的人产生影响,又对长期主要从事普通话语法研究打算深入方言语法领域的人产生影响。

方言语法研究发展缓慢是一面,但另一面也要看到,在方言语法研究这个园地里也一直有人在耕耘。远的不说,只说上一世纪 80 年代以来,在《方言》杂志刊出的研究汉语方言语法的文章累计有 120 篇,约占《方言》所刊文章总数的 18%,仅次于描写、分析方言语音的文章(约占 22%),比方言词汇研究的文章(约占 12%)还要多(詹伯慧 1998)。与此同时,方言语法研究的专著(或单点,或专论)已超过二十种。如果再加上其他方言论著中的方言语法的内容,总量该是相当可观的。

在这些学术成果，特别是一些专著中为如何进行方言语法研究提供了许多成功的经验。围绕着加强方言语法研究的田野工作这一问题，我们可以从中获得如下两点启示：

第一，调查需要左右开弓，力争全方位占有材料。所谓"左右开弓"是指语音调查和词汇、语法调查都得进行。方言语法的描写离不开对方言语音的把握，从严格意义上讲，方言语法的语料一般都应标音。方言语法的分析、解释有时就包含在方言语音现象的研究中，如温岭话、信宜话、广州话等方言的"变音"既是一种语音现象，又是一种语法变化，一种构词手段（李荣《温岭方言的变音》，叶国泉、唐志东《信宜方言的变音》，李荣《关于方言研究的几点意见》）。又如获嘉方言的"变韵"是从基本韵母变化而来的，除属于语音演变现象之外，又能表示特别的语法意义（贺巍《获嘉方言研究》）。

无论是调查方言语音，还是调查方言词汇和语法，这所有的田野工作都为的是掌握方言事实，这一过程实际上是研究方言的基本功，基本功扎实了，齐全了，才为研究奠定了基础，才有可能出上乘的成果。那些研究取得成功的方言著作无一不是如此。

第二，调查研究采用何种"框架"，可以不拘一格。

对一个具体地点的方言语法进行描写分析与研究，不可能是盲目地开展田野工作和案头工作。作者在事前总得有一个思路，在事件进程中这思路还可以调整，这就涉及"框架"的问题。从目前出版的单点方言语法著作来看这个问题，可以得到一些启发。这里从一部分著作中我看到了特色鲜明的有三种模式。

第一种是基本上采用一个参照系。可以项梦冰的《连城客家话语法研究》为代表。作者在该书中有明白的说明："对单点方言语法进行比较深入的研究，需要一个工作框架。这一方面是因为需要有一个参照系，另一方面则是为了便于将来的语法比较研究。"作者采用的是朱德熙的《语法讲义》、《语法答问》和北大中文系现代汉语教研室的《现代汉语》。其目的"在于利用一个已有的语法框架来观察一个新的方言"。但作者特别指出"这不意味着可以用《语法讲义》所代表的语法体系来套连城方言。拿印欧语语法来套汉语语法的做法已经被证明是不合适的；拿另一个方言的语法来套本方言的语法也会产

生同样的弊病"。

第二种是立意构建本方言整个的语法系统。可以李小凡的《苏州方言语法研究》为代表。作者的观点是："方言与方言之间、方言与普通话之间，语法系统上总是存在着差异。我们不能用普通话的语法系统去认同方言的语法现象，也不应看轻方言语法规律，视之为个别现象。我们最终需要有一部不仅能解释普通话语法现象，也能解释各方言语法现象的现代汉语普遍语法。普遍语法的建立必须将普通话语法研究和各方言的语法研究作为系统工程来做。"因此，作者把苏州方言语法系统的描写作为一个长期任务，已出的《苏州方言语法研究》所涉及的远非该方言语法系统的全貌，而只是其中的若干子系统。

第三种是着眼于本方言的特殊语法现象研究。可以汪国胜的《大冶方言语法研究》为代表。作者的这一课题计划分两个阶段完成。第一阶段考察大冶方言中特殊的语法现象，又分两步，第一步研究词法，第二步研究句法；第二阶段是拿大冶方言语法跟鄂东南其他七县的方言语法进行比较，以求得对整个鄂东南方言语法特点的认识。

这三种模式，或者说三种框架，各有鲜明的特点，在当前的方言语法单点研究中是颇有代表性的。项梦冰、李小凡、汪国胜的专书早已有王福堂、徐通锵、陈章太三位先生在分别所写的序言中作出了精当的评价。在这里我想要说的是，项、李、汪三位作者的研究虽然反映出三种不同的模式，不同的框架，但在本质上又有共同之处，那就是特别重视田野工作，特别重视打开思路。在这个前提下，采用什么模式，什么框架，可以不拘一格。

参考文献

[1] 贺　巍. 汉语方言语法研究的几个问题 [J]. 方言. 1992, (3)：161—171.

[2] 李　荣. 语文论衡 [M]. 北京：商务印书馆. 1985.

　　李　荣. 方言研究中的若干问题 [J]. 方言. 1983, (2)：81—91.

　　李　荣. 丁声树 [J]. 方言. 1989. (2)：98—103.

[3] 李小凡. 苏州方言语法研究 [M]. 北京：北京大学出版社. 1998.

[4] 汪国胜. 大冶方言语法研究 [M]. 武汉：湖北教育出版社. 1994.

[5] 项梦冰. 连城客家话语法研究 [M]. 北京：语文出版社. 1997.

［6］赵元任. 现代吴语的研究［M］. 北京：科学出版社. 1956.

赵元任. 语言学论文集［C］. 北京：商务印书馆. 2002.

［7］赵新那、黄培云. 赵元任年谱［M］. 北京：商务印书馆. 2001.

（原载《汉语方言语法研究和探索——首届国际汉语方言语法学术研讨会论文集》，黑龙江人民出版社 2003 年 12 月。）

二十世纪湖南方言研究概述^①

壹 从传统到现代的转变时期

1.1 开始用现代手段调查研究湖南方言 早期研究方言的学者一般是利用传统的音韵学、训诂学和文字学的知识来研究寻求古今语言文字嬗变的轨迹。杨树达从 1925 年开始陆续发表考证长沙方言的文章，后来形成《长沙方言考》、《长沙方言续考》（见《积微居小学金石论丛》），共考证长沙方言词 244 条，考证的本字多数被后人采纳，影响深远。1934 年到 1935 年《海王》期刊分 42 期连载了异人撰写的《楚语研究》，对湘方言的许多词语进行解释和考证，内容相当丰富。

1935 年秋，前中央研究院历史语言研究所赵元任、丁声树、吴宗济、董同和、杨时逢等对湖南方言作了普遍的调查。一共有 75 个调查点。大约是一县有一点，或县城或在某乡。这次调查的成果由杨时逢整理成《湖南方言调查报告》，1974 年在台北出版。调查采用国际音标记音，注重活的口语，运用了历史比较语言学的理论，注意比较不同方言点材料的异同，探讨古今语音的演变。这次调查对湖南来说，是运用现代语言学知识研究汉语方言的开创性的工作，无论从它的规模、方法，还是成果、影响来看，在湖南方言研究的历史上都具有划时代的意义。

1937 年 8 月长沙文印书局石印出版了李旦蕖编著的《湘音检字》。作者虽未就湘音的具体地点作出说明，但从全书所列字音分析归纳，可以看出本书记录的是长沙方言音系。本书借鉴了中国传统韵书的体例，将湘音分为 19

---

① 本文曾在 1999 年 11 月 5 至 8 日于桂林举行的全国汉语方言学会第十届学术讨论会上宣读，此次发表时作了修改。

韵，每韵以所举代表字表示统领的音节。正文后的"湘音补遗"反映了假摄字和梗摄字等的文白异读情况。"湘音国音差异之统系"列举了 23 项差异，例如阳平送气与否，n 与 l、ȵ 的分混，尖团音的分合，舌尖前音与舌尖后音的分合，f 与 x 的分混，ŋ 声母与鼻化音的有无，前后鼻音韵尾的分混，等等，观察入微，概括全面。作者还特地谈到了当时长沙语音中"被视为特殊之俗音"的一些问题，例如"唐谭不分"，"杨言不分"，等等。另外，本书主要记录读书音，去声只有一个，不分阴阳。

1.2　**湘方言地位的确立是方言研究逐步深入的必然结果**　近代学者最先给汉语方言分区的是章太炎，他把汉语方言分为 10 类，其中湖南自为一种，而湖南的沅州与四川、云南、贵州、广西合为一种（见《章太炎文钞》卷二）。这种分类虽然注意到了湘西地区说西南官话的事实，但对湖南其他地区的方言状况缺乏清楚的了解，因而笼统地归为一类，《章氏丛书》中《检论》卷五《方言》又把汉语方言分为 9 类，把湖南与河南自开封以西，汝宁、南防等处，以及湖北沿江而下至于镇江合为一种，显然与湖南方言的事实面貌相差很远了。

后来黎锦熙把汉语方言分为 12 系。湖南方言被分为东、西二部：东部与湖北东南角、江西的南部归为江湖系；西部与四川、云南、贵州、广西北部归为金沙系（转引自王力《汉语音韵学》第 572 页）。这种划分也显然与现实状况存在较大的差距。

直到 1934 年赵元任为上海《申报》60 周年纪念印行的《中华民国分省新图》中所提供的语言区域图把汉语方言分为 9 区，湘方言的地位仍未被确立。

1935 年秋天的调查终于使人们开始认识到湖南全省的方言"是相当复杂"的；"一般人总觉着长沙话就是湖南话"，其实，"湖南话并不全是长沙话"（《湖南方言调查报告》赵元任序）。

1937 年李方桂把汉语方言分成 8 区，"湘语"第一次被作为独立的一区正式提出（原载 *Chinese Year Book* P. 59 - 65，上海商务印书馆）。赵元任也在 40 年代以后，对自己在 1934 年提出的 9 区说作了修订，把"湘方言"作为独立的一区（Yuen Ren Chao. *Cantonese Primer* P. 13. New York：Greenwood Press，1969）。

"湘方言"地位的确立使人们能正视湖南方言内部的差异性，有助于研究

工作的深入。

贰　以语音为重点的普查时期

2.1　**湖南省的汉语方言普查**　1956 年 4 月湖南省教育厅根据上级的指示，抽调 13 个中学教师，委托湖南师范学院中文系负责培训，然后分散到全省各地进行汉语方言普查。他们调查了 48 个方言点以后，7 月回到长沙写出调查报告 27 个，学话手册 14 个。1957 年以后，方言普查工作由湖南师范学院中文系负责，当时曾组织 20 多个学生在老师指导下调查了 21 个方言点。以后由彭秀模、曾少达两位专职老师进行补充调查。到 1960 年 6 月共调查了 87 个地点（当时有 78 个县，12 个市）的方言，其中 79 个地点有同音字表。

　　1960 年 9 月石印出版了《湖南省汉语方言普查总结报告（初稿）》。这个普查总结用了主要篇幅对湖南方言的声调、声母、韵母进行了综合分析和比较。编者根据各地方音特点的比较和综合印象，把湖南方言分为三个区：第一区主要包括湘水流域和资水流域。一般有 5 个或 6 个声调，去声分阴阳；古浊音系统有相当一部分地区保留得比较完整，部分地区浊音清化，不论平仄，一律读不送气清音；单元音韵母多，元音鼻化现象比较突出。第二区分布在湖南西北部和南部一带。一般 4 个声调，去声不分阴阳，入声一般归阳平；古全浊声母清音化，平声送气，仄声不送气；复韵母韵尾一般都完整地保存着。第三区在湖南东部形成一个狭长地带。一般是 5 个声调，有的多至7 个声调，去声一般不分阴阳，入声多保留，有的还有塞音韵尾；古全浊声母不论平仄均读送气清音；复元音韵母攸县以北多，以南少。全书还有两个附录：其一是湖南方言词汇，比较了全省各方言点 173 个词语的对应说法；其二是湖南方言地图，包括分区参考图 1 幅，声调分析图 11 幅，声母分析图13 幅，韵母分析图 6 幅，其他 2 幅，共计 33 幅。

　　这次普查工作在语音的调查与分析比较上成绩突出，为湖南方言的分区奠定了良好的基础。应该说，它较好地完成了历史赋予它的使命，这份普查总结已经成为珍贵的具有重要文献价值的湖南方言史料。也有一些不足之处。这主要是对湖南各方言的了解不很平衡，对湘方言和西南官话的了解比较多，对客赣方言和双方言区的复杂状况了解比较少，甚至还缺乏一些调查。和语音调查相比，对词汇和语法的调查研究相对薄弱。

2.2 **普查总结报告以外的研究成果** 杨耐思 1957 年在《中国语文》发表的《临湘方言里的动词补足语》，是比较早的研究湖南方言语法的论文。1960 年发表的唐作藩的《湖南洞口县黄桥镇方言》和向熹的《湖南双峰县方言》（见《语言学论丛》第四辑，上海教育出版社 1960 年 8 月）是这个时期对单个方言进行全面描写和研究的代表性成果。

1960 年第 1 次出版的袁家骅等著的《汉语方言概要》，对长沙、双峰等方言进行了全面的概要分析。1962 年第 1 次出版的袁家骅等著的《汉语方音字汇》收录了长沙、双峰两处方言两千多个字。

1957～1961 年还发表了一些方言与普通话语音比较的论文和著作。论文例如：李遇恩《长沙人怎样学习普通话》，周另吾《新化话与普通话的差别》，杨道经《湖南临湘方音与北京语音的比较》，刘泾选《岳阳南乡的土音》。著作例如：周铁铮《长沙人学普通话手册》，李仲平《邵阳人怎样学普通话》，罗祚韩《常德桃源人怎样学普通话》，湖南师范学院中文系汉语方言普查组《湖南人怎样学习普通话》。

另外，这个时期杨时逢在台湾发表了《长沙音系》、《湖南方言声调的分布》、《湖南方言极常用的词汇》。日本学者也发表了一些湖南方言研究成果。

叁 方言研究的全面发展时期

进入 20 世纪 80 年代，随着《方言》的创刊，全国汉语方言学会的成立，国家级课题任务的带动，湖南方言研究出现了新的局面。

1980 年底，湖南省语言学会成立文改与方言研究会。1981 年 11 月李永明、鲍厚星、胡正微、伍云姬等参加了全国汉语方言学会成立大会暨第一届学术讨论会。当年年底召开了首届湖南方言研讨会，此后每逢省语言学会举行年会，同时就举行方言研讨会。1983 年和 1985 年先后出版两本《湖南方言专辑》，正式发表 40 篇论文。1983 年湖南师范大学成立了湖南方言研究室。1989 年湖南承办了全国汉语方言学会第五届学术讨论会。自 1983 年起，湖南方言工作者先后承担了国家社会科学"六五"、"七五"、"八五"、"九五"课题，为《中国语言地图集》、《普通话基础方言基本词汇集》、《湘南土话》、《湖南南部方言调查报告》、《现代汉语方言大词典》（分卷本）、《现代汉语方言音库》等国家级项目贡献了力量。湖南师范大学在 80 年代初期开设汉语方

言专业硕士点的基础上，又在 1999 年开设汉语言文字学专业博士点，同年招收了第一批方言专业博士生。

这一时期湖南方言研究的内容大致可分为四个方面：（一）分区研究；（二）单点研究；（三）专题研究；（四）方言志编纂。

3.1 分区研究 湖南境内是多方言地区，由于各方言相互之间的影响、渗透和特殊的历史人文地理因素，方言的分布（特别是在那些边缘地带）呈现出复杂状态。有关湖南方言分区的问题引起了国内外学者的注意。这一时期出现的关于湖南方言分区的意见主要有以下几种：

杨时逢在《湖南方言调查报告》（1974）中把湖南省的汉语方言（材料为75 个点）分为 5 区，作者认为，第一区是"典型的湖南话"，第二区"大都跟第一区差不多"，第五区"很像西南官话"，第三、四区作者指出都有官话、土话并存的局面，情况较为复杂。其作法是"把某一处的方言特点归纳起来，取它最重要的不同特点，声调的类别，音韵特点，开合口及词类等区别，来作分区的条件"。分区结果学术界一般认为与湖南方言的实际情况有相当的出入。

日本学者辻伸久在《湖南诸方言の分类と分布——全浊声母变化に基く初步的试み》（1979）中利用杨时逢《湖南方言调查报告》的材料，以单一的语言特征将湖南汉语方言分为四种类型，即江西型湘方言，北方型湘方言，老湘型湘方言，新湘型湘方言。

周振鹤、游汝杰在《湖南省方言区画及其历史背景》（1985）中也是根据杨时逢《湖南方言调查报告》的材料进行分区的。他们参照数学上的集群方法，先找出各方言点之间方言特征的接近程度并初步分区，然后再参考较重要的语音特征与历史人文地理因素进行局部调整。他们把湖南方言划分为 5 个片：①西南官话片②湘语北片③湘语南片④赣客语片⑤混杂方言片。

李蓝的《湖南方言分区述评及再分区》（1994）关于湖南方言的分区仍以杨时逢的《湖南方言调查报告》为主要依据，采用一种"声韵调系统三重投影法"，即以长沙（湘语代表点）为中心，东取南昌（赣语代表点），西取贵阳（西南官话代表点），从 3 个代表方言点的语音系统中抽出声母、韵母、声调系统的区别性语音条目各 7 条，然后把湖南境内的各方言点逐一取出来分别与 3 个代表点相比较。据此，把湖南方言归纳为 5 种类型：湘语型方言，赣语型方言，西南官话型方言，混合型方言，独立型方言。

鲍厚星、颜森关于湖南方言分区的意见开始发表于《方言》1986 年第 4 期，曾把湖南方言分为 6 区：①湘语②赣语③客家话④江淮官话⑤西南官话⑥乡话。后来在《中国语言地图集》正式出版时，原"江淮官话"的"常鹤片"改属西南官话范围。

我们对湖南方言的分区，基本上赞同鲍厚星，颜森 1986 年提出的 6 区说，对湘西一带部分市县的方言系属再作一些调整，即把吉首、保靖、花垣、古丈、沅陵等地方言划入西南官话，辰溪、泸溪、溆浦 3 县方言仍留在湘语范围内，单独为一片（详见《湖南方言研究丛书》前言"湖南汉语方言概况"）。我们之所以提出自己的看法是基于以下几点：

①调查的方言点有了变化。已经不是 75 个点（杨时逢），也不是 87 个点（普查总结），而是上百个点了，这大多因为行政区划有了新的变动，或者是出现了以往分区中未曾揭示的空白点。我们对这些都逐一进行了调查。

②对原有的点尽可能地进行了实地核对。我们认为既要重视过去分区的成果，又不要囿于成说。一旦发现需要进行修正的地方就给以修正。比如岳阳、安化、隆回、绥宁、洞口、平江、浏阳、茶陵、攸县、酃县、安乡等十来个县市的方言都不宜于单一地划入某一方言区，而需分别情况划分。

③本省各地的方言工作者熟知当地方言的特点和一些难以从文献中了解到的历史人文因素，他们对我们的分区工作给予了有力的支持。

3.2　单点研究　经历了 50 年代的方言普查工作以后，学术界对普查的材料及其成果已经感到不满足了。对一个个方言代表点的语音、词汇和语法进行深入细致的调查研究，逐渐被人们重视。于是一批单点研究的专著先后应运而生。

从 1986 年到 1996 年，这一期间陆续出版了下列著作：《衡阳方言》（李永明，湖南人民出版社，1986）、《临武方言——土话与官话的比较》（李永明，湖南人民出版社，1988）、《华容方言志》（吴泽顺、张作贤，湖南人民出版社，1989）、《常德方言志》（李永明，岳麓书社，1989）、《长沙方言》（李永明，湖南出版社，1991）、《江永方言研究》（黄雪贞，社会科学文献出版社，1993）、《湖南安乡方言》（应雨田，中国社会科学出版社，1994）、《安仁方言》（陈满华，北京语言学院出版社，1995）、《资兴方言》（李志藩，海南出版社，1996）。

其中《衡阳方言》的出版，是第一次为湘语提供了有代表意义的专著，

也是本世纪第一部对湖南一个单点方言进行全面研究的著作。研究员黄雪贞的《江永方言研究》是国家"七五"社科规划重点项目《汉语方言重点调查》成果之一，全书对江永方言的语音、词汇和语法作了详细的纪录和描写，与上述李永明的《临武方言——土话与官话的比较研究》都是研究湘南土话的重要的代表作。《湖南安乡方言》是应雨田长期潜心研究的成果，成为了解湖南境内西南官话的重要著作之一。

推动单点研究使其形成强劲势头的是1998和1999年由湖南教育出版社集中推出的《湖南方言研究丛书》。著名语言学家李荣先生在为丛书所作的序中说："近年来方言著作出版的多了。就各县（市）的方言志而论，山西省已经出了三十几种，山东省已经出了十几种。现在湖南师范大学中文系主持的《湖南方言研究丛书》将由湖南教育出版社出版，这是一件很有意义的事。"丛书的筹划工作得到了中国社科院语言研究所方言研究室的热心关注、具体指导和湖南教育出版社的全力资助，并被列入湖南省社会科学规划的课题。

这套丛书包括：《浏阳方言研究》（夏剑钦，1998）、《益阳方言研究》（崔振华，1998）、《东安土话研究》（鲍厚星，1998）、《邵阳方言研究》（储泽祥，1998）、《常宁方言研究》（吴启主，1998）、《祁阳方言研究》（李维琦，1998）、《新化方言研究》（罗昕如，1998）、《常德方言研究》（郑庆君，1999）、《沅陵乡话研究》（杨蔚，1999）、《涟源方言研究》（陈晖，1999）、《宁远平话研究》（张晓勤，1999）、《长沙方言研究》（鲍厚星、崔振华、沈若云、伍云姬，1999）、《宜章土话研究》（沈若云，1999）、《溆浦方言研究》（贺凯林，1999）、《衡山方言研究》（彭泽润，1999）。此外，湖南师范大学出版社出版了《韶山方言研究》（曾毓美，1999）和《岳阳方言研究》（方平权，1999），也可列入丛书。

可以说，丛书的架构颇具规模。它不仅内容丰富，语料翔实，而且在选点上注意覆盖湖南各种方言类型，使全套丛书成为能够反映湖南方言基本面貌的一个有机整体。丛书的布局是，主体为湘语（选了长沙、益阳、衡山、邵阳、涟源、新化、祁阳、溆浦等点，长益片、娄邵片和辰溆片均有反映），官话和赣客作"两翼"（选了常德和浏阳、常宁，点虽不多，却具有代表性），土话和乡话给以适当突出（选了东安、宁远、宜章和沅陵4点，湘南土话和沅陵乡话都是《中国语言地图集》中未分区的非官话，为学术界所特别关注，因而有所突出）。

《湖南方言研究丛书》的出版进一步丰富了湖南方言研究的成果。丛书与其他方言著作交相辉映，相得益彰，使整个湖南方言研究呈现出繁荣的景象，因此，它受到了学术界的重视和鼓励，张振兴先生赞扬它为"语言学研究的重要收获"（光明日报，1998-10-26（7）），并指出"湖南已经成为汉语方言研究的一个重要基地，湖南师范大学已经成为汉语方言研究的中心之一"（《韶山方言研究》序，1999）。

3.3 **专题研究** 这一时期的方言研究的特点是"向纵深发展，向全面推进"。单点研究是一个方面，另一方面是各种专题的研究，这多数是论文形式，也有一部分专著。为了说明的方便，可以概括为语音研究、词汇研究、语法研究及其他研究。

①语音研究 对于方言研究来说，语音的研究是一个重要的基础。"语言构造是有规律的，语音构造的规律尤其明显。语言是变的。语言演变是有规律的，语音演变的规律性十分严格（因此成为十九世纪七十年代以来比较语言学的基础）"（李荣《方言研究中的若干问题》）。方言词汇语法的研究都要以方言语音为依托。

首先是关于方言音系的描写研究。仅仅在《方言》杂志上发表的文章就有10多篇，例如《湖南邵阳方言音系》、《湖南城步（儒林）方言音系》（鲍厚星）、《湖南江永方言音系》（黄雪贞）、《湖南娄底方言的同音字汇》（李济源、刘丽华、颜清徽）、《湖南桃江（高桥）方言同音字汇》（张盛裕、汪平、沈同）、《桂东方言同音字汇》（崔振华）、《湘潭方言同音字汇》（曾毓美）等。

其他刊物发表的这类研究影响较大的有：《湖南泸溪瓦乡话语音》（王辅世1982）、《南岳方言的语音系统及其来源》（郭锡良1993）。

王辅世的文章发表后引起国内外学者的注目，引来了关于乡话（或瓦乡话）的进一步调查和研究，鲍厚星、伍云姬的《沅陵乡话记略》（1985）和杨蔚的《沅陵乡话研究》（1999）是这一研究的补充与发展。

其次，关于方言语音突出特点、新老差异、文白异读等方面也出现了一批论文，例如《益阳方言的边音声母》（陈蒲清1981）、《湘方言中的舌面前塞音声母》（钟隆林、胡正微、毛秉生1993）、《长沙方言的新派与老派》（鲍厚星1983）、《长沙方言去声字的文白异调》（江灏1981）、《耒阳方言的文白异读》（钟隆林1985）、《冷水江方言的文白异读》（李亭玉1985）等。

建立现代汉语方言音库是中国语言学的一项重要的基础工程，它因此而

被纳入"九五"国家社会科学研究重点项目。音库计划收录 40 种汉语方言音档，每一个地点方言的音档都有一盒录音带，包括语音系统、常用词汇、构词法举要、语法例句、长篇语料 5 部分。并附有本区方言记略和所录方言概述以及同音字表。湖南承担了两项，即《长沙话音档》（鲍厚星 1997.5）、《湘潭话音档》（曾毓美 1997.12）。

湖南省公安厅根据语言识别工作的需要，在 1988 年聘请专家培训方言调查骨干，经过数年调查、整理、审订，终于在 1993 年 10 月正式出版了《湖南汉语方音字汇》。该书从湖南各种方言中选出 22 个代表点，每个点选用 2962 个字比较，正文前有各点方言音系简介。

②词汇研究 词汇研究是方言研究的重要组成部分。80 年代初期由湖南省方言研究会主编的两本《湖南方言专辑》所发表的 40 篇文章中有 1/4 是关于词汇研究的，例如《长沙方言词汇》（向方炎）、《耒阳方言词汇》（钟隆林）、《双语区的宁远方言词汇》（李永明）、《平江方言词汇》（张胜男）等。1984 年收单词和短语 12000 条左右的《衡阳方言词汇》（李永明）出版。1990 年《方言》1、2、3、4 期连载了《湖南娄底方言词汇》（颜清徽、刘丽华），1991 年《方言》1、2、3 期连载了《湖南江永方言词汇》（黄雪贞）。

有的文章把方言词汇比较和方言分区结合起来，例如《方言词汇比较与湖南方言分区》（鲍厚星 1985）。

日本学者辻伸久 1987 年出版了《湖南省南部中国语方言语汇集》。

在前面说的 20 多部单点研究的专著中包含了大量的方言词汇材料。

"八五"国家社科重点项目《现代汉语方言大词典》41 种分卷本的出版是我国语言学界的一件盛事。湖南完成了其中的两部：《长沙方言词典》（鲍厚星、崔振华、沈若云、伍云姬 1993 第一版，1998 第二版）、《娄底方言词典》（颜清微、刘丽华 1994 第一版，1998 第二版）。作为分卷本词典都必须服从统一的规划，内容分为三部分：主体是词典正文，前面有引论，后面有义类索引与条目首字笔画索引。都要求为综合本《现代汉语方言大词典》准备条件，并充分反映本方言的特色。目前正配合这部大词典的第二期工程，即 1200 万字的综合本《现代汉语方言大词典》，做好规定完成的有关工作。

③语法研究 方言语法研究的重要性不亚于方言语音和词汇的研究，但较长时期以来湖南方言研究中的语法部分是一个薄弱环节。

仍以两本《湖南方言专辑》为例，40 篇文章中属于语法方面的只占 9

篇，其中李永明、张大旗、崔振华各占 2 篇。李永明是《长、衡方言中某些有特色的形容词》、《衡阳方言人物称谓的词及其构词标志》，张大旗是《湖南临武话的一些语法特点》、《长沙话的特殊语序现象》，崔振华是《长沙方言中的"起"》、《益阳方言的几个词缀》。

《方言》上发表的关于湖南方言语法的文章较少，只有下列几篇：《长沙话"得"字研究》（张大旗 1985）、《嘉禾土话"一、二两"的读音及用法》（谢伯端 1987）、《娄底方言的两个语法特点》（颜清徽、刘丽华 1993）、《长沙方言的动态助词》（伍云姬 1994）、《湘潭方言的代词》（曾毓美 1998）。其中《长沙话"得"字研究》影响较大。全文共分 7 个部分：引言；"得"用作结构助词；"得"用作助动词；"得"用作介词；"得"用作动态助词和形容词；"得"用作语气助词；"得"用作构词成分和衬字。全文长达 2 万 4 千多字，是《方言》上少见的长篇论文。该文之后还加有 200 字的编者按，其中指出："长沙话轻音节'得'〔·tə〕的语法功能十分纷繁，显然代表好几个不同的语素。本文按照'得'〔·tə〕字的分布和功能初步归纳为若干类。"

《中国语言学报》第三期（1988）和第五期（1995）先后发表了《酃县客家话的语法特点》（周定一）、《常宁方言的语法特点》（吴启主）。前一篇在词法方面，谈了名词词缀的特点和使根词生动化或强化的几种语音附加成分。在句法方面主要是谈助词的一些用法，也包括个别副词和个别句式的特点。后一篇在词法方面，记述了该方言词类系统的特点。在句法方面从语序、句型、句式、句类等几个方面记述了该方言的某些突出的特点。

还必须看到，在这一时期出版的 20 多部单点专著中，都把语法研究摆到了重要的位置上，从构词法、句法、虚词等多方面来进行研究，同时还提供了丰富的语料。比较突出的例如《衡阳方言》、《安仁方言》、《益阳方言研究》、《常宁方言研究》、《常德方言研究》、《新化方言研究》、《长沙方言研究》、《衡山方言研究》等。胡明扬在《安仁方言》序中指出："如果说现代汉语语法几十年来这么多人一直在研究还有不少问题没有研究清楚，那么方言语法研究就更不可能要求一个人一次就研究清楚。我认为，只要能如实描写，多提供例证就可以了，怎样分析，怎样解释，允许不断修正，不断深入。"

伍云姬关于"湖南方言语法系列"的构想有独到之处，她认为"不管是从地理语言学、类型学的角度，还是从历史语言学的角度来看，湖南方言的语法研究都是不应忽视的。湖南集湘、赣、客等方言于一地，正好处于南北

方言的中间地带。要解释某种句式或某种语法现象的断代差异或历史变迁，常常要借助这个中介"。该系列得到了湖南方言工作者的热心支持，目前计划出版 5 集：第 1 集《湖南方言的动态助词》1996 年已经出版；第 2 集《湖南方言的介词》1998 年已经出版；第 3 集《湖南方言的代词》、第 4 集《湖南方言的语气词》、第 5 集《湖南方言的语序和句式》正在编写或出版中。

④其他研究　从专题的性质来看，除分别属于方言语音、方言词汇、方言语法三方面以外，还涉及方言综述、方言本字考、方言与音韵等各个方面。

《方言》20 年刊登的文章中，属于方言记略的这一类文章总共 26 篇，其中广东最多，占 6 篇，其次是湖南，占 4 篇。按先后发表次序有，《浏阳南乡方言记略》（夏剑钦 1983）、《湖南省耒阳方言记略》（钟隆林 1987）、《湖南安乡方言记略》（应雨田 1988）、《湖南省攸县方言记略》（董正谊 1990）。1985 年《湖南方言专辑》上发表的《沅陵乡话记略》（鲍厚星、伍云姬）一文中的某些特殊音韵现象，引起了方言学家和音韵学家的注意（张琨 1992）。

有的文章专门考释方言本字，例如夏剑钦的《浏阳南乡方言本字考》（《方言》1989）、钟隆林的《耒阳方言词本字考》（《语言研究》1989）、李敏辞的《长沙方言本字考》（《古汉语研究》1994，增刊）、李维琦的《湖南地名方言用字考》（《求索》1982）等。彭逢澍的《湘方言考释》（1999）一书中有相当篇幅也是考证本字。

从方言角度研究音韵的有伍云姬的《从长沙方言的异读词看历史音变的若干方式》（《音韵学研究》1986）和江灏的《从长沙方言鼻化韵看中古韵母的简化趋势》（《湖南师大学报》1987）等文章。

3.4　**方言志编纂**　20 世纪 80 年代湖南省及各市、县纷纷成立了专门的地方志编纂机构。各级地方志编纂部门对方言志的编写倾注了巨大的热情。有的从大专院校、科研单位聘请方言学专家学者进行深入的实地调查研究，编写方言志。到目前为止，各市、县志都已基本完成编纂出版工作。在这些志书中都有"方言志"的内容。方言在这些志书中或为独立的一卷或与风俗、民情、宗教等合为一篇。它们大多用国际音标记录，不少方言志注重境内方言的分区、比较，例如《常德地区志·民俗志·方言志》（罗祚韩）、《浏阳县志》（夏剑钦）、《衡山县志》（毛秉生）、《湘潭市志》（曾毓美）、《零陵县志》（彭泽润）等等。有的还有语法特点分析和标音举例，个别的还附有"次方言区示意图"，例如《桂阳县志》。有的用汉语拼音将就记录语音，价值不大。

各市、县志书中的"方言"部分虽然体例上参差不齐,篇幅长短不同,编写人员情况也不同,但是它们无疑是研究湖南方言的重要成果,具有一定的参考价值。

方言志中也有以专著形式单独出版的(见前面)。由李永明、鲍厚星共同主持即将出版的《湖南省方言志》,凝聚了湖南省内一批方言研究学者多年的心血。全书篇幅达 120 多万字,分"前言"、"概述"、"湘语"、"西南官话"、"赣语"、"客家话"、"湘南土话"、"沅陵乡话"、"湖南各方言点声调字对照表"、"湖南各方言点单字音对照表"和"湖南各方言点词汇对照表"等部分,采取重点与非重点结合的方法,对 22 个重要方言点的概况、语音系统、常用词汇、语法特点等进行了较为详细的叙述,对 100 多个县市方言点的声调、单字、词汇材料进行了比较。

(原载《方言》2000 年第 1 期,与陈立中、彭泽润合作。)

第五部分

序文、前言

《湖南汉语方音字汇》序

(1991.12)

省公安厅的同志终于把《湖南汉语方音字汇》编写成书，实现了他们当初提出的计划，我真为这一壮举感到十分喜悦，并对他们的工作作风和创造精神表示钦佩。

寒来暑往。他们走过了一条不平坦的道路，此间的艰辛我因为同他们的联系而略知一二。三年前，他们从培训调查专干入手，决心打一场硬仗。我亲眼看到他们以高昂的热情和紧迫的责任感，学习关于方言的科学知识和调查的科学方法。然后又一边调查，一边学习，反复多少次，克服了一个又一个的困难。完成这项大的项目，不是一件容易的事情。除了他们自身的努力以外，关键在于领导给予了高度重视和大力支持，同时，还有各地的方言工作者给予了有力的协助。

调查和整理方言材料是一件复杂而细致的工作。从选择发音合作人到逐字记音，从声韵调的确定到同音字汇的整理，都来不得半点马虎，这里需要的是严格的科学态度。《湖南汉语方音字汇》的编写者在调查和研究方言的过程中，如同他们办案一样，不放过任何的蛛丝马迹，总是那样悉心考察和核实，因而才取得了这份可喜的成果。当然这不是说本书没有欠缺之处，譬如文白读的调查还没有做到十分完备就是一点。

《湖南汉语方音字汇》的收获不仅在于它提供了一份遍及全省各行政区域重要地点的丰富的语音资料，还在于它为我省公安战线带出了一支在语言识别工作中更加成熟的队伍。我想，作者编写此书的目的是已经达到了的。

听编者说，在适当的时候将通过努力再编出一本全省方言词汇的比较资料，以作为本书的姊妹篇，这是一个很好的设想，我热烈地期待着它将变成现实。

鲍厚星

1991 年 12 月

（原载《湖南汉语方音字汇》，湖南省公安厅《湖南汉语方音字汇》编纂组编，岳麓书社 1993 年 10 月。）

《娄底地区普通话语音教程》序

(1995.10)

　　国务院在批转国家语委关于当前语言文字工作请示的通知（国发〔1992〕63号文件）中强调指出，推广普通话对于改革开放和社会主义现代化建设具有重要意义，必须给予高度重视。

　　最近，娄底师专中文系在地区教委以及学校的关怀和支持下，经过一段时间的充分准备，编写出了《娄底地区普通话语音教程》，这是高度重视推普工作的一个积极的举措。应该说这是为娄底地区的文化建设做了一项很重要的工作，也可以说是做出了一个重要的贡献。

　　娄底地区的方言属湘语娄邵片，在湘语中它代表了保守性最强的那一部分。外地人同一个说地道双峰话或新化话或涟源话的人进行言语交际，是难乎其难的。在这个地区推广普通话，意义自然深远重大。

　　推普工作必须有调查先行。这调查指的是对方言的调查。只有在深入调查方言的基础上，对普通话和方言进行全面比较，真正做到"知己知彼"，推普工作才能提高实效。

　　本书的作者彭逢澍、唐斯力、肖双荣等同志正是在方言调查上花了很大功夫，他们整理出本地区各地点方言的音系，并进行了深入的讨论。在此基础上，他们重点地研究了普通话和方言的语音对应规律。

　　本书最富特色也是编写最为成功的地方是方音辨正部分。在方音辨正中，作者全面对比普通话语音系统和娄底各县市方言语音系统的异同，充分揭示了普通话和方言之间的语音对应规律。

　　仅以韵母为例，作者先概括介绍普通话韵母和娄底各县市方言韵母之间的若干条对应规律，以便从大的方面确立韵母辨正的努力方向，然后再就普通话的韵母逐一进行辨正，这样把宏观和微观紧密结合起来，更能发挥本书在推普工作中的指导作用。

探求语音对应规律，完备的做法是要从两个方面出发，一方面是从方言出发看普通话，另一方面是从普通话出发看方言，这样才能全面了解普通话语音系统和方言语音系统之间的关系。

例如娄底各地方言的 u 韵（除个别例外字）在普通话里也是 u 韵，但这一条对应规律不能倒过来。如果倒过来说普通话的 u 韵在娄底各地方言里也是 u 韵，那就不符合事实了。普通话的 u 韵在娄底各地方言中分化成 u、eu、ʋ、o、iʋ、ieu 等韵母。

《教程》除了以大量篇幅列举了普通话和娄底方言的语音对应规律以外，还附录了普通话与娄底各县市方言常用词语对照表。这也是极为有用的参考材料。如果从语法的范围，也找出方言和普通话之间的一些差异来，就更完备了。

对于全省推广普通话的工作来说，娄底地区编写普通话语音教程的这一作法是值得推荐的。我想如果全省每个地区都能在全面深入调查本地方言的基础上，经过认真分析研究，编写出《教程》这样的一部书来，并且又能在教委的统一领导下，积极加以实施，那么，全省的推普工作，定能出现一个崭新的局面。

鲍厚星

1995 年 10 月 18 日

（原载《娄底地区普通话语音教程》，彭逢澍、唐斯力主编，湖南师范大学出版社 1996 年 1 月）

《湖南方言研究丛书》（代前言）

（1998.03）

从全国汉语的分布来看，湖南是一个方言纷纭复杂的地区。除有湘语、官话、赣语、客家话这些大的方言以外，还有像乡话、湘南土话这样一些尚未划定归属的方言。

湘语是湖南省最有代表性的方言。主要分布在湘江、资江流域，接近40个市县，是全省各方言中分布地域最广，使用人口最多的一种方言。根据内部差异，湘语可以划分为以下几片：

长益片：包括长沙、株洲、湘潭、宁乡、望城、湘阴、汨罗、岳阳部分、南县、沅江、安乡东南部、益阳、桃江、安化东部、浏阳西部、平江的岑川乡等地区。衡阳、衡南、衡东、衡山等地也可划入此片。除个别情况外，主要特点是，古全浊声母今读塞音、塞擦音时，无论平仄一般读不送气清音。例如下列两行字：

(1) 牌 铜 葵 桥 慈 床

(2) 败 洞 柜 轿 字 状

在普通话里第一行读送气清音，第二行读不送气清音，而在长益片中一、二两行都读不送气清音。

此片中的益阳、桃江、沅江等地，一部分古全浊声母今读 [1] 声母。衡东、衡山古浊音声母今平声读送气清音，仄声读不送气清音。

娄邵片：包括娄底、双峰、湘乡、涟源、冷水江、新化、安化西部、邵阳、邵东、新邵、隆回南部、绥宁南部、武冈、新宁、城步、祁阳、祁东以及洞口东部的黄桥镇和金田、杨林两乡。其主要特点是保留了比较完整的浊音系统。如"牌、铜、葵、桥、慈、床"和"败、洞、柜、轿、字、状"两行字都念浊声母。其中新化有部分字读送气浊音，如"被~子、稻、秦、尽"

等。有的地方在是否保留浊音系统上出现了新老差异，新派已走到浊音清化的阶段或是浊音处在动摇之中，而老派浊音依旧。

邵阳、邵东、新邵和涟源等地声母送气影响调类分化，前三处次清去并入阳去，涟源的次清去自成一类，形成去声一分为三的格局。

辰溆片：包括辰溪、泸溪、溆浦三县。其主要特点是古浊音只在平声中保留，至于仄声却变为不送气清音。也即"牌、铜、葵、桥、慈、床"这类字读浊音，"败、洞、柜、轿、字、状"这类字读清音。溆浦、辰溪属怀化地区，泸溪属湘西土家族、苗族自治州，这两个地区的其他市县除了少数民族语言和乡话之外，都属西南官话区。当地人凭语感把这三个县的方言从西南官话区划了出来。例如泸溪的浦市镇和辰溪虽有一江之隔，而且语音各有特点，但仍然容易通话，而浦市镇同自治州其他地方即使没有山川阻隔，言语的交际反倒要困难些。

官话在湖南属第二大方言，主要分布在湘北、湘西和湘南，它属于西南官话范围。根据内部差异，可以划分为常澧片、吉永片、怀靖片和湘南片。

常澧片：包括常德、汉寿、桃源、安乡大部分、津市、临澧、澧县、石门、慈利、华容等地。其主要特点是古浊声今平声读送气清音，仄声读不送气清音。即"牌、铜"那一行字读送气清音，"败、洞"那一行字读不送气清音。这与普通话是共同的。另一点，本片大多数地区把一些本属于去声调类的字读得和阳平的字调一样。如"汽＝奇，菜＝才，痛＝铜，信＝形"，唯常德市与众不同。本片中华容的地理位置使它受到西南官话、赣语和湘语的影响，而以西南官话影响最甚。当地人凭语感普遍认为华容话跟常德一带方言近似。结合声韵调特点，可以把华容话看作带有赣语特征的西南官话。

吉永片：包括吉首、古丈、保靖、花垣、沅陵和永顺、张家界（原大庸）、桑植、龙山、凤凰等地。

这一片中前五处的特点是古全浊声母今平声保留浊音，仄声读不送气清音，即把"牌、铜"那一行字读不送气浊音，把"败、洞"那一行字读不送气清音。后五处的特点是古全浊声母清化，平声送气，仄声不送气。即把"牌、铜"那一行字读送气清音，把"败、洞"那一行字读不送气清音。

怀靖片：包括怀化、芷江、新晃、靖州、通道、黔阳、洪江、会同、麻阳等地。在湖南省的官话区中，这一片显得驳杂一些。其中有的颇带湘语特

色，如芷江、黔阳、洪江、会同的声母，古全浊声母今无论平仄都念不送气清音；有的留有赣语的明显痕迹，如麻阳、怀化不仅"铜、头、茶"等字读送气音，"病、坐、动、舅、近、柱、大、旧、道、读、白"等字也读送气音。

湘南片：包括东安、零陵、永州、双牌、新田、宁远、道县、蓝山、江永、江华、嘉禾、桂阳、临武、宜章、郴州、郴县等地。

这一片属双方言区，区内共同交际语是西南官话，但各地还有土话并存。

以上各片共同的特点在声调：或者是古入声今读阳平，或者是古入声今读入声或阴平、去声，但平上去的调值与西南官话的常见调值相近。

赣语主要分布在湘东一带，包括临湘、岳阳_{东部}、平江_{大部分}、浏阳_{大部分}、醴陵、攸县_{大部分}、茶陵_{大部分}、炎陵（原酃县）_{西北部}、安仁、永兴、资兴、耒阳、常宁、隆回_{北部}、洞口_{大部分}、绥宁_{北部}。其主要特点是，古全浊声母今读塞音、塞擦音时，一般为送气清音。即"牌、铜、桥"和"败、洞、轿"两类字都读为送气清音。

客家话主要分布在湘东南的汝城、桂东、炎陵_{大部分}。此外，茶陵的江口、桃坑、舲舫、尧水、严塘、小田、秩堂、高垅、八团等乡，攸县的峦山、漕泊、柏树下等乡，平江的黄金乡和浏阳的上洪、张坊、人溪、凤溪、小河等乡也说客家话。其主要特点是，古次浊平声、次浊上声和全浊上声都有并入阴平的情况。例如炎陵十都话，"蚊、拿、笼"、"马、买、尾"、"坐、柱、近"等字都读阴平。

乡话主要分布在沅陵西南以及溆浦、辰溪、泸溪、古丈、永顺、张家界等地与沅陵交界的地区。当地人把湘语和西南官话叫"客话"，把自己的土话叫"乡话"或"瓦乡话"。所谓"瓦乡话"实际上是"话乡话"（第一个"话"字是动词，第二个"话"字是名词），即"讲乡话"的意思（乡话中"瓦话"两字同音）。其主要特点是，古全浊声母今读塞音、塞擦音时，平声为不送气浊音，仄声多数为送气清音；知组字一般读舌头音；入声有喉塞音韵尾，一部分古入声字归入其他声调；古次浊平声今读阴平，古全浊上声今仍读上声。

湘南土话分布的地区和西南官话湘南片共一个地域，即包括零陵和郴州两个地区。这两个地区除通行西南官话外，各市县还有各自不同的土话，同一个市县内，土话内部又有种种分歧。

乡话和湘南土话究竟属何方言，它们同其他方言的关系如何，都有待于进一步研究。

以上关于湖南方言分区的说法，参考《中国语言地图集》B11《江西省与湖南省的汉语方言》和《方言》1986 年第 4 期鲍厚星、颜森《湖南方言的分区》写成。少数地方有所调整（主要在官话和湘语范围），某些分片的名称为方便照应本省的地名作了一些变更，如原西南官话常鹤片包括湖南常德地区和湖北鹤峰、松滋等地，这里用"常澧片"就只限于湖南范围了。

鲍厚星

1998 年 3 月于长沙

（原载《湖南方言研究丛书》，吴启主主编，湖南教育出版社 1998 年 3 月）

《岳阳方言研究》序

(1999.04)

　　近二十年来，全国汉语方言学界发生了巨大的变化，出现了一个空前繁荣的局面，这种形势也推动着湖南方言的研究不断向前发展。湖南的方言工作者一方面积极参与全国汉语方言学界的学术活动，承担并完成了"六五"至"九五"各个时期的国家课题，另一方面又在深入调查的基础上开展了一些系列研究，形成了强劲的势头。发表在《方言》上的论文近三十篇。对地点方言进行全面研究的专书已出版或即将面世的约三十种。

　　在湖南方言工作者这支队伍里，不少人默默地辛勤耕耘，方平权君就是其中的一位。他的《岳阳方言研究》是湖南方言研究领域中的又一个新收获。

　　前人或近人对岳阳这座历史名城的方言状况有过一些论述或研究，如南宋范致明所著《岳阳风土地记》，清代临湘桃林人吴獬所著《一法通》，董同龢在《湖南方言调查报告》（杨时逢著）中对岳阳话的描写，杨耐思的《临湘方言里的动词补足语》（1957年），杨道经的《湖南临湘方音与北京语音的比较》（1958年），刘泾选的《岳阳南乡的土音》（1958年），原湖南师范学院中文系汉语方言普查组在《湖南省汉语方言普查总结报告》中对岳阳话的描写，等等。但全面深入地从语音、词汇和语法整体地来记录描写岳阳方言，方君平权的《岳阳方言研究》当推为第一本书。

　　研究方言，调查为先。本书作者本已具有母语的优势，但仍精心选择发音合作人，坚持长期悉心调查，前后经历十余载，方写成此书。

　　本书准确地或比较准确地描写了充分的语言事实（无论是语音，还是词汇和语法，作者都努力地这样做了），这是构成一本有价值的方言著作的基本条件。本书在语音，尤其是在语法部分不乏一些细致而中肯的分析。从对岳阳境内方言的区分及其相互之间的比较来看，作者着实下了许多功夫。他所提出的"岳阳话经历了一个由与北趋同变为与南趋同的过程"这一观点值得

重视。

这部著作的出版，其意义不仅在于能帮助人们对湘东北一个颇有影响的重点方言有更深入的了解，还在于这个方言的地理位置是处在西南官话、赣语和湘语这三大方言交相影响的地带，对它的考察可以为人们了解和研究交界地区的方言演变的复杂性提供具体的材料。

平权君给我留下的印象是，他对方言研究的必要性有足够的重视，对学术问题有强烈的探索精神，对方言研究的艰苦性也有充分的思想准备。最近他对我说，对岳阳境内的方言他还将继续调查研究下去。我深信，他还会在方言研究这块园地中取得更多的新的成果。

鲍厚星

1999 年 4 月于长沙

（原载《岳阳方言研究》，方平权著，湖南师范大学出版社 1999 年）

《益阳方言语法研究》序

(2000.08)

　　去年，我和立中、泽润两位同志一起写过一篇关于 20 世纪湖南方言研究概述的文章，该文第三部分指出在 20 世纪 80 年代，湖南方言研究进入全面发展时期，这一时期湖南方言研究的内容大致可分为分区研究、单点研究、专题研究和方言志编纂四个方面。记得在写到单点研究这一节时，徐慧同志的博士学位论文《益阳方言语法研究》在我脑海中闪现过多次。一个想法是，单点研究虽然已出版了不少专著，但是尚无一本系统研究某一单点方言语法的专著。由于徐慧的这篇学位论文当时离出版尚需一段时日，我们只好尊重事实，暂付阙如。

　　在方言学界普遍感到需要加大方言语法研究力度和拓宽方言语法研究道路的时候，北大的青年学者在朱德熙先生的倡导和其他老一辈学者的引领下，率先推出了单点方言语法研究的专著。这就是项梦冰的《连城客家话语法研究》(1997) 和李小凡的《苏州方言语法研究》(1998)。

　　1999 年当时尚在暨大的李如龙先生有四位弟子进行博士学位论文答辩，其中有两人的论文是关于单点方言语法的系统研究，一是钱奠香的《屯昌方言语法研究》，一是徐慧的《益阳方言语法研究》，这真可以看成是致力于单点方言语法系统研究的南北呼应了。

　　现在，《益阳方言语法研究》被湖南教育出版社纳入博士论丛正式出版，的确可喜可贺。它不仅是湖南方言语法研究中的一个突破，对于推动湘方言语法的全面深入研究将产生积极的影响，而且也为全国方言学界这一类型的研究增加了分量，对于各大方言的语法比较研究很有参考价值。

　　方言语法和民族共同语语法一方面有许多相通之处，一方面势必又存在这样或那样的差异。怎样对一个具体的方言点进行系统而全面的语法研究，从目前有限的几本著作可以看到有两种方法，一种是采用参照系，对具体方

言语法的主要方面进行详细的共时描写，以勾勒出该方言语法规律的基本轮廓；一种是先避开具体方言语法系统的全面描写，只就其中的若干子系统进行深入探讨，让对于语法系统全貌的描写在较长的时间内去完成。但两种方法有一个基本的共同点，就是都坚持从各自方言本身的实际出发，一心构建符合本方言的特点的语法系统。

《益阳方言语法研究》采用前一种方法，这在书中已有明确的交待。

作者还注意开拓思路，吸收近年来语法研究在方法论上的新思想，运用多角验证的分析方法，对方言语法中的一些特殊现象，尽可能给予充分的描写和解释。由于作者的努力，本书对益阳方言的语法现象开掘得相当深入，其中关于"子"尾的描写与研究，关于指示代词语法功能中特殊格式的比较研究，关于状态形容词中重叠式的比较研究，以及关于疑问句句型与普通话的比较研究等项内容尤为突出。

我以为，对一个具体方言的语法进行系统研究，只要坚持从本方言实际出发这个原则，方法可以不拘一格。相信这一类的著作多起来以后，还会给人们新的启示。

徐慧同志几经辗转，最后有幸考入暨大攻读博士学位。在名师的精心培养下，她的才能和聪慧才得以充分的发挥。从她本科毕业时做有关益阳方言的论文，到今天又以一部系统研究益阳方言语法的专著获得博士学位，其间近 20 年的历程，实际上是一种奋斗精神的写照。

湖南方言学界呼唤着：多出这样的著作，多出这样的人才。

鲍厚星

2000 年 8 月于湖南师大学堂坡

（原载《益阳方言语法研究》，徐慧著，湖南教育出版社 2001 年 2 月）

《湖南方言与地域文化研究》序

(2001.12)

几年前，我知道昕如先是酝酿后是申报了关于湖南方言和地域文化研究的课题，并且注意到她特别留心收集湖南方言的资料，特别勤奋地投入研究与写作，连续发表或在一些学术讨论会上宣读了与此有关的论文。

她把目光投射到方言和地域文化的研究上，并非偶然。一方面如她自己在本书后记中所说，是受到著名学者学术观点的影响所引起的思考；另一方面，我想 20 世纪 80 年代至 90 年代在中国涌现的研究语言和文化的热潮，也在给她以推动，也是她思考这一问题并作出抉择的背景。

从事方言和地域文化的研究，是在方言本体研究的基础上对于方言学研究领域的一种拓展。面对这种研究，自然地令人想起 20 世纪 50 年代一代宗师罗常培先生的著名研究《语言与文化》，其范围涉及古今中外的语言和文化。几十年后再度兴起这种主题的研究时，出现了两种情况：一种是演绎出不同范围，或者把范围缩至中国境内的语言和文化，并把重点放在方言与中国文化史的关系上，如周振鹤、游汝杰的《方言与中国文化》（1986），或者把范围缩小到某一具体方言和地域文化的研究，如崔荣昌的《四川方言与巴蜀文化》（1996），林伦伦、潘家懿的《广东方言与文化论稿》（2000）等；一种是把对语言和文化的研究发展成为一种新兴的学科，为它建构了一个比较完整的理论体系，如邢福义主编的《文化语言学》（1990），游汝杰的《中国文化语言学引论》（1993），戴昭铭的《文化语言学导论》（1996）等。

从已经出版的几种关于方言和地域文化研究的著作来看，在涉及范围、安排内容和选择重点等许多方面均有不同，因而各具特色。

昕如的《湖南方言与地域文化研究》充分地占有了方言语料，并且善于驾驭，在发掘其地域的文化内涵上下了功夫。全书的结构安排除了第一章导言、第二章湖南方言与湖南人文历史地理和第九章湖南方言与湖南乡土文学

以外，从第三章到第八章看来是按语汇、语法和修辞这样的线索来布局的，这已经不同于其他同类著作而显出特色，其中语法部分的组合更可谓匠心独运。作为湖南的第一部系统研究本地方言与地域文化的专著，它丰富了我国关于方言和地域文化研究的内容。本书为开展湖南方言和地域文化研究作出的贡献值得赞扬。

　　湖南的语言资源十分丰富。单就汉语而言，就包括了湘语、官话、赣语、客家话以及系属未定的湘南土话与湘西乡话。目前通过方言调查所取得的成果还只是其中的一部分，从某些方面来说，甚至是很小的一部分。如果全方位地去开掘，相信将会有更加丰富的资料呈现在我们面前。在这样的基础上再结合开展地域文化的研究，并把地域文化的内容延伸到更广的范围，就必定能绘出更加绚丽多彩的湖南方言和地域文化的巨幅画卷。

鲍厚星

2001 年 12 月于湖南师大学堂坡

　　（原载《湖南方言与地域文化研究》，罗昕如著，湖南师范大学出版社 2001 年 12 月）

《嘉禾土话研究》序

（2002.07）

　　湘南土话从最初的发现到今天成为学界关注的热点之一，已历经了大半个世纪。这中间，《中国语言地图集》提出湘南土话的系属问题产生了重要影响，以黄雪贞的《江永方言研究》为代表的几部专著起到了积极呼应的作用。但湘南土话的分布地域广阔，内部差异纷繁复杂，远不是几个点的调查研究就能概括其全貌的。

　　由于某些契机，湖南的方言工作者加快了湘南土话调查的步伐。2001年暑假期间，湖南师范大学一行数人奔赴湘南各地，先后调查了冷水滩（岚角山）、蓝山（太平）、宁远（张家）、道县（寿雁）、江永（桃川）、江华（寨山）、嘉禾（广发）、临武（麦市）、宜章（大地岭）以及汝城、桂东一带的土话。这一批调查有统一的要求，各点都全面记载了字表、词表和语法例句。对每一个地点的选择都经过反复了解权衡才最后确定。

　　当时小群去做的是嘉禾土话的研究。小群深入地调查和辛勤地写作，最终把对嘉禾土话的研究成果呈现在大家面前。《嘉禾土话研究》一书，体例完备，内容充实，在重点深入描写的基础上，又以较大的篇幅比较了县内各代表点的语音系统，的确下了不少功夫。像这样对嘉禾土话从语音、词汇和语法各部分系统全面地描写与研究是第一次。无疑地，这一部著作将作为湘南土话研究的新收获而进入湘南土话学术研究的文库。

　　常常听到土话区的人们介绍，他们当地有多少多少种土话，各种土话又怎样怎样不同。面对土话的复杂状况，一个县内仅调查一两个点是不够的。在嘉禾这样一个全省面积最小的一个县份里，各地土话也同样存在着种种差异。例如古全浊声母今读的演变，至少就有以下三种情形：

　　甲）并定母字不论平仄，一律读不送气清音；从澄崇群母字不论平仄，一般读送气清音。如广发、塘村、泮头等地。

乙）並定从澄崇群六母字不论平仄一律读不送气清音（极少数字例外），如石桥。

丙）並定母字今读不送气浊音，从澄崇母字今读送气清音，如普满。历史上曾与嘉禾并县的蓝山县，古全浊声母今读演变的情况又有不同，其类型有四：

第一种，一般读不送气清音，如城关土话，陈姓话。

第二种，一般读送气清音，如新圩土话，徐姓话。

第三种，平声读送气清音，仄声读不送气清音，如上洞土话。

第四种，並定母字读不送气清音，从澄崇群母字读送气清音，如唐姓话、厉姓话、蒋姓话、刘姓话、薛姓话、黄姓话等。

蓝山的第一种相当于嘉禾的乙种；蓝山的第二、三种嘉禾暂未发现；蓝山的第四种相当于嘉禾的甲种；而嘉禾的丙种蓝山也暂未发现。

随着土话调查研究的日益深入，人们对土话的面目将会有越来越多的了解和越来越清楚的认识。

调查土话遇到的困难比一般情况要多，研究土话更有相当的难度，但是只要我们坚持做下去，广泛争取学界和各方面的帮助，我们对于湘南土话的研究就会一步一步有所提高的。是为序。

鲍厚星

2002 年 7 月于湖南师大学堂坡

（原载《嘉禾土话研究》，卢小群著，中南大学出版社 2002 年 10 月）

《湖南客家方言的源流与演变》序

(2003.04)

客家方言在整个汉语方言中有它特殊的地位。仅以每一种大方言的命名而言，一般都伴随着某一个地理位置或与之有关的名称，如吴语、湘语、赣语、粤语、闽语等，或是北京官话、东北官话、西南官话、江淮官话等，而客家方言不同，它是着眼于该方言与当地方言之间"客姓"与"土著"的对待关系，用说该方言的民系的称呼来标示方言的名称。

客家方言若从地理分布来看，主要分布在我国的 8 个省区，即广东省、广西壮族自治区、福建省、台湾省、江西省、海南省、湖南省、四川省的 200 多个县市。客家人最集中的是在广东省中部、东部，福建省西部和江西省南部。在分布比较集中的客家方言区的 9 个片中，涉及湖南省的有 2 片：一为于桂片，包括江西省 13 个县市和湖南省 5 个县；一为铜鼓片，包括江西省 8 个县和湖南 2 个县。

对于客家方言的研究，海内外学术界已逐渐积累了丰硕的成果。由于种种原因，湖南的客家方言研究却显得十分滞后，无论是关于单点客家方言的深入研究，还是关于整个湖南境内客家方言的全面考察，都有着紧迫的任务。

正是在这样一种形势与背景下，立中的《湖南客家方言的源流与演变》一书应运而生。

立中还在大学本科阶段，就对汉语方言的调查研究发生了浓厚的兴趣，后来读硕士，读博士，一直沿着从事方言研究的道路走过来。当立中确定了把湖南客家方言研究作为学位论文题目以后，他深知任务的艰巨而不敢懈怠。我也深信，在他后来写就的学位论文后记中的一段话是十分真切的实录：

两年多来，我从浩繁的史志中搜寻客家人迁移入湘的蛛丝马迹；又时常背上行囊，只身一人跋山涉水，在平江、浏阳、醴陵、攸县、茶陵、炎陵、桂东、汝城、宜章、江华、新田等县市的大山之中与客家人促膝交谈，刨根问底。

眼前的这本书，是立中在其博士学位论文的基础上对某些章节作出了一些调整，并加入完备的方言字汇而构成的。它凝聚着作者潜心研究湖南客家方言的心血，也凝聚着作者对客家人及其历史文化的深厚情感。

立中的辛勤耕耘终于结出了丰硕的果实。他的湖南客家方言论著，虽然目前拿出来的还只是音韵方面研究，但这已经是湖南方言研究中的一个重要突破，它既为湖南客家方言的研究开创了新局面，又为弥补全国汉语方言研究中有关湖南客家方言研究的缺憾与不足起到了重要作用。

作为一部学术著作，本书有如下特色：

一、田野调查扎实，基础深厚。

作者用了近两年时间的田野工作，对 10 余个客家方言点的语音、词汇、语法状况进行了比较全面的调查，积累了丰富的语料，为展开全面研究奠定了厚实的基础。

二、横向与纵向结合，层层深入。

作者运用掌握的第一手材料，通过多层面、多角度的比较，凸显湖南客家方言音韵的特征面貌，在研究的深度与广度上颇见功夫。

三、理论与方法并重，多有建树。

综观全书的架构与写作，作者既善于运用语言学理论指导自己的研究过程，并作出相应的概括，又能熟练地运用描写、比较、统计以及生态学、地理学等多种方法进行论证，提出自己的见解。

四、论证与字汇配合，相得益彰。

全书实际上可以看成两大部分：一为充分的论证文字，一为完备的方言字汇。这样两相配合，相辅相成，使这一研究成果更臻完善。

早就听说过客家人多数住在山区，因而有"逢山必有客，无客不住山"的说法。立中为了深入实地，"取得真经"，没少爬山越岭。我想，这正是立中在学术的崎岖道路上不畏艰险、勇于攀登的写照。我相信，有了这种精神，立中将会有更丰硕的成果奉献给他所热爱的事业。

鲍厚星

2003 年 4 月于湖南师大学堂坡

（原载《湖南客家方言的源流与演变》，陈立中著，岳麓书社 2003 年 4 月）

《湘南土话词汇研究》序

（2004.02）

　　我曾为昕如的另一本书作过序，那是 2001 年为《湖南方言与地域文化研究》写的。时隔两年，昕如的又一部书稿——由她的博士学位论文修改而成——摆在我的面前。这是我国第一部关于湘南土话词汇研究的专著。

　　这部书的研究难度较大，难就难在它研究的对象是不确定的，或者说是难以把握的。湘南土话本身系属不明，从词汇研究的角度看，研究哪些范围的内容才算是它的特色？路从哪里走？走到哪里去？不少问题可以想见困扰过作者，但作者有自己的见地，又善于吸收各种有益的营养，开启自己的思路，最终形成了一种思想："有必要针对湘南土话的特殊性从研究内容到研究方法上做出新的探索。"

　　我认为本书有以下几个特色：首先是在研究内容的发掘上下了功夫。

　　作为本书研究内容的主体部分是词汇特色词、语音特色词、通用型量词以及构词词缀分析这几章。作者构建这样一个格局都是围绕着一个中心：突出湘南土话词汇的特色。

　　作者对所调查或引用的 19 个土话点和 15 个周边方言点的共 3600 余条词语进行反复的内部、外部比较和统计，最终挑选出一部分词条作为特色词。

　　有些方言词汇研究的论著使用了"特征词"的术语，本书为何不用呢？作者作了如下说明："湘南土话在历史上并没有形成相对稳定的方言区，县与县之间，甚至一个县内部的不同乡镇之间无论语音还是词汇均存在明显的差异，湘南土话内部没有哪一个点的话能作为代表方言，因而这一片土话处于离心型状态……由于湘南土话是离心型的，这些词的覆盖面并不周全……湘南地处湘粤桂结合部，又紧邻客赣方言区，深受周边各大方言的影响，湘南土话兼收并蓄，吸收了各方言的词汇成分，具有混合程度高的特点。基于这些特色，我们的研究对象只宜于命名为'特色词'。"我认为，这样说是有道

理的，它区别了不同事物的不同属性。

说到语音特色词，这可以看作是语音和词汇两种研究的"结合部"。从语音特色的考察落实到词汇的特色上，就从一个方面拓宽了对于方言词汇特色的认识。赵元任在他的方言调查中很注意记录"特例字"。关于"特例字"，他的解释是"切韵被假定是现代多数方言的源头，从以切韵为代表的传统音系的角度看，这些字的举止出轨，不和处在同一音韵地位的其他字一般"（《吴语对比的若干方面》）。并以"铅"字为例，讲到他的女儿如兰在长沙上学时想买一个"铅笔匣儿"，店员居然不明白她要买什么，最后才弄清楚是要买一个"铅笔盒子" （问题的症结出在"铅"字的读音上，北京话是 [tɕʰiɛn⁵⁵]，吴语苏州话是 [kʰɛ̃⁴⁴]，湘语长沙话是 [yɛ¹³]）。赵元任根据与中古音一致的湘语、粤语的读音来看，官话、吴语"铅"的读音都不合规则，并指出"这样的特殊情况，对划出大片的方言区有重要的理论意义，特别是可以作为据以划出吴语的特征，来说明吴语并不直接来自古代的长安方言，而是来自跟它有密切关系的另外一支"（《吴语对比的若干方面》）。

通用型量词和构词词缀的探讨又可以说是语法研究和词汇研究的"结合部"。为了揭示湘南土话词汇的种种特色，作者所作的突破通常做法的"尝试"是可取的。在通用型量词这一章，作者在考察了客观的语言事实以后作出如下论断："湘南土话以不通用量词'个'，而在相当部分土话点通用量词'粒'和'头'区别于普通话和其他方言，显示了湘南土话通用型量词的相对一致性与独特性的一面，又以兼通用'只'表明其与湘语、赣语关系密切的一面。"此说有理有据，颇为中肯。

本书的另一特色是作者采用了多种研究方法，并且运用得娴熟自如。

且不说运用田野调查的方法获取第一手资料，且不说运用共时描写与历时探源相结合的方法将研究引向深入，且不说运用系统论的方法拓宽了土话特色的研究范围，且不说运用综合判断法来探讨土话的归属，也且不说运用统计学方法对有关问题进行量化分析，运用多视角解释法阐明复杂程度高的一些特殊现象，单说一说比较方法的运用。作者十分重视运用比较的方法，无论是对词汇特色词、语音特色词的描写和分析，无论是对通用型量词、构词词缀问题的考察和研究，也无论是对土话词汇的内部差异和土话词汇的各种层次所作的论证和判断，都有比较方法贯穿其中。既有个体的比较，又有整体的比较；既有内部的比较，又有外部的比较；在外部比较中既有同兄弟

方言的比较，又有同少数民族语言的比较。可以这样说，本书成为一部很有分量、很有价值的学术著作，在很大的程度上，得力于作者成功地运用了比较研究的方法。

本书还有一个特色，作者做到了"把握宏观，重视微观"这八个字。全书的宏观主旨、框架格局固然重要，每一个局部、每一个细节也是不可忽视的。本书作者在微观研究上精心对待，毫不松懈。特别是在全书的主体结构第二、三、四、五等章节中更是如此。如"词汇特色词分析"一节，一般要从使用情况、源流考释、外部比较和小结等四个方面加以分析。关于"姣公"、"姣婆"的分析是一个最典型的例子。这一类的精细分析为全书生色不少。

作者在本书的结语中说到"很多方面调查研究不全面、不充分"，这体现了作者自谦的态度，但如果从学术研究要达到更高的境界来看，从进一步全面、充分地揭示湘南土话面貌的要求来看，这话又的确值得我们思考。

我认为昕如在自己的学术发展的道路上迈出了很重要的一步。《湘南土话词汇研究》这部专著为她的学术登攀奠定了更加坚实的基础。带着十分喜悦的心情我写了上面这些话。是为序。

鲍厚星

2004 年 2 月于湖南师大学堂坡

（原载《湘南土话词汇研究》，罗昕如著，中国社会科学出版社，2004 年 9 月）

《湘南土话论丛》前言

(2004.06)

　　湖南南部的大多数县、市处在双方言范围。这里的双方言是指官话和土话，官话属西南官话，土话在学界被称为湘南土话。在这个地区，一般情况是对外讲官话，对内讲土话。官话内部虽然不无差异，但统属西南官话不成问题；土话却是另一种情况，不仅各县市土话不一致，就是一县之内也有种种不同，若各说各的土话，彼此不易交际。

　　1935 年秋天，赵元任、丁声树、董同龢、吴宗济、杨时逢等来湖南调查方言，已经发现了湖南南部部分县市在官话之外还存在土话的情况，但当时的工作是在长沙进行，由于受到发音人条件的限制，土话未能正式调查，凡有官话和土话并存的县市，最后进入调查报告的正式材料都是官话。不过，在调查报告的综合材料"极常用词表"中仍可以发现对土话的部分记录（参见谢奇勇《〈湖南方言调查报告〉中的"湘南土话"》2002）。

　　在 1960 年由湖南师范学院中文系汉语方言普查组编写的《湖南省汉语方言普查总结报告》中，也有关于湖南南部土话的反映："湘南道县、宁远、江华、江永、蓝嘉（笔者按：即蓝山、嘉禾）等地大片地域有双重方言。一种是汉语土话，音系较为特别，外人不易听懂；一种向外交际的读书音，则又接近西南方言。"该报告对蓝山、嘉禾两地记录了土话，其余各地记录的仍为官话。

　　当"六五"国家社科基金重点课题《中国语言地图集》把湘南土话同畲话、儋州话、乡话、韶关土话等一起列入"有待进一步调查研究"的未分区的非官话时，湘南土话研究的重要性无疑得到了确认。

　　李荣先生在《汉语方言的分区》（系《中国语言地图集》图［A2］与图［B8］的说明稿）一文中多次提出湘南土话，其中有两处这样说：

　　　　凡是未分区的方言，无论官话还是"非官话"，包括湘南土话在

内，都有待于进一步调查研究，以扩充方言工作者的眼界。

湖南省南部十六个市县的交际语是西南官话，命名为湘南片。

各市县内还有土话。湘南土话与韶关土话的关系有待调查研究。

湖南的方言工作者深知湘南土话的调查研究工作是一项历史使命，必须认真地肩负起来。在经历了少数人的探索之后，我们组织队伍，集结力量，有目的、有计划地对湘南土话开展了调查研究。

从时间上说，大致可以从 2000 年 11 月在韶关举行的粤北土话及周边方言国际研讨会划一条线。韶关会议的闭幕会上，湖南师范大学承担了筹备湘南土话及周边方言国际学术研讨会的任务。

从这个时候起，连续几年，湖南师范大学汉语言文字学学科点把湘南土话的调查研究作为一项重要任务来对待。这一点在学科点的方言方向上有着直接的突出的反映：

我们积极争取课题。在此期间获得了 2001 年国家社会科学基金项目课题《湘粤桂三省区土话平话及其周边方言比较研究》（该项目由中国社科院语言研究所张振兴研究员牵头，我们湘粤桂三省有关人员共同承担），同时也获得了 2001 年湖南省社会科学规划立项资助课题《湘南土话比较研究》。

我们把博士生、硕士生的培养计划和湘南土话调查研究的任务结合起来。在 2003 届的 4 位方言方向的博士生中，3 人的学位论文选题是湘南土话，以音韵为研究内容的是谢奇勇的《湘南永州土话音韵比较研究》，以词汇为研究内容的是罗昕如的《湘南土话词汇研究》，以语法为研究内容的是卢小群的《湘南土话代词研究》。

我们把深入实地做好田野调查当做最基础的工作。2001 年暑假期间，我们有计划地组织力量先后奔赴湘南各地，调查了永州（岚角山）、蓝山（太平）、宁远（张家）、道县（寿雁）、江永（桃川）、江华（寨山）、嘉禾（广发）、临武（麦市）、宜章（大地岭）以及汝城、桂东一带的土话。

2002 年 11 月，湘南土话及周边方言国际学术研讨会在湖南师范大学如期举行。

回首这几年走过的路，欣喜地看到一篇篇围绕湘南土话课题、深入实地调查写出来的论文，将为人们认识湘南土话的面貌提供更多的材料。

按预定的计划，我们编选了这个集子。集子里共收入 29 篇论文，内容大致可分成以下五类：

外部比较，即湘南土话与非湘南土话的比较。这又分两种情况：一是汉语方言之间的比较，有陈立中、杨蔚、曾献飞的 3 篇文章。陈文认为"应当将湘南土话、粤北土话和北部平话与湘语、沅陵乡话、吴语、徽语、东北部闽语及闽西客家话中存在的蟹、假、果、遇等摄字主要元音连锁变化现象联系起来，从更广泛的空间和更久远的时间中去寻找这种现象的地理分布及形成原因的答案"。杨文从韵母考察，发现"沅陵乡话、东安土话、宜章土话、江永土话与湘语、吴语'神合'之处颇多"，并指出韵母的"这些语音演变影响了整个音韵格局，如果将它们看成是几种不相比邻的不同方言的自身演变的结果，用'偶合'来解释不太解释得通"。曾文比较了湘南土话和南部吴语，认为"浙南和湘南在地域上相隔近千里，但在语音特点方面却表现出许多惊人的相似"，也指出"我们不能认为这仅仅是汉语方言发展中的一种偶合，它们之间必然存在着某种联系"。"湘南土话和南部吴语可能曾经是同一种或差别不大的方言，湘南土话与南部吴语的关系可能就是历史上的湘语与吴语的关系，即湘南土话可能是古湘语的一种"。外部比较的另一种情况是湘南土话与少数民族语言的比较，也有 3 篇文章，作者分别是李星辉、蒋军凤、胡萍。李文和蒋文都是拿土话与当地的瑶语进行比较，而胡文却不同，作者调查了绥宁关峡苗族"平话"，指出它仍是一种汉语方言，并从它和湘南东安土话在音韵上存在的惊人的相似现象推断关峡平话与湘南土话之间一定有着某种深层的联系。

内部比较，即湘南土话内部差异的考察。本书收入 3 篇文章：罗昕如和卢小群分别对蓝山、嘉禾两地土话的内部差异进行了分析。罗昕如对蓝山土话有深入的调查，详见她的另一篇论文《湘南蓝山县太平土话音系》。卢小群把嘉禾作为研究基地，已于 2002 年出版了专著《嘉禾土话研究》。谢奇勇的《湘南永州土话声母类型比较》以永州市所辖 9 个县市 17 个土话代表点的语音系统中的声母为研究对象，探讨其带规律性的问题，以展现它们之间的一致性和差异性。此文出自他本人的博士学位论文《湘南永州土话音韵比较研究》。

语音描写、分析。本书选收了 9 篇文章，其中有的重在音系描写，兼及语音特点分析，如贺凯林关于道县寿雁平话的音系，罗昕如关于蓝山太平土话的音系，李星辉关于永州岚角山土话和桂阳流峰土话的音系，邓永红关于桂阳洋市土话的音系等。有的主要作土话语音特点的分析，如陈晖的临武

（麦市）土话，彭泽润的宜章大地岭土话，谢奇勇的新田南乡土话，唐湘晖的桂阳燕塘土话等。在强调要加强方言词汇和方言语法研究的时候，不是说就可以忽略方言语音的研究，对于湘南土话这样归属未明的方言来说，语音的描写和分析研究仍是十分重要的。

词汇、语法研究。罗昕如的《湘南土话词汇特征研究》出自作者的博士学位论文《湘南土话词汇研究》（即将由中国社会科学出版社出版）。卢小群的《湘南土话指示代词的考察》出自作者的博士学位论文《湘南土话代词研究》（也将由中国社会科学出版社出版）。在湘南土话正需要开展全面调查研究的过程中，罗、卢的学位论文选词汇和语法（虽说是局部）为题，颇具现实的针对性，其意在开拓，在突破，在配合（湘南土话的全盘研究不能缺少词汇与语法）。伍云姬的《湘南方言中［ti］类动态助词的词源初探》是作者近年来的研究项目"湖南方言语法的共时和历时研究"的成果之一。文章"从湘南的土话材料出发，提出湘南的［ti］类动态助词和湘北、湘东的同出一源，均来自'得'。但它们的发展道路和进程并不完全相同"。伍云姬此前主编的湖南方言语法系列《湖南方言的动态助词》、《湖南方言的介词》、《湖南方言的代词》已在学术界产生较大影响。她虽在澳大利亚墨尔本大学工作，但同时又是湖南师范大学汉语言文字学学科点中具有特殊身份的一位重要成员。

归属问题探讨。专门讨论土话归属的，本书收了6篇文章，其中有关于单点土话归属的讨论，有关于某一类型土话归属的讨论，最后，还有关于整个湘南土话归属的讨论。汉语方言中不乏归属问题难定的例子，如今的湘南土话又算得上一个。话虽这么说，我们还是不要放弃探索。我们编选这个集子的目的或者说愿望，是想在探讨湘南土话系属的过程中起一些促进作用。集子最后的一篇文章，是谢奇勇的《〈湖南方言调查报告〉中的"湘南土话"》。此文是在精心研读、仔细梳理的基础上写出来的，它说明了一个事实，赵元任等前辈历史上第一次用现代记音方法记录过"湘南土话"。虽然记录的材料是不完全的，但前辈在我们湖南土地上调查方言留下的足迹，弥足珍贵。

鲍厚星 2004 年 6 月

（原载《湘南土话论丛》，鲍厚星等著，湖南师范大学出版社，2004 年 11 月）

《新田南乡土话研究》序

(2005.12)

　　《新田南乡土话研究》这本专著由奇勇来完成是再合适不过的了。其一，他是当地人，研究的对象是他熟悉的母语；其二，他的专业行当，就是研究方言。他的博士学位论文《湘南永州土话音韵比较研究》篇幅很大，眼前他在岗位承担的工作使他难以抽出更多的时间来做出版前的修改、定稿工作，因而不得不暂时搁置一边。让《新田南乡土话研究》先行一步，所花时间相对少一些，这样的安排，实可以看出奇勇一方面对于工作抱有高度的责任感，另一方面对于学术的追求又从未有所懈怠。

　　奇勇写过的关于湘南土话的论文中，给我印象最深的一篇是——《〈湖南方言调查报告〉中的"湘南土话"》。《湖南方言调查报告》是1935年秋季，由前中央研究院历史语言所赵元任、丁声树、吴宗济、董同龢、杨时逢等对湖南全省方言进行了调查，最后经杨时逢整理，于1974年在台北出版。赵元任等在当时已发现了湖南南部部分县市在官话之外还存在土话，但当时的调查是在长沙进行，由于受到发音人条件的限制，土话未能正式调查。凡有官话和土话并存的县市，最后进入调查报告的正式材料都是官话音系。一般人在阅读《湖南方言调查报告》时，看到有关的文字说明，以为报告对湘南一些县市反映的只是官话材料，不会再去深究报告中是否还会记有土话材料。奇勇却有不同表现，出于对湘南土话研究史料的特别关注，他在阅读《湖南方言调查报告》时，没有在分地报告的材料（有关湘南一些县市的材料取自官话）面前止步，而是穷尽式地查阅综合报告中的各种相关材料，最后在《极常用词表》中发现了有某些材料与分地报告中反映的官话系统迥然不同，当属土话范畴。虽然这一些对土话的记录是零散的、不完整的，但毕竟是最早用现代记音方法记录的"湘南土话"材料。经过奇勇的仔细爬梳，整理出新田、宁远、蓝山、东安、道县、永明（江永）、江华、嘉禾、宜章等9个县

市（均属湘南地区）的不完整的土话音系材料。

我读《湖南方言调查报告》的时间当然比奇勇要早、要长，但是我没有他的这个发现，因此，当我读到这篇文章发表之前的初稿时，我禁不住要击节赞赏，并多次与他人谈及。

面对奇勇的这部专著，我最想要说的是，目前对湘南土话的研究，首要的是发掘土话材料，抢救土话材料，也就是要把纷繁众多的土话一个一个地从活的口语中记录下来，就像新田南乡土话研究和已出版的若干部土话研究一样。这记录要尽可能做到准确，尽可能做到反映全面，要有一定规模，要便于进行比较。鉴于土话消亡的速度正在加快，这种发掘工作的确带有抢救性质。

已往的湘南土话调查研究带给人们这样的启示，土话中拥有相当丰富的语言矿藏。讨论历史层次也好，讨论语言接触也好，讨论语言发展演变的规律也好，这里准能提供难得的材料，准能叫你有意想不到的收获。

我有一个奢望，或者说一个梦想，要是能构建一个大型的湘南土话文库，把单点的土话研究推进到 50 种、60 种，或者至少 40 种，那该多好！

因为奇勇扎扎实实地做了发掘土话、研究土话的工作，推出又一部湘南土话研究的新作，我乐于借此说一说自己的感受。

是为序。

鲍厚星

2005 年 12 月于湖南师大学堂坡

（原载《新田南乡土话研究》，谢奇勇著，湖南教育出版社，2005 年 12 月）

《湘方言研究丛书》总序

(2006.05)

湘语的历史源远流长，但湘语区的确立直到 20 世纪的 30 年代才被提出来。20 世纪之初给现代汉语方言分区的第一人章太炎，把汉语方言分为九种，湖南、湖北、江西被作为同一种方言。赵元任等在 1934 年、1939 年和 1948 年三次对汉语方言作"语言区域图"，前两次都未曾分出湘语区，直到第三次才把湘语从"上江官话"中划分出来。比这次区分约早十年的是李方桂 1937 年在英文《中国年报》发表《语言与方言》一文时，把湘方言作为八种汉语方言之一正式提了出来。自此以后，湘方言作为一大方言的地位就一直确定下来了。

让湘方言从汉语方言中划分出来，这只是第一步。进一步如何认识湘语，研究湘语的特点，考察湘语的分布，探讨湘语和兄弟方言的关系，等等，这又进入了一个历史阶段，人们的认识又不会那样容易一步到位，它必然又要经历一个认识逐步深化的过程。

在 20 世纪 80 年代问世的《中国语言地图集》中，对湘语的分布与分区研究，是那一个阶段人们认识的反映。我们对它的估价是这样的：

一方面，这一研究成果是此前湘语区划研究的一个历史总结，对于进一步确认湘方言地位起到了很积极的作用。另一方面它又隐含着某些不足。

历来对湘语的确认，是以声母的发音方法，即古全浊声母的今读为标尺的。

《中国语言地图集》中有相关的文字：

"湘语的主要特点是：古全浊声母逢塞音、塞擦音时，不论今读清音还是浊音，也不论平仄，一律不送气。"

关于湘语各片的特点有如下的说明：

"长益片的主要特点是：古全浊声母今读塞音、塞擦音时，无论平仄，一

律读不送气清音……"

"娄邵片的主要特点是：古全浊声母今读［b d g dz dʑ］一类浊音……"

"吉溆片的主要特点是：古全浊声母今读塞音、塞擦音时，平声读不送气浊音，仄声读不送气清音……"

在 2002 年出版的《现代汉语方言概论》（侯精一主编）中，在谈及"确认湘语的标准"这一问题时，除了对吉溆片的湘语系属有不同看法外，笔者对其他问题的提法仍以《中国语言地图集》为本，下面是该书中相关的文字：

"历来对湘语的确认，是以声母的发音方法作为标准，即古浊声母今逢塞音和塞擦音时，无论保留浊音或是浊音清化，不管平仄，一般都念不送气音。"

"长益片各点是，古全浊声母今逢塞音、塞擦音时，无论平仄，一般都念不送气清音；娄邵片各点是，古全浊声母今逢塞音、塞擦音时，无论平仄，一般都念不送气浊音。"

应该说，从《中国语言地图集》到《现代汉语方言概论》，关于运用古全浊声母演变的这一标准，原则上并没有错。

但是要用确凿、翔实的语言事实来检验，就可以发现有关这个标准的一些文字说明还不够严谨。尽管早在 1960 年以前向熹在其《湖南双峰县方言》（《语言学论丛》1960 年）一文的语音描写中就曾经指出"值得注意的是入声字的浊音几乎完全清化（鼻音边音除外），非入声字也有清化的倾向"。袁家骅等著的《汉语方言概要》中的双峰音系（也出自向熹的双峰县方言）在声调说明和举例时也曾指出："由于古入声全浊声母一律变成了清音（笔者按：有一处是说'大部分变成送气清音，小部分变成不送气清音'），因此阳平包括清浊两类声母，浊声母字是原来的平声字，清声母字是原来的入声字。"这一重要事实并未引起笔者的特别注意，因而也就没有专就这一问题对湘语各点进行系统的考察。

青年学者陈晖注意到这一问题，认为"对古全浊声母在湘语中演变情况的认识应由笼统转向深入"，并在其博士学位论文《湘语语音研究》中将声母研究的重点放在古全浊声母的今读及演变类型上。她以大量的语料详细考察了湘语娄邵片古全浊声母是否无论平仄都保留浊音和古全浊声母今读是否送气的问题，这里只引出部分结论：

"在整个湘语娄邵片，除祁阳、祁东外，古全浊声母入声字全部或绝大多

数都已清化；除绥宁及有争议的娄底、涟源外，古全浊声母舒声字绝大多数今仍保留浊音。"

"湘方言中，除极少数地方外，古全浊声母舒声字清化后一般读不送气音，入声字清化后部分送气，部分不送气，有不少地方送气占绝对优势。"

第一个结论指出湘语娄邵片的古全浊声母今读并非是无论平仄一般都念浊音。这个结论把古全浊声母入声字全部或绝大多数都已清化的事实凸现出来了。

第二个结论指出整个湘语并非是无论清与浊、平与仄，一般都念不送气音。这个结论把古全浊声母入声字清化后从部分送气到送气占绝对优势的事实凸现出来了。

这是一次必要的修正。重新思考湘语特征、重新确认湘语语音标准的时候，我们对过去的提法相应作了调整。有关湘语语音标准的内容不在这里赘述。

湘方言的语言资源非常丰富，但我们的研究却没有跟上去。比起其他一些大方言的研究硕果累累，我们的研究还处于滞后状态。不过，穷则思变。我们特别感到了一种紧迫感，有了紧迫感，课题就会一个接一个地做下去，战役就会一个接一个地打下去。

还有一种特别，是对于一批中青年学者在学术上的开拓精神和稳健作风，特别感到欣慰。他们中，有的早就着手展开了复杂专题的系列研究；有的写出了具有特殊关系的大方言之间的音韵比较研究的专著；有的长于在方言词汇研究领域里开拓进取；有的把方言语音的研究做得深入精细，还有的在相关领域都做出了突出成绩。他们的成果有的在学术界早已产生影响，有的正在逐步产生影响。

编辑这套丛书的构想是打算主要从宏观、综合的层面对湘方言语音、词汇、语法以及某些概况作一个反映。《湘方言语音研究》通过广泛的实地调查及对现有材料的深入发掘，对湘语语音特点及有关系统进行了深入研究。《湘方言词汇研究》揭示了湘语词汇的基本特征和整体面貌，探讨了湘语词汇的源流与演变规律。丛书中关于湘方言语法研究的反映，推出了两部书：一部是《湘方言动态助词的系统及其演变》，本书从历时和共时两个角度研究了湘语不同方言点的动态助词系统，并用内部构拟的方法，论证了某些动态助词的词源以及动态助词系统从近代汉语到湘语的演变过程。另一部书是《湘方

言动词句式的配价研究——以隆回方言为例》，本书是第一次将句式配价理论运用于一个具体方言的句式研究。对湘方言语法进行全面系统深入描写的专著还有待来日。丛书的最后一部是《湘方言概要》，本书根据对确认湘语标准的重新思考，重新审视了湘语分布的版图，对湘语区划的格局也有某些改变，并且从调查所获的第一手材料中选编成 16 个点的方音字汇，为湘语各片的比较提供一个基础材料。

我们生活在湖湘广袤的大地上，湖湘文化的摇篮里，湖湘人民培育了我们，我们时刻想着如何图报。这套丛书作为湖南师范大学"十五""211 工程"子项目湖湘文化研究的成果出版，遂了我们这个心愿。我们只有一个想法，就是怎样为湘方言研究乃至湖南各种方言的研究多做一些实事，并且要尽可能把这些实事做得扎实一些。

鲍厚星

2006 年 5 月 31 日于湖南师大学堂坡

（原载《湘方言研究丛书》，鲍厚星主编，湖南师范大学出版社，2006 年 6 月—12 月）

《汨罗长乐方言研究》序

(2006.05)

在湖南方言的版图中，两种或多种方言交汇的地带比比皆是，从湘东到湘西，从湘南到湘北，乃至湘中，都可以像海边拾贝一样找到不同方言互相接触碰撞、互相交汇的实例。这既可以是大方言，如湘、官、赣、客之间的交汇，也可以指某一方言区内部片或小片之间的交汇。

湘东是湘、赣两大方言（有的还要加上官话或客家话）碰撞最频繁、交汇最深入的地域。历史上江西籍移民大量涌入湖南，赣语在湖南产生巨大影响，以致在湘东形成一个狭长的赣语区。这就为湘、赣两大方言的交汇提供了最好的条件。

山青的《汨罗长乐方言研究》为我们提供了一个具有湘、赣两种方言交汇特色的实例。

这里仅拿声调作一大致分析。

汨罗长乐方言的声调可以和长沙方言的声调（湘语长益片中最具代表性的声调格局）作一比较：

	阴平	阳平	上声	阴去	阳去	入声
汨罗长乐	33	13	24	45	21	43
长沙	33	13	41	55(45)	11(21)	24

两地方言都是 6 个调类，阴平、阳平、阴去、阳去调值也都相同（长沙方言阴去与阳去的实际调值加了括号），可是上声和入声都是不同的调型，而且差不多可以看作是两种调型交换了位置：汨罗长乐的上声和入声是一升一降，长沙的上声和入声是一降一升。

汨罗长乐方言声调的这种特点不会是孤立的现象，在湘语和赣语相邻的地区还能发现类似的情况吗？

我忽然想起两个材料：一个是傅灵同学的学位论文对长沙方言东北线一

带的调查，一个是我和湖南省公安厅一个方言调查组的同志一道对长沙地区包括金井在内的几个点的调查。

傅灵的调查点中，开慧、白沙、福临三个乡镇位于长沙东北端边沿地带，紧紧相邻的就是平江与汨罗（平江县基本上属赣语区）。

开慧、白沙、福临三地的声调是：

阴平 33 　　阳平 13 　　上声 24 　　阴去 55 　　阳去 11 　　入声 42

再看另一个材料，关于金井话的调查。金井也是位于长沙东北部，与赣语地带的平江、浏阳十分接近。金井话通行的地区有脱甲、观佳、双江、范林等地以及金井大部。金井话的声调是：

阴平 33 　　阳平 13 　　上声 24 　　阴去 45 　　阳去 21 　　入声 41

这两个材料涉及的地点方言，其声调特点与汨罗长乐话如此吻合，绝非偶然。从汨罗的长乐到长沙东北部的开慧、白沙、福临以及金井一带，声调中一致反映出来的上声和入声的特点是赣语渗透的结果。

看一看浏阳、平江有关方言的声调就可以明白了。

浏阳方言分城关和东、西、南、北四乡，除西乡外，城关和东、南、北各乡上声调值基本上是 24，入声调值基本上是 42（根据我和沈若云 1984 年赴浏阳的调查材料，也参考了夏剑钦先生的《浏阳方言研究》）。平江城关方言上声分阴阳，阴上调值是 35，调型也是升调，入声是一个相对短促的高调，调值为 4（根据《湖南省志·方言志》）。

需要指出的是，这里发生的两种方言交汇的现象，并没有形成完全由甲方言取代乙方言的情况，还只能说是出现了两种不同成分的混合。

上面说到的湘、赣交汇地带两种方言声调混合的现象超过一定的区域（与交汇地带的距离拉开了），就开始消失了。如从长沙东北端的福临往南移，到了青山铺、安沙镇、捞刀河等地，声调模式就和长沙中心地区的声调一个样了。

汨罗长乐方言还带有其他的湘、赣混合色彩，这里不一一赘述。虽然存在一定程度的混合性，但正如作者指出的那样，汨罗长乐方言语音的主要演变规律与湘语长益片趋于一致，可以看作是具有明显赣语影响的湘语。

湖南近年来出了一批单点方言研究的专著，但是对一个方言资源如此丰富的大省来说，还是太少、太少。

山青经过长时间的调查研究，精心锤炼，写就了这本专著。其描写细致、

准确，研究系统、深入，特别是语料相当丰富而翔实，它带着自身的特色丰富了湘语研究的内容，在单点方言研究系列中，成为我省最近一个时期继谢奇勇《新田南乡土话研究》之后又一个新的收获。

作者说，她一直有一种方言情结。今天，能借方言研究的平台，将祖祖辈辈沿用的语言客观地记录一二，并展现给大家，也算是圆了她儿时的梦想。这话说得多好啊，多么质朴而情深。是的，她梦想成真了，但是，她是经过多少艰苦的努力才走到这一步的。我们还希望，作者带着这种方言情结，一步一步地把更多的梦想变成现实。

鲍厚星
2006 年 5 月于湖南师大学堂坡

（原载《汨罗长乐方言研究》，陈山青著，湖南教育出版社 2006 年 10 月）

《湖南方言语法系列》总序

(2006.12)

　　伍云姬主编的《湖南方言语法系列》是一套丛书，内容包括五集：《湖南方言的动态助词》《湖南方言的介词》《湖南方言的代词》《湖南方言的语气词》《湖南方言的副词》。从第一集于 1996 年出版到整套丛书出齐，历时整整十年。撰写论文的作者总共约五十人，许多长期从事湖南方言研究的学者参与了这项研究，队伍中有老中青三代人。更为特别的是，主编伍云姬远在澳大利亚，作者群却多半在湖南，人员相当分散，这其间的联系靠的是湖南师范大学（伍的母校）这个"中转站"，伍云姬本人不知来回在太平洋上飞过多少次。像这样远隔重洋组织众多作者精心策划编纂出一个省的方言语法系列，在学术界实属罕见，值得向学术界和其他想了解湖南方言的读者推荐。

　　《湖南方言语法系列》每一集都是在各个单点方言就同一命题的专门论述之外，由主编本人发表一篇综论，书末还附有各方言例句对照或比较。

　　第一集《湖南方言的动态助词》收有 19 篇单点方言论述，主编本人的综论是《论汉语动态助词之统系》。该文在大致分析了国内外"态"的研究状况之后，重点讨论了两个问题：1. 如何研究汉语动态助词的系统；2. 湖南方言动态助词系统的特点。关于第一个问题，作者认为至少应该包括线性描写、网状分析、综合讨论这个三部曲。关于第二个问题，作者提出从线性描写、网状分析以及综合的角度来看湖南方言动态助词的特点。

　　第二集《湖南方言的介词》收有 16 篇单点方言论述，主编本人的综论是《湖南方言中表被动之介词所引起的思索》。该文对 108 个方言点中 36 个表被动的介词进行了研究，内容涉及用法、义类、虚化过程、地理分布等问题。

　　第三集《湖南方言的代词》收有 18 篇单点方言论述，主编本人的综论是《湖南方言中代词与代词之间的音韵关系》。该文利用湖南 86 个方言点的共时

资料，讨论代词与代词之间的音韵关系，并构拟湖南方言代词的底层系统，讨论其历史的演变。作者认为湖南方言人称代词之间、指示代词之间、人称与指示代词之间，都有着音韵上的联系。在对湖南方言代词底层系统的考察中，作者指出，第一、第二、第三人称代词以及近、远两个指示代词均为舌根音。

第四集《湖南方言的语气词》收有 24 篇单点方言论述，主编本人的综论是《湖南方言是否问句中的语气词的发展》。该文在分析了湖南方言里是否问句最常见的结构之后，又列表讨论了各种是否问句结构在湖南方言区的分布和合音词在湖南方言里的分布。作者认为，如今湖南方言中湘方言是否问句的结构开始从［动词＋否定副词＋（语气助词）］向［动词＋合音词］转化。同时，普通话的［动词＋否定副词＋动词］结构已经进入了湘方言。

第五集《湖南方言的副词》收有 26 篇单点方言论述，主编本人的综论是《湖南方言否定副词的类型》。该文讨论了"没有 1"和"没有 2"以及"没有 2"和"不"在湖南方言中的音义类型。作者认为湖南方言中与普通话相应的否定词有不同的类型，说明在汉语方言里，否定词产生和发展的道路与方向并不是完全一致的。

《湖南方言语法系列》是下了很大功夫的，我看它至少有以下几个特点：

一、站在学术前沿，富有开创精神

伍云姬在《湖南方言的动态助词》一书的后记中写道："不管是从地理语言学、类型学的角度，还是从历史语言学的角度来看，湖南方言的语法研究都是不应忽视的。湖南集湘、赣、客等方言于一地，正好处于南北方言的中间地带。要解释某种句式或某种语法现象的断代差异或历史变迁，常常要借助这个中介。"这种深层的思索驱使着作者不惜投入巨大的精力去完成研究"这个中介"的使命。不论原来的研究状态是如何的滞后，也不论必须展开的课题是如何的棘手，作为整个研究系统的主持人和统率者，她敢于去面对，去一个一个地攻坚。现在，当我们把目光聚焦在这一套丛书上时，我们不能不赞叹作者在学术上过人的胆略。

二、重视事实描写，发掘丰富语料

方言研究要特别重视调查，调查就是要弄清事实，弄清事实就是要在活的语言事实的描写上下功夫，使描写准确无误。《湖南方言语法系列》获得成

功的一个重要原因，就是编纂者特别重视从调查中获得材料，让自己的研究建立在扎实的语言事实的基础上。从系列之一到系列之五，共有 103 篇关于单点方言语法事实的调查研究，加上综论和附录，字数达到一百八十余万，语料不可谓不丰富。这些语言事实大多出自单篇论文作者的母语，或虽非母语，却是经过富有经验的学者调查所得。有的方言语法论著，在提供语言事实时，完全没有标音，忽略了音义之间的关联，不能不看成一种缺憾。《湖南方言语法系列》在这一点上很是讲究，这给方言语法的比较研究提供了方便。

三、贯穿比较研究，深入理论探讨

比较研究的方法在汉语方言研究中占有极其重要的地位。方言与普通话之间，方言与方言之间，同一方言内部甲现象与乙现象之间，等等，都存在比较的问题。《湖南方言语法系列》全套书几乎处处可见比较的研究，这里仅举一例。在《湖南方言中表被动之介词所引起的思索》一文中，作者在介绍湖南方言的表被动的介词之前，就先列出了两个比较的统计表：1. 普通话的介词及其方言对应词；2. 方言通用介词。然后又进一步列表比较并统计湖南方言中表被动意义的介词。通过各个角度、各个层面的多种比较及其分析，湖南方言的动态助词、介词、代词、语气词及副词的特点一一显示了出来。

特别值得提出的是，伍云姬在这个系列研究中把深入理论探讨摆在十分重要的位置上。伍的这一思想在系列的第一本书中就显露出来。作者在《论汉语动态助词之统系》中写道："汉语的'态'之所以尚未引起国际语言学界的高度重视，原因是多方面的。其中一个重要原因是我们对汉语的态尚缺乏系统性的、上升到理论的研究。"这里虽只涉及"态"的研究问题，但对于系统性研究和理论研究的重视却是贯彻到全部系列之中的。作者对于理论探索的态度是严谨的，有一段话给人留下了深刻印象："对于 ka^{41} 和 ta^{21} 词源的假设，我亦有不少心虚之处。例如与长沙方言 ka^{41} 相应的有 ku（衡山方言），kua（如常宁方言），het（如酃县方言），它们是否同出一源？若是，如何解释其声韵的演变？若不是，它们又出自何方？其次，我尚未能从书面文献中找到'解'做完成态助词的例证，这使我总是忐忑不安。"

《湖南方言语法系列》为湖南方言研究作出了重要贡献。在该书系列之一、之二问世以后，已经引起学界的关注。记得有一次我去拜访李荣先生，谈话中他曾询问过伍云姬主编的这个系列研究。随着时间的推移，我想，在

整个汉语方言学界，这一系列研究的重要价值也将会为更多的人所认识。

我们热切希望《湖南方言语法系列》的全部出版，能起到推动湖南方言研究进一步发展的作用，以迎接湖南语言学界更加蓬勃发展的新局面。

鲍厚星

2006 年 12 月于湖南师大学堂坡

（原载《湖南方言语法系列》，伍云姬主编，湖南师范大学出版社，2006—2009 年）

《湘西南汉语方言语音研究》序

(2007.04)

胡萍的《湘西南汉语方言语音研究》在其博士学位论文的基础上，经过修改、补充，就要正式出版了。这是湖南汉语方言研究的又一重要收获。当我翻阅着她那本论文原稿时，忽然想起档案夹中还存放着她那份关于博士学位论文的开题报告书。

这份报告书写于 2004 年 11 月，论文题目是"湘西南汉语方音研究"。当时只是薄薄的几页纸，如今却变成了厚厚的一本书。

记得在那开题前后的日子里，胡萍一方面洋溢着在科学道路上向往探索的热情，一方面又为面对一个棘手的大课题而心存疑惑。她自己曾经说过，她虽在湖南（长沙）定居并生活了多年，但湘西南于她却是一个陌生而又遥远的地方，她能做好吗?

时间，也是实践作出了回答。2006 年 5 月间，胡萍的学位论文顺利通过了，她的研究成果正是从那个"陌生而又遥远的地方"开掘出来的。

要问这本书有什么特点，我看可以归纳为三个深入：深入了解、深入调查和深入研究。

先说深入了解。本书作者对于 20 世纪以来有关湘西南汉语方言研究的文献资料，从综合性调查报告、单篇论文，到地方志以及其他人文历史地理资料进行了全面的搜集与考察，既注意学习前辈时贤的研究成果，又思考历史与现状的研究中存在的不足。她抓住该地区汉语方言研究中争论的焦点，分析出现争论的具体原因，明确需要突破的几个方面是：第一，田野调查的广度和深度亟待加强；第二，研究的内容亟待深入；第三，研究的领域亟待开拓。了解的深入对于作者制定研究策略、构想研究格局有重要的意义。

次说深入调查。通过对以往研究文献的深入了解，作者深知对湘西南地区语言事实掌握得如何，是做好学术论文的一个关键。因此，为了充分地拥

有第一手材料，她先后五次前往湘西南进行实地调查，每次都历时半月有余。由于走好了这关键的一步，作者充分占有材料的目的达到了，本书所选定的湘西南 13 个汉语方言代表点的材料全部是作者自己的田野调查所得。调查的深入使得作者对湘西南汉语方言的整体面貌有了基本认识，能做到心中有数，可以获得更多的发言权。关于作者调查的作风，我建议读者看一看书中对麻阳县高村流摄字调查的过程。

再说深入研究。作者十分明确地提出"研究的内容亟待深入"，这有相当的针对性。就从湘西南汉语方言语音的研究来说，过去主要停留在单一方面的共时的静态描写上，既缺乏横向的特征比较，更少有纵向的演变探讨。

研究内容的深入，是在一连串的比较、分析和概括中体现出来的。

开始，作者拿湘西南汉语方言 13 个方言点的声、韵、调与中古音系比较，考察湘西南汉语方言的古今语音对应关系和演变规律。

接着分声母、韵母和声调三个方面对一些重要的音韵现象进行专章专节的深入比较和分析。比较时安排得井然有序，分析中功夫下得不少。

例如书中对高村等方言点古浊去今读阴平调现象的分析。其过程有几个层次：第一层，指出古浊去今读阴平调的现象与古全浊声母今读类型有关，在论述中又摆语言事实，又先后引述张振兴、辛世彪、顾黔、庄初升、鲁国尧等学者的论著，并联系方言中文白分调的现象，论证了湘西南部分方言浊去读阴平的现象与"全浊送气"有着密切的关系；第二层，指出湘西南汉语方言古浊去今读阴平的现象与客赣方言声调演变的一般规律有所不同；第三层，分析古浊去今读阴平调的原因，指出湘西南浊去读阴平是它自身独立演变的结果，有可能是移民方言远离大本营后自身发展的变化。

像这样层层推进，条分缕析的论述书中不乏其例。

以上这三个深入是相互联系的，是基础和升华的关系。这样做很可取，但它绝不仅仅是一种做法。根本地还是一种精神，一种严谨的治学精神。

作者在书中体现出来的还有一个可贵的地方是勤于思考，善于思考。书中论述湘西南汉语方言各片的归属及其形成的历史人文背景时，关于麻泸片、芷会片，经过一些分析，看上去就要作出结论时，作者却笔锋一转，提出"不得不思考"的问题，或是指出"事实总比想象的要复杂"，以引起进一步深究。这种刨根儿问底儿的精神值得提倡。

在最近的一本书中，我写过这样的一句话："对于一批中青年学者在学术

上的开拓精神和稳健作风，特别感到欣慰。"面对胡萍在学业也是事业上取得的成功，这种感情又在我心中油然而生。我深信，她在学术研究和事业上还会取得一个又一个新的成就。是为序。

鲍厚星
2007 年 4 月于湖南师大学堂坡

　　（原载《湘西南汉语方言语音研究》，胡萍著，湖南师范大学出版社，2007 年 5 月）

《湘南永州土话音韵比较研究》序

(2009.11)

六年前，奇勇以优秀的成绩通过了博士学位论文答辩。

今天，他的学位论文经过修改、补充，正式出版了。这本书以湘南永州土话音韵比较研究为题，通过深入实地调查，运用比较的方法，在历时和共时的层面上对 17 个土话代表点的音韵展开了系统的研究，内容丰富扎实，分析多有创获。可以说，作者殚精竭虑完成了一项颇不寻常的工作，他所取得的成果必将成为湘南土话研究中一部重要的代表作。

出版本书之前，作者曾于 2005 年先行出版了《新田南乡土话研究》一书。该书是作者对自己母语的系统研究。他是把这一研究作为完成博士论文研究的先导行动。提及此事，我是想说明奇勇处事的一种风格，他对湘南土话的研究是做足充分准备，谨慎从事，步步为营的。

这部书至少有以下几个特点值得提出来说一说：

其一，作者在土话调查的深度与广度上下了大功夫。

自从湘南土话这个概念被提出来以后，学界对它的了解一直不甚清楚。虽然后来有了一些关于湘南土话的著述，但毕竟涉及的地点有限，以至于诸如湘南土话的范围究竟有多大，分布的状况又如何，整个土话区的内部存在些什么分歧，以及诸多土话形成了一些什么样的类型，等等，这些问题一直等待着人们来回答。

湘南土话涉及永州与郴州两大地区，奇勇的研究可以说是就永州范围内的湘南土话提交了一份答卷。这份答卷对永州地区土话的范围、分布、分歧以及土话类型一一作了回答。仅就永州土话的分布来说，作者根据语言事实并结合空间区域特点首先分出南、北两片。其中北片分出 7 小片，据基本标准系联，合成 6 小片；南片分出 26 小片，据基本标准系联，合成 23 小片。

这样，南北土话共分 29 小片。不少小片划分到行政村，如新田县南乡小片分布在 179 个行政村，约 433 个自然村；北方小片分布在 23 个行政村，约 47 个自然村；"桂阳土话"小片（该县东北部与桂阳县相连）分布在 39 个行政区，约 128 个自然村；"嘉禾土话"小片（该县东南部与嘉禾县相连）分布在 15 个行政村，约 25 个自然村。如此这般，这近乎是在做一种类似"盘底"的工作。据作者回忆，从 2002 年 3 月 1 日（农历正月十八）由新田县出发，依次到蓝山、宁远、道县、江华、江永、东安、冷水滩、双牌各县区，然后返回新田，一边调查这些县区的土话分布情况，一边主要做各代表点的语音、词汇调查工作，直到 7 月 3 日结束，整整四个月，投入田野调查。作者这一番深入实地、辗转调查经历，给我们留下了难忘的印象。

其二，围绕比较分析，展开合理布局。本书的主旨是要对土话音韵进行比较研究，因此，如何合理布局，以便于展开比较分析，成为一大关键。全书安排了 3 章，对土话的声母、韵母、声调及声韵配合进行比较分析。每一章又分两节，实际是从两个层面按两个步骤来展开比较。如永州土话声母比较分析这一章，先从中古音的声纽出发，比较分析中古同声母的字在永州土话各代表点中的声母今读情况，继而又将具体比较中发现的有特点的声母分布情况集中进行比较，也就是在第一步比较的基础上，就永州土话声母中带规律性的问题进行对比分析研究，进一步了解土话各点的一致性和差异性。进行比较的过程中，既可以纵向地看到土话历史演变的端倪，又可以横向地看到各地土话的异同。做到了条理清楚，层次分明。

其三，分析中注重贯彻 3 个角度，即把规律性读音研究和例外现象解释以及特字的探讨结合起来。作者的第一个角度是强调要明确指出"规律性"的读音，并以此作为进一步综合比较、得出土话分类标准的基本依据。第二个角度是注重对特殊例外的解释性的分析。第三个角度是注重指出土话中的"特字"。作者的做法是："在具体的分析中，对那些明显是土话中的'规律性'的读音的字，除一些重要的声母字（如古全浊声母字）的读音外，不再一一列出，只是列出所调查到的字数的数目。而对那些'非规律性'的'例外字'（包括'特字'）则一一列出，并随文作些初步的分析，分析视具体情况有详有略，有的则只列出材料。"作者对"非规律性"的语音演变现象投入一定力量进行研究，有助于进一步认清土话的演变规律。

　　只是在这样的研究过程中，每作出一个判断是需要慎之又慎的。这里有一例。本书在第三章第二节永州土话声母综合比较分析中论述到声母 [t、tʰ] 的分布及其性质时，对 7 个土话点的崇母字"床"的声母读 [t] 作出了一个判断，认为"床"字在脱落鼻尾后，其声母曾经有一段读 [ts] 或 [tsʰ] 的过程，后来丢失了擦音部分而成了 [t]。原学位论文中也作如此分析，我并未提出异议。现在看来此说难以成立。7 个土话点中一系列的读音，其本字不应是"床"。但这些土话的读音却是保存了一个古老的关于"床"的说法。扬雄《方言》卷五："床，齐鲁之间谓之簀床板也，音连，陈楚之间或谓之第音滓，又音姊，其杠北燕、朝鲜之间谓之树，自关而西，秦晋之间谓之杠，南楚之间谓之赵赵当作桃，声之转也，中国亦呼杠为桃床皆通语也……"从湘南永州一带不少土话点调查"床"这一器具时获得的语料来看，字音、词义以及地域分布与上述《方言》卷五提到的南楚方言有某种联系，或者说是基本吻合的。按说南楚方言显示的这一古代音读应为定母，其早期读音当为浊音。前述永州 7 个土话点的声母均为 [t]，已经清化。但在与永州相邻的邵阳市城步苗族自治县以及与城步相邻的广西龙胜有与之对应的浊音记录：城步青衣苗人话"床"读 [do]（李蓝 2004），广西龙胜伶话"床"读 [du]（王辅世 1979）。

　　其四，对湘南永州土话的区划进行了有益的探索。作者在掌握大量语言事实并从多个层面进行比较分析的基础上，再来思考土话的性质，虽说是面对复杂问题，却做到了心中有数。在确认土话的系属之前，作者先对纷繁复杂，为数众多的土话进行分类，归纳出不同的类型，这一步很有必要。由于田野调查与比较分析的前期工作扎实、细致，加之制定了合理的"基本标准"与"附属标准"，土话类型的区分做到了水到渠成。

　　包括永州土话在内的湘南土话的系属认定是一个复杂的问题，学界对此存在一些分歧的意见。为了使土话的区划工作做得尽可能比较准确，作者逐一考察了永州土话与周边土话的关系，如永州土话与郴州土话，永州土话与广东韶关乐昌土话，永州土话与广西"桂北平话"等。经过分析比较，本书对永州土话的归属一分为三，其论证所得出的结论对整个湘南土话归属的认定具有很好的参考价值。

　　一个人做学问的态度与他做人的态度是相关联的。从奇勇的身上我看到

一种坚毅、沉稳的品格。具有这种品格的人，为了他所从事的"从内心钟爱的事业"（奇勇语），他会脚踏实地，勇于登攀，一往无前。

奇勇的湘南土话研究已经取得了可喜的成绩，今年他申报的国家课题又获立项。我祝愿，奇勇在科学的道路上继续登攀，为三湘大地的方言研究事业作出新的贡献。

鲍厚星

2009 年 11 月于湖南师大学堂坡

（原载《湘南永州土话音韵比较研究》，谢奇勇著，湖南师范大学出版社，2010 年 3 月）

《湘南官话语音研究》序

(2009.12)

　　献飞五年前的博士学位论文拟于近期出版，他让我写篇序言，并找出当年我给其论文写的学术评语，问可否用上，我说等看看再定。从他发来的邮件中，我读到了这段学术评语，内容是我对献飞学位论文的一个基本评价，写序也需要有评价的内容，这样一想，觉得倒也吻合。

　　下面就是那一段评语：

　　湘南官话作为一个整体，从它的分布、形成、特点、内部差异、语音演变及其与周边方言的关系等诸多方面进行全面的系统的研究，应该说《湘南官话语音研究》这篇论文是第一次。从这个意义上说，它对整个西南官话乃至整个官话研究是一个重要的补充，它对汉语方言的比较研究，对于汉语方言发展史（特别是湖南汉语方言发展史）的研究以及对语言理论的研究都有其相当高的学术价值。

　　论文的作者深入实地在田野调查方面下了大力，掌握了大量的第一手材料，为论文奠定了坚实的基础，同时，作者又很重视人文历史背景、相关文献资料的研究和理论的思考。论文的内容扎实而富有创造性。在对相当数量的代表点进行音韵研究的基础上揭示了湘南官话语音的基本特征，结论比较可信。对湘南官话与湘南土话及周边方言关系的阐释，对湘南官话大半个世纪以来语音演变的探讨都体现了作者在方言研究上的功力，其中许多内容都是前人未曾涉及的。

　　特别值得提出的是作者对湘南官话的浊音清化过程与湘南土话的若干问题有深入的研究，其中对湘南土话、粤北土话古並定母不送气而其他古全浊声母送气成因的探究有独到的见解。

　　从论文的写作可以看出，作者在田野调查的基本功，方言音韵的基本理论和分析、驾驭材料的能力等方面都有很好的基础。

作为一篇博士学位论文，还有一个从粗疏到不断加工打磨的过程，有些方面还须进一步充实，如湘南官话与整个西南官话或西南官话重要代表点的比较应该纳入视野。

献飞大约是怕麻烦了我，怕我又要费时费力，便想出这样一个法子，真要谢谢他的一番好意。

献飞出书，勾起了我的一些回忆。2001 年献飞还在武汉大学读古代文献硕士专业，适逢湖南师范大学汉语言文字学博士点秋季招生（9 月报名，10 月考试），他不失时机地报考，并在后来获得了录取的资格。献飞入学前后，正当我们学科布阵组织队伍深入调查湘南土话。记得 2002 年暑假之前我再度赴江永桃川做核查、补充工作时，献飞也一同前往参加了调查。后来在他之前的好几位博士生都是开题研究湘南土话，或音韵、或词汇、或语法、或语言接触，到了献飞，开题却转向湘南官话，这是为什么？这是整体研究的需要。湘南是典型的双方言或多方言区，有些地区还存在汉语和少数民族语言并用的局面，其中湘南官话处在强势方言（或语言）的地位，它对该地区的各种汉语方言、土话和少数民族语言有重要的影响。如果不把湘南官话研究清楚，势必影响到湘南土话或其他汉语方言的研究，也会影响到该地区少数民族语言和汉语关系的研究。因此，在我们加大力度调查研究湘南土话的过程中，切不可忽略对湘南官话的深入研究。正是在这样的背景下，献飞踏上了研究湘南官话的征程。

我知道，献飞并不满足已有的成绩，他还有自己的追求。不久前跟他的一次接触中，听说他要涉足方言应用研究的领域，我很高兴，并期盼着他在学术研究的道路上取得新的收获。

鲍厚星

2009 年 12 月于湖南师大学堂坡

（原载《湘南官话语音研究》，曾献飞著，江西人民出版社，2012 年 2 月）

《湘乡方言语音研究》序

(2010.05)

军凤 2004 年考入湖南师大读博。一年以后开题时她遇到了难题，她本是湘南东安（石期市）人，可需要她选择的却是湘乡方言研究。她在毕业论文后记中这样回忆道："开题时，我心彷徨，因为'湘乡'于我太过陌生，发自内心地感到难！"酝酿论文的题目之所以希望军凤去选择湘乡方言，是出于以下一些考虑：一则此前已有多位博士做过湘南土话研究，这时需要有所转移；二则随着湘语研究形势的发展，研究湘乡方言这个重要的代表性方言的紧迫性日益突出，加之湘乡方言研究的难度相对较大，需要有一个合适的人选去面对。军凤早几年攻读硕士期间，我了解到她善于学习，勤于思考，悟性较高，经常见她能提出问题，不但注重加强自己的理论基础，而且具备本专业特别需要的较强的听辨能力，还有她的性格中透露出一种敢于迎难而上的精神。因此，一个历史的任务便落到了她的肩上。

后来的事实证明，这一次选择，其实对军凤来说，也是一次机遇，她抓住了这次机遇，迎接了挑战，最终达到了目的。她曾有一段文字写得颇为生动而概括：

"开题之初的迷茫和彷徨，开题之后的平静和坚定，启笔之时的辛劳和思考，搁笔之际的高兴和享受，给我的人生描上多样美丽的色彩，使我不会在将来的某一天因为缺了这些而遗憾！"

是的，军凤应该为她走过的这段历程感到高兴，我们也在分享她获得成功的喜悦。

《湘乡方言语音研究》这部专著可以说是为湘乡方言研究写下了新的篇章，更确切地说，是在前人和时贤的基础上把湘乡方言的研究提升到了一个新的高度，和以往的研究相比，有了较大的突破。此前的一些研究一般多在城关，地域有限，虽有其代表性的一面，但众多的乡镇未能展开全面而深入的调查研究，这对于了解和认识具有"十里不同音"特点的湘乡方言的全貌

来说，无疑地还是远远不够的。军凤这一次的研究有所突破，在整个研究的布局上做到了全面而深入，用了大力气加强田野调查的广度和深度。她踏遍湘乡各个乡镇，对有些村一级的方言硬是"翻了个遍"，起初对她来说"太过陌生"的湘乡这片土地，如今已"深深印进脑海"。

与研究布局上的明显突破紧密相关的是在研究过程中展开深入的横向比较和纵向探讨，这是《湘乡方言语音研究》的另一个重要突破。横向比较是在不同的层面展开的：有湘乡方言内部的比较（其中又有乡镇一级的比较和村一级的比较）；有湘语内部的比较（包括与湘方言重要类型代表点音韵特征的比较和部分具体字音的比较）；有同其他汉语方言的比较。

湘乡方言内部的比较，旨在达到从整体上感知湘乡各方言点的共同特征和内部差异，并进行内部分区。

湘乡方言同其他湘方言的比较，目的是既要从湘乡方言这一头去看整个湘方言的基本特征，又要从整个湘方言那一头来考察湘乡方言的基本面貌。

湘乡方言同汉语其他方言的比较，这是一种深入研究的必然，这样做更加深化了对研究本体的认识。

对湘乡方言演变规律的纵向探讨，作者也是用力颇勤。其分析的精细及所达到的深度，在以往涉及湘乡方言的论著中都很少见到。上述两个方面的突破，其实就是军凤在论文动笔之初的思考中给自己提出的要求。她想到了，因为她思想敏锐；她也做到了，因为她十分努力。

我要说，《湘乡方言语音研究》的这些突破，它的意义绝不仅限于湘乡方言本身，由于作者能把微观研究和宏观研究较好地结合起来，进行了有益的探索，这部著作对整个湘方言研究以及更大范围的方言研究都将产生重要的价值。

方言这种研究如果说是在书写历史，那么，历史的书写往往是难以一蹴而就的。军凤也曾经想到过，这次研究如果扩大到词汇乃至语法，那计划一定难以实现，所以她集中精力，专攻语音。她的想法和做法是对的。

湘乡方言词汇和语法的全面而深入的研究肯定是必需和值得期待的。至于作者其人究竟仍是军凤，还是另有他人呢？暂时还不得而知，只好有待来日了。

鲍厚星

2010 年 5 月于湖南师大堂坡

（原载《湘乡方言语音研究》，蒋军凤著，湖南师范大学出版社，2010 年 7 月）

《湘语与赣语的比较研究》序

(2010. 11)

  随着整个汉语方言研究的深入发展，有关大方言相互之间关系的探讨和研究，日益受到学人的关注，并逐渐成为热门研究的领域。笔者曾在一篇文章中说过："湘语和兄弟方言之间的关系如何？这里面一直有诱人的课题摆在我们面前，但湘语研究在这一领域事实上处于滞后局面。"

  陈立中的《湘语与吴语音韵比较研究》（2004 年）一书的出版，是湘语研究这一领域的重要突破。即日内就要问世的昕如的《湘语与赣语比较研究》可看作陈书的姊妹篇，这是湘语研究的又一重要收获。尽管两书在研究内容、研究格局以及研究风格上有所不同，但两位方言学者都是来自湖南本土，都是在为湘语与其他大方言相互关系的研究搭建平台。

  接触湘语与赣语比较研究这一课题，揣摩徐通锵先生在其《历史语言学》一书中的一段话会有所帮助。这段话如下：

  "不同方言或语言之间所保留下来的同源百分比的多少也可以用来说明方言或语言之间的接近的程度。在汉语的方言中，根据上述的统计（笔者按：利用语言年代学的创始人斯瓦迪士的百词表进行测算），长沙话与南昌话最接近（88%），长沙和苏州（86%），南昌和苏州（84%）次之。它们之间相互接近性的程度大致相当于厦门话与福州话的同源百分比（85%）。长沙、南昌这两个方言与其邻近的方言的同源百分比也都比较高，说明以长沙话为代表的湘语和以南昌话为代表的赣语与其周围方言之间的接受性的程度都比较大，在研究汉语方言之间的相互关系时，湘语和赣语可能占有重要的地位。"

  昕如在她的另一部专著《湘方言词汇研究》中曾分别从词汇上对湘语与赣语、湘语与吴语的关系进行过探讨，得出的结论是："从词汇来看，湘语与赣语的相似性程度明显高于湘语与吴语的相似性程度"，又指出"陈立中先生（2004）从音韵的角度认为湘语与吴语的关系密切，而湘语与赣语的关系相对

较为疏远。而本节从词汇的角度得出的结论却恰好相反。这种由语音与词汇所反映出来的不一致现象应该看成是语言内部各要素发展演变不平衡的结果"。这一认识是从比较研究中获得的，有助于了解这两种方言的复杂的相互关系。

在《湘语与赣语的比较研究》中，作者的基本思路是两个部分的对接：一个部分是对人文历史背景进行深入的探讨，考察湘语与赣语的同源关系与接触关系；另一个部分是对语言事实本身（包括语音、词汇、语法等各方面）进行比较的研究，揭示湘语与赣语在发展演变过程中体现出来的共同特点与差异。作为全书的主体内容当是对语言事实本身的比较研究，其中又分上下两编，上编为语音比较，在共时与历时的分析以外，还进行了湘语与赣语接触的个案研究以及几个单点的语音研究；下编为词汇、语法比较，挑选了10余项专题比较了湘语与赣语在词汇、语法上的区别与联系。如此系统地从湘、赣两种方言的语音、词汇和语法等诸多方面进行比较的研究，这尚属首次，因而具有开拓的意义。

汉语各大方言都不同程度地经历了漫长的历史阶段，其发展演变纷繁复杂，方言中的各种成分，有些已经形成了历史的沉淀，有些还不断处在动态的运行之中，所有这些情况，有的要从语言发展的内部规律去解释，有的要从社会发展的历史状况去探索。对一种大方言的发展演变的历史若要考察明白，对它的每一个阶段的变化始末要弄清来龙去脉，会有相当的难度；对某些大方言相互之间发生的各种关系若要爬梳清楚，也并非易事。为这些研究立项都具有攻坚的性质。

上面说过，昕如关于湘语与赣语的比较研究，以其主旨和规模而言，具有开拓的意义，接下去我又要说，这一研究在某种意义上也可以看成是一种开始，它的某些环节或部分还可以由粗而细，由不完善达到完善。作者本人在论述湘赣两种方言当"不"讲的否定词的类型与发展轨迹时，表明这些研究只是一种粗线条的推测，材料还十分有限，很多复杂的现象有待进一步调查研究。这里体现了一个学者治学的严谨态度，很值得称道。

昕如的新著将对湘语和赣语的比较研究以及其他大方言相互关系的研究起到推动的作用，这是一种贡献。我希望她百尺竿头，更进一步，在汉语方言比较学的领域去做更多的工作，取得更多的成绩。

沉浸在昕如探讨湘语与赣语两者关系的氛围中，我的脑海里浮现出李荣

先生的一篇文章，题目是：《南昌温岭娄底三处梗摄字的韵母》。该文写于1989 年 9 月 13 日，发表在《中国语文》纪念罗常培先生九十周年诞辰的专栏内。文章内容主要讨论梗摄字的文白异读，并在引述历史文献《湖南方言调查报告》时强调指出研究文白读的重要性，涉及赣、吴、湘、客等方言的比较。在各种方言的复杂状态中，这犹如开启一扇窗户，让人们从中观察、领略到客观事物发展的某些侧面，把握它的特点。由此推想，如果我们有能力打开一扇又一扇乃至更多扇的窗户，我们就会把客观事物的更多侧面收入眼底，从而更清晰地看到客观事物的全貌。

鲍厚星

2010 年 11 月于湖南师范大学学堂坡

（原载《湘语与赣语的比较研究》，罗昕如著，湖南师范大学出版社，2011 年 1 月）

《湘江流域方言的地理语言学研究》序

(2011.08)

　　近年来先后有《湖南方言语法系列》、《湘方言研究丛书》以及一批方言学博士学位论文在湖南师范大学出版社出版，今年上半年适逢几位方言学博士的学位论文待出书，他们对汉语方言的研究都采用了地理语言学的研究方法。经与出版社联系，约定集成为《湖南方言的地理语言学研究系列》。

　　眼前的《湘江流域方言的地理语言学研究》是其中的一种。

　　作者选择整个湘江流域的方言进行考察，是基于思考在湖南方言现有研究的基础之上，对其演变的历史进程试图进行一些新的探求。此外，还考虑到，湘江流域方言资料比较丰富，可供进行地理语言学研究的条件相对较好；湘江流域方言情况比较复杂，不同的传播方式均有表现；湘江流域不仅是湘语分布的主要区域，也是湘语和客赣方言接触面最大的区域，颇适于用地理语言学的方法来研究湘语和客赣方言的接触；加之作者本人的语言背景也具备一些有利条件，因而认为作这样的选择，"把握也许会大一些"。

　　一个经过了深思熟虑并且完全符合实际的选题，对于研究工作的开展是重要的一步，作者走稳了这一步。

　　按照地理语言学的研究方法，需要在深入调查的基础上，选出反映方言特点的相关条目，制成地图并通过深入研究作出相应的解释。这里提到的相关条目如何选择，达到精当的地步，是需要颇下功夫的。本书的作者作出了许多努力，在语音、词汇和语法上都有安排，其中词汇条目的选择，除了选择身体部位、亲属称谓外，还选择了一些农具进行调查。例如"棚簟"这个条目值得提出来说一说。作者从反映湘江流域农业的地区特点出发，选出该词进行广泛调查，制成了"'棚簟'的词形分布图"，揭示的主要类型，看上去一目了然。在对地图的解释中指出语言与经济、文化、地理关系——体现出来，而本节内容的最后一段文字又上升到理论的概括。

条目是否"立"得起来，还要看布点如何。当年《昌黎方言志》关于"今天"、"啄木鸟"两词的各地说法，在一个县内布了 193 个点，这对方言地图的准确性起了十分重要的作用。对于湘江流域这么大的范围来说，布点的尺寸如何把握当然有所不同。鉴于湘江流域之内方言的差距在地理上的表现并不均匀，作者作出如下处理：对于长株潭地区及衡阳地区，由于方言的差异相对较小，布点就较稀疏，而在湘南一带情况复杂，方言的地理变化很大，布点就较密集。我们认为这样的考虑大体上是符合实际的。

前面说到对制成的地图要通过深入研究作出相应的解释，这是整个研究过程中的重中之重，做"相应的解释"这种工作，对作者有多方面的要求。本书作者从着手调查，掌握文献资料，到全面完成这一著作，适应并满足了这些要求，因而做出了许多有见地的解释，如关于湘江流域方言传播的方式、传播的三个中心、传播的阶段性等问题的研究，关于方言特征的扩散和混合形式的产生以及区域方言内部趋同倾向的研究等。

永新的书是第一部关于整个湘江流域方言的地理语言学研究专著。它所具有的开创性意义，在于它是把湘江流域方言作为一个整体进行研究。这既方便于观察湘语的种种扩散和演变，又方便于观察不同方言之间的接触和碰撞，同时也有利于揭示方言与社会、地理以及文化的关系。无疑地这将丰富地理语言学的内容，促进地理语言学的发展。

确实如作者所言，这种研究"是发掘利用湘江流域方言资源的一种尝试"。既为尝试，难免有这样或那样的不完善。我希望作者多作尝试，去发现，去发掘，变不完善为相对完善。至于那种绝对的完善是没有的。

鲍厚星

2011 年 8 月 1 日于湖南师大堂坡

（原载《湘江流域方言的地理语言学研究》，李永新著，湖南师范大学出版社，2011 年 9 月）

《湘语研究》（第 2 辑）序

(2012.02)

　　湘语举行学术研讨会，比许多兄弟方言起步要晚，而且晚了许多。这主要是湘语研究的力量还很有限，另一方面也受到某些条件的限制。但是积极创造条件，力争在不太长的时间内就举办一届研讨会还是我们念念不忘的事。

　　令人感到欣慰的是，湘语研究的事业随着新人的不断出现，持续发展的势头并没有停顿下来，这一届由湖南科技大学主办的湘语第二届学术会议使我们感受到湘语研究的脚步声仍然沉稳有力。此中的一个关键是在全国汉语方言学界此呼彼应、相互激励、共同推动的影响下，湖南方言研究也形成了自己的队伍，特别是近十年来，一支由中青年学术骨干构成的力量，基础扎实，生气勃勃，他们选新课题，打攻坚战，走前人未走过的路，取得了一个又一个突破。近年来，他们在一些重要期刊上发表文章，在一些重要学术会议上留下身影，并陆续出版了一些有影响的著作。

　　怎么不令人感到欣慰呢？湖南方言研究的前景将要由他们来描绘，湖南方言研究的重头大戏将会由他们来上演，他们以及随后加入的力量就是湖南方言研究的未来。

　　由湖南科技大学主办的这一届湘语学术研讨会讨论热烈，成果甚多，会议最终取得圆满成功。

　　出一本标志会议成果的论文集很有意义。这次收入论文集的文章有四十余篇，大致可以分成以下几块：特邀专家学者的文章；方言语音；方言语法；方言接触；其他方面，最后是一篇概述湘语研究的文章。

　　特邀的专家学者中，有成就卓著的前辈语言学家，也有享有盛名的中青年学者，他们或从宏观视角深刻阐述，引导湖南方言研究向纵深发展；或从微观视角深入解析，展示出某种方法的研究途径，或作理论探讨，引发人们对方言的复杂变化进行科学的思考。前辈时贤们的文章我们一定要好好研读。

　　郭锡良教授根据方言是随着社会发展变化而发展变化的特点，强调指出："研究一个地区的方言首先当然应该了解其语音、语法、词汇语义系统；同时又必须了解该地区的社会历史变化状况，才能彻底弄清方言发展变化的过程和规律。"

　　詹伯慧教授在带着赞赏之情评述湖南方言研究几十年概况之后，向湖南方言工作者表达了他的想法和期盼：1. 界定湘语的标准问题还有进一步探讨的余地。近年来提出的确认湘语的新标准与原先的识别方法的不同主要反映出什么样的理论思考？两者的关系又如何？2. 对湖南境内的官话方言和赣、客方言的研究有待进一步加强，以便和相对比较突出的湘语研究取得较为协调的局面。3. 将湘南土话与周边省、区的土话联系起来，着手开展湘、桂、粤土话的综合研究和比较研究。

　　唐作藩教授指出，"存古与音变这两种现象各方言里都存在，只是各有自己的特点"。他对自己熟悉的洞口黄桥镇方言的两种方音现象将作进一步发掘，并准备拿它们和赣语、吴语、客家话及西南官话进行比较研究。

　　王福堂教授选择湖南中部的几个方言（作者把它们合称为韶山—线方言）来描写并分析它们语音特点的渐变情况，说明语音渐变的复杂多样是语言波扩散范围不一致和语言波发生地及传播途径不同所造成的。该文最后还特别指出，"语言波扩散情况的深入探讨，还需要考虑到整个湘方言，而且时间上也不能只限于当前"。

　　湖南的新化方言和福建的漳平方言，距离遥远，看上去这两个方言很不相干。张振兴教授却有意将它们作一个比较，得到一种有趣的印象（因采取的是印象比较法）："第一，方言的分歧性很大；第二，方言的一致性很强。"文章意在提醒人们在了解汉语方言的分歧性的同时，还要清醒地、理性地认识汉语方言还有一致性的一面。"研究汉语方言要有牢固的方言一致性的观念。"

　　张惠英教授用丰富的汉语方言语料（同时也涉及古汉语和少数民族语言）对近指词"一"，远指词、疑问词"尔"和指示词、疑问词"乜（物）"进行了论证，解释了湘方言及其他方言中的若干语法现象。

　　刘村汉教授从湖南与广西的移民，说到湘南人与古越人，又谈到苍梧人的足迹，经他一番说古道今，引出一个"湘桂方言研究的大视角"，这与詹伯慧教授提出的"着手开展湘、桂、粤土话的综合研究和比较研究"的观点不

谋而合。不久将要在韶关举行的第六届土话、平话国际学术研讨会上，这一良策定会成为热门的话题。

麦耘教授的文章把一个涉及区分方言的大原则的理论问题提到了与会者面前，文章是从湘语中的浊音消变问题谈起的，也系联到粤语、吴语、江淮官话等方言。作者认为重视语言共时类型和重视语言谱系分类的两种做法虽不同，却是互相补充，并不矛盾的。其重要观点是："第一，研究者须明白自己需要什么，是想看共时类型分布，还是想看历史谱系分类；第二，方言区分不能用机械的条件，不变的眼光。"

除特邀学者的文章外，收入论文集的文章绝大部分是属于湘语研究的范围，但其中也有的反映赣语、官话、乡话（未分区的非官话），甚至少数民族的语言。今后的湘语学术研讨会还会出现类似情况，这样也好，在主要研讨湘语的同时，涉及其他兄弟方言甚至少数民族语言，符合湖南的省情，它有利于从中对湘语和其他汉语方言或少数民族语言进行比较。

我看到，无论是研究方言语音，或是研究方言语法，还是研究其他内容，每一位作者都把探索研究中得来的收获，带到会上来，不同的观点发生碰撞，相同相近的观点互相补充，如此相互交流，相互切磋，往往又能得到新的收获。

我看到，有的研究者具有一种执着的追求精神，如伍云姬对湖南方言语法的研究探索就充满着这种精神。这出自于她对湖南方言语法研究的重要性的一种认识："不管是从地理语言学、类型学的角度，还是从历史语言学的角度来看，湖南方言的语法研究都是不应忽视的。湖南集湘、赣、客等方言于一地，正好处于南北方言的中心地带。要解释某种句式或某种语法现象的断代差异或历史变迁，常常要借助这个中介。"（1996）正是这种深层的思考，鼓舞着她不惜投入巨大的精力去完成研究"这个中介"的使命。最后终于用10年多时间（1996—2007）把《湖南方言语法系列》一共5本出齐了。湘方言的两届学术研讨会她都参加了，提交的论文都属于湖南方言语法研究，上一届提交的是《湘方言的共时和历时研究》，内容是介绍2005年她在德国出的一本语法研究著作，中文译名为《中国湘方言的共时和历史研究》。这一届会议提交的是她与法国巴黎高等社会科学院曹茜蕾共同撰写的论文《湖南方言句中完成态助词的形成过程》。伍云姬这种执着追求的探索精神，还反映在她长期以来对湘西乡话的研究上，她在这方面的系列成果同样为人所称道。

学术研究本身就是一条不平坦的路，走在这条路上，人们就要花 费巨大的心血，更何况为了能真正地投入学术研究，在现实中还要去克服这样那样的干扰和障碍呢？如何在这双重的不平坦面前去做一个征服者，这需要我们去努力奋斗。

在未来的日子里，愿湖南方言研究的园地里，更加郁郁葱葱。

鲍厚星

2012 年 2 月 26 日于湖南师大学堂坡

（原载《湘语研究》（第 2 辑），谢奇勇主编，湖南师范大学出版社，2012 年 5 月）

《衡山南岳方言的地理研究》序

(2014.05)

十一年前，泽润以《衡山南岳方言的地理研究》一文参加了汉语言文字学博士学位论文答辩并获得通过。

把一个具体方言的地理研究作为博士学位论文题目，对一个县内密集到每一个村子都进行调查，最终既要求绘制出数量可观的专项地图并作出系统的比较分析研究，这无疑地是一次大胆的尝试。这需要作者精心地筛选出调查的纲目，需要作者分辨并准确记录语言事实的能力，更需要作者脚踏实地不辞辛劳地大面积田野调查。

作者有一段调查过程的文字给我留下很深的印象：

"……在白果镇同心村调查的那天下着毛毛雨，走了一个小时的峡谷，周围没有人家，只有农民种植的庄稼。经过高坳组的时候，遇到水库堤坝一样的陡峭的石头山挡住了路，两边也是墙壁一样陡峭的山。我多次试图抓住什么爬上去，但是没有成功。饿了，我看到了菜地里长着豆角，就摘了吃。后来，山上有过路的人跟我说话。原来穿越到对面的路在山顶上。我只好退出这条峡谷再爬上山顶的路。山上一户人家的儿子端午节要去看望师傅，顺便领着我经过几公里弯弯曲曲的山路终于下山了，到达了有小公路的湿田村。

在湿田村的小学，因为太累了，我脑海里播放着一路看到的美丽的风光，在教室睡着了。同时，湿了的鞋子、袜子也晾干了。……"

由于是一边工作，一边学习研究，加之田野调查的工作量大，方法上经验不足，整个计划的完成不得不延长时间，因而推迟了一年毕业。

衡山县位于湖南省中部偏东，居湘江中游西岸。该县方言属湘语区。根据其内部差异形成的前山话与后山话分属不同的方言片：前山话以县城城关为代表，属衡州片衡山小片；后山话以白果镇为代表，属娄邵片湘双小片。南岳镇从衡山县内单独划出，设为县级单位南岳区，也使用前山话。

作者面对整个的衡山南岳方言，以九十幅方言地图为平台，进行了声调、声母、韵母和词汇语法四个方面的研究，并总结出地理语言学的启示十三条。在四个方面的研究中提出了二十四个论点进行理论分析与概括，如词汇语法的地理研究论及词义的邻近迁移和词义系统的调整、词汇变化和语言文化的冲突、语音磨损以后的理据模糊和文字的无奈等八个内容。作者对照一幅幅地图，利用第一手材料，条分缕析，论述得当，其中不乏创见，有的内容还成为一种建立创新理论的基础。

《当代语言学》2006 年第 2 期以三万多字的篇幅在研究性论文专栏中刊登了泽润的文章《论"词调模式化"》，该文与作者在其博士学位论文中提出的"词化声调模式"就有着渊源关系。作者曾说过，他是在研究母语方言以后再研究其他方言的时候，"在对比刺激下萌发寻求解释这种现象的想法"。由此而产生的这项研究充分体现了一个中青年学者的创新精神，他一方面善于向前辈时贤学习，继承前人优秀的研究成果，一方面又能突破传统的思维习惯，从一种新的角度来进行理论思考。

泽润曾说过，在中学特别喜欢地理，喜欢填写地图。2000 年在确定博士论文题目时，他毫不犹豫地选择了方言的地理研究这个题目。当时我作为指导教师，心里也正有一个情结。上世纪八十年代参加方言学界一些学术活动时，对叶祥苓先生在日本出版《苏州方言地图集》已多次耳闻，后来与叶先生结识，他赠与我《苏州方言志》一册，其中并入了经过修订的苏州方言地图 50 幅。我曾经有过这样的念头，湖南方言也要拥有类似的著作。后来当湖南方言研究工作在 1998 年搭建了更好的平台以后，我遇到了对衡山方言有多年研究的泽润，当我们在一起讨论方言研究的任务时，几乎一拍即合，泽润可以说是信心满怀、毫不迟疑地表示，要把他的家乡——衡山方言做一次地理语言学研究的探索实践。

今天当泽润十多年前的学位论文正式出版时，我不禁忆起这段往事，并深深地缅怀在我国单点汉语方言地理研究上具有首创之功的叶祥苓先生。

泽润还有两位师弟的博士学位论文是从事地理语言学的研究：一篇是李永新的《湘江流域方言的地理语言学研究》，已于 2011 年 9 月由湖南师范大学出版社出版；另一篇是孙益民的《湖南亲属称谓的地理语言学研究——以湘东北及湘中部分地区为立足点》，也将由湖南师范大学出版社出版。

汉语方言学只是泽润从事研究的一个方面，他还在语言理论、汉语规划

等方面有诸多建树，可以说，泽润投入学术研究事业的精力旺盛过人。

我和泽润有一段师生关系，但更长的关系是同事，我们在同一个教研室共事多年。讨论一个问题，共商一项工作，给人的印象，他和做他的研究一样，既勤于思考，又敢于创新。除此之外，他还有一种勇于实践的精神。

最近我看一本书，书的作者有一段话给人以启迪，我想抄录在下面和泽润共勉：

"这里最重要的是把一切实践看做对于真理的探索过程。生活无止境，事业无止境，实践无止境，思想无止境。每一次实践，每一个行为，每一项工作都有可能给你提供一点新鲜经验、新问题、新启示。"

鲍厚星

2014 年 5 月 29 日于湖南师大学堂坡

（原载《地理语言学和衡山南岳方言的地理研究》，彭泽润著，商务印书馆，2017 年 5 月）

《湘语在广西境内的接触与演变研究》序

(2016.03)

广西境内的湘语分布状况一直是湖南方言工作者长期以来特别关注的一个问题。每逢讨论湖南方言的分区时，我们必然会产生这样的思绪：湘方言还有久居他乡的，在广西，在四川，在陕西……犹如一个大家庭在考虑团聚时总要想到那些在外乡的成员。

1983 年参加国家"六五"社科重点规划项目《中国语言地图集》，我们在湖南方言的分区分片说到娄邵片时曾提及："广西的全州、资源、灌县、兴安东北部也属此片。"这种观点主要是依据广西方言学者在学术会议上的交流以及他们正式发表的研究成果。早期权威性论著也很有影响，袁家骅等先生的《汉语方言概要》就曾指出"今天的湘方言分布在湖南省大部分地区，以及广西壮族自治区北部全州、灌阳、资源、兴安四县"。

很长时间以来都是维持着这样一个局面，仿佛桂北的湘语就打包放在那儿了。后来随着各种方言调查进一步深入的形势，也考虑到广西同行对这一片方言有了一些新的论著，我们也开始在酝酿到全、资一带去做些实地调查。昕如敏锐地观察到这一形势，并为此申报了国家课题。机遇总是为有准备的人敞开大门的。昕如此前已在湘语研究的园地进行了深入的耕耘，正可以步伐稳健地迎接这一次挑战。

纵观全书，有以下四点我特别提出来加以圈点：

一、到第一线去，占有第一手材料。

作者面对本课题选择了桂北 8 个湘语代表点，进行语音、词汇、语法的系统的调查研究。这是首先应该肯定的一点。李荣先生曾说过："研究方言首先要调查，不能用印象替代调查"，"方言调查就得讲实地调查，实地记录，认真分析，认真研究"。对于桂北一带的湘语，过去曾给我们留下了比较固定的印象，但现在对这样一个大课题作出正面的切实的回答，没有通过实地调

查掌握丰富的第一手材料，就没有办法开展真正的研究。显而易见，作者在获取第一手材料方面，做得很扎实，下了很大功夫。

二、多侧面、全方位比较，层级更高。

作者开展的调查研究具有很强的针对性，善于抓住研究对象问题的关键所在。为了寻求解决问题的答案，她把关注投向几个方面，如她自己所说："既要关注广西湘语目前的基本面貌，也应关注造成这种结果之前的方言状态以及与之有接触关系的西南官话。"于是书中展开了广西湘语与湖南湘语、桂北官话的全面比较，既有语音特点的系统比较，又有词汇、语法特点的比较，后者是从湖南湘语出发，选择有湖南湘语特色的词汇和语法现象对广西湘语进行调查研究，探讨其特点与演变情况。总之，书中的多重比较，有效地提高了研究内容的成色。

有关比较，作者都一一进行了细致分析，并作出了明确的判断。一般难于在词汇、语法上进行的细致比照，书中也通过抽样调查，提供了令人印象深刻的答案。这里不妨摘引如下：

"在所调查的 273 个湖南湘语特色词中，广西湘语保留了超过一半的湖南湘语特色词，平均百分比为 51.5%；另有 28.9% 的湖南湘语特色词在与桂林话的接触中发生了演变，前者比后者高出了 22.6%。可见从所调查的湖南湘语特色词来看，广西湘语整体上保留湖南湘语特色词的比例高于发生演变的比例。"

三、着力理论探讨，打开研究思路。

广西湘语的演变是在特定的与非湘语的长期接触中产生与发展的，如何探寻和理清这种接触的各种状态，需要研究者面对复杂纷纭的方言面貌，打开思路，去争取从研究中有更多的发现。在本书的结论部分，我们既关注作者对广西湘语特点的归纳，也关注对归属问题的讨论，但更关注作者对"接触背景"和"接触类型"的阐述。"特点"与"归属"虽然是对于课题所作出的非常重要的回答，但形成这些结论的客观过程中的前因后果与来龙去脉更加引起人们的注意。我认为，本书作者对接触背景，尤其是接触类型的研究着力甚勤，多有创获。可以预期，本书的出版将对方言接触与演变的研究起到良好的推动作用。

四、不以"已知"为满足，仍向"未知"作探索。

本书结语把课题取得的成果界定为"一些已知"，而明确指出"仍然存在

很多未知"。这些"未知"大略是：

调查选点上，各县下属各乡镇的方言面貌及其内部差异还是未知；

不少有湘语散点分布的县市的湘语面貌还是未知；

词汇、语法的调查研究相对薄弱，这其中还有不少未知；

广西湘语向西南官话的动态演变过程中随时出现的未知。

研究广西湘语在与强势方言西南官话接触中发生的演变，确实需要这种科学的态度。这一次研究虽"只是暂告一个阶段"，但必须指出，《湘语在广西境内的接触与演变研究》这部专著是这一研究领域现阶段的标志性成果。

读过这本书，我还想说，昕如有关湘语研究的几本专著是她在湘语研究的道路上一步一步留下的深深的足印。

第一本书是《新化方言研究》（1998），约 29 万字，湖南方言研究丛书之一种；

第二本书是《湘方言词汇研究》（2006），29 万余字，湘方言研究丛书之一种；

第三本书是《湘语与赣语比较研究》（2011），36 万余字；

第四本书是《湘语在广西境内的接触与演变研究》（2017），约 50 万字。

这些专著或为湘语最具代表性的单点方言研究，或为涉及整个湘语的大专题研究，或为湘语与其他大方言关系的比较研究，或为境外湘语演变的专题研究（其他专著如《湘南土话词汇研究》、《湖南方言与地域文化研究》等未入此列）。这些书内容丰富详实，篇幅已达约 150 万字，形成了一个独特的湘语研究系列，并成为湘语研究文库中相当重要的文献。

我们期待作者有新的论著问世。

是为序。

鲍厚星

2016 年 3 月于湖南师范大学学堂坡

（原载《湘语在广西境内的接触与演变研究》，罗昕如著，湖南师范大学出版社，2017 年 4 月）

《濒危汉语方言研究丛书》总序

（2016.06）

　　湖南西部和南部有一些地区的汉语方言已处于濒危状态或临近濒危状态，如湘西的乡话和湘南的土话。

　　湘西乡话是一种未分区的非官话方言，有人称为"瓦乡话"（实际上是"讲乡话"的意思，此处的"瓦"是用的同音字，本字当为"话"，用作动词）。这种方言主要分布在沅陵县以及周边的溆浦、辰溪、泸溪、古丈、永顺等地，另外，湘西南湘桂交界的南山地区也有一些分布。

　　湘南土话分布在永州和郴州两个地级市之内（永州辖两区九县，郴州辖两区一市八县）。各县土话冠以县名，如永州内有东安土话、江永土话、道县土话、蓝山土话，等等；郴州内有桂阳土话、宜章土话、临武土话、嘉禾土话，等等。这些土话又分成纷繁多枝的小范围土话，令人应接不暇。

　　无论湘西乡话或湘南土话，它们所处的地区，相对来说都比较封闭，经济上也比较滞后，有的甚至是相当贫困，但说到它们所蕴藏的、对于研究汉语发展演变历史颇有价值的语言矿藏却是极其丰富的。

　　20世纪40年代王力先生谈到古语的死亡时曾指出有多种原因，其中有的是今字代替了古字，如"绔"字代替了"袴"；有的是同义的两字竞争，结果是甲字战胜了乙字，如"狗"战胜了"犬"，等等。

　　不过，在汉语方言众多的窗口中有时你所看到的东西会使人意想不到。譬如湘西沅陵麻溪铺乡话有下面的记录："裤子"就说"袴" [kuɛ⁵⁵]，"单裤"说"单袴" [tõ⁵⁵kuɛ⁵⁵]，"短裤"说"结袴" [tɕ'ia⁵⁵kuɛ⁵⁵]；"公狗"叫"犬公/公犬" [k'uæ⁵³kəu⁵⁵/kəu⁵⁵k'uæ⁵³]，"母狗"叫"犬娘/娘犬" [k'uæ⁵³ȵioŋ⁵⁵/ȵioŋ⁵⁵k'uæ⁵³]。

　　湘南土话里也有珍奇的材料，如江永桃川土话：

　　"树林"说成"木园" [mau²¹uəŋ²¹]，"树苗"说成"木秧" [mau²¹

iaŋ³³], "树梢"说成"木末"[mau²¹ muo³³], "种树"说成"种木"[tɕiɛ²⁴ mau²¹], "一棵树"说成"一蔸木"[i⁵⁵ ləu³³ mau²¹]。

这种称"树"为"木"的事例是笔者 2001 年在江永桃川调查中所获。有些巧合的是乔全生教授在晋南方言中也发现了称"树"为"木"的语言事实（参见 2002 年第一期《中国语文》所登《山西南部方言称"树"为[po]考》一文）。此前据汪维辉教授的研究（《东汉—隋常用词演变研究》，南京大学出版社，2000 年 5 月），称"树"为"木"的语言状况至少是保留了两汉以前的用法。

十多年前，我初次调查桃川土话时，一位主要发音人就曾对我说过："很多人学讲官话了，青年人很少讲土话，最多十年就难得听到土话了。"

这里且以她家三代人为例，第一代是发音人自己（时年 60 岁，现已 72 岁），土话保存较好，虽有时夹杂一些官话，但尚能加以区别；第二代，她的三个孩子，老大是女儿，能说一些土话，但已不如母亲，老二、老三是儿子，会土话的程度更差（这和他们都已离开本土有关）；第三代有五人，其中两个外孙是双胞胎，26 岁，一个在长沙，一个在深圳，都不会说土话，两个大孙女，分别为 25 岁和 22 岁，基本不会说土话，一个小孙女，12 岁，土话"更不会了"（发音人语）。

一方面是土话或乡话的丰富蕴藏，一方面是土话或乡话的日益萎缩，抓紧时间做土话或乡话的调查研究，其迫切性毋庸置疑，这是落在湖南方言工作者肩上责无旁贷的历史使命。

2001 年炎夏之季，湖南师范大学一支方言工作者的队伍奔赴湘南各地，调查了十余个土话点。自此以后，一批土话研究的论文在《方言》期刊上陆续发表，一批土话或乡话研究的博士学位论文应运而生，一批以土话或乡话为研究内容的国家课题先后立项。可以说，湘南土话或湘西乡话研究的气候大致形成。

还在 2009 年接近年尾我们去中山大学参加濒危方言学术研讨会的那一段时间，我校出版社就在酝酿要编写一套濒危方言的丛书。不久，2010 年以"濒危汉语方言研究丛书（湖南卷）"为题的国家"十二五"重点图书出版规划项目获得了批准。该项目申报时曾敦请两位著名专家予以推荐。一位是中国社会科学院语言研究所研究员张振兴先生，一位是南开大学文学院教授曾晓渝先生，感谢他们热心的鼓励与荐举。2011 年 11 月湖南师范大学出版社

就召开了该项目的作者讨论会,"濒危汉语方言研究丛书(湖南卷)"这一规划项目就此正式上马。2013 年 10 月又举行了第二次作者讨论会,重点讨论了如何提高丛书质量,如期完成规划的问题。2014 年学校出版社又经专家论证就这套丛书申报国家出版基金项目,并再次获得批准。

我受托组织编写这套丛书,深感重任在肩。好在我是和我的一群年轻的战友们来共同完成此项任务,看到他们一个个沉着应战,信心满满,我的心也自然是踏踏实实的了。

寒来暑往,一段时间过后,我接触到一部一部的书稿,各地土话的鲜活材料扑面而来。今天和这位作者讨论,明天和那位作者磋商,围绕的中心议题,是对语言事实如何准确地把握、深入地发掘、详实地记录,以及如何尽可能做到合理的解释。

一稿、二稿、三稿……每一位作者对自己的书稿多次修改,反复加工。胡萍最后交稿时,托她的先生捎来一封信(她本人尚在美国做访问学者),信里有一段话:"您这次二稿又帮我审出一些问题,我自己也发现了不少疏漏,所以查遗补缺,未敢懈怠,这次修改完后,我又从头至尾看了两三遍,但仍不敢说万无一失!可见出书之难,体会颇深。临近交稿,虽心有忐忑,但不敢延期。此稿交送后,有时间我还会继续复查,以便校稿时纠正遗漏。"

这种未敢懈怠、追求完善的精神也是丛书其他作者所共同具备的。我想,在田野调查的基础上,编纂、出版一套丛书,对濒危汉语方言的研究无疑会有多重意义,而在这一过程中,一群作者在学术研究的道路上勇于探索、锲而不舍的精神得到的锻造也是至为宝贵的。

这一套丛书包括:《湖南蓝山太平土话研究》《湖南道县祥霖铺土话研究》《湖南双牌理家坪土话研究》《湖南江永桃川土话研究》《湖南东安石期市土话研究》《湖南永州岚角山土话研究》《湖南桂阳六合土话研究》《湖南泸溪梁家潭乡话研究》《湖南城步巡头乡话研究》《湖南绥宁关峡苗族平话研究》。其中大多数为湘南土话,乡话仅两种,最后一种是少数民族使用的汉语方言。

如果加上此前在学界先后出版的湘南土话或湘西乡话的单本研究著作,总共就二十余种。这与湖南丰富的濒危汉语方言的总量相比,还有不小的差距。

眼前这一批学术成果能汇成丛书出版,得衷心感谢湖南师范大学出版社的热情关注与大力支持。特别要致谢的是刘苏华同志,他自始至终全盘负责

这套丛书的编纂工作，还有曾经为我校出版方言学术著作贡献良多的曹爱莲同志，也对丛书出版给予了充分的关注。

我们参与的是一项有深远意义的学术建设工程。令人欣慰的是，在我们集合队伍为推动湖南濒危汉语方言抢救性调查研究工作投入力量的过程中，适逢教育部、国家语委决定自 2015 年起启动中国语言资源保护工程，在全国范围开展以语言资源调查、保存、展示和开发利用等为核心的各项工作。这将形成一股巨大的洪流，我们的工作如同涓涓溪水也将汇入其中。是为序。

鲍厚星

2015 年 5 月初稿

2016 年 6 月修改

（原载《濒危汉语方言研究丛书》（湖南卷），鲍厚星主编，湖南师范大学出版社，2016 年 12 月）

后记

这是一本有关湖南方言的论稿。

收入本集子的文章分为 5 个部分：第一部分为湖南方言分区；第二部分为湘语研究；第三部分为湘西乡话与湘南土话；第四部分为赣语、官话及其他；第五部分为序文与前言。

第一部分收了 5 篇文章，说说其中的三篇。《湖南方言的分区》是国家社科基金"六五"课题《中国语言地图集》的前期成果之一。由颜森与我合作。进入新世纪后，中国社会科学院又推出了《中国语言地图集》（第二版），这里收入的《湘语的分区（稿）》和《湖南省的汉语方言（稿）》又是该版的前期成果。由陈晖与我合作。

第二部分收了 11 篇文章。其中重点是长沙、邵阳、城步三个方言的同音字汇。我在 1981 年当面听李荣先生说过，研究湖南方言可先从重点入手，比如长沙、宝庆（即今天的邵阳）等地方言。回湘后，我先调查记录了长沙老派音系。1983 年又先后三次去邵阳记了老派邵阳话。1989 年带着某种探察任务去城步，重点记了儒林音系，又继续前往西南最边陲了解了长安话。本部分还围绕长沙方言的新派与老派及其历史演变展开了一些讨论，对湘语发展中的不平衡问题也有所涉及。

第三部分收了 7 篇文章。从沅陵乡话到东安土话，再到桃川土话，这是我系列田野调查中的几个重点课题，又是我接触和研究湖南濒危汉语方言的"三部曲"。

1983 年 12 月我和伍云姬赴沅陵麻溪铺调查乡话，后合作整理，发表《沅陵乡话记略》。1988 年 12 月开始，先后三次实地调查东安花桥土话，1996 年完成，1998 年正式出版。2001 年 7 月开始调查江永桃川土话，后因故延至 2015 年才最终完成，2016 年正式出版。

第四部分只收了 5 篇文章。永兴方言舌尖化音变的状况，对于认识汉语

方言"i>ɿ"的共时面貌和演变历程，具有重要的语料价值和类型学意义。《湖南永兴方言〔i〕的舌尖化过程与特点》一文是我和胡斯可合作的成果。《非核心地区官话词汇演变的考察》一文通过长沙、常德、武汉三地的比较提供了真实、鲜活的语料。《方言语法研究与田野调查》是根据作者在首届国际汉语方言语法学术研讨会大会上的发言提要扩充而成。陆俭明先生在为此次会议编辑的《汉语方言语法研究和探索》一书的序言中向读者推荐了这篇文章。

第五部分文章总共 24 篇（按时间先后排序），其中大部分序文是为单篇著作所写，这些单篇著作多是某一个方面的代表性专著，发表于不同的时期。有几篇序文或前言是为丛书或论文集所作。把这些序文汇集于此，可以为了解湖南方言研究的某些状况与线索提供方便。这一本本的著作为我供给了丰富的营养，对于和各位作者交往的历程我十分珍惜。

我所在的汉语言文字学学科促成了这本集子的出版。对学科的支持和在经费上提供的帮助，我表示衷心的感谢。

湖南师范大学出版社编辑部李阳同志热心相助，提供多种便利，在此谨致谢意。

曹爱莲同志担任社领导时曾为出版我们关于湖南方言研究的成果出过大力，多种书都是经她的手而出。她退居二线后还念念不忘关心方言论著的出版。这次又急社里之所需，再一次为我这本书担任责任编辑工作，实在令人感动，我要向她特别地致谢！

还有不能忘怀的是，集子中多位与我合作的同行，以及各方言多位发音合作人，我向他们表示诚挚的感谢！

集子编成之际，面对湖南方言的广阔天地，深思方言学领域的重重课题，我慨叹：我只是在一座大山的脚下迈出了一小步；我虽已进入所谓"高龄期"，但在这条战线上，我心有所系，依然想朝着前方缓缓而行。

鲍厚星

2017 年 6 月于湖南师大学堂坡